ORACIONES INDOMABLES

ORACIONES INDOMABLES

365 DEVOCIONALES DIARIOS SOBRE CRISTO EN EL LIBRO DE LOS SALMOS

CHAD BIRD

Oraciones indomables: 365 devocionales diarios sobre Cristo en el libro de los Salmos
Chad Bird

Publicado por
1517 Publicaciones
PO Box 54032
Irvine, CA 92619-4032

ISBN 978-1-964419-92-3 (paperback)
ISBN 978-1-964419-93-0 (ebook)

Traducido del libro *Untamed Prayers: 365 Daily Devotions on Christ in the Book of Psalms*

Publicado por 1517 Publishing
Traducción por Jeffrey Stevenson

CONTENIDO

INTRODUCCIÓN

En los momentos más oscuros y angustiosos de mi vida, cuando me sentía perdido en un pantano a medianoche, tropezando y hundiéndome, sin saber a dónde ir ni qué hacer, los Salmos estuvieron ahí. A través de ellos, el Espíritu me tomó de la mano para guiarme desde la arena movediza de la desesperación hasta la roca firme de la esperanza. Al orar los Salmos, supe que en medio de la penumbra había una luz invisible. Me dieron las palabras para expresar mi dolor y confusión, para clamar a mi Padre, quien me llenó de esperanza en su Hijo.

Lo que los Salmos hicieron por mí en el pozo del duelo, también lo hicieron por mí en la cima del gozo. Expandieron mi simple «Gracias, Dios» en himnos enteros de aleluya que alababan al Señor confesando cómo cuelga las estrellas en el cielo, me entreteje en el vientre de mi madre, alimenta a los cuervos y me busca cuando neciamente me aparto del redil. Los Salmos me enseñaron que dar gracias a Dios es confesar ante el mundo que él es nuestro Creador, Redentor, Pastor y Rey.

En todas las estaciones de la vida, buenas y malas, los Salmos nos enseñan cómo conversar con Dios durante nuestra peregrinación terrenal. Pablo dice: «No sabemos orar como debiéramos» (Ro 8:26). En los Salmos, por tanto, Dios nos da la bienvenida al aula de la oración. Él nos entrega las mismas palabras que nosotros le devolvemos. Las palabras de los Salmos entran por nuestros oídos y recorren el laberinto interior de nuestros corazones y mentes. En el camino, recogen nuestras heridas, risas, temores, esperanzas, remordimientos, necesidades, vergüenza, lágrimas y más. Finalmente, estos mismos salmos, llevados por el Espíritu, salen de nuestras bocas y ascienden hasta los oídos del Padre, cargados con nuestras necesidades. Él oye y responde.

Él oye y responde porque algo más está ocurriendo mientras oramos los Salmos. Otra voz se une a la nuestra. O, dicho con mayor precisión, nuestra voz se une a la de otro: Jesús el Mesías. Él es el verdadero orante de cada salmo. En sus salmos, David, siendo no solo rey sino también profeta, «miró hacia el futuro y habló de la resurrección del Cristo» (Hch 2:30-31), así como de su sufrimiento, su ascensión, su reinado y mucho más. Jesús dijo que «era necesario que se cumpliera todo lo que sobre él está escrito en la ley de Moisés, en los profetas y *en los Salmos*» (Lc 24:44, cursivas añadidas). Los Salmos son, por tanto, la colección de oraciones, alabanzas, himnos y lamentos que tratan sobre Jesús, que son orados por Jesús y que nosotros oramos en y por medio de Jesús. Él es la clave que abre cada salmo.[1] Cuando el Padre nos oye orar, oye orar a su Hijo, porque somos sus hijos en Cristo. Cualquiera que sea el idioma que hablemos, todos compartimos el mismo acento, porque nuestras oraciones llegan a los oídos del Padre a través de la boca de su Hijo, «el que además está a la diestra de Dios, el que también intercede por nosotros» (Ro 8:34).

El propósito de este libro es situarnos de lleno en los Salmos, esa colección de oraciones indomables que nos permiten hablar con nuestro Padre con total honestidad. Saborearemos su riqueza y nos asombraremos con su franqueza y osadía desenfrenadas. Algunos Salmos nos incomodarán. «¿De verdad se puede orar así?», podríamos preguntar. Sí, se puede, y así lo haremos. El Señor no nos dio los Salmos para decirnos: «Así es como oran algunas personas con atrevimiento y franqueza, pero tú deberías mantener tus oraciones suaves y con una clasificación religiosa para todo público». Más bien, nos dio los Salmos, llenos de fuerza y vitalidad, de sollozos y gritos, de profunda meditación y de júbilo desbordante, y nos dijo: «Ora con estos». Así que eso haremos.

Aquí tienes una doble sugerencia. Primero, al comenzar este libro, comienza también la disciplina de orar todo el libro de los Salmos cada mes (ver el cuadro en el apéndice). Elige una traducción confiable y aférrate a ella. La constancia te ayudará enormemente a memorizar los Salmos. Ora palabra por palabra los salmos asignados para cada día, preferiblemente en voz alta. Esto te parecerá extraño al principio, especialmente con algunos salmos, pero con el tiempo le tomarás gusto. Pronto, estas oraciones te resultarán familiares, como en casa, tanto en el corazón como en los labios. Moldearán tus otras oraciones. Y, en verdad, te moldearán a ti.

Segundo, al usar este libro, ora los versículos asignados para cada día y luego lee la meditación correspondiente. Pregúntate: ¿De qué trata el salmo? ¿Cómo se conecta con mi vida, con la vida de mi familia, con la vida de la iglesia? Y, lo más importante, ¿cómo nos conduce el salmo a Cristo, y cómo nos habla Cristo a través de él? El viaje por cada salmo queda incompleto hasta que ancla en Cristo. Él es siempre el destino, así como el origen y el camino.

Recursos adicionales sobre los Salmos

Dos de los pódcast de la red de pódcast de 1517 tratan sobre los Salmos. En el pódcast *40 Minutes in the Old Testament*, mi copresentador, Daniel Emery Price, y yo hemos estado ofreciendo comentarios sobre cada capítulo del Antiguo Testamento durante varios años. Al momento de redactar esto, estamos publicando un episodio semanal sobre un salmo. El pódcast devocional *Hidden Streams* también está centrado en los Salmos. Cada episodio incluye la lectura de un salmo, una breve meditación y música original compuesta para ese salmo. Parte del material de *Oraciones indomables* se basa en las meditaciones de *Hidden Streams*.

Para aprender más sobre el enfoque cristocéntrico del Antiguo Testamento, consulta mi libro *The Christ Key: Unlocking the Centrality of Christ in the Old Testament*. New Reformation Publications, 2021, especialmente el capítulo 8, donde exploro los Salmos. También puedes acceder a dos cursos gratuitos que ofrezco a través de la 1517 *Academy*, ambos titulados «Cristo en el Antiguo Testamento». Visita academy.1517.org para obtener más información y registrarte.

Que el Señor Jesús, cuya voz resuena desde el Salmo 1 hasta el Salmo 150, te bendiga al meditar en su Palabra.

Chad Bird

Académico residente en 1517.

Salmo 1

Bienaventurado es el hombre

En esta entrada a la casa de los Salmos, ni siquiera cruzamos el umbral antes de que el Hijo de Dios nos reciba, extienda su mano y diga: «Hola, amigo, bienvenido al libro que trata completamente de mí». Las dos palabras hebreas iniciales son *ashrey-ha'ish*, «bienaventurado es el hombre». Ese sería un título perfecto para los cuatro Evangelios. Bienaventurado es el hombre de quien escribieron Mateo, Marcos, Lucas y Juan, el Verbo se hizo carne y habitó entre nosotros (Jn 1:14).

A Jesús se le da muchos nombres y títulos en los Salmos: Mesías, Rey, Roca, Fortaleza, Dios, Señor y más. En esta apertura, él es «el hombre». Y con toda razón. El hombre Jesús no anda en el consejo de los impíos» (Sal 1:1; Heb 4:15). El hombre Jesús «que en la Ley del Señor está su deleite, y en su Ley medita de día y de noche» (Sal 1:2). El hombre Jesús, «... como árbol plantado junto a corrientes de agua, que da su fruto a su tiempo...» (Sal 1:3). En este hombre «toda la plenitud de la Deidad reside corporalmente en él» (Col 2:9). Él es el Dios que los ojos pueden ver y los clavos pueden perforar.

El hombre bienaventurado pisó tierra maldita (Gn 3:17), repleta de malvados, pecadores y burladores. Esta es la humanidad separada de Cristo: nosotros separados de él. El camino de los impíos perecerá (Sal 1:6), pero quien cree en el único Hijo del Padre no perecerá, sino que tendrá vida eterna (Jn 3:16). Por gracia somos salvos por medio de la fe en él (Ef 2:8). Injertados en Jesús, como ramas llenas de la savia de la vida divina, no seremos como el tamo que arrebata el viento (Sal 1:4), sino que permaneceremos en Jesús, el nuevo y mejor Árbol de la Vida. Los impíos no estarán en pie en el juicio (Sal 1:5), pero nosotros sí, porque no hay condenación para los que están en Cristo Jesús (Ro 8:1). Como congregación de los justos, como comunidad de santos, estamos seguros y protegidos en nuestro Señor, el hombre bienaventurado del Salmo 1.

Salmos 2:1-6

El que está sentado en los cielos se ríe

El Salmo 2 toma el testigo de Jesús que nos dejó el Salmo 1 y corre con él. Conocemos a Jesús como «el hombre» en el primer salmo, y lo aclamamos como el Ungido, el Rey y el Hijo del Señor en el Salmo 2. En el Salmo 1:2, Jesús «medita» (hebreo: *haga*) en la Palabra, pero en el 2:1, las naciones del mundo «traman (*haga*) cosas vanas». En el Salmo 1:1, «bienaventurado (*ashrey*) el hombre» que es Jesús, mientras que en el 2:12, «bienaventurados (*ashrey*) todos los que en él se refugian». Los Salmos 1 y 2, como una pareja, han sido unidos en una sola carne poética.

En vano, los malvados cruzan espadas con el cielo en el Salmo 2. Los primeros cristianos, al citar este salmo, los identificaron con «... Herodes como Poncio Pilato, junto con los gentiles y los pueblos de Israel...» (Hch 4:25-27). Se reúnen contra el Señor y contra su Mesías para lanzar su rabieta: «¡Rompamos sus cadenas y echemos de nosotros sus cuerdas!» (Sal 2:3). Destronar al Mesías es la misión de una humanidad rebelde que anhela liberarse de Dios. Entonces él se ríe. Y no es una risa agradable. Los tiene en burla. Su risa pronto se convierte en rugido cuando declara: «Pero yo mismo he consagrado a mi Rey sobre Sión, mi santo monte» (Sal 2:6).

En Sión, Jesús reinó donde Dios lo estableció. Judas lo vendió. Pilato lo sentenció. El Rey de reyes, con una corona de espinas, reinó desde un trono en forma de cruz. Sujeto por clavos, pero sostenido por amor, abrió su boca para perdonar a sus verdugos (Lc 23:34), cuidar de su madre (Jn 19:27) y recibir a un ladrón moribundo en su reino (Lc 23:43). La libertad que el mundo, en su poder ciego y egoísta, quiso arrebatarle a Dios por la fuerza, él la dio generosamente por gracia sacrificial. Libertad del pecado. Libertad de la condenación. Libertad de nosotros mismos. Dios nos lo da todo en Jesús. Y tan feliz está el Señor de darnos estos dones, que el que está sentado en los cielos se ríe de alegría al ver que, en Jesús, nos hemos convertido en sus hijos.

Salmos 2:7-12

Tú eres mi Hijo

Cuando Gabriel visitó a María en Nazaret (Lc 1:26-27), ocurrió un cambio sísmico en la historia. El Hijo del Padre, por medio de quien «todas las cosas fueron hechas» (Jn 1:3), quien condujo a Israel fuera de Egipto y a través del mar Rojo (Jud 5), cuyo dedo escribió los Diez Mandamientos en piedra, quien se apareció a patriarcas y profetas como el Mensajero del Señor (Ex 3:2), este Hijo del Altísimo descendió del cielo para convertirse en un diminuto ser humano dentro del vientre de una virgen. Y nada ha vuelto a ser igual desde aquel entonces.

«Mi Hijo eres tú, yo te he engendrado hoy», dice el Padre (Sal 2:7). «Engendrado, no creado», como confesamos en el credo. Nunca hubo un tiempo en que el Hijo de Dios no existiera, pero sí hubo un momento en que el Hijo de Dios se convirtió también en el Hijo de María. La humanidad fue asumida por Dios. Aquel que cubrió los cielos de luces estrelladas se convirtió también en un bebé envuelto en pañales.

Jesús fue el «Rey de los judíos» (Jn 19:19), pero eso por sí solo era «demasiado poco» (Is 49:6). Su Padre hizo de las naciones su «herencia, y los confines de la tierra» su posesión (Sal 2:8), para que su salvación «alcance hasta los confines de la tierra» (Is 49:6). Cristo atrae a todos a su reino: judíos y gentiles, hombres y mujeres; todos somos uno en aquel que es uno con el Padre y el Espíritu.

«Honren al Hijo», como dice el salmista (Sal 2:12). Él no es un monarca local. Es el Todopoderoso revestido de carne humana. Rebélate contra él, y te quebrantará con vara de hierro. En cambio, sírvele con temor y fe. Alégrate con temblor. «Bienaventurados todos los que en Él se refugian», porque es un Rey bueno y misericordioso que no vino para ser servido, sino para servir y para dar su vida en rescate por muchos (Sal 2:12; Mt 20:28). El Hijo de Dios se hizo uno de nosotros para que nosotros también llegáramos a ser hijos e hijas de nuestro Padre que está en los cielos.

Salmos 3:1-3

¡Pero tú, oh, Señor!

Algunos himnos, como el de Horatio Spafford, «Estoy bien, gloria a Dios», fueron compuestos en sus horas más oscuras —tras la muerte de sus cuatro hijas en un naufragio. Del dolor inconmensurable de un hombre, como de una sola semilla, brotó un árbol himnológico bajo cuya sombra, en todo el mundo y en todas las épocas, los cantores encuentran consuelo. Así ocurre con David, quien compuso Salmos en tiempos de motines, persecuciones, huidas y exilios. Sus oraciones personales se vuelven universales, y se convierten en las oraciones de todos nosotros, incluyendo al hombre Jesús, en cuyos labios las palabras de David alcanzan su mayor elocuencia y claridad.

El Salmo 3 fue escrito durante un golpe de estado organizado por uno de los hijos de David, el apuesto y ambicioso Absalón (2 S 14-19). El rey tuvo que huir para salvar su vida. «Muchos... muchos... muchos», repite, son sus enemigos y sus burladores (Sal 3:1-2). No solo lo atacó su propio hijo, sino que uno de sus consejeros más cercanos, Ahitofel, le fue traidor (2 S 15:31). Aquel joven que había derribado al gigante Goliat, ahora, como anciano, enfrentaba los gigantes del desaliento, la ansiedad y la posible muerte. Una soga, tejida con sombras demoníacas, amenazaba con atar a David a la ruina y a la tumba.

Entonces, irrumpiendo en el salmo, aparece una poderosa refutación hebrea contra todo mal: *ve'attah YHWH*, «¡Pero tú, oh Señor...!» (Sal 3:3). Cuando los males nos rodean, las lenguas mentirosas nos acusan, los demonios susurran y nuestro corazón tiembla, clamamos: «¡Pero tú, oh Señor!». Tú eres nuestro escudo cuando los dardos encendidos nos apuntan. Tú levantas nuestra cabeza cuando las lágrimas corren. Tú eres nuestra gloria cuando otros buscan nuestra vergüenza. «Para él no hay salvación en Dios», decían de David (Sal 3:2), así se burlaban del Hijo de David mientras sangraba en la cruz. ¡Qué equivocados estaban! Dios es nuestra salvación. Su Hijo es salvación con sangre, huesos y carne. Él es nuestro Rey salvador, quien, cuando aumentan nuestros enemigos, le dice a nuestra alma: «Hay plenitud de salvación para ti en mí».

Salmos 3:4-8

Rompe los dientes de los impíos

En las aguas del bautismo fuimos alistados como soldados en el ejército de Cristo: la iglesia militante. Cuando Jesús nos dice a cada uno: «Sígueme», nos está llamando a luchar en una guerra cósmica. En su encarnación, Jesús desembarcó en el territorio enemigo de Satanás. Él es «el dios de este mundo», que «ha cegado el entendimiento de los incrédulos» (2 Co 4:4), y en sus filas militan gobernantes demoníacos, autoridades, poderes cósmicos de tinieblas y fuerzas espirituales del mal en las regiones celestiales (Ef 6:12).

Desafiando al diablo, el Hijo de Dios plantó la sangrienta bandera de la cruz en Jerusalén. Desde allí hasta Judea, Samaria y hasta los confines de la tierra (Hch 1:8), ha avanzado con su evangelio para conquistar corazones y mentes. «No piensen que vine a traer paz a la tierra; no vine a traer paz, sino espada», dice Jesús (Mt 10:34). Su espada divide a todos en uno de dos caminos: el camino de la vida en Cristo o el camino de la muerte en el diablo. No existe una tercera opción.

La victoria de Cristo es una certeza a prueba de hierro. Porque él se acostó y durmió el sueño de la muerte en la tumba, y luego despertó a la vida resucitada al tercer día, nosotros también decimos: «Yo me acosté y me dormí; desperté, pues el Señor me sostiene» (Sal 3:5). Porque venció al pecado, a la muerte y a todas las huestes del infierno, también decimos: «No temeré a los diez millares de enemigos, que se han puesto en derredor contra mí» (Sal 3:6). El diablo, padre de la mentira, abre su boca con engaños, herejías y calumnias, pero Cristo «hiere a todos mis enemigos en la mejilla; rompe los dientes de los impíos» (Sal 3:7). Luchamos, pues, una guerra que ya ha sido ganada. Ganada por Jesús para nosotros. Ganada por Jesús, no para que no luchemos ni sufдолжно suframos, sino para que en nuestro combate espiritual no perdamos el ánimo, sino que clamemos con plena certeza: «La salvación es del Señor. ¡Sea sobre tu pueblo tu bendición!» (Sal 3:8).

Salmo 4

En paz me acostaré y así también dormiré

Cuando mi cabeza toca la almohada, el Salmo 4 es mi oración final del día. Por sus líneas de cierre, la iglesia lo ha usado durante siglos como salmo para el oficio vespertino de Completas[2]: «En paz me acostaré y así también dormiré, porque solo tú, Señor, me haces vivir seguro» (Sal 4:8). Sin embargo, no supongas que, por esas dulces palabras finales, todo el salmo es sereno. Alcanzamos esa dulce *shalom*, pero solo después de orar a través de la amargura de la angustia y la oscuridad en los versículos anteriores.

Las paredes se cierran a nuestro alrededor al comenzar: «En la angustia me has aliviado...» (Sal 4:1). Es una frase hebrea densa que podríamos traducir así: «en un lugar estrecho, tú lo ensanchaste para mí». Todos conocemos esa sensación de estar atrapados. También la conoció David. Y Pablo. Tal vez el apóstol tenía en mente el Salmo 4 cuando escribió que estaba «atribulado por todos lados: por fuera conflictos, por dentro temores» (2 Co 7:5). Cristo nos desata, atrayéndonos hacia su amor que libera. Luego están las voces incesantes de los que «aman la vanidad» y «buscan la mentira» (Sal 4:2). En nuestro mundo ruidoso, temeroso hasta la muerte del silencio, aprendamos a estar quietos y reconocer que el Señor es Dios (Sal 46:10). Él oye cuando lo invocamos (Sal 4:3). Así que, amando su verdad, buscándolo a él, ofrezcamos «sacrificios de justicia» en forma de oración y alabanza, y «confiemos en el Señor» (Sal 4:5).

En nuestra cama, si la frustración del ajetreo del día aún nos ronda, «no se ponga el sol sobre su enojo, ni den oportunidad al diablo» (Ef 4:26-27). Más bien medita en tu jornada, confiesa tus pecados y pon tu confianza en el Señor Jesús, quien levanta sobre nosotros la luz de su rostro. Jesús sonríe al mirarnos desde lo alto. Y gracias a su misericordia podemos cerrar los ojos en paz, porque él nunca cierra los suyos; siempre nos vigila para que habitemos seguros.

Salmos 5:1-7

Por la abundancia de tu misericordia

Cuando Jesús dijo: «Cada día tiene ya sus propios problemas», nos estaba exhortando a no angustiarnos por el futuro, pero también nos recordaba que los días son, en efecto, malos (Mt 6:34). «Por tanto, tengan cuidado cómo andan; no como insensatos, sino como sabios, aprovechando bien el tiempo, porque los días son malos» (Ef 5:15-16). Nuestro tiempo comienza de nuevo cada mañana, por eso oramos: «Oh Señor, de mañana oirás mi voz; de mañana presentaré mi oración a ti, y con ansias esperaré» (Sal 5:3).

El verbo hebreo *arak*, traducido aquí como «presentaré», significa «disponer algo en orden» o «organizar». Cuando el sol sale, también nosotros nos levantamos para orientar nuestras vidas delante de Dios. ¿Será un día malo? Sí, porque el león del infierno ronda «buscando a quién devorar» (1 P 5:8). ¿Lucharemos contra nuestra propia inclinación al mal? También, porque «no hay justo, ni aun uno» (Ro 3:10; cf. Sal 14:3). Por eso le pedimos al Padre que abra sus oídos y su corazón a nuestro clamor, mientras «el Espíritu mismo intercede por nosotros con gemidos indecibles», y clamamos a Jesús, nuestro Rey y nuestro Dios (Sal 5:1-2; Ro 8:26).

Nuestro Padre «no es un Dios que se complace en la maldad» (Sal 5:4); la aborrece. Los jactanciosos, los mentirosos, los sanguinarios, los engañadores que insisten tercamente en rechazar a Dios no permanecerán delante de sus ojos (Sal 5:5), sino que serán destruidos en el día final. Arrepintámonos, pues, sabiendo que el Señor no quiere la muerte del impío, sino que se aparte de su camino y viva —viva en el perdón, viva y florezca en Cristo (Ez 33:11). Por la abundancia de su *jesed* (su «misericordia constante»), entramos en la casa del Padre (Sal 5:7), en su santo templo, que es el Verbo encarnado que plantó su tienda entre nosotros (Jn 1:14). Como miembros bautizados de su cuerpo, comenzamos y terminamos cada día en la paz que sobrepasa todo entendimiento, porque Cristo mismo es nuestra paz (Ef 2:14; Flp 4:7).

Salmos 5:8-12

Su garganta es sepulcro abierto

Una chispa incendia un bosque. Un timón dirige un barco. Un freno en la boca del caballo lo controla. Santiago utiliza estas tres imágenes para ilustrar cómo la lengua, ese pequeño miembro del cuerpo, «se jacta de grandes cosas» (Stg 3:5). Con ella podemos edificar, amar y alabar, pero también destruir, escupir odio y maldecir. «Ningún hombre puede domar la lengua» (Stg 3:8). Toda lengua es salvaje.

David apunta contra el habla malvada en el Salmo 5: bocas sin verdad, lenguas lisonjeras y gargantas que son «sepulcro abierto» (Sal 5:9). «Digan "aaa"», nos dice el Dr. David, mientras apoya su palito sobre nuestra lengua y observa la oscuridad. ¿Qué ve allí? Envidia, mezquindad, calumnia y toda clase de cadáveres espirituales en ese «sepulcro abierto». Exhalamos palabras que envenenan el aire con la halitosis del infierno. Y ningún enjuague espiritual nos puede curar. Todos hemos estado tanto del lado que pronuncia como del lado que recibe palabras como esas. El Salmo 5 nos llama al arrepentimiento por nuestras mentiras y palabras sin amor. También declara que cualquier esperanza que tengamos no está en nuestra boca, ni en nuestra mente, ni en nuestro corazón. No hay refugio para nosotros en nosotros mismos. ¿Entonces dónde?

Nuestra esperanza está en el Siervo que fue herido y afligido, llevado como el Cordero de Dios al matadero de la cruz, en quien «no se halló engaño en su boca» (Is 53:9). Pilato le preguntó a Jesús: «¿Qué es la verdad?» (Jn 18:38), a lo que bien pudo haber respondido: «La estás viendo». Cristo, siendo la verdad, habla verdad —y parte de esa verdad es su sincero llamado para que hallemos refugio en él. Él extenderá su protección sobre nosotros (Sal 5:11). El verbo hebreo para «extender», *sakak*, se utiliza para las alas de los querubines que «cubren» el propiciatorio (Ex 25:20), y para Dios que «te cubrirá con sus plumas» (Sal 91:4). Nuestro Salvador anhela cubrirnos, como la gallina cubre a sus polluelos, para protegernos de todo mal. No hay refugio para nosotros en nosotros mismos, pero bajo las alas de Jesús, hay refugio de sobra.

Salmo 6

Ten misericordia de mí, oh, Señor

En los primeros salmos, escuchamos acerca de todos esos «malvados» allá afuera. Pero no sea que empecemos a dar gracias al Señor por no ser como esos pecadores —los impíos del Salmo 1, los enemigos del Salmo 3, o los jactanciosos del Salmo 5—, llega el Salmo 6 para recordarnos que nuestras propias almas también están manchadas por muchos pecados.

Tradicionalmente, este es el primero de los siete Salmos Penitenciales, junto con los Salmos 32, 38, 51, 102, 130 y 143. Son un recordatorio saludable de que estamos enfermos, en urgente necesidad del Médico, Jesucristo, quien vino «no a llamar a justos, sino a pecadores al arrepentimiento» (Lc 5:32). Ese arrepentimiento no es un evento único, sino el patrón continuo y diario de nuestra vida. Nuestra enfermedad no se asemeja a un simple resfriado, ni siquiera a un cáncer en etapa 4; es infinitamente peor, pues nos succiona la vida y nos inunda de muerte. Nos deja débiles, agotados por el gemido, empapando el lecho con lágrimas, consumidos por el dolor, debilitándonos cada día (Sal 6:2-7). Nuestras iniquidades han hecho separación entre nosotros y nuestro Dios (Is 59:2), fuente de vida, gozo y paz.

El Dios contra quien hemos pecado es el único a quien podemos acudir. Él es «compasivo y clemente, lento para la ira y grande en misericordia y verdad; que guarda misericordia a millares, el que perdona la iniquidad, la transgresión y el pecado...» (Ex 34:6-7). Por eso oramos: «Ten piedad de mí. [...] Sáname. [...] Rescata mi alma. [...] Sálvame por tu misericordia» (Sal 6:2-4). El Señor escucha nuestras súplicas y acepta nuestra oración, porque no es un juez de rostro pétreo, sino el Padre de nuestro Señor Jesucristo, quien «... es fiel y justo para perdonarnos los pecados y para limpiarnos de toda maldad» (Sal 6:9; 1 Jn 1:9). Y hace aún más que sanarnos y perdonarnos: nos llena con su Espíritu, nos injerta en Jesús y arrojará a las profundidades del mar todos nuestros pecados (Miq 7:19).

Salmos 7:1-10

Júzgame, oh, Señor, conforme a mi justicia

Con una estatura de 1,85 m y un peso de 82 kg, me sentiría sumamente incómodo usando la ropa de alguien que mide 1,95 m y pesa 115 kg. De modo similar, cuando nos «probamos» los Salmos, con frecuencia encontramos oraciones que parecen no quedarnos bien. Son demasiado grandes, no nos ajustan. El Salmo 7 es un claro ejemplo.

¿Quién de nosotros le dice con audacia a Dios: «Si hay en mis manos injusticia », que reciba lo que merece? (cf. Sal 7:3). Eso es una receta para el desastre. O aún más: «... júzgame, oh Señor, conforme a mi justicia y a la integridad que hay en mí» (Sal 7:8). Si Dios me juzga conforme a mi justicia, ¡ay de mí! Porque toda mi justicia (¡lo mejor de mí!) es como trapo de inmundicia (Is 64:6). Por eso es tan vital este comentario de Dietrich Bonhoeffer: «Si queremos leer y orar las oraciones de la Biblia, y en especial los Salmos, no debemos preguntar primero qué tienen que ver con nosotros, sino qué tienen que ver con Jesucristo».[2] Si un salmo no nos queda, probablemente estamos usando algo del armario de oración de Jesús.

Como David era profeta y sabía que Dios había jurado poner a uno de sus descendientes —el Mesías— en su trono, escribió salmos que relataban su propia experiencia como rey y al mismo tiempo anunciaban al Hijo de David (Hch 2:30-31). Las oraciones en blanco y negro de la vida de David se volvieron a todo color en la vida y el ministerio de Jesús.

Nuestro Señor Jesús es, por tanto, el que aparece en el Salmo 7 siendo perseguido por hombres como leones. Él es el justo que sufre, el hombre íntegro, que clama a su Padre por un juicio recto. Su escudo fue su Padre, «el que salva a los rectos de corazón» (Sal 7:10). Dios respondió a la oración de Jesús en la resurrección, vindicando a su Hijo y justificándonos a nosotros en él. Ahora, en Cristo, vestidos con su justicia —una justicia que nos queda grande, pero es pura gracia— nosotros también podemos orar el Salmo 7.

Salmos 7:11-17

Preñado de maldad

Nuestra vida es, con frecuencia, una serie de episodios que confirman aquellas verdades elementales que nuestros padres nos advirtieron. «Aléjate de esa estufa caliente», decían, «o te vas a quemar». «No juegues en la calle», advertían, «o te va a atropellar un auto». «Y no corras con tijeras». ¿Y qué hacemos en cuanto tenemos oportunidad? Usamos nuestra libertad para tocar la estufa más cercana, correr a la calle... con las tijeras en la mano.

Como pecadores, rara vez necesitamos ayuda externa para arruinar o destruir nuestras vidas; lo hacemos bastante bien por nuestra cuenta. Esa es la historia que se entreteje en el Salmo 7:11-17. Considera esta imagen inolvidable de concepción y nacimiento: «El impío con la maldad sufre dolores, y concibe la iniquidad y da a luz el engaño» (Sal 7:14). O esta otra: «Ha cavado una fosa y la ha ahondado, y ha caído en el hoyo que hizo» (7:15). O este versículo, donde imagino un arma lanzada por el aire: «Su iniquidad volverá sobre su cabeza, y su violencia descenderá sobre su coronilla» (7:16). ¿Qué sucede en todos estos casos? El pecador se hiere a sí mismo. Cosecha lo que ha sembrado. Muchas veces, el juicio de Dios consiste simplemente en dejarnos hacer nuestra voluntad para que nos destruyamos solos. Como lo expresó Pablo: «Por lo cual Dios los entregó...» (Ro 1:24, 25, 28).

Por eso, cada día —e incluso cada hora— nos encomendamos a la misericordia de nuestro Señor Jesús. «Si el hombre no se arrepiente, Dios afilará su espada» (Sal 7:12); pero si nos arrepentimos, Dios derrama sobre nosotros su gracia, una gracia que despierta nuestro apetito por más y más, gracia sobre gracia, en un banquete de perdón que no tiene fin (Jn 1:16). No necesitamos ayuda para destruir nuestra vida, pero nuestro Padre, el mejor de los padres, vela por nosotros, nos levanta cuando caemos y hace por nosotros lo que no podemos hacer por nuestra cuenta. Nos salva. Nos redime en Jesús, su Hijo. Por tanto, cantemos «al Señor, el Altísimo» (Sal 7:17).

Salmo 8

Todo lo has puesto debajo de sus pies

Imagina que entras en una piscina inclinada, con solo quince centímetros de profundidad en un extremo y cinco metros en el otro. Paso a paso, el agua va subiendo. Así es caminar dentro del Salmo 8. Al comienzo, parece que simplemente estamos alabando a Dios por todo lo que hizo en Génesis 1-2. Y así es. Pero aguas más profundas nos llaman. El Salmo 8 es tanto una reflexión poética sobre la creación de Adán como rey de la creación, como también un himno profético sobre el último Adán, Jesús, quien reina como Rey de reyes sobre todas las cosas en el cielo y en la tierra.

«¿Qué es el hombre?», pregunta David a Dios. No parece gran cosa, comparado con «tus cielos, obra de tus dedos, la luna y las estrellas que tú has establecido» (Sal 8:3). Sin embargo, no solo nuestro Padre se acuerda de nosotros y nos cuida, sino que ha coronado a Adán y a su descendencia «con gloria y majestad» (Sal 8:5). Haciendo eco de Génesis 1:28, David dice: «Tú lo haces señorear sobre las obras de tus manos; todo lo has puesto bajo sus pies» (Sal 8:6).

Pero eso no es todo. Como una novia que lleva «algo viejo y algo nuevo», el Salmo 8 une la historia del viejo Adán de Génesis con la del nuevo Adán de los evangelios. Después de citar este salmo, Hebreos dice: «Vemos a aquel que fue hecho un poco inferior a los ángeles, es decir, a Jesús, coronado de gloria y honor a causa del padecimiento de la muerte, para que por la gracia de Dios probara la muerte por todos» (Heb 2:9). Al llegar al extremo más profundo del Salmo 8, estamos nadando en aguas mesiánicas, porque Jesús es «el hombre» y el «hijo del hombre» a quien el Padre exalta a su diestra para «poner todas las cosas bajo sus pies» (Sal 8:6). Bautizados en Cristo, siendo parte de su cuerpo y él como nuestra cabeza, también nosotros participamos de la gloria de este nuevo y mejor Adán, cuyo nombre es majestuoso en toda la tierra.

Salmos 9:1-10

El Señor reina para siempre

Si un soldado está en medio de un tiroteo, un general de cinco estrellas no va a llegar de repente para sacarlo del apuro. La guerra no funciona así. Tampoco la vida cotidiana. Con raras excepciones, los líderes nacionales envían a sus representantes, que a su vez delegan en otros para atender los asuntos del ciudadano común. Cadena de mando. Jerarquía. Así funciona la vida, ¿cierto?

No así con Dios. El Salmo 9 afirma lo mismo que otros salmos: que cuando los enemigos de David «retroceden, tropiezan y perecen delante de ti» (Sal 9:3). La palabra hebrea para «delante de ti» es *paneh*, que significa «rostro». Se enfrentan al rostro de Dios. No al de su representante, sino al del «Señor, que permanece para siempre» (Sal 9:7), el que mantiene la justicia, defiende el derecho, reprende a las naciones y deja destruida sus ciudades (Sal 9:4-6). Si quieres que algo se haga bien, hazlo tú mismo. Y eso hace Dios. Cuando su pueblo está en apuros —David en tiempos antiguos o nosotros hoy— nuestro Señor no delega la responsabilidad. Él se presenta en persona.

Orar el Salmo 9 es un acto de audaz desafío. Nos plantamos en medio del torbellino de tinieblas, oímos la risa espantosa del mal, nos negamos a doblar la rodilla ante las mentiras de moda y clamamos al Juez de todos. Él no ha abandonado, ni abandonará, a los que lo buscan (Sal 9:10). Él es «baluarte para el oprimido, baluarte en tiempos de angustia» (Sal 9:9).

Cada vez que concluimos el Padre Nuestro con la petición: «Líbranos del mal», hacemos eco del Salmo 9. Acércate a nosotros, Padre, por el poder de tu Espíritu, en la persona de tu Hijo, para cubrirnos con tu escudo empapado en sangre. Pelea por nosotros. El rostro de Cristo, que es «como el sol cuando brilla con toda su fuerza» (Ap 1:16), disipará las tinieblas y alumbrará el camino por delante, mientras caminamos —o gateamos— por el valle de sombra y sufrimiento. Y mientras él brilla, abrimos nuestros labios para cantar alabanzas al nombre del Señor Altísimo (Sal 9:2).

Salmos 9:11-17

El necesitado no será olvidado para siempre

¿Es Dios olvidadizo? Alguien nuevo en los Salmos podría fácilmente tener esa impresión. Después de todo, su pueblo le suplica con frecuencia que los recuerde, que no los olvide. Incluso un salmo lamenta: «¿Ha olvidado Dios tener piedad?» (Sal 77:9). ¿Y bien? ¿Lo ha hecho?

A veces lo parece. Seamos honestos: a menudo lo parece. Tiritamos en inviernos de angustia, pérdida, dolor e incertidumbre. Nos preguntamos si se nos ha escapado de la memoria del Señor, como un conocido lejano que se desvanece con el tiempo de la nuestra. Nuestras emociones sugieren que Dios se ha convertido en una deidad distraída, incapaz de prestarnos atención por estar demasiado ocupado cuidando un universo entero. Quizás por esa razón el salmista no dice «el necesitado no será olvidado», sino más bien: «el necesitado no será olvidado para siempre» (Sal 9:18).

Ayuda saber que, en hebreo, el verbo *shakąj* (olvidar) no se refiere a un lapsus mental. En hebreo, recordar implica moverse, actuar, hacer algo por aquel a quien se recuerda. Asimismo, «olvidar» implica inacción, no hacer nada. Que Dios «olvide» significa que estamos esperando que él actúe. Que Dios «recuerde» significa que está actuando, o a punto de actuar, en nuestro favor.

Cuando nuestro código postal es «las puertas de la muerte» (Sal 9:13), clamamos a Jesús, quien atravesó y destrozó esas puertas hasta hacerlas añicos el día de su triunfante resurrección. Él «no olvida el clamor de los afligidos» (Sal 9:12), sino que está atento. Ve nuestra aflicción, nos toma de la mano y nos saca de la oscuridad a la luz, para que «en las puertas de la hija de Sión me regocije en tu salvación» (Sal 9:14).

«Los impíos volverán al Seol», a su ciudad natal espiritual, «o sea, como todas las naciones que se olvidan [*shakąj*] de Dios» (Sal 9:17), que actúan como si él no importara. Pero nosotros, los que creemos en Cristo, los necesitados que él ha recordado, ¡cantaremos alabanzas al Señor, que mora en Sión! (Sal 9:11).

Salmos 10:1-11

No hay Dios

En tres ocasiones los Salmos nos muestran a personas diciendo: «No hay Dios» (Sal 10:4; 14:1; 53:1). Esto suena como el dogma de los ateos modernos, pero en realidad es distinto. El ateo contemporáneo niega completamente la existencia de una deidad. Lo que tenemos en estos salmos es un «ateísmo práctico», una manera de vivir en la que, aunque se admita que Dios pueda existir, se elige vivir como si no existiera.

¿Cómo luce una vida así? Irónicamente, parece la vida de alguien que necesita convencerse constantemente de que tiene razón. «Dice en su corazón: "No hay quien me mueva"» y otra vez: «Dice en su corazón: "Dios se ha olvidado; ha escondido su rostro; nunca verá nada"» (Sal 10:6, 11). Dice en su corazón, dice en su corazón. Podríamos responder: «Ah, ateo práctico, protestas demasiado». Estas personas pueden apagar la televisión, pero no pueden apagar la conciencia. Siempre acusa, aunque sea con un susurro ahogado. En la conciencia del ateo práctico —y en la de todos nosotros— hay mucho que acusa.

El hebreo pinta una imagen expresiva: la «arrogancia de su rostro» (Sal 10:4), literalmente, su «nariz altiva». Una actitud arrogante que mira a los demás por encima del hombro. Su boca es un jardín del diablo, lleno de malas hierbas: blasfemia, engaño, opresión, malicia e iniquidad (Sal 10:7). Una vida bestial, como la de un león que «está al acecho en el escondrijo» para atacar (Sal 10:9).

Estas palabras, que pinchan nuestra propia conciencia, nos llevan a confesar que nosotros también hemos vivido como si Dios no existiera. Pero un día de juicio vendrá para todos nosotros, «porque todos compareceremos ante el tribunal de Dios» (Ro 14:10). Así que, echemos hoy mismo nuestra vida sobre la misericordia perdonadora de Jesús, quien alegremente perdona todos los pecados. Él volverá para juzgar a los vivos y a los muertos. Y cuando lo haga, no tendremos por qué temer, porque «ahora no hay condenación para los que están en Cristo Jesús» (Ro 8:1).

Salmos 10:12-18

Rompe el brazo del impío

Hablamos del «largo brazo de la ley» para expresar que los criminales no escaparán a la justicia. Si una comunidad está indignada, decimos que está «armada». Y «armarse» puede significar desde tomar un arma hasta reunir argumentos para un debate. El brazo es un símbolo rico en significado metafórico. Lo mismo ocurre con *zeroa*, la palabra hebrea para «brazo». No fue el «brazo» de Israel el que lo salvó de Egipto (Sal 44:3). David oraba que, aun siendo un anciano canoso, pudiera cantar a la próxima generación sobre el «brazo» de Dios (que a menudo se traduce como «poder», Sal 71:18). El salmista alaba al Señor por usar su «brazo» para redimir a su pueblo, esparcir enemigos y fortalecer a su siervo (cf. Sal 77:15; 89:10, 21). Así, el «brazo» es una metáfora de la fuerza, del poder necesario para cumplir con cualquier acción.

Por eso, cuando oramos en el Salmo 10:15 que Dios «quiebre el brazo al impío», no le estamos pidiendo al Señor que actúe como la mafia y envíe a alguien a urgencias. Le suplicamos que deje sin poder a los poderosos, que los incapacite para seguir haciendo daño, especialmente a los indefensos, a los huérfanos y a los afligidos (Sal 10:14, 18). Oramos: «¡Alza tu mano!», para que con su poderoso brazo desarme a los malvados (Sal 10:12).

Lo sorprendente es dónde ocurrió ese «quebrantamiento de brazo»: en la crucifixión de Jesús. «Desarmó a los poderes y a las autoridades y, por medio de Cristo, los humilló» (Col 2:15, NVI). Cuando los propios brazos del Señor fueron extendidos y clavados a ese madero sangriento, desarmó a las potestades tenebrosas y autoridades malignas, quebró el brazo del impío, y mostró al cielo y a la tierra que él es «Rey por los siglos de los siglos» (Sal 10:16).

Al orar: «¡Levántate, oh Señor! ¡Alza, oh Dios, tu mano!», oramos al que ha resucitado de entre los muertos (Sal 10:12). Él alza su mano para liberarnos y bendecirnos como aquellos que comparten la vida y la victoria que nos ha dado. Por tanto, ármense con esta esperanza inmortal.

Salmo 11

El Señor está en su santo templo

Arqueros enemigos, con las flechas colocadas y los arcos tensos, estaban listos para disparar. Los amigos de David le dieron un mal consejo: «¡Huye! ¡ como ave al monte!» (Sal 11:1). Pero David no era ningún tonto. Tratar de volar en medio de una nube de flechas veloces es una buena manera de morir. El rey respondió: «No», porque «en el Señor me refugio» (Sal 11:1).

¿Qué nos dice David acerca de este Señor? Habla palabras que merecen ser inscritas en letras doradas sobre cada temor, cada ansiedad, cada amenaza que podamos enfrentar:

> *El Señor está en su santo templo;*
> *el trono del Señor está en los cielos* (Sal 11:4).

Si los fundamentos de nuestra vida «son destruidos, ¿qué puede hacer el justo?» (Sal 11:3). Nos regocijamos al saber que nada ni nadie en toda la creación puede destruir la palabra del Señor Jesús para nosotros. Él es el Rey y Sacerdote en su santo templo, cuyo trono está en los cielos, donde se sienta a la diestra del Padre. Si «el que ama la violencia» nos amenaza (Sal 11:5), descansamos seguros en el Redentor que soportó la violencia de la cruz, las amenazas del diablo y toda clase de mal, para que nosotros, que compartimos sus sufrimientos, también compartamos la gloria de su trono inconmovible.

Si la copa que se nos obliga a beber en esta vida está amarga de dolor, Jesús nos llama a su trono. Él pone sobre nuestros labios el cáliz de la esperanza, rebosante de su amor vivificante. Bebemos el vino del perdón en lugar del «fuego, azufre y viento abrasador» que será la porción de la copa del incrédulo (Sal 11:6). El Señor Jesús, nuestro refugio, está en su santo y celestial templo. El Señor Jesús está en el cielo, donde «contemplaremos su rostro» (Sal 11:7), el rostro de aquel que nos sonríe como su amado pueblo.

Salmo 12

«Nuestros labios nos defienden, ¿quién es señor sobre nosotros?».

El habla fue un don de Dios para la humanidad. Al observar a los animales, Adán captó el nombre más adecuado para cada uno. «El hombre puso nombre a todo ganado y a las aves del cielo y a todo animal del campo...» (Gn 2:20). Al ser presentado con Eva, Adán dijo: «Esta es ahora hueso de mis huesos, y carne de mi carne. Ella será llamada Mujer, porque del hombre fue tomada» (Gn 2:23). Así como «las palabras del Señor son palabras puras, plata probada en un crisol en la tierra, siete veces refinada», podríamos decir que Adán tenía una lengua «de plata», pues hablaba verdad sin mezcla (Sal 12:6).

El arsenal de Satanás contra Adán y Eva fue completamente verbal: «¿Conque Dios les ha dicho...?» (Gn 3:1). Tras la rebelión humana, la parte del cuerpo favorita del diablo se convirtió en la boca, pues él es «mentiroso y el padre de la mentira» (Jn 8:44). El trono del infierno tiene forma de lengua. El Salmo 12 da testimonio de cómo la mentira satánica, como un virus letal, se propagó por toda la humanidad: «Falsedad habla cada uno a su prójimo; hablan con labios lisonjeros y con doblez de corazón» (Sal 12:2). La gente se jacta: «Con nuestra lengua prevaleceremos; nuestros labios nos defienden, ¿quién es señor sobre nosotros?» (Sal 12:4).

¡Qué diferente es Jesús, el último Adán, de quien Isaías profetizó: «No había engaño en su boca»! (Is 53:9). No solo habla la verdad, él es «la verdad» (Jn 14:6), porque es el Verbo veraz que estaba con Dios, y el Verbo era Dios (Jn 1:1). Como Palabra encarnada, «verbalizó» la verdad, la honestidad, la pureza, un lenguaje dorado sin impurezas.

El Salmo 12 comienza con el clamor: «Salva, Señor, porque el piadoso deja de ser, porque los fieles desaparecen de entre los hijos de los hombres» (Sal 12:1). Pero no del todo. Hay un hombre piadoso, un fiel, que vino a responder ese clamor. Él salva. Él nos guarda y preserva (Sal 12:7). En su transfiguración, el Padre dijo: «Óiganlo» (Mt 17:5). ¿Y quién mejor para escuchar que a Cristo, el don de Dios para la humanidad?

Salmo 13

¿Hasta cuándo, oh, Señor? ¿Me olvidarás para siempre?

La brevedad del Salmo 13 puede ser engañosa. Sí, solo contiene unas cien palabras. Y sí, podemos leerlo en voz alta en menos de un minuto. Pero, siendo honestos, podría tomarnos años escalar completamente estos seis versículos montañosos. ¿Por qué? Esta oración, aunque breve, condensa tres largas estaciones de la vida: sufrimiento, súplica y canto.

Comenzamos con: «¿Hasta cuándo... hasta cuándo... hasta cuándo... hasta cuándo?» Cuatro veces se lanza esa pregunta hacia el cielo en la sección inicial de sufrimiento. ¿Hasta cuándo, después de la muerte de mi hijo, permanecerá mi corazón hecho trizas? ¿Hasta cuándo, mientras grito con dolor, el cielo guardará silencio? ¿Hasta cuándo tendré que sentarme, sediento de gozo, sobre las arenas calientes de la tristeza? Podemos orar esos dos primeros versículos en segundos, pero sus palabras pueden resonar durante años.

Luego llega la estación de la súplica, cuando pasamos de cuestionar a implorar con una fe ferviente (Sal 13:3-4). El verbo hebreo *nabat* («considera» en el v. 3) implica: «¡Mírame, Dios!» Abre tus ojos a mi sufrimiento. Deja caer algo de luz en mi oscuridad. No permitas que mis enemigos celebren mi dolor. Una palabra pequeña pero clave aquí es «mi»: «¡Considera y respóndeme, oh Señor, Dios mío!» (Sal 13:3). «Mío» es la palabra de la fe. Reclama a Dios no solo como el Todopoderoso, sino como mi Padre.

Finalmente, nos encontramos cantando. Confiamos en su misericordia. Nuestros corazones se regocijan en su salvación. Cantamos «al Señor, porque me ha llenado de bienes» (Sal 13:6). Sin embargo, no llegamos allí rápidamente. Las heridas toman tiempo para sanar. La aurora no sigue inmediatamente a la medianoche. El Salmo 13 es, por tanto, como un pequeño mapa de oración del extenso país del cargar la cruz, por el cual transitamos en esta vida. Avanzamos lentamente, y a menudo en zigzag, por este país. Pero no lo hacemos solos. En cada paso del camino, Cristo, nuestro Señor crucificado y resucitado, a quien el Padre hizo «perfecto por medio de los padecimientos» (Heb 2:10), nos lleva hacia adelante.

Salmo 14

No hay quien haga lo bueno, no hay ni siquiera uno

La Biblia suele funcionar como un aguafiestas divino cuando empezamos a disfrutar de una opinión exagerada de cuán buenos somos. ¿«Buenos» en comparación con quién? Una vela puede parecer brillante en una habitación completamente oscura, pero llévala a la luz del sol y no será nada. De la misma manera, nuestra «vela de bondad» puede parecer intensa junto a la vida oscurecida de un asesino a hacha o un traficante de esclavos, pero no tiene ningún brillo cuando se compara con los rayos cegadores que emanan del Sol de justicia mismo. Y es solo esa comparación la que realmente importa. En el día del juicio no seremos evaluados en relación con otras personas, sino en función de cómo nos medimos frente a la perfecta Ley de Dios.

¿Qué nota nos da esa Ley? El Salmo 14 escribe una gran y gorda «R» de «reprobado» en nuestra libreta espiritual. Dios mira desde el cielo y evalúa a la humanidad. ¿Qué ve? «Todos se han desviado, a una se han corrompido; no hay quien haga el bien, no hay ni siquiera uno» (Sal 14:3). En Romanos, Pablo cita este salmo, junto con una serie de otros, para confirmar que «tanto judíos como griegos, están todos bajo pecado» y que «toda boca se calle y todo el mundo sea hecho responsable ante Dios» (Ro 3:9, 19).

¿Bajo qué Dios? El mismo Dios que «justifica al impío» (Ro 4:5). El salmista exclama: «¡Oh, si de Sión saliera la salvación de Israel!» (Sal 14:7). Y esa salvación llegó cuando el Señor Jesús vino a Sión y cargó en sí mismo todas nuestras obras abominables, nuestra corrupción y nuestra falta de bondad en la cruz. Tomó nuestra gran y gorda «R» y nos dio a cambio su perfecto «10». Nuestra fe en él ahora «se le cuenta por justicia» (Ro 4:5). Somos «justificados gratuitamente por su gracia por medio de la redención que es en Cristo Jesús» (Ro 3:24). En un mundo de pecadores donde «no hay quien haga el bien, no hay ni siquiera uno», vino uno que sí hizo el bien: Cristo nuestro Señor, y nos dio su bondad a cambio de nuestra maldad.

Salmo 15

¿Quién morará en tu santo monte?

Todos hemos oído los chistes sobre san Pedro a las puertas del cielo, interrogando a la gente para ver si son dignos de caminar por las calles de oro. El Salmo 15 podría parecer que sigue ese patrón con sus preguntas: «Señor, ¿quién habitará en tu tabernáculo? ¿Quién morará en tu santo monte?» (Sal 15:1). Pero esto no es ningún chiste. Las preguntas son profundamente serias.

¿Quién habitará con Dios? ¿Quién puede vivir bajo su techo? El poeta da la respuesta con claridad. Todo lo que debemos hacer es vivir íntegramente, obrar con justicia, no mentir jamás, no calumniar, no hacer daño al prójimo, temer al Señor, no defraudar, no aceptar sobornos (Sal 15:2-5). Simple, ¿no? «El que hace estas cosas permanecerá firme» (Sal 15:5). En otras palabras: ama a Dios con todo tu corazón, alma y mente, y ama a tu prójimo como a ti mismo, y podrás habitar en la tienda del Señor y morar en su santo monte.

Una vez más, nuestros fracasos nos golpean en la cara y desinflan todas nuestras esperanzas. ¡Lejos de cumplir todos esos requisitos, no hemos cumplido ni uno solo! Por eso, todo salmo como este, si lo vemos solo en relación con nosotros, nos llevará a la desesperación.

Pero hay uno —y solo uno— que amó perfectamente a su Padre, y amó a su prójimo con todo su corazón. Hay uno —y solo uno— cuya «justicia supera la de los escribas y fariseos», y que «amó a los suyos que estaban en el mundo, los amó hasta el fin» (Mt 5:20; Jn 13:1). «Señor, ¿quién habitará en tu tabernáculo? ¿Quién morará en tu santo monte?» Hay solo un «quién»: Jesús. Jesús, la cabeza de su iglesia, de la cual nosotros somos miembros. A donde va la cabeza, va el cuerpo. A donde va Jesús, vamos nosotros. Donde a él se le da entrada, también a nosotros.

Por la comunión con Jesús, bautizados en su cuerpo, habitamos con Dios nuestro Padre bajo el techo del Espíritu. Nosotros, los que estamos en Cristo, no seremos jamás sacudidos.

Salmos 16:1-6

El Señor es mi porción y mi copa escogida

Después de la muerte de Moisés, Josué tomó las riendas del liderazgo y reunió a las fuerzas de Israel para tomar posesión de la tierra que Dios había prometido a Abraham, Isaac y Jacob. Cuando esta tarea se completó (aunque de manera incompleta y a medias), la tierra fue repartida entre las tribus. A unas les tocó más, a otras menos. Pero una tribu, la de Leví, que incluía a todos los sacerdotes descendientes de Aarón, recibió una herencia diferente.

Dios le dijo a Aarón: «No tendrás heredad en su tierra, ni tendrás posesión entre ellos; yo soy tu porción y tu herencia entre los israelitas» (Nm 18:20). En términos prácticos, que el Señor fuera su «porción y herencia», significaba que vivían sustancialmente de partes de las ofrendas y dones que los israelitas daban al Señor. Del altar del Señor a su mesa. Este es el trasfondo de lo que David dice en el Salmo 16:5: «El Señor es la porción de mi herencia y de mi copa...». Aunque no era sacerdote, David vivió una vida sacerdotal en el sentido de que confesaba que su verdadera herencia, su fuente de vida, la copa de la cual recibía gozo y sustento, no era otra que el mismo Señor.

Cristo, como nuestro gran sumo sacerdote, lleva este salmo a su cumplimiento. De hecho, David, como profeta, previó y escribió este salmo acerca del Mesías (cf. Hch 2:29-31; más sobre eso mañana). Cada «yo» y «mí» en el Salmo 16 se encuentra más a gusto en los labios de Jesús. Él le dice a su Padre: «Tú eres mi Señor» (16:2); «en los santos están todas mis delicias» (16:3); el Señor, su Padre, «es la porción de mi herencia y de mi copa» (16:5); «en verdad es hermosa la herencia que me ha tocado» (16:6). El Salmo 16 es la oración de Jesús. ¿Y nosotros? Todos los discípulos de Jesús, como parte de su cuerpo real y sacerdotal, formamos parte del «real sacerdocio» (1 P 2:9). Estamos revestidos, de pies a cabeza, con sus vestiduras en el bautismo. Él y su reino son nuestra herencia. Y en nuestras vidas su copa rebosa.

Salmos 16:7-11

No permitirás que tu santo sufra corrupción

Que David murió y su cuerpo se descompuso son verdades esenciales para comprender los Salmos. Esto puede parecer extraño, pero los apóstoles predicaban este hecho. En Pentecostés, Pedro citó el salmo de hoy, escrito por David, una parte del cual dice de Dios: «No permitirás que tu santo sufra corrupción» (Sal 16:10; Hch 2:27), es decir, descomposición corporal. El apóstol continúa diciendo que David murió, fue sepultado y su tumba todavía existe. Entonces, ¿cómo podía decir el rey que su cuerpo no se descompondría?

Pedro afirma que David no hablaba de sí mismo, sino que, «siendo profeta, y sabiendo que Dios le había jurado sentar a uno de sus descendientes en su trono, miró hacia el futuro y habló de la resurrección de Cristo, que ni fue abandonado en el Hades, ni su carne sufrió corrupción» (Hch 2:30-31).

Pablo reafirma lo dicho por Pedro. Más adelante en Hechos, después de citar ese mismo versículo del Salmo 16, Pablo añade: «Porque David, después de haber servido el propósito de Dios en su propia generación, durmió, y fue sepultado con sus padres, y vio corrupción. Pero aquel a quien Dios resucitó no vio corrupción» (Hch 13:36-37). Por tanto, al leer los salmos de David, ten presente que él, como profeta, escribía con frecuencia palabras que no hablaban de sí mismo, sino del Mesías, el Hijo de David, a quien Dios había prometido colocar en el trono de David (2 S 7:11-16).

El Salmo 16 es la oración de Cristo antes de la muerte y la tumba, llena de la esperanza de la resurrección. Cristo dice: «Permaneceré firme... también mi carne morará segura... no abandonarás mi alma en el Seol, ni permitirás que tu santo sufra corrupción... en tu presencia hay plenitud de gozo» (Sal 16:8-11). Esta valiente y esperanzada oración también es nuestra. A diferencia del cuerpo de Cristo, nuestros cuerpos sí verán corrupción, pero no para siempre. Cuando Jesús regrese, sacará a la luz nuestros cuerpos y los glorificará. Hasta entonces, por la fe, caminamos por «el sendero de la vida», esperando el día en que disfrutaremos de «delicias eternas» en el Hijo que está sentado a la «diestra» del Padre (16:11).

Salmos 17:1-7

Manifiesta tu misericordia de manera maravillosa

En el salmo inicial, Jesús es el hombre bienaventurado que «no anda en el consejo de los impíos, ni se detiene en el camino de los pecadores, ni se sienta en la silla de los escarnecedores...» (1:1-2). Del mismo modo, aquí, en el Salmo 17, Cristo le dice a su Padre: «En cuanto a las obras de los hombres, por la palabra de tus labios yo me he guardado de los caminos de los violentos» (17:4).

La boca de nuestro Padre, cuando se abre para hablar su Palabra, es como encender una linterna potente. Nuestro mundo está oscurecido por mentiras, idolatría, herejía y confusión, pero rayos brillantes de verdad divina emanan de su boca abierta. Su Palabra se convierte en lámpara para nuestros pies y luz para nuestro camino (cf. Sal 119:105), de modo que, junto con Cristo, podemos evitar «los caminos de los violentos» por la iluminación que proviene de «la palabra de [sus] labios» (17:4).

Mientras Jesús puede decir con total honestidad a su Padre: «Mis pasos se han mantenido en tus caminos; mis pies no han resbalado», nosotros, por supuesto, no podemos hacerlo. Oramos: «No dejes que me desvíe de tus mandamientos», pero también confesamos: «Me he descarriado como oveja perdida; busca a tu siervo...» (119:10, 176). Necesitamos que nuestro Padre «muestre maravillosamente [su] misericordia» hacia nosotros (17:7). En hebreo, «misericordia» es *chesed*, el amor ilimitado, sacrificado, incondicional de Dios hacia nosotros en Jesucristo. Cuando nos desviamos del redil, muéstranos tu *chesed* como nuestro Buen Pastor. Cuando estamos agobiados por la debilidad, muéstranos tu *chesed* como nuestra Fortaleza. Cuando estamos perdidos, solos y al borde de la desesperación, muéstranos tu *chesed* como el «Salvador de los que se refugian a tu diestra de los que se levantan contra ellos » (17:7). Nuestro Padre, quien nos llena con ese amor en Jesús, también iluminará nuestras vidas con su Palabra para que, como hijos de Dios, podamos andar en sus caminos y alegrarnos en su verdad.

Salmos 17:8-15

Guárdame como a la niña de tus ojos

Trabajé para un agricultor llamado Johnny cuando era adolescente. Entre otras habilidades, me enseñó a soldar, una destreza necesaria en el campo, ya que el equipo siempre necesita reparación. Un día, después de haber completado una soldadura, Johnny estaba golpeando la escoria caliente sobre su cordón antes de añadir otra capa. Yo estaba a unos pocos pasos de distancia, observando, sin gafas de seguridad. Fue un momento extraño. En una fracción de segundo, mi ojo registró una diminuta partícula de escoria metálica volando por el aire como un misil dirigido directamente a mi pupila. Sin el más mínimo pensamiento consciente, en cuanto mi ojo detectó su trayectoria, mi párpado se cerró de golpe sobre mi pupila y esa partícula ardiente se incrustó en la piel de mi párpado en lugar de mi ojo. Sentí unos segundos de dolor ardiente en lugar de una lesión potencialmente permanente.

En hebreo, una de las expresiones para «párpado» es *guardia del ojo*, *shemurah*, derivada del verbo *shamar*, «guardar», como en el Salmo 77:4. Cuando ese fragmento de hierro candente voló hacia mi ojo, mi *shemurah* supo exactamente qué hacer. Recibió el golpe por el equipo. Absorbió el dolor para proteger mi ojo.

En el salmo de hoy, oramos: «Guárdame (*shamar*, "guardar") como a la niña de tus ojos» (17:8). ¿Qué le estamos pidiendo al Señor? Le estamos pidiendo su protección constante contra enemigos violentos y mortales que son como leones ansiosos por despedazar (17:9, 12). Le pedimos que sea nuestro párpado divino, que nos proteja de las flechas encendidas del maligno. Cristo, como la Palabra hecha carne, es la respuesta del Padre a nuestra oración. Él se interpuso, recibió las flechas, cargó con el pecado, soportó el dolor, recibió la escoria ardiente de la condenación, y tomó la muerte misma en su cuerpo para salvarnos. Él nos guarda como a su propia pupila, como a la niña de sus ojos, porque eso es lo que somos.

Salmos 18:1-6

De la mano de Saúl

Hay dos perseguidores llamados Saúl en la Biblia, y ambos persiguieron al ungido del Señor. El primero fue Saúl, de la tribu de Benjamín, el primer rey de Israel, quien acosó a David por el campo de Judea, sediento de sangre. El segundo fue Saulo, también de la tribu de Benjamín, el último apóstol llamado por nuestro Señor, quien al principio persiguió a los cristianos por toda Judea y hasta Damasco. Cuando Jesús, el Hijo de David, se le apareció, le dijo: «Saulo, Saulo, ¿por qué me persigues?» (Hch 9:4). David podría haber pronunciado el mismo reclamo.

Esta conexión entre el Antiguo y el Nuevo Testamento, entre los «Saúles» y los «Davides», entre los perseguidores y los ungidos, nos permite «escuchar» el Salmo 18 no como una sola voz, sino como la armoniosa mezcla de la voz de David con la de Jesús y su iglesia. El encabezado del salmo dice que David «dirigió al Señor las palabras de este cántico el día que el Señor lo libró de mano de todos sus enemigos, y de la mano de Saúl». Por tanto, es un himno de victoria que avanza al ritmo de una marcha de resurrección. Pero antes de la victoria, hay una aparente derrota. Los lazos de la muerte y del Seol nos envuelven, y los lazos de la muerte nos sorprenden (18:4-5). Imagina a David escondido en una cueva mientras Saúl lo acecha. Imagina el cadáver de Jesús colgando del madero. E imagínanos a nosotros también, asfixiados en la oscuridad del duelo, enredados en los lazos de la amargura o la depresión. Derrota por todas partes, sin una gota de esperanza que beber.

Oh, pero hay más que una gota; hay ríos enteros de esperanza en el cantor de este salmo. Así como Jesús no permaneció en la tumba ni David en la cueva, así tampoco nuestro Padre nos deja en la derrota. Él es nuestra roca, baluarte, libertador, escudo, poder salvador y más (18:2). Nuestro clamor llega a sus oídos (18:6). Ese clamor, nuestro Abba, nuestro Padre, jamás lo ignora. La esperanza está en camino; de hecho, en Cristo, nuestra vida y nuestro todo, la esperanza ya está en la puerta.

Salmos 18:7-15

Dios montó un querubín y voló

Estos versículos podrían ser algunos de los pasajes más aterradores de toda la Biblia. La tierra tiembla y se sacude, pues un terremoto ha estremecido el cosmos. Como un vaquero divino, el Señor cabalga sobre un ángel guerrero, uno de los querubines, que rápidamente vuela hacia el campo de batalla. Humo sale de las fosas nasales del Señor como de un dragón, mientras fuego brota de su boca abierta. Nubes oscuras y húmedas de tormenta lo cubren como armadura. Rayos y granizo llameante caen desde su presencia mientras truena por los cielos. Los cimientos del mundo quedan al descubierto; el tejido del universo se rasga. Todo se siente, inquietantemente, como el fin del mundo.

Pero no lo es. Es simplemente Dios, viniendo apasionada y ferozmente a rescatar a su hijo. ¿No es eso extraordinario? Nueve versículos que podrían infundir terror en nuestros corazones encienden, en cambio, consuelo, porque nosotros —¡nosotros!— somos los destinatarios de una misión de rescate por parte del Señor del cielo y de la tierra. ¿Quiénes deberían temblar de miedo? Los enemigos de los cuales nuestro Dios viene a salvarnos. ¡Ay de ellos, pues han osado tocar al amado del Señor!

Ayer comenzamos el Salmo 18. La situación era desesperada. David, el Hijo de David, y nosotros, todos juntos en nuestra angustia, «invocamos al Señor», y nuestro clamor «llegó a sus oídos» (18:6). Aludiendo al lenguaje de las teofanías del mar Rojo, del Sinaí y de otros lugares, el poeta describe al Señor poniéndose en acción. Impulsado por el amor, el Dios que es amor va a la guerra por nosotros. ¿Alguna vez te has sentido olvidado por Dios? ¿Pasado por alto? No lo estás. El Señor está en pie de guerra, luchando por ti. Y «si Dios está por nosotros, ¿quién estará contra nosotros?» (Ro 8:31). No somos meros puntitos de carne y hueso en un universo inmenso. Nuestro Padre nos conoce a cada uno por nombre, cuenta los cabellos de nuestra cabeza, las lágrimas en nuestras mejillas, y escucha incluso el más débil gemido de nuestras almas afligidas. En Cristo, siempre estamos ante sus ojos.

Salmos 18:16-24

Me sacó de las muchas aguas

Flotando en el Nilo, en una pequeña canasta de papiro, yacía un niño de tres meses. Cuando la hija del faraón lo vio, se compadeció del niño y lo adoptó. Porque «lo sacó del agua», le puso por nombre *Moshe*, que proviene del verbo hebreo *mashah*, «sacar» (Ex 2:10). Nosotros lo llamamos Moisés. Este verbo, *mashah*, aparece solo tres veces en todo el Antiguo Testamento: cuando se le pone nombre a Moisés, en el Salmo 18:16 y en su paralelo en 2 Samuel 22:17. David canta: «Extendió la mano desde lo alto y me tomó; me sacó (*mashah*) de las muchas aguas» (Sal 18:16). Así como la princesa egipcia sacó al pequeño Moisés de las aguas que habrían sido su tumba, así también el Señor del cielo sacó a David de las aguas que ponían en peligro su vida.

Las metáforas acuáticas describen situaciones que nos abruman: hablamos de «ahogarnos en deudas» o de ser «azotados por olas de tristeza». Si alguna vez intentaste nadar en un mar agitado, sabes cuán acertada es la imagen. Recibes una paliza líquida. Los socorristas cuentan que quien se está ahogando, en su pánico frenético, a menudo termina ahogando a quien intenta rescatarla.

Vivimos en un mundo líquido, intoxicado con la metanfetamina del mal. Las «muchas aguas» que nos amenazan van desde pantanos de inmoralidad vulgar hasta piscinas cristalinas de codicia autoindulgente. Lo que necesitamos no es a Jesús como entrenador de natación, sino a Jesús como Rescatista. Su mano para levantarnos. Su brazo para redimir. En el mar de la tumba se hundió una vez nuestro Señor Jesús. Ahogado por el peso de nuestros pecados. Pero de ese mar, su cabeza emergió al tercer día, con una sonrisa de victoria en el rostro. Él «... arrojará a las profundidades del mar todos nuestros pecados » (Miq 7:19). Allí los dejó, como barcos hundidos. Vivo, vive para darnos vida. Así como Moisés fue sacado del agua, David de muchas aguas, y Jesús del océano mismo de la muerte, así también Cristo nos levanta de las aguas amenazantes para que caminemos sobre el suelo firme de la gracia.

Salmos 18:25-30

Con el perverso eres sagaz

Si un rey benevolente se presenta ante ti y lo ridiculizas llamándolo «Tirano», no te sorprendas cuando te trate de forma tiránica. ¿Querías un tirano? Pues bien, un tirano tendrás. Algo similar ocurre con el Señor. Dios es Dios. Dejemos eso claro. Nada de lo que digamos o creamos acerca de él cambia eso en lo más mínimo. Podemos creer que es una salamandra gigante, verde y con un solo ojo en Marte, o un tragafuego primo tercero de Thor. Nada de eso altera quién es él. Dios es Padre, Hijo y Espíritu Santo, sin importar lo que pensemos, digamos, sintamos o imaginemos.

Dicho eso, la forma en que Dios se relaciona con nosotros, el tipo de Dios que es para con nosotros, sí puede cambiar. Por eso es crucial que lo que digamos acerca de Dios esté en armonía con lo que él ha dicho acerca de sí mismo. En Salmos 18:25-26, se nos enseña esto: «Con el benigno te muestras benigno, con el íntegro te muestras íntegro; con el puro eres puro, y con el perverso eres sagaz». Quienes creen en el Señor, quienes son benignos, íntegros y puros, descubrirán que Dios es benigno, íntegro y puro con ellos.

¿Pero los perversos? A ellos les tocará el Dios que, en hebreo, es *patal*, un estratega astuto y sagaz («sagaz» en la NBLA). Como el hombre en la parábola de Jesús que insultó a su señor llamándolo «hombre duro» y, por ello, fue tratado con dureza (Mt 25:24), así también aquellos que abrigan pensamientos torcidos y perversos sobre Dios descubrirán que el Señor puede vencerlos en su propio juego. ¿Crees que Dios es un tirano despiadado? Ten cuidado. Podrías recibir al tirano que mereces. Por eso, creamos en el Dios verdadero y confesémoslo, el Dios que es misericordioso y lleno de gracia en Jesucristo. Él es el Juez de vivos y muertos, que lleva en su cuerpo las cicatrices de la crucifixión como tatuajes de amor. Su camino es perfecto. Su palabra es verdadera. «Es escudo a todos los que a él se acogen» (Sal 18:30).

Salmos 18:31-42

Me has dado también el escudo de tu salvación

Durante los últimos cuatro días, en nuestra caminata por el Salmo 18, hemos sido enredados por los lazos de la muerte, asombrados por los movimientos sísmicos que Dios provoca para salvarnos, rescatados de fosas acuáticas, y hemos visto cuán crucial es confesar al Señor verdadero. Hoy, vamos a la guerra.

En Salmos 18:31-42 leemos algo similar a un resumen del libro de Josué, cuando las tribus israelitas fueron la espada del Señor para ejecutar juicio sobre cananeos, amorreos y otros que habían acumulado maldad hasta el cielo. Como sus antepasados, David está revestido por el Poderoso: «me has dado también el escudo de tu salvación» (18:35). Observa cómo atribuye repetidamente todas sus victorias al Señor: «Dios es quien me ciñe de poder... tu benevolencia me engrandece... has subyugado debajo de mí a los que contra mí se levantaron. Has hecho que mis enemigos me vuelvan las espaldas» (18:32, 35, 39-40). Detrás de cada *yo* humano hay un *Tú* divino.

El mismo apóstol que nos aconsejó que nos «revistamos con toda la armadura de Dios», que nos cubramos con «las armas de la luz» y empuñemos «las armas de justicia» (Ef 6:11; Ro 13:12; 2 Co 6:7), también nos recordó: «Con Cristo he sido crucificado, y ya no soy yo el que vive, sino que Cristo vive en mí; y la vida que ahora vivo en la carne, la vivo por la fe en el Hijo de Dios, el cual me amó y se entregó a sí mismo por mí» (Gl 2:20). Yo, pero no yo. Mi obra, pero no mi obra. ¿Quién soy yo y quién eres tú, oh cristiano? Somos máscaras de Cristo. «Todas nuestras obras tú las hiciste por nosotros» (Is 26:12). De hecho, aunque David describe sus victorias en estos versículos, reflejan de manera aún más perfecta la guerra salvadora de Jesús, nuestro soldado redentor, que enfrentó cara a cara al pecado, la muerte y el diablo, hasta que pudo exclamar: «cayeron debajo de mis pies» (18:38). Jesús cumplió así aquella primera promesa del evangelio: aplastar la cabeza de la serpiente bajo su talón (Gn 3:15).

Salmos 18:43-50

Muestra misericordia a su Ungido

Pablo escribió que «... Cristo se hizo servidor de la circuncisión para demostrar la verdad de Dios, para confirmar las promesas dadas a los padres, y para que los gentiles glorifiquen a Dios por su misericordia...» (Ro 15:8-9). Jesús no es un Salvador solo para «un pueblo»; vino por todos, judíos y gentiles, para unirlos en un solo cuerpo.

Como buen predicador, Pablo apoyó su argumento con la Escritura —cuatro pasajes, para ser precisos— uno de los cuales es el Salmo 18:49: «Por tanto, te daré gracias, oh Señor, entre las naciones, y cantaré alabanzas a tu nombre». ¿Quién es ese «yo» que alaba a Dios entre los gentiles? ¿David o Cristo? Sí. Ambos. Como hemos visto, estos salmos tienen una doble voz: la de David y la del Hijo de David. Esta doble voz se expresa con total claridad en el último versículo del Salmo 18: «Grandes victorias da él a su rey, y muestra misericordia a su ungido, a David y a su descendencia para siempre» (v. 50). El Señor otorga salvación y amor a ambos «mesías», a ambos «ungidos»: a David y a su Descendiente prometido, el Hijo de Dios que se sienta en el trono de David como cumplimiento de 2 Samuel 7.

En el gran panorama de la historia, el reino del rey David era un pequeño pedazo de tierra, pero no así el reino del Hijo y Señor de David. Cristo es «cabeza de las naciones» (18:43); «... una gran multitud que nadie podía contar, de todas las naciones, tribus, pueblos, y lenguas» está «de pie delante del trono y delante del Cordero» (Ap 7:9). A nosotros se nos concede la ciudadanía en el reino de Cristo por medio del bautismo. Su sangre es nuestro pasaporte. Su cruz, nuestra bandera. Su tumba vacía, nuestro himno de alabanza a plena voz. El Salmo 18, nuestra meditación de estos últimos seis días, es el cántico del cielo que entonamos para la gloria de aquel que es nuestra roca, baluarte, libertador, escudo, poder salvador y refugio (18:2). «Yo te amo, Señor, fortaleza mía», por todo lo que has hecho por nosotros en Jesucristo (18:1).

Salmo 19

El poema más grande del Salterio

El Salmo 19, que C. S. Lewis consideraba «el poema más grande del Salterio», es una obra de arte pintada con vivos colores en tres paneles que nos invita a meditar en cómo el Padre, el Hijo y el Espíritu Santo crean (vv. 1-6), nos dan la Palabra salvadora (vv. 7-10) y obran en nuestras vidas (vv. 11-14).[3]

Primero, Dios utiliza la grandeza de la creación para predicar un sermón elocuente, aunque mudo, sobre su gloria divina. «Un día transmite el mensaje al otro día... no hay mensaje, no hay palabras» (vv. 2-3). El verbo hebreo traducido como «transmite» es *naba*, que significa «desbordar». Día y noche, los cielos y la tierra desbordan en silencio sobre Dios. «Porque desde la creación del mundo, sus atributos invisibles, su eterno poder y divinidad, se han visto con toda claridad, siendo entendidos por medio de lo creado...» (Ro 1:20). Aunque esto es maravilloso, necesitamos más. La creación predica una homilía conmovedora, pero no puede decirnos exactamente quién es Dios ni qué piensa de nosotros.

Así que el Señor, en el segundo panel, desactiva el mensaje al darnos su Palabra: la Torá, el testimonio, los preceptos, y demás. Si la creación predica en silencio que Dios es glorioso, su Palabra proclama en voz alta que él es misericordioso. Vivifica nuestras almas y nos concede sabiduría. Las riquezas terrenales palidecen ante el oro de las Escrituras. Los manjares más dulces saben amargos en comparación con su Palabra como panal de miel sobre nuestras lenguas. El sol fue comparado con un esposo en el primer panel, pero en este segundo se nos conduce a las Escrituras, donde encontramos a Jesús, el Esposo, el Sol de justicia, con sanidad en sus alas (cf. Mal 4:2).

En el cierre del poema, el tercer panel, confesamos nuestra indignidad, suplicamos una vida íntegra bajo su gracia, y pedimos que las palabras de nuestra boca y la meditación de nuestro corazón sean aceptables ante el Señor, quien es nuestra roca y redentor. La súplica de estos versículos finales es una oración que nuestro Redentor, Jesucristo, siempre está dispuesto y listo a responder.

Salmo 20

¡Oh Señor, salva al rey!

Ante nuestros ojos se despliega una escena trascendental de conflicto mientras oramos el salmo de hoy. Ha amanecido el «día de la angustia» (20:1). Los caballos relinchan y los carros retumban mientras el enemigo se alinea (20:7). Oramos para que Dios «te ponga en alto... te envíe ayuda... conceda el deseo de tu corazón» (20:1-4). El «tú» en estos versículos —todos en singular— ¿quién es? El rey, el «ungido» del Señor (20:6). Históricamente fue el rey David, pero los pantalones de este salmo le quedan demasiado grandes a cualquier rey israelita común. Solo le quedan al Rey de reyes, el Mesías. Su crucifixión se avecina. Amanece el Viernes Santo de la batalla. Y nosotros, su pueblo, clamamos al Padre al ver a nuestro Rey, el Dios-Hombre, Jesús, enfrentarse al enemigo por nosotros.

¿Pero hay esperanza alguna? Después de todo, el enemigo parece tener todas las ventajas. Soldados con garrotes. Políticos con poder. Líderes religiosos con influencia. Todas las huestes del infierno celebran mientras Jesús es arrestado, juzgado, sentenciado, azotado, despojado, clavado y colgado para morir. Ni siquiera opone resistencia. Una manada de lobos atacando a un gatito no lo habría tenido más fácil.

Sin embargo, cuando Dios actúa, las apariencias engañan. El Padre concederá los deseos del corazón de nuestro Rey. Le enviará ayuda y cumplirá sus planes. ¿Cómo? Dejando que el Rey Mesías alcance su objetivo: morir por nosotros. Su victoria parecerá una derrota. Pero no lo es. Jesús salió a la batalla precisamente para ser una ofrenda, un sacrificio quemado por nosotros (20:3), para ser atropellado y pisoteado por los «caballos y carros» del enemigo. Su muerte, lejos de ser un accidente, fue ordenada divinamente y elegida por el corazón de Cristo (Jn 12:27). La mayor derrota que el diablo haya sufrido ocurrió cuando creyó que había vencido. El Padre respondió nuestra oración. El imperio del infierno se doblegó y cayó (20:8). Nuestro Señor «fue entregado por causa de nuestras transgresiones y resucitado para nuestra justificación» (Ro 4:25). Y cuando lo hizo, todos los planes del Rey Mesías se cumplieron.

Salmos 21:1-7

Pusiste una corona de oro fino sobre su cabeza

La palabra hebrea para «corona», *atarah*, puede referirse a más que la corona dorada colocada sobre la cabeza de un rey. «La mujer virtuosa es corona de su marido...» (Pr 12:4). «La corona de los sabios es su riqueza...» (14:24). El pueblo santo de Dios es «corona de hermosura» en su mano (Is 62:3).

Una corona de espinas, tejida por los soldados romanos, fue golpeada con burla sobre la cabeza de nuestro Señor (Mt 27:29). Nuestro Rey, el Mesías, llevó esa corona mientras luchaba por nosotros en el campo de batalla de la cruz. Pilato mandó poner sobre la cruz el letrero: «Jesús el Nazareno, el Rey de los judíos» (Jn 19:19). Tenía parcialmente razón. Jesús era eso, pero también el Rey de los gentiles, el Rey de reyes y Señor de señores, como lo probarían su resurrección y ascensión de una vez por todas.

Si el Salmo 20 es un poema de cruz, el Salmo 21 es uno de tumba vacía. De hecho, en el Salmo 20:4 oramos: «Que [el Señor] te conceda el deseo de tu corazón» (refiriéndose al Rey Mesías), y en el Salmo 21:2 oímos la afirmación: «Tú le has dado el deseo de su corazón...». Oración escuchada, oración respondida. El Hijo del Padre «vida te pidió, y tú se la diste, largura de días eternamente y para siempre» (21:4). Ningún rey en la línea de David vivió «eternamente y para siempre», excepto el último Rey de esa línea, el Hijo de David y Señor de David, a quien el Padre dijo: «Siéntate a mi diestra, hasta que ponga a tus enemigos por estrado de tus pies» (Sal 110:1). Así como Adán una vez disfrutó de tu presencia en Edén, ahora al Último Adán lo llenas de alegría «con tu presencia» en el Paraíso celestial (21:6). Su deleite es nuestro deleite. Su gloria es nuestra gloria. Su vida es nuestra vida, porque nuestra vida está «escondida con Cristo en Dios» (Col 3:3). Así como el Padre «puso una corona de oro fino sobre su cabeza» (Sal 21:3), así también pone sobre nosotros «la corona de la vida que el Dios ha prometido a los que lo aman» (Stg 1:12).

Salmos 21:8-13

Los harás como horno de fuego ardiente

Cuando era niño, ayudaba a mi papá a apilar arbustos rodadores que se acumulaban contra el alambre de púas en nuestro campo. Él encendía un fósforo y lo arrojaba. Rápidamente y con voracidad, las llamas rodantes devoraban la enorme pila. El fuego hace eso. Consume las cosas, dejando cenizas como único resto.

Por eso, el fuego es la metáfora más común de la Biblia para el juicio. Jesús enseña que, así como «la cizaña se recoge y se quema en el fuego», del mismo modo «todos los que pecan y hacen iniquidad» serán arrojados «al horno de fuego» (Mt 13:40-42). Malaquías profetizó que el día del juicio divino será «como horno ardiente; todos los soberbios y todos los que hacen el mal serán como paja» (Mal 4:1). Y en el salmo de hoy, cuando el Rey encuentra a sus enemigos, «los harás como horno encendido... el Señor en su ira los devorará, y fuego los consumirá» (Sal 21:9). Si la primera mitad del Salmo 21 se centraba en la resurrección del Mesías, como vimos ayer, la segunda mitad trata de su regreso para juzgar a vivos y muertos.

No te dejes engañar por voces que afirman que, al final, todos serán salvos. La Biblia no ofrece tal esperanza. «El que cree en él no es condenado, [...] porque no ha creído en el nombre del unigénito Hijo de Dios» (Jn 3:18). El fuego consumirá a los incrédulos, junto con el diablo y sus ángeles (Ap 20:10).

Y al pensar en comparecer ante semejante Juez, ¿a dónde podemos acudir? ¡Solo al mismo Juez! El que se sienta en el trono del juicio sobre nosotros colgó de la cruz salvadora por nosotros. Él pisoteó la muerte por nosotros. Ahora intercede por nosotros a la diestra del Padre. Sus heridas de misericordia son nuestro refugio contra la condenación. Lejos de ser consumidos por el fuego en el juicio, los justos, seguros en Cristo, «resplandecerán como el sol en el reino de su Padre» (Mt 13:43). Esta buena noticia consume todas nuestras dudas y temores.

Salmos 22:1-11

¿Por qué me has abandonado?

Fuera de los Salmos, la mayoría de las veces que se usa la frase «me has abandonado», es Dios quien habla a su pueblo —y nunca es algo bueno. En Deuteronomio, el Señor amenaza con enviar maldiciones sobre su pueblo porque, como él dice: «me has abandonado» (Dt 28:20). Se queja en 1 Samuel que desde Egipto lo han estado «dejando a mí, para servir a otros dioses» (1 S 8:8). A través del profeta Ahías, Dios declara que su pueblo «me ha dejado y ha adorado» a otros dioses (1 R 11:33). Tres veces en Jeremías el Señor repite ese estribillo (1:16, 5:7, 19:4). Así que, desamparar a Dios es igual a seguir a otros dioses.

Esto hace que el clamor de Jesús crucificado sea aún más conmovedor, pues después de gritar: «Dios mío, Dios mío, ¿por qué me has abandonado?», dice: «Desde el vientre de mi madre tú eres mi Dios» (Sal 22:1, 10; Mt 27:46). Jesús está diciendo: «No he tenido otro Dios. Solo tú has sido mi Padre. No te he abandonado, ni una sola vez. Entonces, ¿por qué tú me has abandonado? ¿Por qué estás tan lejos de mi salvación? Salvaste a nuestros padres, ¿por qué no a mí? Soy despreciado, burlado, ridiculizado, y tú no haces nada. Desde el nacimiento fui puesto en tus manos, entonces ¿por qué, cuando soy crucificado hasta la muerte, tú me rechazas?» (cf. Sal 22:1-11). Jesús nunca se muestra tan claramente, tan palpablemente humano como en estos momentos de angustia total. Aparte del dolor físico insoportable, vive un infierno emocional, porque siente que su Padre se ha vuelto su enemigo.

Jesús es toda la humanidad concentrada en una sola persona. Dios hecho hombre, sufriendo el abandono de Dios; no solo para poder «compadecerse de nuestras flaquezas» (Heb 4:15), sino para mostrarnos que la oscuridad y la cruz no son el final, sino la coma que conduce al amanecer de la resurrección. En nuestros peores momentos, cuando también sentimos que Dios nos ha desamparado, Jesús nos dice: «Te tengo. Te sacaré de esta medianoche de horror hacia la luz naciente de esperanza y vida».

Salmos 22:12-21

Toros, perros, leones y búfalos

El reino animal suele convertirse en nuestra comparación favorita para describir a los humanos. Fuerte como un buey. Astuto como un zorro. Inocente como una paloma. Come como cerdo. Las Escrituras también están llenas de tales imágenes. Dios nos creó para gobernar sobre los animales, y los animales, con el tiempo, se volvieron un recurso para describir nuestras cualidades: las buenas, las malas y las feas.

Aunque ninguno de los Evangelios menciona que hubiera animales presentes en la crucifixión de Jesús, el comportamiento bestial ciertamente abundó allí. En el Salmo 22, mientras el Mesías cuelga de la cruz, dice: «Muchos toros me han rodeado... perros me han rodeado...» (22:12, 16). Le ora a su Padre: «Líbrame... mi única vida de las garras del perro. Sálvame de la boca del león y de los cuernos de los búfalos; respóndeme» (22:20-21). Toros, perros, leones y búfalos. Todos están en la cruz, bípedos imitando a las bestias. En realidad, se comportan peor que animales. Embistiendo. Gruñendo. Desgarrando. Devorando. ¿Y la víctima? Es su Creador, el Señor de todos.

El viejo espiritual pregunta: «¿Estuviste allí cuando crucificaron a mi Señor?». Y confesamos: «Sí, estuve allí». Estuvimos allí en los que se burlaban, en los que señalaban con el dedo, en otros hombres bestializados. Estuvimos allí en los soldados o en los principales sacerdotes. Estuvimos allí cuando crucificaron a nuestro Señor, crucificándolo junto a quienes son como nosotros: pecadores necesitados de un Salvador. Y había otro animal presente: el Cordero de Dios, que quita el pecado del mundo al cargar con ese pecado sobre sí mismo (Jn 1:29). Jesús, «el cordero que es llevado al matadero» (Is 53:7), muere por todos nosotros. ¿Incluso por los que lo mataron? Sí. Mientras los pecadores «abren su boca contra él como león rapaz y rugiente», él abre la suya para orar: «Padre, perdónalos, porque no saben lo que hacen» (Lc 23:34). Y el Padre lo hace. Él nos perdona con gracia, llamándonos a ser corderos en su rebaño.

Salmos 22:22-31

En medio de la congregación te alabaré

Me imagino a Jesús haciendo muchas cosas: enseñando, sanando, expulsando demonios, comiendo con pecadores, enfureciendo a los fariseos. Lo típico en los Evangelios. También lo veo siendo arrestado, juzgado, ejecutado y resucitado. Tal vez te pase lo mismo. Pero hay una actividad que fue parte diaria de su vida que a menudo pasamos por alto: Jesús cantando.

Como todos los judíos, Jesús cantaba salmos e himnos. En la sinagoga. En el templo. Cuando celebraba la Pascua. Aunque puede haber cantado estando solo, ciertamente lo hacía con su familia y amigos. El canto formaba parte de la vida humana y comunitaria de Jesús. El predicador en Hebreos subraya esto. Después de enfatizar que Cristo, el «autor de nuestra salvación, fue perfeccionado por medio del sufrimiento», añade: «por lo cual él no se avergüenza de llamarlos hermanos, diciendo: "Anunciaré tu nombre a mis hermanos, en medio de la congregación te cantaré himnos"» (Heb 2:10-12). Primero el sufrimiento, luego el canto. Primero el dolor, después la alabanza.

Hebreos cita, muy apropiadamente, en Salmos 22:22, cuando habla de Jesús cantando junto a sus hermanos, alabando el nombre de Dios. Digo «muy apropiadamente» porque el Salmo 22 comienza con sufrimiento y termina con canto: del dolor a la alabanza. Nuestro Señor, en agonía, clama con las palabras iniciales de este salmo: «Dios mío, Dios mío, ¿por qué me has abandonado?» (22:1), y exclama, en triunfo, uno de los versículos finales: «Hablaré de tu nombre a mis hermanos; en medio de la congregación te alabaré» (22:22). La resurrección es un acontecimiento para cantar. ¿Quién podría quedarse en silencio cuando el Hijo de Dios, que estuvo muerto, ahora vive, y vive para siempre? ¡Y vive por nosotros! Nuestro Padre «no ha despreciado ni aborrecido la aflicción del angustiado, ni le ha escondido su rostro, sino que cuando clamó al Señor, lo escuchó» (22:24). Y también nos escucha a nosotros, los que hemos sido vivificados en Jesús, cantando a todo pulmón nuestro Aleluya junto a nuestro Hermano resucitado.

Salmo 23

Porque tú estás conmigo

«El Señor es mi rey; nada me faltará...». Aunque eso no tiene el mismo atractivo poético que «El Señor es mi pastor...» (23:1), armoniza con el mundo de los Salmos. En el antiguo Cercano Oriente, los reyes eran llamados pastores. Su redil era su ciudadanía, a quienes debían cuidar. Un salmo posterior lo expresa así: «Escogió también a David su siervo, lo tomó de entre los rediles de las ovejas; lo trajo de cuidar las ovejas con sus corderitos, para pastorear a Jacob, su pueblo, y a Israel, su heredad» (Sal 78:70-71). El paso de pastorear ovejas a pastorear personas era una transición natural.

Sin embargo, las ovejas son notoriamente difíciles de cuidar porque tienen una marcada tendencia a descarriarse. Se meten en situaciones peligrosas y, en general, hacen tonterías. Esto hace que la analogía entre ovejas y personas sea totalmente apropiada, por supuesto, ya que todos somos expertos en descarriarnos, buscar el peligro y hacer cosas insensatas. Por esa razón, no necesitamos un pastor común y corriente, sino un pastor real y divino, que pueda hacer por nosotros lo que jamás podríamos lograr por nosotros mismos.

Eso es precisamente lo que el Padre nos ha dado en su Hijo, el Buen Pastor, de hecho, el Mejor Pastor, quien restaura nuestras almas, nos alimenta con los pastos verdes de su Palabra, nos lava la suciedad de nuestros pecados en aguas bautismales puras, nos guía por sendas de verdad y justicia, nos consuela en el valle de sombra de muerte, nos alimenta con su propio cuerpo y sangre en la mesa de su Cena, y unge nuestras cabezas con el aceite de su misericordia. Y como nosotros «todos nos descarriamos como ovejas» y lo seguimos haciendo con regularidad (Is 53:6; Sal 119:176), la bondad y la misericordia de Dios nos persiguen todos los días de nuestra vida. No simplemente nos «siguen», sino que *radaf* —el verbo hebreo que significa «perseguir o acosar»— nos corretea. Perseguidos por la misericordia, acosados por la bondad, alcanzados por el amor de Jesús, entramos y habitamos en la casa del Padre como sus corderos amados, parte del redil por el cual Cristo dio su vida (Jn 10:11).

Salmos 24:1-6

¿Quién subirá al monte del Señor?

Hay algunas preguntas con «¿Quién...?» que puedo responder con un «¡Yo!» sin reservas. Si alguien pregunta: «¿quién puede ensillar un caballo? ¿Quién puede leer hebreo? ¿Quién puede conducir un tráiler?», puedo levantar la mano. He hecho esas cosas y puedo hacerlas.

Pero eso no sirve con todas las preguntas de «¿Quién...?». Cuando David pregunta: «¿Quién subirá al monte del Señor? ¿Y quién podrá estar en su lugar santo?», entonces mi mano se baja de inmediato (Sal 24:3). ¿Por qué? Él indica los requisitos: «El de manos limpias y corazón puro, el que no ha alzado su alma a la falsedad ni jurado con engaño» (24:4). ¿Manos limpias? Las mías están manchadas de sangre, porque al odiar a mi hermano, he cometido asesinato (Mt 5:21-22). ¿Corazón puro? El mío es un cadáver en descomposición, lleno de gusanos de adulterio, robo, calumnia y más (cf. Mc 7:21-22). ¿Alma sincera y labios veraces? Ni hablar. Mi alma está manchada y mis labios impregnados de mentiras. Y lo que vale para mí, vale para ti, «por cuanto todos pecaron y no alcanzan la gloria de Dios» (Ro 3:23). «No hay justo, ni aun uno» (Ro 3:11; Sal 14:3).

¿Quién puede estar, limpio, puro y veraz, en la presencia de Dios? Ni tú ni yo. Pero hay uno que sí puede, y en quien nosotros también podemos. Porque aunque fue «tentado en todo como nosotros, [fue] sin pecado» (Heb 4:15), pues «no cometió pecado, ni engaño alguno se halló en su boca» (1 P 2:22; 1 Jn 3:5). Manos limpias. Corazón puro. Alma sincera. Labios honestos. Jesús, el adorador perfecto, recibirá «bendición del Señor y justicia del Dios de su salvación» (Sal 24:5). Y nos llevó sobre sus hombros todo el camino, de modo que en él también nosotros recibimos esos mismos dones del Padre.

Para nosotros, es gratis; pero para Cristo, le costó todo, una deuda de amor profundo que él estuvo dispuesto a firmar con sangre.

Salmos 24:7-10

¿Quién es este Rey de la gloria?

El Salmo 24 comienza con la proclamación de que todo lo que no es Dios le pertenece a Dios: «Del Señor es la tierra y todo lo que hay en ella, el mundo y los que en él habitan» (24:1). La tierra es «el estrado de sus pies» (Mt 5:35). Todo está bajo sus pies. El salmo continúa, como vimos ayer, con el Hijo del Creador convirtiéndose en el hombre perfecto, el adorador ideal de su Padre. Limpio de manos y puro de corazón, ha obtenido para nosotros bendición y justicia de parte de su Padre. Los treinta y tres años de la vida terrenal de Jesús están comprimidos en cuatro versículos (24:3-6).

Qué apropiado, por tanto, que el salmo concluya con Jesús llegando a las puertas del cielo para entrar y asumir su trono legítimo. Uno en divinidad con su Padre y uno en humanidad con nosotros, este Dios-Hombre se sienta a la diestra de Dios, con todo bajo sus pies (Heb 2:8; Sal 8:6; 110:1). El Señor ha hecho de las naciones su herencia y de los confines de la tierra su posesión (Sal 2:8). Se eleva el clamor: «Alcen, oh puertas, sus cabezas, álcense, puertas eternas» ¿Para qué? «¡Para que entre el Rey de la gloria!» (24:7). «¿Quién es este Rey de la gloria? El Señor, fuerte y poderoso, el Señor, poderoso en batalla» (24:8). El Hijo del Padre es tanto el Rey de la gloria como el Señor poderoso en batalla.

Jesús, que descendió del cielo para luchar por nosotros, para ganar nuestra salvación, para ser el hombre perfecto y adorador ideal, ha regresado a casa. Está de pie ante las puertas, habiendo ascendido a la vista de sus discípulos. Con cicatrices de crucifixión y resucitado en cuerpo, el Rey conquistador atraviesa las puertas celestiales porque su misión ha sido cumplida. Todo por nosotros. Como Rey, reina sobre toda la creación, todo por nosotros. Como Sacerdote, intercede, todo por nosotros (Ro 8:34). La misión nunca fue acerca de él —porque vino a servir— sino de abrirnos el acceso al Padre a cada uno de nosotros, su amado pueblo.

Salmos 25:1-5

A ti, oh, Señor, elevo mi alma

Desde por lo menos el siglo III d. C., la frase «¡Elevemos el corazón!» ha sido parte de la adoración cristiana. Usualmente, la pronuncia el pastor o sacerdote en la parte del servicio que conduce a la Cena del Señor. La congregación responde: «Lo tenemos levantado hacia el Señor». Las raíces de «¡Elevemos el corazón!» se hunden profundamente en los salmos hebreos. El Salmo 25, uno de los salmos acrósticos, comienza: «A ti, oh Señor, elevo mi alma» (cf. 86:4; 143:8).[4] La combinación del verbo hebreo para «elevar», *nasa,* y el sustantivo «alma», *nefesh*, también aparece en Deuteronomio 24:15, donde se ordena pagar al jornalero pobre el mismo día que trabaja, porque «él depende de ese salario». Más literalmente, la frase hebrea dice: «porque a él eleva su alma». Igualmente, en Oseas 4:8, aquellos que tienen «apetito por la iniquidad» literalmente «elevan su alma a la iniquidad».

En otras palabras: «elevar el alma» es «anhelar, depender de, buscar con intensidad», como ese hombre pobre que necesita desesperadamente que se le pague, o los pecadores que buscan con empeño la iniquidad.

Así, en los Salmos, elevar el alma al Señor es decirle: «Te anhelo, oh Dios. Dependo de ti, Padre, porque sin ti estoy perdido. Te busco con todo mi ser». En el Salmo 25, elevamos nuestras almas a aquel que nos libra de la vergüenza, nos enseña sus caminos y nos guía en su verdad (25:2, 4-5).

Qué apropiado que la frase «elevar el alma», en una forma levemente modificada («corazón» en lugar de «alma»), haya llegado a formar parte de la adoración cristiana, especialmente justo antes de la Santa Cena.

El pastor dice: «¡Elevemos el corazón!». Respondemos: «Lo tenemos levantado hacia el Señor». Al acercarnos a tu mesa, Señor Jesús, confesamos con estas palabras que te anhelamos, dependemos de ti, te buscamos. A ti, Señor Jesús, elevamos nuestros corazones y nuestras almas, esperando ser saciados.

Salmos 25:6-15

¡Por amor a tu bondad!

Cuando alguien nos ha ofendido y luego se disculpa, ¿por qué lo perdonamos? Creo que es justo decir que la mayoría de nosotros perdonamos porque la persona muestra un remordimiento genuino. Si la disculpa es superficial o lanza alguna excusa débil, tal vez dudamos antes de decir: «Te perdono». De una forma u otra, la razón —o al menos la razón principal— por la que lo hacemos es por esa persona: por quién es para nosotros, cómo ha confesado, cuán arrepentida parece estar. En resumen: los perdonamos *por causa de ellos.*

Como actuamos así, solemos asumir que Dios también lo hace. Pero no es así. Cuando nos presentamos ante el Señor para pedir su perdón, él no marca casillas en una lista para decidir si nos perdonará o no: ¿Arrepentido? ¿Sincero? ¿Humilde? ¿Digno? ¿Piadoso? ¿Ferviente? ¿Genuino? Por supuesto, debemos ser todo eso. El Señor Dios nos llama a humillarnos y confesar que, siendo indignos e impuros, hemos quebrantado sus leyes. Pero esas no son las razones por las que él nos perdona. Dios no nos perdona *por causa nuestra.*

David expresa por qué el Señor nos perdona en estos versículos del Salmo 25:

1. No te acuerdes de los pecados de mi juventud ni de mis transgresiones; acuérdate de mí *conforme a tu misericordia, por tu bondad*, oh Señor (v. 7).
2. Oh Señor, *por amor de tu nombre*, perdona mi iniquidad, porque es grande (v. 11).

Aunque hoy usamos la frase «¡por amor de Dios!» como una expresión de frustración («¡Por amor de Dios, niños, recojan este desastre!»), en realidad expresa alegría ante la bondad divina. Nuestro Padre olvida nuestras transgresiones y amorosamente se acuerda de nosotros *por amor a su bondad.* Perdona nuestras iniquidades, por grandes que sean, *por amor a su bondad y por amor a su nombre.* Dios nos perdona, no por causa nuestra, es decir, no por lo que somos ni por lo que hayamos hecho, sino exclusivamente por lo que nuestro Señor Jesús es y por lo que él ha hecho por nosotros.

Salmos 25:16-22

Que no sea yo avergonzado

La raíz hebrea de la palabra «vergüenza», *bosh*, aparece con más frecuencia en los Salmos que en cualquier otro lugar del Antiguo Testamento. Aparte del Salmo 119, el Salmo 25 es el que más menciona la vergüenza. Oramos: «No sea yo *avergonzado*... ninguno de los que esperan en ti será *avergonzado*; serán *avergonzados* los que sin causa se rebelan... Guarda mi alma y líbrame; no sea yo *avergonzado*, porque en ti me refugio» (vv. 2-3, 20; cursivas añadidas).

Solemos asociar la vergüenza con algo que está mal en nosotros. Si bien la Biblia refleja esto en cierto grado, en el Antiguo Testamento experimentar vergüenza se relaciona principalmente con la *decepción*. Hay vergüenza cuando ocurre la opción «B» y no la opción «A» en la que esperábamos y confiábamos. Entonces, ¿por qué ninguno de los que esperan en Dios será avergonzado? Porque él los librará. Confían en que ocurrirá la opción «A» (liberación), por tanto, saben que no ocurrirá la «B» (no ser librados y ser avergonzados).

Cuando estamos solos y afligidos, cuando las angustias de nuestro corazón aumentan, cuando estamos rodeados de enemigos que nos desprecian y odian, y cuando consideramos nuestras aflicciones, problemas y pecados, suplicamos a nuestro Padre celestial: «Guarda mi alma y líbrame; no sea yo avergonzado, porque en ti me refugio» (v. 20). Podemos pedir en oración: cumple tu promesa, oh Padre. Sé Dios para nosotros y en nosotros. Escóndenos en tu Hijo. Entonces no seremos avergonzados; es decir, recibiremos de ti todo lo que has prometido dar.

«Porque no me avergüenzo del evangelio, pues es el poder de Dios para la salvación de todo el que cree...» (Ro 1:16). Las buenas noticias de Jesús nunca nos dejan avergonzados porque cumplen poderosa y fielmente su promesa de salvarnos. En el evangelio no hay vergüenza ni decepción. Todo lo contrario. En el evangelio, nuestro Padre siempre nos da a Jesús, nuestro refugio y fortaleza en todo tiempo de angustia.

Salmos 26:1-7

Examíname los riñones

En la primera mitad del Salmo 26 se mencionan siete partes del cuerpo:

1. Pies: «En mi integridad he andado» (v. 1).
2. Corazón y riñones: «Examina, Señor, mis riñones y mi corazón» (v. 2; mi traducción).
3. Ojos: «Delante de mis ojos está tú misericordia» (v. 3).
4. Trasero: «Con los falsos no me he sentado» (v. 4).
5. Manos: «Lavaré en inocencia mis manos» (v. 6).
6. Boca: «Proclamando con voz de acción de gracias» (v. 7).

A menudo, incluso en círculos cristianos, el cuerpo es degradado a la categoría de «ciudadano de segunda clase», indigno de la primacía que se le da al alma. La Biblia repudia esa idea. No somos «almas atrapadas en un cuerpo carnal». Los antiguos herejes gnósticos enseñaban eso; el cristianismo considera el cuerpo como un don divino. Nuestros pies, corazón, riñones, ojos, manos, bocas y —sí— nuestros traseros son creaciones hermosas de Dios, plenamente involucradas, junto con el alma, en la adoración y el servicio.

Con nuestros pies andamos en integridad, marchamos por sendas de verdad y proclamamos: «¡Qué hermosos son... los pies del que trae buenas nuevas!» (Is 52:7). Nuestras manos se extienden para levantar al necesitado y alimentar al pobre. Nos sentamos y lloramos con los que lloran; nos levantamos y reímos con los que se alegran. Nuestra boca ora, exhorta, enseña, anima, canta y lamenta. Dado que en hebreo los riñones son la sede de las emociones, oramos para que Dios examine nuestros «riñones», es decir, alinee nuestras emociones con su voluntad. En el vientre de María, nuestro Padre estampó para siempre su aprobación divina sobre nuestros cuerpos, pues su Hijo asumió nuestra condición humana eternamente. En Jesús, Dios es hombre y el hombre es Dios. Como miembros de su cuerpo en el bautismo, sabemos que nuestro Padre se complace en nosotros, en alma y cuerpo.

Salmos 26:8-12

Sobre tierra firme está mi pie

He corrido largas distancias de un parque llamado «Área Natural de Purgatory Creek» en San Marcos, Texas. El nombre es apropiado; el terreno es tortuoso. Las raíces de los árboles se extienden por el suelo como manos cadavéricas que intentan atrapar. Rocas salpican el sendero. Bajo lechos de arroyos secos y paso resbalando junto a cactus abarrotados de espinas. No puedo apartar los ojos del camino ni un segundo, no sea que termine de bruces en la tierra, o peor.

Si hay un versículo del salmo de hoy que no se aplica al Parque del Purgatorio, es este: «Sobre tierra firme está mi pie» (26:12). El sustantivo hebreo para «tierra firme» es *miyshor*. Puede describir una llanura literal o una meseta; otras veces se usa en sentido metafórico. Por ejemplo, Isaías profetiza que, con la predicación de Juan el Bautista, «... vuélvase llano el terreno escabroso (*miyshor*), y lo abrupto, ancho valle» (Is 40:4). Como leeremos dentro de unos días, el Salmo 27:11 dice: «Señor, enséñame tu camino, y guíame por tierra firme (*miyshor*) por causa de mis enemigos».

Nuestra vida está saturada de trampas seductoras. Las raíces y piedras de las pruebas amenazan con hacernos tropezar. Voces susurrantes, con olor a muerte, nos atraen hacia fosas de adicción y abuso de las que no podemos salir por nuestra cuenta. Desde que despertamos hasta que dormimos, incluso en nuestros sueños, estamos siempre a un paso de caer en el desastre o en la culpa.

Así que, hasta nuestro último aliento, oremos para que el Señor nos dé un *miyshor*, un lugar llano donde estar firmes. Plano y firme en la fe porque Cristo es fiel a nosotros. El terreno más firme del mundo está al pie de la cruz. Nos reunimos en la cruz, en ese suelo empapado de misericordia, cuando entramos en la morada de la casa de nuestro Padre, la gran asamblea de aquellos, como nosotros, a quienes Cristo ha redimido y con quienes ha sido misericordioso (Sal 26:8, 11-12). Que Dios nuestro Padre nos mantenga anclados allí, santificados por su Espíritu, seguros en Jesús.

Salmos 27:1-6

El Señor es mi luz

«Sea la luz» (Gn 1:3). Ese fue el discurso inaugural del Creador. El Padre, por medio de su Palabra, es decir, su Hijo, habló por su Aliento, es decir, su Espíritu. La luz es lo primero que el Señor llamó «bueno» (1:4). Desde entonces y para siempre, la luz es una metáfora de todo lo que es bueno y proviene de Dios. Eso también significa que su opuesto, la oscuridad, se convierte en emblema de todo lo que no es bueno y de todo lo que proviene del maligno.

Lo que no es bueno en el Salmo 27 es que David está en peligro de ser devorado por una manada de hombres bestiales que son instrumentos del mismo maligno: «Cuando los malhechores vinieron sobre mí para devorar mis carnes, ellos, mis adversarios y mis enemigos, tropezaron y cayeron» (v. 2). La misma imagen gráfica aparece en los Salmos 14:4 y su gemelo, el 53:4, donde los malhechores «se comen a mi pueblo como si comieran pan». El enemigo, entenebrecido en el alma, cegado por el odio, busca sangre. En tales circunstancias, uno pensaría que David estaría temblando de pánico. No, está sonriendo. Casi se puede ver la sonrisa del justo en su rostro cuando proclama: «El Señor es mi luz y mi salvación, ¿a quién temeré? El Señor es la fortaleza de mi vida, ¿de quién tendré temor? [...] Si un ejército acampa contra mí, no temerá mi corazón» (27:1, 3).

¿Cómo se atreve a estar tan confiado? Sabe que, en todo momento de angustia, el Dios que habita en su tabernáculo será su refugio y santuario. En vez de temblar de miedo, canta y entona «alabanzas al Señor» (v. 6). «Yo soy la luz del mundo», dice la Palabra encarnada, el mismo por medio de quien el Padre iluminó por primera vez nuestro mundo (Jn 8:12; 9:5). Esta Palabra-Luz es también nuestro santuario, Dios hecho carne (1:14). Como con David, así también con nosotros: en Cristo nuestra Luz, podemos reírnos de la oscuridad, burlarnos del temor y cantar en el Espíritu al Padre, en quien estamos eternamente a salvo del maligno.

Salmos 27:7-14

Busquen mi rostro

Hay momentos en que las expresiones hebreas suenan un poco graciosas para los oídos en español. Por ejemplo, el modismo que describe la paciencia de Dios es que él es «lento para la ira», que en hebreo es literalmente «largo de nariz». A excepción de las fosas nasales ensanchadas, normalmente no asociamos la nariz —mucho menos su tamaño— con la ira. Sin embargo, en otras ocasiones, las expresiones hebreas tienen tanto sentido que uno desearía poder incorporarlas al español.

Por ejemplo, en Salmos 27:8, Dios dice: «Busquen mi rostro». Nosotros diríamos: «Busca mi presencia». Pero piénsalo bien: en realidad, no deseamos meramente estar en la «presencia» de alguien. Queremos ver su rostro. Si esa persona nos da la espalda, seguimos en su presencia, pero no en la clase de presencia que anhelamos. Pero si vemos toda esa combinación de mejillas, mentón, frente, nariz, boca y ojos —su rostro— entonces tenemos lo que estábamos buscando. La parte trasera de su cabeza no revela nada; el rostro lo dice todo.

El rostro de Dios es, por tanto, la revelación manifiesta de la persona de Dios. Comparecemos ante su rostro en adoración. Él hace resplandecer su rostro sobre nosotros y levanta su rostro sobre nosotros para darnos paz (Nm 6:24-25). Buscar el rostro de Dios es el deseo profundo de estar en sus atrios de alabanza, de oír las palabras que salen de su boca, de ser vistos por él. Por eso el salmista le ruega a Dios una y otra vez: «No escondas tu rostro de mí» (Sal 27:9; cf. 13:1; 44:24; 102:2). «No me des la espalda», diríamos nosotros. «Esconde tu rostro de mis pecados» (Sal 51:9), ¡sí! Pero de mí, no. «No me abandones ni me desampares, oh Dios de mi salvación» (27:9).

El rostro de Jesús, en el cual vemos la revelación de Dios, jamás será escondido de nosotros. Cristo nos «enfrentó», y en su rostro leemos la historia del amor divino. Por eso cobramos ánimo y esperamos en el Señor, que hace brillar sobre nosotros la luz de su misericordia.

Salmos 28:1-2

Los que descienden a la fosa

Cuando tenía once años, mi familia se mudó a una antigua casa de campo en Texas, a unos dieciséis kilómetros del pueblo. Nuestra única fuente de agua potable era una cisterna: un depósito subterráneo al que teníamos que llevar agua. Cuando levantaba la tapa y miraba dentro del tanque, lo que veía era un pozo profundo, oscuro y nada acogedor. En aquel entonces no lo sabía, pero ya tenía un buen dominio de una palabra hebrea que aparece en los Salmos.

David ora: «A ti clamo, oh Señor, roca mía; no seas sordo para conmigo. No sea que si guardas silencio hacia mí, venga a ser semejante a los que descienden a la fosa» (Sal 28:1). En hebreo, un «pozo» es *bor*, que también puede significar calabozo, aljibe o el tipo de cisterna que había junto a la casa de mi infancia. *Bor* puede denotar la puerta de entrada al Seol. Por eso, la frase común «los que descienden a la fosa» significa, en esencia, «los que caen en el agujero de la muerte». Un pozo profundo y oscuro de muerte ciertamente no es bienvenido, pero ¿cuántas veces, en las épocas más duras de la vida, sentimos que vamos directo hacia allí?

Pablo lo sintió así al escribir: «fuimos abrumados sobremanera, más allá de nuestras fuerzas, de modo que hasta perdimos la esperanza de salir con vida [...] teníamos la sentencia de muerte» (2 Co 1:8-9). El futuro, con el hedor de esperanzas descompuestas, se cuela en nuestra vida para llenarnos de angustia.

Por eso clamamos a Dios: «¡No te desentiendas! ¡No guardes silencio! Si lo haces, nos deslizaremos hacia la muerte misma». Levantamos las manos vacías hacia nuestro Padre, suplicando que las llene. Abrimos los oídos para escuchar lo que tenga que decirnos, para que pronuncie palabras de consuelo a nuestras almas agobiadas. Y lo hace. Los oídos de nuestro Padre, siempre atentos, nos escuchan. Su boca, siempre llena de amor, habla la vida de Jesús en nosotros. Nos toma de la mano, nos levanta cuando tropezamos y nos sostiene en el abrazo de la esperanza para que tengamos paz en él.

Salmos 28:3-9

Dales el pago que merecen

Ayer, en los dos versículos iniciales del Salmo 28, David pidió a Dios que lo escuchara y respondiera, para que no llegara a ser «como los que descienden a la fosa» (v. 1). En los versículos 3 al 5, oímos hablar de los obradores del mal que empujaron a David a esa situación tan precaria. ¿Quiénes son? Aquellos que «... hablan de paz con su prójimo, mientras hay maldad en su corazón» (v. 3). En un juego de palabras hebreas difíciles de reproducir en español, David contrapone *re'eihem*, «su prójimo», con *ra'ah*, «maldad».

El error fatal de estos hombres de lengua suave y corazón corrupto es que «no tienen en cuenta los hechos del Señor ni la obra de sus manos...» (v. 5). Por eso David dice: «Dales conforme a su obra y según la maldad de sus hechos; dales conforme a la obra de sus manos; págales su merecido» (v. 4). ¿Ves el contraste? Sus vidas giran en torno al ego, no a Dios. Su voluntad, sus deseos, sus obras son lo que importa. El «pago merecido» es recibir exactamente lo que el «yo» desea: una vida egocéntrica, grotesca en su egoísmo, que finalmente colapsa sobre sí misma.

En lugar de una vida así, danos una vida que diga: «¡Bendito sea el Señor!» (v. 6). Centrada en Dios. Llena de Cristo. Guiada por el Espíritu. Orientada al prójimo. El Señor es nuestra fortaleza y nuestro escudo, no nosotros mismos. No confiamos en nosotros ni nos damos palmadas en la espalda, sino que confiamos y nos regocijamos en él. Somos débiles, pero «el Señor es la fuerza de su pueblo, y él es defensa salvadora de su ungido» (v. 8). Él es el refugio de David, el rey ungido, y en última instancia del Hijo de David, el Mesías, a quien nuestro Padre sacó del pozo de la muerte el día de la resurrección. Por eso oramos: «Salva a tu pueblo y bendice a tu heredad; pastoréalos y llévalos en tus brazos para siempre» (v. 9). Señor Jesús, Salvador de todos, Buen Pastor que diste tu vida por nosotros, las ovejas, llévanos en tus hombros en medio de todas las pruebas y tentaciones. Cárganos hasta el final de nuestro camino.

Salmos 29:1-2

Tributen al Señor

Cuando Booz reunió a los ancianos de Belén como testigos para decidir quién redimiría la tierra de Noemí y se casaría con Rut, llamó al único otro posible redentor con estas palabras: «Ven acá, amigo, siéntate aquí» (Rut 4:1). La frase hebrea que se traduce libremente como «amigo» es *pelonî almonî*, una expresión curiosa que significa algo así como «el señor fulano». Este hombre quedó para siempre en la historia como un sin nombre.

Nosotros no adoramos a una deidad *pelonî almonî*, una fuerza anónima del universo, incognoscible e innombrable. En el Salmo 29, el Señor es nombrado no una ni dos, sino ¡dieciocho veces! «Tributen al Señor...», comienza el salmo. «El Señor» en hebreo tiene cuatro consonantes (yod, he, vav, he). A veces se escribe YHVH (el tetragrámaton) o, con vocales añadidas, Yahveh. También puede aparecer simplemente como *HaShem* («el Nombre», en hebreo).

Cuando Moisés le preguntó a Dios cuál era su nombre, él respondió: «Yo soy el que soy» (Ex 3:14). Esto es importante: Yahveh no significa «Yo soy el que soy». Esa es la forma en primera persona. Yahveh es la forma en tercera persona singular; significa «Él es el que es». El nombre es, por tanto, una especie de eco fiel, una confesión que le devolvemos a Dios de lo que él nos ha revelado primero. El Señor dice: «Yo soy el que soy», y nosotros le respondemos: «Él es el que es». Él no es un divino *pelonî almonî*, un «Señor Fulano», sino Yahveh.

Mañana hablaremos más sobre Yahveh y su voz en la devoción diaria. Por ahora, alegrémonos de que no gritamos en vano al vacío del universo, esperando que alguna fuerza anónima nos escuche. No, nosotros conocemos el nombre de Dios, su identidad, su propósito y, lo más importante, su amor. También le ha dado a su Hijo, Jesús, el nombre de Yahveh, «el nombre que es sobre todo nombre» (Fil 2:9). Con valentía y confianza, con santa *jutzpá*, invoquemos a Yahveh, el Dios a quien conocemos por nombre, y que también nos conoce a cada uno de nosotros por nuestro nombre.

Salmos 29:3-11

La voz del Señor

La próxima vez que se desate una tormenta, en vez de abrir la aplicación del clima, abre el Salmo 29. Lee en voz alta sus once versículos. Cada vez que escuches la frase «la voz del Señor», dilo en hebreo: *kol Yahweh*. Al hacerlo, oye el trueno, porque en hebreo el trueno suele representarse como el estruendo de la voz de Dios. Siete veces perfectas resuena esa voz atronadora en el salmo. El poeta describe una tormenta. Sus vientos furiosos hacen pedazo los cedros del Líbano como si fueran ramitas (29:5). La voz divina «lanza llamaradas de fuego» y «hace temblar el desierto de Cades» (29:8). Desnuda los bosques y hasta asusta a una cierva haciéndola dar a luz (29:9). La voz estruendosa de Dios provoca adoración, tanto en el cielo como en la tierra. En lo alto, los seres celestiales «tributan al Señor gloria y poder» (29:1). Abajo, todos en el templo del Señor se unen en un solo clamor: «¡Gloria!» (29:9).

El Señor, que se sentó en su trono sobre el diluvio, luego bendijo al mundo con el arco iris. Nunca más el Rey del mundo lo destruiría mediante agua. Al final del Salmo 29, como un arco iris, se alza la palabra «paz»: «¡El Señor bendecirá a su pueblo con paz!» (29:11). El Señor de la tormenta no puede ser domesticado, ni convertido en una deidad mascota en un zoológico idólatra. Él es el Señor de la tormenta, que habla mediante los truenos de su poder y majestad. Pero también es el Señor de la paz, quien envía el arcos iris como señal de *shalom*. Envió a su Hijo como garantía de gracia; ese Hijo a quien Dios habló con voz de trueno diciendo: «Y lo he glorificado, y de nuevo lo glorificaré» (Jn 12:28).

Esa voz atronadora del Padre anunció que glorificaría a su Hijo, su nombre, en la gloria de la cruz. Allí el corazón de Dios quedó expuesto en forma de cruz. Ese día, el *kol Yahweh*, la voz del Señor Jesús, pronunció palabras que irrumpieron en las puertas del infierno, quebraron los cedros del Hades y bendijeron para siempre a su pueblo con la paz: «Consumado es» (Jn 19:30).

Salmos 30:1-5

Has sacado mi alma del Seol

Describimos nuestras emociones en términos direccionales. Decimos: «me siento decaído». O: «me levantó el ánimo». Como nos orientamos hacia el norte, usamos la expresión «las cosas se vinieron abajo» cuando todo se desmorona. Abajo: mal. Arriba: bien. La Biblia no es diferente. «¿Por qué te desesperas, alma mía?», pregunta el salmista (Sal 42:5). O, en el salmo de hoy: «Te ensalzaré, oh Señor, porque me has elevado... has sacado mi alma del Seol» (30:1, 3). Incluso el verbo hebreo para «ensalzar», *r-wm*, significa «levantar» o «alzar».

David usa una palabra muy gráfica para describir lo que Dios ha hecho por él —y por nosotros— cuando le dice: «Tú me has elevado». Ese verbo es *dalah*, que se refiere a sacar un balde de un pozo. Por ejemplo, Moisés *dalah* agua del pozo para las hijas de Jetro (Ex 2:19). Ahí estamos nosotros, habiendo caído al fondo de un pozo, de un hoyo, del mismo Seol (Sal 30:3). Nos debatimos en una situación aparentemente sin esperanza. Rescatarnos por nuestra cuenta es imposible. Gritamos pidiendo ayuda, y nuestras voces resuenan en la oscuridad. Muy por encima de nosotros, un tenue círculo de luz brilla, pero parece un espejismo tentador, fuera de alcance. Nos sentimos hundirnos más y más, alejándonos de toda esperanza.

Entonces lo sentimos. Una mano, fuerte y firme, toma la nuestra. Hay un tirón, un empujón vigoroso que tira de nosotros, y nuestro cuerpo comienza a elevarse, fuera de las aguas heladas, fuera de la oscuridad, cada vez más cerca de ese círculo de luz. De pronto, bañados en la luz del sol, quedamos libres, sacados del pozo de la medianoche hacia la claridad del mediodía, al abrazo sanador de Cristo, quien nos devolvió la vida «entre los que no descienden al sepulcro» (30:3). Sí, «el llanto puede durar toda la noche, pero a la mañana vendrá el grito de alegría» (30:5). Cristo no nos dejará en las aguas oscuras. Aquel que venció a la muerte nos levantará del pozo del dolor hacia el resplandor del gozo, una vez más.

Salmos 30:6-12

La dedicación del templo

La inscripción del Salmo 30, «Cántico para la dedicación de la Casa», ha desconcertado a los lectores durante siglos. Aunque en el salmo se habla de llanto, recuperación y danza, no hay ni una sola mención al templo, y mucho menos a su dedicación. ¿Qué está pasando aquí?

Ayer reflexionamos sobre cómo los versículos 1 al 5 del Salmo 30 retratan el rescate misericordioso del Señor a David y a nosotros desde el pozo. Ora este salmo nuevamente hoy, escuchando cada «yo» y «me» como si saliera de los labios de Jesús. En otras palabras: este salmo de David es también la oración de Jesús nuestro Rey. Los vivos colores de la resurrección tiñen estos versículos. Como un balde que saca agua de lo profundo de un pozo, el Padre sacó a Jesús, su Hijo, de las profundidades (30:1). El llanto fue huésped durante la noche, pero la alegría llegó con el amanecer del tercer día (30:5). El Padre transformó el lamento del Viernes Santo en la danza de la Pascua. Le quitó el luto y lo vistió de alegría.

Jesús ora: «Oh Señor, has sacado mi alma del Seol; me has guardado con vida, para que no descienda al sepulcro» (30:3). Allí estaba nuestro Salvador, su cuerpo sin vida en el Seol, en la muerte, en la tumba prestada. Luego, ¡oh gloriosa mañana!, Dios nuestro Padre sopló de nuevo el Espíritu de vida en el cuerpo humano de su Hijo. ¡El Salmo 30 es el cántico de la resurrección! Cuando Jesús salió vivo de su tumba, bien pudo haber tomado aire y entonado este salmo a viva voz para que todo el mundo lo escuchara.

Jesús dijo una vez: «Destruyan este templo, y en tres días lo levantaré» (Jn 2:19). «Él hablaba del templo de su cuerpo» (2:21). Ese templo, edificado en el vientre de María, derribado en la cruz, fue levantado de nuevo en la resurrección por nosotros. Por tanto, el Salmo 30 lleva —con toda razón— el título de «Cántico para la dedicación de la Casa»: la casa del cuerpo resucitado de Cristo. Con gozo pascual, unámonos a Jesús para exclamar al Padre: «Oh Señor, Dios mío, te daré gracias por siempre» (30:12).

Salmos 31:1-5

En tus manos

Si pudieras escoger tus últimas palabras, ¿cuáles serían? ¿Algo profundo? ¿Una expresión de amor? Como la mortalidad, como un ratón en el ático, siempre está rasguñando mi mente, he pensado mucho en esto. Me gustaría que mis palabras finales fueran las de Esteban: «Señor Jesús, recibe mi espíritu» (Hch 7:59). Por supuesto, Esteban estaba repitiendo la oración de su Señor moribundo, quien dijo: «Padre, en tus manos encomiendo mi espíritu» (Lc 23:46). ¿Y Jesús? Estaba citando a David, quien escribió en el salmo de hoy: «En tu mano encomiendo mi espíritu...» (Sal 31:5). Inspirado por el Espíritu Santo, David escribió la oración perfecta para quien está a punto de pasar del pórtico de la casa de nuestro Padre al hogar celestial.[5]

«En tu mano...». En hebreo, en tu *yad*. Poner algo en la *yad* de alguien es una manera de decir: «Esta cosa o esta persona está ahora en tu poder, bajo tu control». Melquisedec alabó a Dios, quien había entregado a los enemigos de Abraham en su mano (Gn 14:20). Los gabaonitas le dijeron a Josué: «Ahora pues, estamos en tus manos...» (Jos 9:25). Ocurre una entrega. Se desvanecen todas las pretensiones de independencia o autodeterminación. Decirle a nuestro Padre: «Encomiendo mi espíritu en tus manos» es decir: «Todo lo que he sido, todo lo que soy, todo lo que algún día seré, ya no me pertenece a mí, sino a ti. Estoy ahora y por siempre completamente a tu merced».

Cada hora estamos parados en el umbral de la eternidad. Ahora, mientras aún vivimos en este mundo caído, como criaturas caídas, busquemos «refugio» en el Señor, porque en él nunca seremos «avergonzados» (Sal 31:1). En nosotros mismos somos chozas que se desmoronan, pero él es «una roca de refugio... una fortaleza poderosa» (31:3). Escondidos con seguridad en las heridas de Jesús, todo lo que somos, absorbido en todo lo que él es, podemos decir con confianza: «En tus manos encomiendo mi espíritu». Entonces cerramos los ojos y los abrimos para ver el rostro sonriente de nuestro Redentor resucitado.

Salmos 31:6-8

Has conocido las angustias de mi alma

A mi esposa, Stacy, le da ansiedad estar en situaciones estrechas de las que no ve una salida fácil o rápida. Es una sensación de estar atrapada. Incluso, ver videos de espeleólogos deslizándose por pasajes estrechos en cuevas la incomoda. Le gusta tener su espacio.

En hebreo, diríamos que a ella no le gusta la *tzarah*. En realidad, a ninguno de nosotros nos gusta, porque si bien *tzarah* puede referirse a lugares físicamente estrechos, la palabra y sus formas relacionadas se usan principalmente para hablar metafóricamente de estar «en un aprieto». La traducimos como «problema, adversidad, angustia, aflicción o tribulación», como cuando David le dice a Dios: «Has conocido las angustias de mi alma» (Sal 31:7). Tú sabías, Señor, cuándo mi alma estaba en esa situación apretada, sofocante, de presión arterial por las nubes. David había estado allí, especialmente durante sus años de esconderse de Saúl, incluso en cuevas (véase 1 S 22:1; 24:3). Todos hemos estado allí, cuando «las paredes se nos venían encima». Divorcio. Desempleo. Criar hijos rebeldes. Luchar contra el cáncer. Ser devorados por el fracaso. Todas son formas distintas de *tzarah*. Atrapados, sin ver salida.

Pero, a diferencia de los que «rinden culto a ídolos inútiles», dioses mezquinos y diminutos que no pueden salvar a nadie, nosotros «confiamos en el Señor», quien sí puede y sí salva (31:6). Observa los cuatro verbos que describen lo que nuestro Padre hace por nosotros: «has visto... has conocido... no me has entregado en manos del enemigo... [sino que] has puesto mis pies en lugar espacioso» (31:7-8). Del lugar estrecho, la *tzarah*, él nos pone en un «lugar espacioso». Eso no significa que nuestro Padre nos saque de inmediato de toda situación estresante. Pero sí significa que él nos coloca en la libertad amplia de saber que estamos unidos a él en Jesucristo. A nuestra debilidad, él añade su fuerza, hasta que llegue el momento en que podamos respirar con más tranquilidad. Hasta entonces, nos apoyamos en el amor inagotable del Señor.

Salmos 31:9-13

He oído la calumnia de muchos

Cuando era adolescente, José llevó a su padre «un mal informe» acerca de sus hermanos, lo que provocó que lo odiaran (Gn 37:2). Diez de los doce espías trajeron al pueblo de Israel «un mal informe» sobre la tierra, lo que desató miedo y rebelión (Nm 14:37). Proverbios dice que el que «calumnia es un necio» (Pr 10:18). En hebreo, la palabra para «mal informe» y «calumnia» es *dibbah*. También traducida como «chisme», *dibbah* es la palabra que está detrás de «calumnia» en el salmo de hoy: «Porque he oído la calumnia de muchos; el terror está por todas partes...» (Sal 31:13).

La difamación de reputaciones, arrastrar el nombre de otra persona por el lodo, murmurar mentiras y verdades a medias sobre alguien: estas cosas las hacen lenguas entrenadas en la universidad de Satanás. Él ha sido mentiroso desde el principio, y todos los que mienten se muestran como sus discípulos. Sí, es directo, pero no hay una forma amable y suave de decirlo. Mentir es escupirle en la cara a la verdad. El Salmo 31:9-13 enumera algunas de las maneras en que la calumnia afecta a una persona: la invaden el dolor, la tristeza y los suspiros (31:9-10); se convierte en objeto de reproche para sus vecinos (31:11); y las personas huyen de ella, la olvidan, la tratan como un vaso roto e inútil, digno de ir a la basura (31:11-12).

Con la boca podemos hacer un bien tremendo o un daño indescriptible. Así que, por cada *dibbah*, por cada palabra maligna que hayamos dicho, arrepintámonos y usemos nuestra boca para algo mejor: para confesar, para orar al Señor misericordioso pidiendo perdón, para animar y edificar, para enseñar sabiduría, para alabar a nuestro Señor. Jesús tomará posesión de nuestra boca como un canal para hablar su verdad. Y su propia boca, que intercede por nosotros a la diestra del Padre y nos instruye por medio de su Palabra, llenará nuestro corazón con palabras del cielo, para que seamos el megáfono de Dios que anuncia las buenas noticias de Jesús a un mundo de malas noticias.

Salmos 31:14-18

Tú eres mi Dios

En español, en muchas ocasiones debemos unir el pronombre con el verbo, convirtiendo dos palabras en una sola. «Saquemos eso» se convierte en «saquémoslo», así como «decir algo a ti» se convierte en «decírtelo». En hebreo, el pronombre por lo general no es una palabra independiente, sino que está incorporado en el verbo, algo parecido a «saquémoslo» y «decírtelo». Sin embargo, si los poetas hebreos quieren enfatizar una palabra —como cuando nosotros la ponemos en negrita o en cursiva— escriben el pronombre por separado.

Eso es lo que ocurre en el Salmo 31:14. Podríamos decir (aunque suene torpe) así: «Pero yo, oh, Señor, en ti confío, digo: "Tú eres mi Dios"». Para destacar este énfasis, otras traducciones comienzan el versículo con: «Puedo oír a muchos difamando» (BLP). David ha estado quejándose de los calumniadores que conspiran contra él. Mientras ellos confían en sus palabras engañosas, David está diciendo: «Yo no. Yo confío en el Señor. El Dios en quien pongo mi fe eres tú».

Los pronombres son palabras pequeñas con un significado importante. El «yo» de «yo confío» es David —y nosotros con él— dando un paso audaz para decir: «De todas las cosas, personas y dioses en las que uno podría depositar su fe, yo mismo me mantengo firme en tus promesas, oh Señor». Como dijo Josué: «... pero yo y mi casa serviremos al Señor» (Jos 24:15). Tú no eres solo Dios. Incluso los demonios saben que Dios es Dios. Pero tú eres *mi* Dios. «Mi» es la palabra de la fe, el ancla arrojada al mar del amor divino para mantenernos firmes cuando las olas se levantan y las tormentas rugen.

El Dios en quien confiamos, nuestro Señor Jesús, hará brillar su rostro sobre nosotros (Sal 31:16). En nuestra oscuridad, él es nuestra luz. En nuestro dolor, él es nuestra esperanza. En lugar de ir «en silencio al Seol» (31:17), levantaremos nuestra voz a los cielos en alabanza a nuestro Salvador, clamando a Jesús: «Pero yo, oh Señor, en ti confío; digo: "Tú eres mi Dios"» (Sal 31:14).

Salmos 31:19-20

Tú los escondes en lo secreto de tu presencia

La comunidad de Texas donde viví durante muchos años, New Braunfels, creció mucho en poco tiempo. Surgieron barrios enteros y, con ellos, tiendas, escuelas y los inevitables centros de almacenamiento. Allí apilamos todas las cosas que hemos guardado para cuando tengamos espacio (probablemente nunca) o las necesitemos (también probablemente nunca). En dos versículos del Salmo 31, David habla de los elementos en el «centro de almacenamiento» celestial del Señor. Ambas ocasiones utiliza el verbo hebreo *tzafan*, que significa «almacenado, escondido, guardado, reservado en un tesoro». Este es el verbo que se usa cuando la madre de Moisés lo «escondió» siendo un bebé (Ex 2:2) y cuando los sabios «atesoran» conocimiento (Pr 10:14).

El primer don que el Señor ha «almacenado» para nosotros es su bondad: «¡Cuán grande es tu bondad, que has reservado (*tzafan*) para los que te temen!» (Sal 31:19). Nuestro Padre no es un avaro mezquino que se deleita sádicamente en arrojarnos migajas de su mesa. No, él derrama su bondad sobre nosotros y nos sacia con su gracia. Para nosotros, que estamos empobrecidos por el pecado, él es «rico en misericordia» y nos «dio vida juntamente con Cristo» (Ef 2:5). Así es la bondad que nuestro Padre ha almacenado para nosotros.

El segundo don «almacenado» es que, cuando soportamos los «enredos de las lenguas», David dice a Dios: «... tú los escondes (*tzafan*) en lo secreto de tu presencia, en un refugio los pondrás a cubierto de los enredos de las lenguas» (Sal 31:20). Somos colocados en el tesoro de bendiciones del Señor. Por dolorosos que sean los ataques personales, se enfrentan con la promesa que Jesús nos dio: «Bienaventurados serán cuando los insulten y persigan, y digan todo género de mal contra ustedes falsamente, por causa de mí. Regocíjense y alégrense, porque la recompensa de ustedes en los cielos es grande, porque así persiguieron a los profetas que fueron antes que ustedes» (Mt 5:11-12). Regocíjate en Cristo, la bondad del Padre almacenada para nosotros, quien también nos guarda en sí mismo, para que seamos bendecidos en él.

Salmos 31:21-22

En ciudad asediada

Esconderse tras los muros de una ciudad para escapar del enemigo es una solución temporal que puede convertirse rápidamente en un problema permanente y horrendo. Si el enemigo se cansa y se retira, todo va bien. Pero si no, si decide asediar la ciudad durante meses o incluso años, lo que había sido un refugio seguro se transforma poco a poco en una pesadilla viviente. Las provisiones se agotan. La desesperación se dispara. En la Biblia hay casos documentados de personas bajo asedio, llevadas por el hambre a comer sesos de burro, estiércol de paloma e, incluso, recurrir al canibalismo (2 R 6:25-29).

David ora: «¡Bendito sea el Señor, porque ha hecho maravillosa su misericordia para mí en ciudad asediada!» (Sal 31:21). En una ciudad asediada. En aprietos extremos. En un lugar rodeado por antagonistas. Jadeando por un poco de esperanza y encorvado por el peso del estrés, David clamó en su alarma: «... cortado soy de delante de tus ojos» (Sal 31:22).

Yo he estado ahí. Probablemente tú también. Tal vez fue cuando diagnosticaron a tu cónyuge con cáncer en etapa 4. Tal vez fue cuando no tenías dinero, estabas atrapado en las drogas o muriendo de mil cortes emocionales tras años de abuso. Sea cuando y lo que haya sido en tu caso, todos clamamos con David: «cortado soy de delante de tus ojos».

Y el Señor, que «ha hecho maravillosa su misericordia» para con nosotros en Jesús su Hijo, escucha la voz de nuestras súplicas cuando clamamos a él pidiendo misericordia (Sal 31:21-22). Puede que no erradique nuestras luchas, pero enviará su Espíritu dentro de nosotros, para sostenernos y que no caigamos. Más aún, nos acercará más a su Hijo, para que muramos a nosotros mismos y vivamos más plenamente en él. Nuestro Señor Jesucristo, quien fue asediado en la cruz y triunfó sobre todo enemigo en su resurrección, sabe cómo sacarnos de la tumba del pecado y la desesperación, y llevarnos a la libertad brillante y gloriosa de su gracia.

Salmos 31:23-24

Todos sus santos

El 24 de enero hablamos de la palabra hebrea *chesed*, que representa la misericordia y gracia de Dios hacia nosotros en Jesucristo: ilimitada, sacrificial, sin restricciones. En el Antiguo Testamento, se fundamenta en el compromiso inquebrantable de nuestro Señor de mantenerse fiel a sus promesas del pacto. *Chesed* se ha traducido como «amor constante», «misericordia» o «fidelidad amorosa».

Cuando David dice: «Amen al Señor, todos sus santos», la palabra para «santos» se construye a partir de *chesed*. Un «santo» o «piadoso» es un *chasid* (los judíos jasídicos toman su nombre de esta palabra). Por supuesto, en español es imposible ver la conexión entre *chesed* (amor leal) y *chasid* (santo), por eso en su comentario sobre los Salmos, James M. Hamilton Jr. traduce *chasid* como «amante fiel». Los *chasidim* son «aquellos marcados por el amor leal del Señor».[6] Los «amantes fieles» son quienes reciben y dan *chesed*; quienes están llenos del amor del Señor y reflejan su voluntad y sus caminos en sus vidas. Así, son «piadosos», de Dios, sus hijos portadores de su imagen en este mundo.

Un *chasid* es lo que somos en Jesús. Un «amante fiel» en él. Santificado por su sangre sacrificial. Marcado por su misericordia. Revestido y guiado por su Espíritu. «Y porque ustedes son hijos, Dios ha enviado el Espíritu de su Hijo a nuestros corazones, clamando: "¡Abba, Padre!"» al Señor paternal a quien amamos (Gl 4:6; Sal 31:23). Y este Abba amoroso y amado «preserva a los fieles, pero les da su merecido a los que obran con soberbia» (Sal 31:23). «Dios resiste a los soberbios, pero da gracia a los humildes» (Stg 4:6), porque no son los altivos, sino los mansos quienes heredarán la tierra (Mt 5:5).

Aunque débiles en nosotros mismos, somos «fuertes» y nuestros corazones «cobran ánimo» en Cristo, pues con Pablo decimos: «... cuando soy débil, entonces soy fuerte» (Sal 31:24. 2 Co 12:10). Resguardados en el amor de Jesús, esperamos y confiamos en el Señor del *chesed*.

Salmos 32:1-5

En cuyo espíritu no hay engaño

Si alguna vez han citado tus palabras fuera de contexto, las han tergiversado y luego usado en tu contra, sabes cuán importante es el contexto para la interpretación. Quienes estudian las Escrituras también lo comprenden. Todo texto necesita su contexto.

El Salmo 32 lo ilustra claramente. Cuando David dice que es bienaventurada la persona «en cuyo espíritu no hay engaño», ¿qué quiere decir? (32:2). Sin duda, un hombre o una mujer honestos, sin engaño, son una bendición. Pero en el contexto del Salmo 32, el «sin engaño» del que habla va más allá de decir la verdad. Tiene que ver con ser honesto sobre algo en particular: que uno es pecador y ha sido perdonado por Dios. ¿Cuál es el contexto? El hombre bienaventurado no es el que está libre de pecado, sino el que lo confiesa. Es aquel que dice: «Te manifesté mi pecado, y no encubrí mi iniquidad. Dije: "Confesaré mis transgresiones al Señor" y tú perdonaste la culpa de mi pecado» (Sal 32:5).

¿Quién es, entonces, la persona engañosa en el Salmo 32? Es aquella que no quiere confesar su pecado. Es quien guarda silencio ante su maldad y su injusticia. Es quien no quiere recibir el perdón de Dios. Las personas engañosas son las que no confiesan, porque están viviendo una mentira. Como lo dirá Juan: «Si decimos que no tenemos pecado, nos engañamos a nosotros mismos y la verdad no está en nosotros... Si decimos que no hemos pecado, lo hacemos a él mentiroso y su palabra no está en nosotros» (1 Jn 1:8-10).

Por lo tanto, amigos míos, no teman ser pecadores. Más bien, teman ser pecadores que no confiesan que lo son. Eso sí es vivir una mentira. Bienaventurados los pecadores que son honestos sobre su pecado, que dicen: «Confesaré mis transgresiones al Señor», porque eso es música para los oídos del Señor Jesús, quien perdona. Oremos: «Padre nuestro, perdónanos nuestras ofensas. Ten misericordia de nosotros por amor a Jesús». Ya lo ha hecho. Lo sigue haciendo. Y siempre lo hará.

Salmos 32:6-11

No seas como el caballo o como el mulo

Los animales en la Biblia sirven como paradigmas tanto positivos como negativos para nosotros. La hormiga trabajadora es un modelo motivador para el perezoso (Pr 6:6). Jesús dice que seamos «astutos como serpientes e inocentes como las palomas» (Mt 10:16). David dice: «No seas como el caballo o como el mulo, que no tienen entendimiento, cuyos arreos incluyen brida y freno para sujetarlos, porque si no, no se acercan a ti» (Sal 32:9).

Los años de infancia que pasé montando caballos y enlazando becerros me enseñaron que ningún vaquero es tan insensato como para montar un caballo sin freno. Sería como quitar el volante del auto antes de conducir. Un freno en la boca y una brida te ponen al mando. Si el animal se pone terco o se asusta, la brida y el freno son el medio para controlarlo y que siga yendo en la dirección que tú eliges.

Nuestro Señor no quiere ensillarnos, poner brida en nuestra boca y forzarnos, como bestias, por el camino que él sabe que es el mejor para nosotros. Él quiere hijos enseñables, no rebeldes testarudos. Por eso dice: «Yo te haré saber y te enseñaré el camino en que debes andar; te aconsejaré con mis ojos puestos en ti» (Sal 32:8). El verbo hebreo que se usa aquí para «enseñar», *yarah*, es la raíz de la palabra Torá, el Libro de Enseñanza de Dios. En su Torá y en el resto de las Escrituras, nuestro Padre nos instruye que debemos orar a él «en el tiempo en que puedas ser hallado» (32:6), que él es nuestro escondite en tiempos difíciles (32:7), y que «muchos son los dolores del impío, pero al que confía en el Señor, la misericordia lo rodeará» (32:10).

Mejor tener la Palabra del Señor en nuestros oídos que su freno en nuestra boca. «Concédenos oídos y corazones abiertos, oh Cristo, para oír y creer tu Palabra. Para descansar en tu amor. Para deleitarnos en tu sabiduría». En su justicia, nos alegramos en el Señor y lanzamos gritos de júbilo como aquellos que, en Jesús, son rectos de corazón (32:11).

Salmos 33:1-3

Hermosa es la alabanza

Nuestro Señor no es un esnob pretencioso ni un amante elitista de las artes. Si nuestro culto es mediocre, él no va a levantar su nariz divina y marcharse en busca de una presentación más deslumbrante. Dios no es arrogante. Si le ofrecemos una oración con la torpeza de un pastel de lodo, la recibirá con una sonrisa paternal, porque viene de nosotros, sus hijos amados. Si cantamos desafinados, no se tapará los oídos. Si el lugar donde su pueblo se reúne no es una catedral imponente, sino una casa familiar o un gimnasio con olor a sudor, seguirá siendo un espacio santo mientras su Palabra santa sea proclamada allí.

Dicho esto, nuestro Señor tampoco nos llama a aspirar a santuarios feos, canciones mediocres, interpretaciones musicales que chirrían ni arte de mal gusto. Esdras deseaba «engalanar la casa del Señor» (Esd 7:27). «Gloria y majestad están delante de él; poder y hermosura en su santuario» (Sal 96:6). En Salmos 33:1, dice: «Alegraos, oh justos, en el Señor; en los íntegros es hermosa la alabanza» (RVR60). La palabra hebrea que está detrás de «hermosa», también traducida como «agradable, decorosa, encantadora», es *na'veh*. La esposa de Salomón dice: «Soy morena, pero hermosa [*na'veh*]» (Cnt 1:5), y la misma raíz describe los «hermosos» pies de los que anuncian buenas nuevas (Is 52:7).

Dios mismo es bello, perfecto más allá de toda descripción. Por eso, en la medida en que nos es posible, embellecemos nuestra adoración a él con arte, canciones e instrumentos musicales. Le damos gracias «con la lira», le cantamos «con el arpa de diez cuerdas», y tocamos «con júbilo» (Sal 33:2-3). Así como deseamos que nuestras vidas reflejen la gloria del Señor, también deseamos que nuestras vidas como adoradores lo hagan. Y no para «impresionar a Dios», sino como aquellos amados por Cristo, que desean reflejar la hermosura de su misericordia, la grandeza de su salvación. Nos reunimos ante él como su iglesia, su esposa, a quien él presenta «a sí mismo... gloriosa», lavada y embellecida con el agua y la Palabra (Ef 5:26), preciosa a sus ojos.

Salmos 33:4-12

Él habló, y todo fue hecho

Hacemos cosas con palabras. Cosas grandes y pequeñas. Tenemos nuestros teléfonos para responder preguntas (¡Oye, Siri!). Los ministros solemnizan uniones matrimoniales (los declaro marido y mujer). Simplemente al decir palabras, podemos hacer que alguien estalle de risa o apriete los puños de enojo. La Biblia, bien consciente del poder del habla, a menudo, nos exhorta a usar nuestra caja de herramientas léxica con sabiduría y moderación. Sin embargo, hay algo que no podemos hacer con palabras: hablar un objeto físico hasta que exista. Si tengo hambre, puedo mirar mi plato vacío todo el día y repetir: «¡Que haya un filete!» y jamás aparecerá un filete. Nuestro lenguaje no puede transformar la inexistencia en existencia.

Dios, sin embargo, sí puede y lo ha hecho. En Salmos 33:4-12, vemos una reflexión sobre lo que Dios hace con palabras: «Por la palabra del Señor fueron hechos los cielos, y todo su ejército por el aliento de su boca» (Sal 33:6). En hebreo, aliento, viento y espíritu son una sola palabra: *ruaj*. Así como las palabras y el aliento van de la mano —pues al hablar exhalamos—, la Palabra de Dios y su *ruaj* son inseparables. Por su Palabra y su Aliento, por su Hijo y su Espíritu, el Padre creó los cielos y la tierra, reunió los mares como un montón y encerró las profundidades en depósitos (33:7). Todo el relato de la creación de Génesis, desde el primer día hasta el séptimo, se resume elegantemente en este versículo: «Porque él habló, y fue hecho; él mandó, y todo se confirmó» (33:9). Nuestro Señor «palabreó» todo hasta que existió, desde la criatura más microscópica hasta las galaxias más lejanas. Él habló, y todo fue hecho.

Qué consuelo inefable es esto para nosotros, sobre quienes Dios dice: «Eres perdonado en Jesús. Eres mi hijo. Nada te separará de mí. Nunca te dejaré ni te abandonaré». No son simples palabras vacías; estas palabras están cargadas de vida. Dan lo que anuncian. Hacen lo que dicen. Lo que nuestro Padre dice de ti, por medio de su Espíritu, en su Hijo, no puede ser otra cosa más que realidad. Descansamos en su Palabra porque su Palabra no puede mentir.

Salmos 33:13-19

Él ve a todos los hijos de los hombres

Juan dijo de Jesús: «Él sabía lo que había en el hombre» (Jn 2:24). Esto no es una observación genérica, como cuando yo digo: «Mi amigo Jack realmente conoce la naturaleza humana». Jack tal vez sea un hombre psicológicamente perspicaz, pero cuando Jesús «sabía lo que había en el hombre», se trata de una capacidad para sondear el alma, de explorar hasta las profundidades del ser, de mirar cada rincón de la esencia y la psique humana. Es una comprensión total a la que solo tiene acceso el mismo Creador de la humanidad.

Esta comprensión absoluta del ser humano se expresa en el Salmo 33: «El Señor mira desde los cielos; él ve a todos los hijos de los hombres. Desde el lugar de su morada él observa a todos los habitantes de la tierra; él es el que modela el corazón de cada uno de ellos, él es el que entiende todas las obras de ellos» (Sal 33:13-15). Fíjate en el uso de la palabra «todos». Nosotros vemos a algunas personas, comprendemos parte de sus corazones y conocemos solo algunas de sus acciones. Dios, en cambio, nos conoce por completo.

La belleza de esta omnisciencia se encuentra en lo que sigue: la humanidad, siendo imperfecta, es incapaz de generar su propia salvación. O, como dice el salmo: «El rey no se salva por gran ejército; ni es librado el valiente por la mucha fuerza. Falsa esperanza de victoria es el caballo, ni con su mucha fuerza puede librar» (33:16-17). El poder (rey), el entrenamiento (valiente) y el armamento (caballo) pueden servir para avanzar en este mundo, pero son inútiles al dejar este mundo. Para «librar su alma de la muerte» (33:19), necesitamos a alguien con poder sobre la muerte. Necesitamos a Jesús, quien pisoteó la muerte al salir de su sepulcro provisional. El Salvador que conocía lo que hay en el ser humano demostró su gracia para cada hombre, cada mujer y cada niño al entregar su vida por nosotros, y luego retomarla, para que pudiéramos «esperar en su misericordia» (33:18). Toda nuestra esperanza está atada a Cristo nuestro Dios, quien nos conoce y nos ama a todos.

Salmos 33:20-22

Nuestra alma espera al Señor

Nuestros nietos se quedaron con nosotros el fin de semana. Cada vez que un trayecto en automóvil duraba más de diez minutos, Bowen, de cinco años, empezaba a preguntar: «¿ya llegamos?». Su pregunta me hacía sonreír, porque pensaba en lo parecida que es su joven impaciencia a la mía, que tengo muchos más años. Cuando nuestro Padre me lleva en un «viaje» largo y difícil, yo también insisto desde el asiento trasero: «¿ya llegamos, Dios? ¿Falta mucho?».

«Nuestra alma espera al Señor», dice el salmista (Sal 33:20). Eso es más fuerte que un simple «esperamos». El sustantivo «alma», *nefesh* en hebreo, intensifica la declaración. «Nuestra vida misma... nuestro ser completo» está esperando.[7] Y, nos guste o no, nuestras almas van a esperar al Señor. Podemos ser pacientes o impacientes pero, de cualquier forma, vamos sentados en el asiento del copiloto o en el trasero. El único que lleva el volante es nuestro Abba.

Debo decir esto: las pérdidas y los golpes de mi vida me han hecho dolorosamente consciente de que nuestro Padre, cuando nos conduce hacia la sanidad y la plenitud, nunca pasa de tercera. Va despacio. Siempre nos va señalando el paisaje. Pero nunca acelera. Él está enseñando a nuestras almas a esperar, a reconocer que «él es nuestra ayuda y nuestro escudo» (33:20). Nos está mostrando que podemos «confiar en su santo nombre» y que necesitamos que su «gran amor esté sobre nosotros, tal como hemos esperado en ti» (33:21-22). Cuando nos sintamos perdidos, confiemos en él. Cuando nos sintamos confundidos por el caos de la vida, esperemos en él. Aun cuando sintamos sobre nosotros el peso abrumador de la pérdida y el dolor, sepamos que su amor inquebrantable está sobre nosotros. Más aún, sepamos que aquel que dijo: «porque mi yugo es fácil y mi carga ligera», aliviará nuestras cargas llevándonos en sus brazos (Mt 11:30).

Largo puede ser el viaje, tan amoroso es nuestro Conductor. «¿Ya llegamos, Dios?». En Cristo ya llegamos, porque él es nuestro camino y nuestro destino.

Salmos 34:13

Cuando David fingió estar loco

Durante las temporadas caóticas de la vida, nos aferramos con los nudillos blancos a cualquier cosa que se mantenga firme. Una amistad cercana. Una rutina en el gimnasio. Incluso, la manera mecánica en que doblamos y apilamos toallas. Cuando la vida parece un tornado, nos metemos en el sótano de lo predecible para capear la tormenta.

El encabezado del Salmo 34 dice: «Salmo de David, cuando se fingió estar demente ante Abimélec, por lo cual este lo arrojó de su presencia » (NVI). Es una referencia a los años jóvenes de David, cuando se escondía de Saúl en la ciudad filistea de Gat (1 S 21:10-15). Al ser reconocido, David fingió estar loco, rayando en la puerta y dejando que la saliva le corriera por la barba. El gobernante de la ciudad dijo con sarcasmo que ya tenía suficientes locos en su ciudad y dejó que David se marchara.

En una respuesta de agradecimiento por la liberación del Señor, David escribió este salmo. Lo que hace más notable a este salmo es su estructura. Podríamos esperar una oración apenas inteligible, surgida de una etapa tan caótica de la vida. Pero el Salmo 34 es todo lo contrario. Es uno de los salmos acrósticos, en el que los versículos siguen el orden del alfabeto hebreo, comenzando cada versículo con una letra sucesiva. Este salmo es el epítome de la previsibilidad y la estabilidad. Hay allí una lección vital para nosotros. Cuanto más fuera de control esté nuestra vida, más estables e incluso predecibles pueden ser nuestras oraciones. Necesitamos oraciones metódicas que nos lleven de la A a la B, a la C, hasta llegar a la Z y regresar.

Y eso es lo que tenemos en los Salmos. Palabras de Dios para nosotros que se convierten en nuestras palabras para él, repetidas en oración una y otra vez. Por medio de sus palabras, Cristo nos sujeta a sí mismo en medio de los tiempos más turbulentos de la vida, para que «en todo tiempo» bendigamos al Señor (34:1), quien suple todas nuestras necesidades, de la A a la Z.

Salmos 34:4-7

El ángel del Señor acampa

Cuando el Hijo de Dios asumió nuestra naturaleza humana en el vientre de la virgen María y nació en Belén, no fue un visitante primerizo en este mundo. Ya había aparecido de diversas formas en el Antiguo Testamento: como una «llama de fuego» ante Moisés en el monte Sinaí (Ex 3:2), como un «hombre de Dios» ante los padres de Sansón (Jue 13:6-8), y como un rey vestido con manto ante Isaías (Is 6:1. Jn 12:41). Muy a menudo, el Hijo del Padre se presentaba como un Mensajero, lo que en hebreo es *malak*. Aunque *malak* se traduce con frecuencia (y erróneamente) como «ángel», simplemente significa alguien que lleva un mensaje, ya sea humano, angelical o divino.

David dice que «el *malak* del Señor acampa alrededor de los que le temen, y los rescata» (Sal 34:7). En el Antiguo Testamento, la combinación de los términos hebreos para «acampar» y «alrededor» siempre implica un rodeo total. Los levitas acampaban todo alrededor del tabernáculo (Nm 1:50, 53), al igual que las tribus de Israel (Nm 2:2). Los soldados de Saúl acampaban todo alrededor de él (1 S 26:5). Cuando Nabucodonosor sitió Jerusalén, su ejército acampó alrededor de toda la ciudad (Jer 52:4). Esto significa que cuando el Mensajero del Señor, el Hijo del Padre, «acampa alrededor de los que le temen», no está simplemente a nuestra derecha o izquierda, sino que nos envuelve, rodeándonos con su presencia en un círculo de defensa impenetrable.

Cuando la oscuridad se cierne y la medianoche del mal se acerca, levanta los ojos hacia Cristo, quien acampa a nuestro alrededor, porque «los que a él miraron, fueron iluminados; sus rostros jamás serán avergonzados» (Sal 34:5). Cuando las dificultades amenacen, clama a Jesús, porque «este pobre clamó, y el Señor lo oyó, y lo salvó de todas sus angustias» (34:6). Por encima y por debajo, a nuestra derecha e izquierda, delante y detrás, rodeándonos por todos lados, está la presencia de aquel que lleva en su cuerpo cicatrices de crucifixión, testigos de su compromiso inquebrantable con nuestra liberación.

Salmos 34:8-10

¡Prueben y vean!

Cuando somos recién nacidos, comenzamos a alimentarnos del pecho de nuestra madre o de un biberón. Con el tiempo, incorporamos alimentos sólidos a nuestra dieta. A medida que maduramos, nuestros gustos cambian, y la variedad de alimentos que consumimos aumenta o disminuye. Pero un hecho permanece constante: todos los nutrientes que ingresan a nuestro cuerpo para darnos vida, salud y fuerza lo hacen únicamente por la boca. No comemos carne con los oídos ni bebemos leche con los ojos. Saboreamos, masticamos y tragamos lo que necesitamos para vivir, con la boca.

Por eso, lo que es necesario para la vida verdadera y abundante —la vida en Dios mismo— se describe a menudo en términos de comida. No vivimos «solo de pan... sino de todo lo que procede de la boca del Señor» (Dt 8:3). A Ezequiel se le dio un rollo con las palabras de Dios para que lo comiera (Ez 3:1-3). Hebreos describe a quienes «han gustado la buena palabra de Dios» (6:5). Pedro dice que debemos «desear, como niños recién nacidos, la leche pura de la palabra, para que por ella crezcan en su salvación, ahora que han probado lo bueno que es el Señor» (1 P 2:2-3). Tanto Hebreos como Pedro están evocando el Salmo 34:8, donde David dice: «Prueben y vean que el Señor es bueno».

Los placeres que devoramos, las riquezas que engullimos, el poder del que nos atiborramos solo aumentan nuestro apetito, jamás lo satisfacen. Cuanto más comemos en esa mesa, más famélicas se vuelven nuestras almas. Pero a los que temen al Señor «nada les falta. Los leoncillos pasan necesidad y tienen hambre, pero los que buscan al Señor no carecerán de ningún bien» (Sal 34:9-10).

La mesa de Jesús, de la cual él mismo nos alimenta, siempre está colmada con los alimentos más ricos y saludables. Saborea su gracia. Bebe su misericordia. Llena tu plato con su perdón, paz, sabiduría y amor. Cuanto más pruebas, más deseas. Y cuanto más comes, más quedas satisfecho y a la vez tienes hambre de más. Sirve una segunda y una tercera porción, porque Cristo, nuestro Anfitrión, jamás se queda sin alimento.

Salmos 34:11-14

¿Quién es el hombre que desea vida?

David pregunta: «¿Quién es el hombre que desea vida?» (Sal 34:12). Uno de nuestros supuestos incuestionables es que el deseo de vivir es un anhelo casi universal. Claro, hay excepciones: personas suicidas u obsesionadas con la muerte. Pero la inmensa mayoría, se asume, quiere vivir. Sin embargo, yo cuestiono ese supuesto. Cada persona con la que nos cruzamos —el colega en el trabajo, el desconocido en el supermercado, el tío en la reunión familiar— ha trazado un rumbo de vida orientado hacia la vida o hacia la muerte. Para muchos, esto es inconsciente. Es simplemente su forma de hacer las cosas. Prioridades. Metas. Para otros, es más intencional. Pero como un barco en el océano, cada ser humano navega hacia un puerto: el de la vida o el de la muerte, lo pensemos o no.

Desear la vida, «querer muchos días para ver el bien» (Sal 34:12), es vivir en conformidad con el propósito para el cual Dios nos creó. Si arrojo un pez a tierra firme y digo: «¡Mira, te he liberado de esas aguas restrictivas!», ¿qué he hecho en realidad? Lo he matado. La vida del pez está en el agua, porque allí lo puso su Creador. Así también con nosotros: la vida verdadera, la buena vida, la vida en plenitud, no se encuentra en la «tierra seca» de la mentira, el engaño, el hacer lo que nos place, el seguir lo que creemos correcto según nuestros propios ojos, y luego llamar a eso «libertad». Esa vida es, en realidad, esclavitud a la muerte.

Si deseamos la vida, vivamos en Cristo, que es nuestra vida. Nademos en las aguas vivificantes del bautismo. Él nos transforma desde dentro, modelando en nosotros la vida que Pedro describe: «armonía, compasión, amor fraternal, ternura y humildad... no devolviendo mal por mal o insulto por insulto, sino más bien bendiciendo» (1 P 3:8-9). Luego, Pedro cita el Salmo 34:12-16. ¿Quién es el hombre que desea vida? Desea a Cristo, nuestra vida, y lo tendrás a él. Y con él, todo lo que el Padre quiere darte y hacer de ti.

Salmos 34:15-18

Cerca de los quebrantados de corazón

Tratar de orientarse en una zona céntrica y concurrida puede dejarnos completamente desubicados. Un GPS, generalmente, nos sacará de ese apuro en un dos por tres. Pero la desorientación también puede manifestarse en formas más siniestras y prolongadas. Cuando eso ocurre, con frecuencia, quedamos paralizados por una abrumadora sensación de estar atrapados en un laberinto sin salida, o sumergidos en aguas profundas sin distinguir arriba de abajo. Nos invade el pánico. Nuestra vida parece salirse de control. Es difícil, incluso, respirar, mucho menos pensar, funcionar o trabajar.

En la segunda mitad de 2022, después de la muerte de mi hijo y de mi padre, la desorientación era mi realidad las veinticuatro horas del día, los siete días de la semana. No estaba realmente despierto ni dormido, solo vivía como un zombi, en una existencia donde el día y la noche, el ayer y el mañana se mezclaban en una neblina nauseabunda. Deambulaba, buscando direcciones hacia un lugar llamado Esperanza. Me costaba creer lo que escribió David: «Cercano está el Señor a los quebrantados de corazón, y salva a los abatidos de espíritu» (Sal 34:18). ¿Cerca? No. Más bien a años luz de distancia.

Pero sí estaba cerca de mí, incluso cuando lo único que sentía era una ausencia dolorosa. Él está cerca de todos sus hijos cuando lloramos entre los pedazos rotos de nuestras vidas. Mientras intentamos aferrarnos a algo, desesperadamente, Cristo se aferra a nosotros. «Los ojos del Señor están sobre los justos y sus oídos atentos a su clamor» (Sal 34:15). Él está totalmente involucrado, completamente a nuestro favor. Jesús no soportó la cruz por el gozo que le esperaba solo para después abandonarnos cuando cargamos nuestras propias cruces. «Claman los justos, y el Señor los oye y los libra de todas sus angustias» (Sal 34:17). Aunque la desorientación puede suceder de repente, en un momento horrendo, la reorientación lleva tiempo. La sanidad no puede acelerarse. Nuestro Señor, el Cristo quebrantado en la cruz, aplastado bajo el peso del mal de este mundo, estará con nosotros en cada paso del camino, guiándonos por el sendero empapado de lágrimas hasta el lugar llamado Esperanza.

Salmos 34:19-22

Guarda todos sus huesos

Comenzamos el Salmo 34 hace unos días reflexionando sobre aquel momento en que David, con una actuación digna de Hollywood, fingió estar loco para evitar ser capturado por sus enemigos filisteos. En respuesta a la liberación que Dios le concedió en medio de ese caos, escribió esta oración cuidadosamente estructurada, un salmo acróstico. Ahora bien, ¿quién hubiera pensado que ese episodio histriónico en la vida del rey conduciría a un canto que hallaría su cumplimiento definitivo un viernes, fuera de Jerusalén, cuando el Rey de reyes colgaba muerto en un madero de crucifixión?

Juan nos cuenta que, después de que los soldados rompieron las piernas de los dos criminales para acelerar su muerte, no rompieron las piernas de Jesús porque ya había muerto (Jn 19:33). En su lugar, «uno de los soldados le traspasó el costado con una lanza, y al momento salió sangre y agua» (Jn 19:34). Juan explica: «Esto sucedió para que se cumpliera la Escritura: "No será quebrado hueso suyo". Y también otra Escritura dice: "Mirarán a aquel que traspasaron"» (Jn 19:36-37). Este último versículo del Antiguo Testamento es Zacarías 12:10, y el primero es el Salmo 34:19-20, donde leemos: «Muchas son las aflicciones del justo, pero de todas ellas lo libra el Señor. Él guarda todos sus huesos; ni uno de ellos es quebrantado».

Como con el cordero de la Pascua, a quien no se le debía quebrar ningún hueso (Ex 12:46), así también con el justo. ¿Por qué? Porque la crucifixión y la resurrección de Jesús unen ambos elementos. «Muchas son las aflicciones del justo», del Hijo de David en la cruz (Sal 34:19). «Cristo, nuestro cordero pascual, ha sido sacrificado» (1 Co 5:7) en el altar del Calvario. Después de ser afligido y sacrificado en su Pasión, luego muerto y sepultado por nosotros, «el Señor lo libró» del sepulcro (Sal 34:19). Ahora, «ninguno de los que en él se refugian será condenado» (Sal 34:22), porque él es nuestra justificación. Estamos seguros en «el Señor [que] redime el alma de sus siervos» (34:22) por la sangre de Jesús.

Salmos 35:1-10

Ataca a los que me atacan

Los Salmos son el libro de oración del soldado de Cristo. Cuando entramos en esta casa de oraciones, de inmediato oímos el choque de armas en el campo de batalla del alma. Nos enfrentamos al «consejo de los impíos... el camino de los pecadores... la silla de los escarnecedores» (Sal 1:1). Cualquier esperanza de una tregua con el mal se revela como inútil. Salmo tras salmo nos martilla la verdad de que, en esta vida, «la lucha es feroz y el combate prolongado».[8] Como Pablo le dijo a Timoteo: «Sufre penalidades conmigo como buen soldado de Cristo Jesús» (2 Ti 2:3).

En el salmo de hoy estamos, una vez más, en la arena cuando clamamos a nuestro Padre: «Combate, oh Señor, a los que me combaten; ataca a los que me atacan. Echa mano del broquel y del escudo, y levántate en mi ayuda. Empuña también la lanza y el hacha para enfrentarte a los que me persiguen; dile a mi alma: "Yo soy tu salvación"» (Sal 35:1-3). ¿Qué ha hecho el enemigo? Ha tendido redes y cavado fosas para nosotros (35:7). El camino está lleno de trampas explosivas. David —y nosotros con él— se encuentra en un lugar tan peligroso que no hay otro lugar adonde acudir, sino al único que puede decirle a nuestra alma: «Yo soy tu salvación» (35:3). No solo que «nos salva» (¡lo cual ya es una noticia maravillosa!), sino que *él es* nuestra salvación.

El Señor, nuestro Padre, enviará a su Mensajero, su Hijo, quien ahuyentará al enemigo «como paja delante del viento» (35:5). Su camino será «tenebroso y resbaladizo, con el ángel del Señor persiguiéndolos» (35:6; Alter).

«Señor, ¿quién como tú...?», pregunta David (35:10). Nadie, por supuesto. Dios no tiene iguales. No hay quien se le compare en su promesa ni en su poder para rescatarnos, para luchar por nosotros y para darnos la victoria que tenemos sobre todo mal en su Hijo, nuestra salvación encarnada. Revestidos con su justicia, aferrados con fuerza al puño de la espada del Espíritu, la Palabra de Dios, enfrentamos cada día sabiendo que somos «más que vencedores por medio de aquel que nos amó» (Ro 8:37).

Salmos 35:11-18

Me devuelven mal por bien

La queja «¡Después de todo lo que he hecho por ti...!» se expresa con frustración y con un tono herido. Se la decimos a colegas que se han aprovechado de nosotros. A amigos que nos han apuñalado por la espalda. Incluso, podemos decírsela a hijos que no valoran los sacrificios que hemos hecho por ellos. La queja «¡Después de todo lo que he hecho por ti...!» parte de la suposición de que, en un mundo justo, el bien se debería recompensar con bien, la bondad con bondad, el amor con amor. Sin embargo, cualquier persona con un poco de autoconciencia se da cuenta de que esa misma acusación podría hacérsenos a nosotros. También somos parte del problema. El *schadenfreude*, el placer por la desgracia ajena, es una afición que todos disfrutamos. Como dice el salmista: «se alegraron en mi tropiezo» (Sal 35:15). Tal vez se trate de un colega exitoso a quien admiramos a regañadientes pero que, finalmente, fracasa estrepitosamente. Tal vez sea alguien que ha sido generoso con nosotros, pero de quien sentimos intensos celos. Y también ocurre en los matrimonios, cuando uno de los cónyuges siente que el otro se está aprovechando de él o ella.

El Salmo 35:11-18, con su antagonismo inmerecido por parte de los adversarios contra el salmista, resume buena parte del ministerio de Cristo. «Se levantan testigos malvados» (35:11). A cambio de sus buenas obras, quieren apedrear a Jesús (Jn 10:31). Cuando repartía misericordia y sanidad, conspiraban contra él, gruñendo y rechinando los dientes. Su ministerio podría subtitularse: «Me devuelven mal por bien» (Sal 35:12). Sin embargo, Jesús nunca contraatacó. No devolvió insulto por insulto, ni maldición por maldición. ¿Por qué? «Dios no envió a su Hijo al mundo para juzgar al mundo», ni para maldecirlo ni para darle lo que se merecía, «sino para que el mundo sea salvo por él» (Jn 3:17). Jesús no protestó desde la cruz: «¡Después de todo lo que he hecho por ustedes, ¿me crucifican?!» En cambio, nuestro compasivo Salvador oró: «Padre, perdónalos, porque no saben lo que hacen» (Lc 23:34). Gracias a su sacrificio abnegado y despojado de sí mismo, hoy somos hijos perdonados de Dios.

Salmos 35:19-28

Lo hemos devorado

Un himno de C. F. W. Walther pinta una escena de celebración demoníaca en el Viernes Santo:

> El enemigo triunfó cuando en el Calvario
> el Señor de la creación fue clavado al madero.
> En el dominio de Satanás, las huestes gritaban y se burlaban,
> pues Jesús había sido muerto, a quien los malvados temen.[9]

Esa estrofa resuena con el Salmo 35, y con muchos otros salmos, donde los enemigos malvados se burlan de los justos. David ora para que quienes traman contra él no se regocijen, no guiñen el ojo, ni abran mucho la boca para decir: «¡Ajá, ajá!» (35:19-21). Y continúa: «No se rían de mi... que no digan: "¡Lo hemos devorado!"» (35:24-25). En otras palabras: que en el dominio de Satanás no se escuche un grito burlón celebrando mi caída.

Durante un breve momento, algunos se alegraron de que Jesús hubiera muerto. Las élites religiosas que se habían confabulado con Roma para que fuera juzgado y ejecutado. Los fariseos con quienes había debatido. Incluso, mientras colgaba, jadeando sus últimos suspiros, se burlaban de él: «A otros salvó —decían—, pero él mismo no puede salvarse. ¡Rey de Israel es! Que baje ahora de la cruz, y creeremos en él. En Dios confía. ¡Que lo libre ahora si él lo quiere! Porque ha dicho: "Yo soy el Hijo de Dios"» (Mt 27:42-43). Pensaban: «¡Lo hemos devorado!» (Sal 35:25).

¡Pero cuán equivocados estaban! Jesús se preparaba para «destruir la muerte para siempre» en su resurrección (Is 25:8). El velo de luto extendido sobre la humanidad se derritió y descendió por la garganta de Cristo. Él bebió la copa amarga. Se tragó la tumba. En el dominio de Satanás, las huestes se acobardaron de miedo, pues su destino había sido sellado. Jesús, el Viviente, nos llama a «cantar de júbilo y regocíjense los que favorecen mi causa, y digan continuamente: "¡Engrandecido sea el Señor, que se deleita en la paz de su siervo!"» (Sal 35:27). Y en concierto con nuestro Salvador, nuestras lenguas «hablarán de tu justicia y de tu alabanza todo el día» (35:28).

Salmos 36:1-4

Un oráculo de transgresión

Decir «los seres humanos adoran» es tan natural como decir «los seres humanos actúan como humanos». Así como por naturaleza pensamos, hablamos, amamos y trabajamos, también por naturaleza adoramos. Dios nos hizo así. Un ser humano que no adora es tan imposible como un caballo humano. Por lo tanto, la pregunta nunca es: «¿estás adorando?», sino más bien: «¿a quién o a qué estás adorando?». ¿Cuál es ese Último al que tu corazón se inclina, a quien sirves, del que extraes sentido y propósito para la vida?

Las dos mitades del Salmo 36 presentan dos objetos de adoración muy distintos: el pecado y Dios. El salmo comienza con una expresión hebrea aterradora: «Un oráculo [*neʾum*] de transgresión». Aunque muchas versiones lo traducen como «habla» o «dice», en el 97% de sus usos en el Antiguo Testamento, *neʾum* se refiere a una declaración de parte del Señor, normalmente a través de un portavoz profético. En esta frase el pecado se personifica como una deidad abyecta entronizada en el corazón humano, emitiendo oráculos. ¿Cuáles son esos oráculos? Que el temor de Dios no significa nada. Que tengas un concepto halagador de ti mismo. Que uses tu lengua para hablar palabras maliciosas y engañosas. Que te abstengas del bien, que no actúes con sabiduría. Que, al acostarte fantasees con la lujuria, la avaricia, el poder, la fama y todo mal deleitable. Esos son los oráculos del pecado. Exige adoración. Sobre el altar del pecado, una persona dedica su corazón, mente y alma, hasta que un día, tristemente, cierra los ojos y despierta en la morada eterna y ardiente de los adoradores del pecado.

Pero hay un camino mejor de vida, de adoración, de humanidad: escupir en el rostro del pecado, postrarse ante Dios y poner la confianza en Jesucristo, quien da la bienvenida a los pecadores a su mesa de misericordia. Su oráculo dentro de nuestros corazones dice: «En mí, Jesús, encontrarás todo lo que has estado buscando en vano fuera de mí: paz, esperanza, gozo, plenitud de vida. Ven a mí, descansa en mí, y yo seré tu buen y generoso Dios». Oh, vengan, adoremos a Jesús, nuestro Dios, la fuente y origen de toda bendición.

Salmos 36:5-12

El río de tus edenes

Ayer vimos que el Salmo 36 presenta dos objetos de adoración diametralmente opuestos: el pecado y Dios. En la primera mitad, observamos cómo el pecado concentra toda nuestra atención en lo que yo quiero, lo que yo hago. ¡En mí! ¡yo! ¡yo! ¡yo! ¡Qué forma de vida tan pequeña y grotescamente miope!

En la segunda mitad, sin embargo, nuestros ojos se elevan de esta idolatría egocéntrica para contemplar el panorama de incalculable belleza, gracia y abundancia al que nos introduce la adoración del Señor. Tan alto como los cielos es el amor fiel y la fidelidad de Dios. Así como los polluelos buscan refugio bajo las alas de su madre, nosotros hallamos santuario bajo la sombra de las alas del Todopoderoso (36:7). Su casa está abierta para nosotros, donde nos deleitamos con un banquete espléndido. Nuestros labios resecos por el pecado son saciados con «el río de sus delicias» (36:8). En hebreo, «delicias» está relacionada con la palabra Edén, de donde una vez fluyó el río del paraíso (Gn 2:10). Su casa, su templo, su morada, es nuestro nuevo Edén, en el cual se encuentra la fuente de la vida, donde vemos la luz a la luz de su rostro.

Tres veces, esta adoración al Señor resalta su *chesed* hacia nosotros: su amor fiel, misericordia, lealtad, fidelidad al pacto. Su *chesed* se extiende hasta los cielos, es precioso, y es precisamente lo que necesitamos que continúe siendo derramado sobre nosotros (Sal 36:5, 7, 10). Este amor divino inagotable se encarna en Jesús quien, como el último Adán, nos lleva de regreso al Edén, a la casa de su Padre, bautizándonos en su cuerpo. Él es el tabernáculo y el templo de la gloriosa presencia del Señor, en el cual somos colocados como «piedras vivas... para un sacerdocio santo, para ofrecer sacrificios espirituales aceptables a Dios por medio de Jesucristo» (1 P 2:5).

Al adorar a Jesús hallamos aquello para lo que fuimos creados: vivir, florecer, regocijarnos, tener paz y vivir en comunión con Dios por el poder de su Espíritu. Ya no vivimos en tinieblas, sino en la luz de su gracia, bañados en su amor.

Salmos 37:1-4

Cultiva la fidelidad

Los conductores profesionales en Estados Unidos reciben entrenamiento en el «Sistema Smith», que incluye cinco claves para conducir con seguridad. La primera de ellas es «apunta alto al conducir». Esto significa levantar la vista de lo que está justo frente a uno para mirar a dónde se estará dentro de quince segundos en el camino. Mira hacia arriba. Apunta alto. Las cosas se mueven rápido. Así que dirige tu mirada hacia lo que viene. De ese modo, estarás preparado para reaccionar con seguridad y sabiduría.

Así como el Sistema Smith dice a los conductores que «apunten alto al conducir», el Salmo 37 nos exhorta a «apuntar alto en la vida». David dice: «No te irrites a causa de los malhechores» (37:1). El verbo hebreo para «irritarse» lleva la connotación de «encenderse». No te enardezcas por los malhechores, ni envidies lo bien que parece irles. ¿Por qué? Apunta alto, mira hacia adelante, a lo que vendrá dentro de quince meses o quince años. ¿Qué ves? «Pronto se secarán como la hierba, y se marchitarán como la hierba verde» (37:2). Proverbios 24:19-20, que repite esta advertencia casi palabra por palabra, añade esta razón: «Porque el maligno no tendrá un buen fin; la lámpara de los impíos se apagará». Los «placeres temporales del pecado» no valen la muerte eterna en el infierno (Heb 11:25). Sea sabio: apunte alto en la vida; cultive una perspectiva eterna.

En lugar de «apuntar bajo», con envidia o ira contra los malvados, apunta a «confía en el Señor y haz el bien; habita en la tierra, y cultiva la fidelidad» (37:3). Confía en nuestro Padre fiel. Sumérgete en hacer el bien. El hebreo para «cultiva la fidelidad» también podría traducirse como «pastorea la fidelidad». Así como un pastor alimenta, protege y cuida a su rebaño, así también pastoreamos nuestra fidelidad confiando en el Señor, deleitándonos en él, para que nos conceda las peticiones de nuestro corazón (37:4). De ese modo, arraigados por la fe en nuestro buen y generoso Padre, viviendo en amor al hacer el bien por nuestros prójimos, hallaremos deleite en nuestra vida en Cristo, quien tiene como propósito conservarnos siempre como suyos.

Salmos 37:5-13

Los humildes poseerán la tierra

«Bienaventurados los humildes, pues ellos heredarán la tierra» (Mt 5:5). Esta tercera bienaventuranza en el Sermón del Monte no solo resume el Salmo 37, sino que Jesús toma prestado el lenguaje de esta bendición directamente de los versículos 10 al 11: «Un poco más y no existirá el impío; buscarás con cuidado su lugar, pero él no estará allí. Pero los humildes poseerán la tierra y se deleitarán en abundante prosperidad» (énfasis añadido). Si quieres una representación contundente del destino final de los justos y los malvados, ora todo el Salmo 37.

¿Quiénes son los mansos? ¿Personas tímidas, o cobardes o excesivamente sumisas? No, porque los dos hombres en la Escritura que representan la mansedumbre son fieles, valientes, audaces y fuertes. ¿Sus nombres? Moisés y Jesús. La palabra hebrea traducida como «manso» es *anav*, y su equivalente griego es *praus*. Dos veces se dice que Jesús es *praus*. Él afirma: «Tomen mi yugo sobre ustedes y aprendan de mí, que yo soy manso (*praus*) y humilde de corazón...» (Mt 11:29-30). El Domingo de Ramos, Jesús cumplió Zacarías 9:9, que dice de él: «¡Mira, tu rey viene hacia ti! Él es justo, salvador y humilde (*praus*), y va montado en un burro, en un burrito, cría de una asna» (Mt 21:5). En el hebreo del Antiguo Testamento leemos que Moisés «era un hombre muy humilde (*anav*), más que cualquier otro sobre la tierra» (Nm 12:3). La mansedumbre, por tanto, implica humildad, gentileza y dependencia de Dios, no ser un felpudo humano.

En los Salmos, los mansos, que carecen de poder terrenal son, con frecuencia, perseguidos por los malvados, pero buscan a Dios, confían en su palabra y se apoyan en él. En resumen: son siervos fieles y humildes del Señor. Ser manso es estar en Cristo, ser conformado por el Espíritu a su imagen, confiar en él. Tales son los hijos de Dios, quienes heredarán los nuevos cielos y la nueva tierra. Bienaventurados en verdad son ellos.

Salmos 37:14-22

Los enemigos del Señor

Cuando Caín asesinó a su hermano, en realidad quería asesinar a Dios. ¿Con quién estaba verdaderamente enojado Caín? Con el Señor (Gn 4:5). ¿Contra quién descargó su ira? Contra su hermano. Caín no podía ponerle las manos encima al Señor, pero sí podía hacerlo con su hermano. Así que lo hizo. Lo mató. Y al matar a Abel, Caín se convirtió en el primer hombre de la historia en hacer lo que la gente todavía hace hoy: atacar al pueblo del Señor porque, en realidad, están atacando a Dios.

David dice que «los impíos han sacado la espada y entesado el arco para abatir al afligido y al necesitado, para matar a los de recto proceder» (Sal 37:14). «El impío acecha al justo y procura matarlo» (37:32). ¿Por qué hacen eso? ¿Qué amenaza representan los pobres y necesitados? ¿Qué daño hacen los justos? Son preguntas comprensibles, pero que no entienden el fondo del asunto. Las personas están enojadas con el Señor, con su Palabra, con su voluntad, con el simple hecho de que Dios tenga la osadía de existir, así que arremeten contra su pueblo. Lo hacen porque son «enemigos del Señor» (37:20).

Esto explica por qué, cuando la Iglesia o los cristianos hablan la verdad, a menudo son atacados sin piedad, vilipendiados y, en ocasiones, incluso, asesinados. También explica la crucifixión. En Jesús, los pecadores finalmente pudieron ponerle las manos encima a Dios mismo. «Crucificaron al Señor de gloria» (1 Co 2:8). Mataron al Dios que tuvo la osadía de existir. Y al hacerlo, sin saberlo, llevaron a cabo el plan perfecto de nuestro Padre. Su Hijo murió para transformarnos de enemigos en amigos, de adversarios en familia, de Caínes en Abeles. Solo el Señor, en su modo inescrutable, puede tomar el peor acontecimiento en la historia del mundo y usarlo para reconciliar al mundo consigo mismo. Él nos llama a dejar atrás el odio, abandonar la enemistad y venir a él... venir al Padre que no desea otra cosa sino lo mejor para nosotros, sus hijos amados.

Salmos 37:23-33

Los pasos del hombre

La mayoría de las traducciones presentan Salmos 37:23 de esta manera: «Por el Señor son afirmados los pasos del hombre». Esa es una traducción correcta, pero en hebreo el orden de la línea está invertido: «Por (o "de parte del") Señor son afirmados los pasos del hombre». El cambio es leve, pero pone énfasis en esas palabras iniciales: «Por el Señor…».

Por el Señor damos nuestros primeros pasos del día: nos levantamos de la cama, servimos una taza de café y tomamos conciencia de lo que Dios nos ha llamado a hacer. Cuidar de nuestros hijos. Contactar a amigos. Servir a otros en nuestros respectivos trabajos. Interceder por los necesitados. Por el Señor entramos en este día «que hizo el Señor; regocijémonos y alegrémonos en él» (Sal 118:24). Por el Señor también damos pasos hacia lugares donde nadie quiere estar. El hospital donde nuestra madre o padre está recibiendo quimioterapia. El tribunal donde terminan los matrimonios. El cementerio donde nos detenemos ante lápidas que llevan grabadas una fecha que marcó un antes y un después en nuestras vidas. Por el Señor entramos —caminando, cojeando o arrastrándonos— en ese día también, sabiendo que Jesús no es un amigo de ocasión, sino uno que permanece a nuestro lado tanto en los buenos tiempos como en los peores.

Por el Señor damos pasos sobre el terreno irregular de este mundo, lleno de baches de tentación, confiando en su promesa de que, aunque tropecemos, no caeremos de bruces, «porque el Señor sostiene su mano» (Sal 37:24). Quien sostiene nuestra mano es aquel cuyas muñecas fueron sujetadas al madero. De la mano de nuestro Señor crucificado, caminamos tanto por montes de gozo como por abismos de aflicción, llevados por su fuerza, su amor, su voluntad inquebrantable de acompañarnos en esta vida, pase lo que pase. «Por el Señor son afirmados los pasos del hombre». Y por ese Señor, Jesús el Mesías, un día daremos el paso de esta vida terrenal a su gloriosa presencia.

Salmos 37:34-40

Hay un futuro

El viejo adagio es cierto: «Nunca ves un camión de mudanza detrás de un coche fúnebre». Cuando nos despedimos de este mundo, nuestras posesiones no se embalan ni se envían a una dirección celestial. «Desnudo salí del vientre de mi madre, y desnudo volveré allá», confesó Job con memorable franqueza (Job 1:21). Sin embargo, también es cierto que lo que dejamos atrás no es insignificante. Estamos construyendo un legado que permanecerá en este mundo.

Los versículos finales del salmo de hoy contrastan claramente dos tipos de legado: «Hay un futuro para el hombre de paz... la posteridad de los impíos será exterminada» (Sal 37:37-38). El hombre de paz espera en el Señor, guarda su camino, se refugia en Dios y es salvado (Sal 37:34, 40). El impío, absorto en la autoexaltación, se extiende como un árbol frondoso, un árbol que un día se secará, perderá sus hojas y desaparecerá de la memoria (Sal 37:35-36). Será «exterminado» (Sal 37:34).

De maneras que normalmente nos son imperceptibles, el Espíritu está obrando en cada cristiano para dejar un legado. Cada oración que elevamos nunca muere en silencio, sino que resuena por la eternidad en el corazón de nuestro Padre. Cada vaso de agua ofrecido a los labios del sediento; cada palabra de aliento hablada al abatido; cada niño o niña a quien enseñamos a cantar: «Cristo me ama, bien lo sé...»; cada pequeño acto hecho con amor desafía al tiempo al permanecer para siempre. Habrá personas resucitadas en el día final, que se unirán a Jesús por toda la eternidad en los nuevos cielos y la nueva tierra, porque el Espíritu te usó para llevarles la buena noticia de salvación. ¿Qué tal ese legado? Hay un futuro para el hombre, la mujer y el niño de paz, para todos los que están en el Salvador, que es el mismo ayer, hoy y por los siglos. Señor Jesús, úsenos en este mundo para el bien del prójimo y la gloria de tu nombre para que, al partir en paz, nuestro legado de fe y amor permanezca y dé mucho fruto.

Salmos 38:1-8

Tus flechas se han clavado en mí

Orar los versículos iniciales del Salmo 38 es como recorrer un hospital de campaña del siglo XIX. Allí yace un pobre tipo, lleno de flechas. Por allá hay otro con una gangrena tan horrible que sus extremidades podridas apestan. El aire está infestado con el mal aliento. El terror está en todas partes, entre hombres enfermos, moribundos, débiles. Sin embargo, en el salmo no hay «hombres», sino un solo hombre, el «yo» que ora. Y este hombre no es un paciente hospitalizado; está sufriendo bajo el peso aplastante del juicio del Todopoderoso.

«Señor, no me reprendas en tu enojo, ni me castigues en tu furor» (Sal 38:1). Así comienza David. Y así comenzamos nosotros, haciendo su oración nuestra. En la sección macabra que sigue, con imágenes horribles amontonadas sobre metáforas nauseabundas, se nos enfrenta la realidad del pecado. Aquello que nos parece excitante, Dios lo declara aterrador. Dañamos nuestra humanidad cuando nos revolcamos en la depravación espiritual. Y aunque, con frecuencia, estamos anestesiados ante el dominio del mal en nuestras vidas, el Salmo 38 nos sacude violentamente para decirnos: «¡Esto es el pecado! ¡Esto es lo que el pecado hace!». Mira, tiembla y arrepiéntete.

Nos conviene hacer que las palabras del Salmo 38 formen parte habitual de nuestra dieta de oración. ¿Son difíciles de tragar? Por supuesto que sí. Pero las necesitamos, habituados como estamos a dulces mentiras como: «Estás bien tal como eres». No, definitivamente no lo estás. Justo como eres, ese es el problema. Tú, yo, todos nosotros somos por naturaleza pecadores, impuros, rebeldes, muertos en nuestros delitos. Lo que necesitamos no es más de «tal como soy», sino más de «tal como es Jesús». Su perdón. Su limpieza. Su sangre redentora que nos lava y nos deja blancos como la lana. Cuando eso sucede, nosotros, que estábamos postrados, nos levantamos. Nosotros, que estábamos muertos, vivimos. En Cristo, estamos perdonados, con todo nuestro pecado borrado para siempre de la memoria de Dios. Él jamás lo volverá a recordar, ni mucho menos a mencionar (Is 43:25). Así de olvidado está.

Salmos 38:9-16

Mis parientes se mantienen lejos

Dijo el Señor Dios respecto a Adán: «No es bueno que el hombre esté solo» (Gn 2:18). Pero, por supuesto, esa no fue una afirmación absoluta. Casados o solteros, hay momentos en la vida en los que estar solo es algo bueno. Para la contemplación silenciosa. Para sumergirse en un libro o en algún pasatiempo. Para estar a solas con Dios en oración y estudio meditativo. Estar solo, en ciertos momentos, puede ser, y es, saludable.

Estar solo con tu pecado, sin embargo, no lo es. Esta soledad con el pecado a veces es autoimpuesta, por miedo o vergüenza. Pero con demasiada frecuencia, es impuesta por otros que, por diversas razones, nos mantienen a distancia. Como lamenta David: «Mis amigos y mis compañeros se mantienen lejos de mi plaga, y mis parientes se mantienen a distancia» (Sal 38:11). La palabra «plaga» es adecuada, porque quienes cometen ciertas faltas son tratados, incluso por familiares y amigos, como si estuvieran contaminados, manchados por el mal, convertidos en parias. Estas son las personas a quienes Jesús, voluntaria y misericordiosamente, toca con la mano de su gracia. Para disgusto de los «higiénicos» autosuficientes, él expresa solidaridad con los manchados. Cena con los excluidos por la religión. Abraza a los marginados. No hay nadie tan sucio que Jesús no esté dispuesto a lavar con el detergente de su amor crucificado.

«Señor, todo mi anhelo está delante de ti, y mi suspiro no te es oculto» (Sal 38:9). Así oramos nosotros y David. Nuestro deseo, Jesús, está ante tus ojos. Tus oídos escuchan nuestros suspiros, los latidos de nuestros corazones heridos. «Porque en ti espero, oh Señor; tú responderás, Señor, Dios mío» (Sal 38:15). Y él responde, perdonándonos aquello que nos aflige, absolviéndonos de lo que nos avergüenza. «No se avergüenza de llamarlos hermanos» (Heb 2:11). Murió completamente solo en esa cruz, para que nosotros nunca estemos solos con nuestro pecado. Él está a nuestro lado, ansioso por darnos el perdón que compró con su propia sangre.

Salmos 38:17-22

Confieso mi iniquidad

Con solo diez palabras en español y apenas cinco en hebreo, David resume su salmo: «Confieso, pues, mi iniquidad, afligido estoy a causa de mi pecado» (Sal 38:18). El verbo «confesar», *nagad*, está relacionado con *neged*, que significa «delante de, ante el rostro». En la confesión, podríamos decir que estamos «afrontando» la verdad. Poniéndola «frente a nosotros». Sin echar la culpa a otros, sin señalar con el dedo, sin contratar abogados. Y la palabra que otras versiones traducen como «afligido» es un poco más intensa: más bien como «angustiado» o «aterrado». Como lo traduce la NBLA: «Estoy lleno de ansiedad por mi pecado». Eso se acerca más.

El viejo proverbio dice: «La confesión es buena para el alma». Y lo es. La confesión es mejor que el encubrimiento. Como dice un salmo anterior: «Mientras callé mi pecado, mi cuerpo se consumió con mi gemir durante todo el día» (Sal 32:3). Dios ya conoce nuestro pecado. ¡Vanidad de vanidades es intentar ocultarle algo al Señor que todo lo ve! Nosotros también ya conocemos nuestro pecado. Entonces, ¿qué nos detiene para confesarlo? Sencillo: el miedo a decir la verdad. Los mentirosos odian la verdad, huyen de la verdad, ocultan la verdad misma. Y todos somos mentirosos congénitos. Como el proverbial avestruz, escondemos la cabeza en la arena de las mentiras hasta que, por obra del Espíritu, ponemos nuestro pecado «frente a nosotros».

Sí, la confesión es buena para el alma, pero solo hasta cierto punto. La confesión por sí sola está incompleta. No nos sirve de nada confesar ante el Juez de todos si él simplemente nos lanza una mirada severa o se da la vuelta. Lo que verdaderamente necesitamos es que nuestro Padre nos consuele cuando terminamos de confesar. Que diga: «Hijo mío, te amo, alejo tu pecado tanto como el oriente del occidente (cf. Sal 103:12). Lo he sepultado en el cuerpo crucificado de mi Hijo, quien dejó tu iniquidad enterrada en su tumba de breve uso. Alégrate. Estás perdonado». Porque, aunque la confesión es buena para el alma, la absolución es lo mejor.

Salmos 39:1-6

Hazme saber cuán efímero soy

A medida que envejecemos, también cambia nuestra perspectiva sobre el paso del tiempo. En el kínder, un año parece una eternidad, porque, al fin y al cabo, solo hemos vivido cinco. Cuando soplamos cincuenta velas en nuestro pastel de cumpleaños, un año pasa volando. El calendario mantiene su mismo ritmo inmutable, claro está, pero para nosotros, acelera el paso. Comienza como una tortuga y termina como un guepardo. Así es la vida.

La fugacidad de la existencia terrenal es un tema constante en la Biblia. «¿Qué es la vida?», pregunta Santiago, «porque ustedes solo son un vapor que aparece por un poco de tiempo y luego se desvanece» (Stg 4:14). Está repitiendo lo que Job (Job 7:7), Moisés (Sal 90:10) y Salomón afirmaron mucho antes (Ec 1:4, 1:2). David también ora: «Señor, hazme saber mi fin y cuál es la medida de mis días, para que yo sepa cuán efímero soy... Ciertamente todo hombre, aun en la plenitud de su vigor, es solo un soplo. Sí, como una sombra, anda el hombre...» (Sal 39:4-6). Llámalo vapor. Llámalo aliento o sombra. El punto es el mismo. Un día usas pañales, al siguiente usas pañales para adultos.

Reconocer esto, y orarlo ante Dios, parece haber sido el modo de David para lidiar con su enojo reprimido hacia los malvados: «Ardía mi corazón dentro de mí; mientras meditaba, se encendió el fuego; entonces dije con mi lengua...» (Sal 39:3). ¿A quién le habló? Al Señor. Nada de desahogarse en redes sociales. Nada de altercados con el vecino. En cambio, oró para que, en esta existencia breve, el Señor le recordara que la vida no se mide en millas ni yardas, ni siquiera en pies, sino en «soplos» (Sal 39:5). Nuestras tumbas siempre están a solo unos pasos de distancia. Vivamos, por tanto, ahora para poder vivir mejor cuando esta vida llegue a su fin. Muramos a nosotros mismos ahora, para que, habiendo muerto al pecado, la muerte física sea solo la puerta giratoria hacia nuestro hogar celestial. Vivamos ahora en Jesús, para que en Jesús vivamos para siempre, plena e incalculablemente vivos, y en el último día, resucitados en cuerpo en un mundo donde no habrá zonas destinadas a cementerios.

Salmos 39:7-13

Aparta de mí tu mirada

Quizás nunca hayas sido lanzado a ese vórtice de dolor y confusión en el que vacilas violentamente entre clamar a Dios y luego decirle que te deje en paz. Yo sí. Es un lugar espantoso. Mi papá siempre me advirtió que nunca me acercara corriendo a un animal herido porque, en su dolor y terror, incluso, la mascota de la familia podría hundirte los dientes. Así se siente en medio de la agonía, la perplejidad, el pánico y el torbellino de cien emociones más cuando la vida que conocías se desmorona a tu alrededor. La boca que ora también muestra los dientes.

El Salmo 39 tiene tanto lágrimas como dientes. «En ti está mi esperanza », dice David, y también, «por la dureza de tu mano estoy pereciendo» (Sal 39:7, 10). «Líbrame de todas mis transgresiones», ora, y luego le dice a Dios: «Como la polilla, consumes lo que es más precioso para él» (39:8, 11). Finalmente, de forma parecida a como Jacob «rehusaba ser consolado» cuando creyó que su amado José había sido despedazado (Gn 37:35); y como Job le dijo al Señor: «Déjame en paz para que me serene un poco antes que me vaya, y no exista más» (Job 10:20); así también concluye David esta oración con estas palabras punzantes: «Aparta de mí tu mirada, para poder alegrarme antes de que me vaya de aquí y ya no exista» (Sal 39:13).

La buena noticia es que nuestro Padre no se desconcierta por el zigzagueo emocional de tales oraciones. Él conoce nuestras necesidades mejor que nosotros. Escuchará. Asentirá. Y hará, por medio de su Espíritu, lo que sea necesario para sostenernos mientras sanamos. Quizás nos envíe un amigo para consolarnos. Quizás nos dé a alguien a quien cuidar. Sin duda, de maneras imperceptibles para nosotros, poco a poco nos sacará de las tierras sombrías del duelo y nos acercará al brillante jardín de esperanza en Jesús, nuestro Salvador. Lo que nunca hará es abandonarnos. Incluso, cuando le digamos que se aleje. Él es demasiado buen Dios para eso.

Salmos 40:1-5

Del hoyo de la destrucción

Cuando era niño en los años setenta y veía demasiada televisión, tenía la clara impresión de que hundirse en arenas movedizas era una situación desesperada en la que los adultos, frecuentemente, se encontraban. Quiero decir, en esa época, pasaba todo el tiempo en la televisión. Resulta que estaba equivocado. Sin embargo, ya como adulto, he descubierto, para mi pesar, que hundirse en el «hoyo de la destrucción» y en el «lodo cenagoso» del Salmo 40:2 es algo muy real. Esos hoyos y lodazales tienen nombres como depresión, melancolía, vergüenza, desesperación y otros peligros espirituales.

El tono del Salmo 40, sin embargo, no es lúgubre. El enfoque no está en caer en esos hoyos, sino en que Dios nos libra de ellos: «Me sacó del hoyo de la destrucción, del lodo cenagoso; asentó mis pies sobre una roca y afirmó mis pasos» (Sal 40:2). ¿Quién es ese «me»? ¿David? Sí, como autor del salmo. ¿Nosotros? Sí, al unirnos a David en esta oración. Pero como veremos con mayor claridad en la devoción de mañana, el Jesús sufriente —a quien el autor de Hebreos aplica este salmo (Heb 10:5-10)— es la voz principal. Cristo es el «yo» del Salmo 40.

El Hijo de Dios dice: «Esperaré pacientemente al Señor, y él se inclinó a mí y oyó mi clamor» (Sal 40:1), porque «Cristo, en los días de carne, habiendo ofrecido oraciones y súplicas con gran clamor y lágrimas al que lo podía librar de la muerte, fue oído a causa de su temor reverente» (Heb 5:7). «Puso en mi boca un cántico nuevo», dice Cristo, porque él canta alabanzas a su Padre «en medio de la congregación» (Sal 22:22; Heb 2:12). «Muchos verán esto, y temerán, y confiarán en el Señor», dice nuestro Salvador. Y en verdad lo han hecho, todo gracias a su obra salvadora en nuestro favor. Jesús fue sacado del hoyo de la muerte por nosotros, sus pies fueron afirmados sobre la roca firme de la resurrección. Bienaventurados todos los que hacen de él y de su Padre su confianza (Sal 40:4).

Salmos 40:6-10

En sacrificio y ofrenda no te has complacido

El mensaje repetitivo —como disco rayado— de la predicación de Dios a Israel es: «Escúchenme... inclinen su oído a mí... oigan mi Palabra». Sean un pueblo del oído. ¿Por qué? Porque las palabras de Dios vivifican. Así como la lluvia riega la tierra reseca, la nube de la palabra del Señor derrama agua en nuestros corazones áridos a través del oído, produciendo los frutos de la fe, la esperanza y el amor. Así que, si bien el Señor ciertamente aceptaba los sacrificios de su pueblo —que ofrecían cuando pecaban por no escuchar su palabra—, lo que realmente deseaba era que escucharan. Que prestaran atención. De este modo, hacían su voluntad, que siempre tiene en mente nuestro mayor bien.

Por eso, Jesús el Mesías dijo a su Padre: «Me has abierto los oídos» (Sal 40:6). Más literalmente, Dios le «excavó» o «perforó» los oídos. Y continúa: «Holocausto y ofrenda por el pecado no has pedido» (Sal 40:6). En cambio, Jesús dice: «Mira, aquí estoy, en el rollo del libro está escrito de mí: me deleito en hacer tu voluntad, Dios mío; tu ley está dentro de mi corazón» (Sal 40:7-8). En el corazón de Jesús estaba la palabra de su Padre, colocada allí por medio de su oído abierto. Su escucha, su obediencia inquebrantable «... hasta la muerte, y muerte de cruz» le valió la salvación a su pueblo (Fil 2:8).

Cuando Hebreos aplica este salmo a Jesús (Heb 10:5-10), cita la Septuaginta (la traducción griega del Antiguo Testamento), que dice: «un cuerpo has preparado para mí» en lugar de «has abierto mis oídos». Con oídos abiertos, en el cuerpo preparado para él, Jesús hizo la voluntad de su Padre. «Por esa voluntad hemos sido santificados mediante la ofrenda del cuerpo de Jesucristo una vez para siempre» (Heb 10:10). Porque «es imposible que la sangre de toros y de machos cabríos quite los pecados» (Heb 10:4), Jesús, nuestro Dios encarnado, quitó esos pecados cuando se ofreció «a sí mismo como ofrenda por la culpa» (Is 53:10, NBLH). Esta «buena nueva de liberación» en Jesús es la mejor noticia que jamás haya entrado por nuestros oídos abiertos (Sal 40:9).

Salmos 40:11-17

Más que los cabellos de mi cabeza

Cuando Jesús fortaleció a sus apóstoles frente a la persecución que vendría, les dijo: «Pues aun los cabellos de su cabeza están todos contados» (Mt 10:30). Como la mayoría de las cabezas humanas tiene entre 100 000 y 150 000 cabellos, eso es mucho por contar. Por supuesto, el punto es hiperbólico: quiere decirnos que ningún detalle de quiénes somos pasa desapercibido a nuestro Padre.

El Salmo 40 es la oración de Jesús. En ella, Jesús también habla de los cabellos de su cabeza, pero no de la misma manera en que lo hace luego con sus apóstoles. Él ora: «Porque me rodean males sin número; mis iniquidades me han alcanzado, y no puedo ver. Son más numerosas que los cabellos de mi cabeza, y el corazón me falla» (Sal 40:12). Males innumerables por fuera, incontables iniquidades por dentro. Cristo es alcanzado por sus iniquidades, cegado por ellas, porque son tantas que superan el número de los cabellos de su cabeza.

Las iniquidades que Jesús describe son muchas más que 150 000. Son suyas, pero no suyas. Son los males cometidos y los bienes no hechos por toda la humanidad, desde Adán hasta la última persona que será concebida. Sobre Cristo, cabeza de una nueva humanidad, se amontonó todo este mal, hasta que las iniquidades fueron más que los cabellos de su cabeza. «Al que no conoció pecado, lo hizo pecado por nosotros, para que fuéramos hechos justicia de Dios en él» (2 Co 5:21). «Cristo nos redimió de la maldición de la ley, habiéndose hecho maldición por nosotros» (Gl 3:13), para que en él seamos benditos del Padre.

Redimidos por Jesús, nosotros, los que amamos la salvación del Padre, «digamos siempre: "¡Grande es el Señor!"» (Sal 40:16). Nos regocijamos de que aun los cabellos de nuestra cabeza estén todos contados porque Jesús tomó sobre sí nuestros pecados innumerables y así, nos reconcilió con el Padre. Grande, en verdad, es el Señor Jesús, el inocente que se hizo culpable para que nosotros, los culpables, fuésemos inocentes en él.

Salmos 41:1-3

Bienaventurado el que...

El libro de los Salmos está dividido en cinco libros, análogos a los cinco libros de la Torá. Como el libro uno está compuesto por los Salmos 1 al 41, este es el salmo final. Y es una conclusión apropiada, pues describe el ministerio sanador de Jesús, la oposición de sus enemigos, la traición de Judas y la exaltación de Cristo a la presencia de su Padre. En resumen: el libro uno concluye en el comienzo de la esperanza de toda la humanidad.

Así como el Salmo 1 comienza con «Bienaventurado [hebreo: *ashrey*] el hombre», el Salmo 41 dice: «Bienaventurado [*ashrey*] el que piensa en el pobre». En hebreo, «pensar» en el pobre significa «tratarlo debidamente» o «actuar con sabiduría» hacia él. Y eso hizo Jesús: les dio de comer, los cuidó, mostró compasión hacia los heridos y hambrientos. Todo su ministerio fue una demostración pública del corazón tierno de Dios hacia los que están en aflicción.

Nuestro Padre trató de la misma manera a su Hijo, porque «... en el día del mal el Señor lo librará. El Señor lo protegerá y lo mantendrá con vida, y será bienaventurado sobre la tierra. Tú no lo entregarás a la voluntad de sus enemigos. El Señor lo sostendrá en su lecho de enfermo; en su enfermedad restaurarás su salud» (Sal 41:1-3). Como señala Mateo, cuando Jesús «... expulsó a los espíritus con su palabra, y sanó a todos los que estaban enfermos, para que se cumpliera lo que fue dicho por medio del profeta Isaías cuando dijo: "Él tomó nuestras flaquezas y llevó nuestras enfermedades"» (Mt 8:16-17. Cf. Is 53:4). Como una esponja humana, Jesús absorbía todo tipo de dolor y opresión humana mucho antes de ser crucificado.

Este mismo Salvador aún piensa en nosotros, nos trata con compasión. Ninguna lágrima se le escapa. Su corazón se mueve hacia nosotros cuando sufrimos, no se aleja. Él se sienta con nosotros en nuestra tristeza. Nos sostiene en nuestro propio lecho de enfermedad (Sal 41:3). Y aun si la sanidad plena no llega en esta vida, tenemos de Jesús la promesa de sanidad completa en la resurrección del cuerpo y la vida eterna.

Salmos 41:4-13

Aun mi amigo íntimo

Justo después de que nuestro Señor Jesús lavó los pies de sus discípulos, dijo: «No hablo de todos ustedes. Yo conozco a los que he escogido; pero es para que se cumpla la Escritura: "El que come mi pan ha levantado contra mí su talón"» (Jn 13:18). Está citando el Salmo 41:9: «Aun mi íntimo amigo en quien yo confiaba, el que de mi pan comía, contra mí ha levantado su talón». Está hablando de Judas Iscariote, a quien en el salmo se le llama «amigo íntimo», literalmente, «hombre de mi *shalom*», es decir, alguien con quien estoy en paz. Más tarde esa misma noche, cuando Judas sella su traición a Jesús con un beso, nuestro Señor le dice: «Amigo, haz lo que viniste a hacer» (Mt 26:50).

Imaginamos a Judas como un ladrón (Jn 12:6) y traidor, y con razón, pero también fue apóstol y amigo de Jesús. Eso hace que su traición duela aún más. Tristemente, Judas se unió a los antagonistas descritos en el Salmo 41:5-8, quienes halagan a Cristo en su presencia, murmuran con malicia a sus espaldas y traman el mal contra él. Judas «levantó su talón» contra Jesús, una imagen que aparece solo en el Salmo 41, y que sugiere a alguien listo para patear. El viejo dicho: «Con amigos así, ¿quién necesita enemigos?» nunca ha sido más cierto.

Pero también es cierto que «Dios hace que todas las cosas cooperen para el bien de quienes lo aman» (Ro 8:28, NBLH). El Señor usó esos halagos, murmuraciones, traiciones y patadas para llevar a cabo nuestra salvación mediante la muerte y resurrección de Cristo. Nuestro Padre puede usar, incluso, el veneno de la traición como un ingrediente en el pan de nuestra redención. Cuarenta días después de su resurrección, Jesús podía decir las palabras del Salmo 41:12: «me has puesto delante de tu presencia para siempre». Allí, a la derecha del Padre, aquel que levantó su talón en la cruz y lo dejó caer para aplastar la cabeza de la serpiente satánica (cf. Gn 3:15), reina como el verdadero y siempre leal amigo de los pecadores. Acerquémonos, pues, a «besar al Hijo» (Sal 2:12), no en traición, sino como nuestro amado amigo y Señor.

Salmos 42:1-5

Como el ciervo anhela

«Dichosos los que tienen hambre y sed de justicia, pues serán saciados» (Mt 5:6). Cuando Jesús pronunció esta cuarta bienaventuranza, tal vez el Salmo 42 resonaba en su mente. Así como el ciervo «anhela por las corrientes de las aguas», así también el alma del poeta anhela una bebida de Dios (42:1). Sus únicas provisiones, día y noche, han sido sus lágrimas (42:3). Añadiendo insulto a la herida están los comentarios burlones de quienes insinúan que el Señor lo ha abandonado: «¿Dónde está tu Dios?», se mofan (42:3). Y, finalmente, como coronación del dolor, el salmista derrama su alma diciendo: «Me acuerdo... de cómo iba yo con la multitud y la guiaba hasta la casa de Dios, con voz de alegría y de acción de gracias, con la muchedumbre en fiesta» (42:4). ¡Oh, días más felices!

En la tierra árida del exilio, donde los demonios escupen insultos, los recuerdos hieren profundo, y nuestras almas, como la lengua de un ciervo jadeante, cuelgan sedientas, ansiando alivio de los manantiales cristalinos del cielo, nos sentamos. Adoloridos. Necesitados. Esperando. La tierra árida del exilio puede ser un consultorio médico. Un dormitorio vacío. Puede ser un lugar de trabajo bullicioso y frenético donde, cada día, sentimos que algo dentro de nosotros muere un poco más. ¿Dónde. Estás. Dios? gritamos en silencio.

El salmista, de pronto, como si despertara de una pesadilla, exclama: «¿Por qué te desesperas, alma mía? ¿Y por qué te turbas dentro de mí? Espera en Dios, pues he de alabarlo otra vez por la salvación de su presencia» (42:5). En un instante, se da cuenta —y oro para que nosotros también— de que no se trata solo de Dios. Se trata de *mi* Dios. *Mi* salvación. *Mi* esperanza. *Mi* todo. Y porque él es mío, yo soy suyo, pase lo que pase. ¿Nos atrevemos a suponer que el Señor que murió voluntariamente por nosotros nos abandonará cuando nos sintamos muertos? De ninguna manera. Aunque por un tiempo luchemos, tengamos sed, Jesús pronto acercará a nuestros labios resecos su copa de misericordia, la copa rebosante de vida, esperanza y, sí, incluso alabanza.

Salmos 42:6-11

Un abismo llama a otro abismo

Cuidado con cualquiera que afirme tener una solución fácil para el sufrimiento humano. «Todo lo que necesitas hacer es ____ y todo estará mejor». No importa qué se ponga en ese espacio en blanco, no es verdad. ¿Podemos encontrar cierto alivio en cosas como la consejería, el ejercicio, cultivar la gratitud o la medicación prescrita? Por supuesto. Aprovechemos toda ayuda buena que pueda disminuir parte del dolor asociado con la pérdida, el duelo, las angustias mentales y emocionales que la vida, a menudo, nos arroja en la cara. El buen Señor sabe que necesitamos toda la ayuda posible.

También necesitamos aceptar el hecho incómodo de que las temporadas de sufrimiento no se pueden meter en el microondas para que —¡zas!— se acaben. No hay un interruptor de Encendido/Apagado en las luchas humanas. Mira al salmista, que pasa directamente de decir: «Espera en Dios, pues he de alabarlo otra vez» a «mi alma está en mí deprimida» (42:5, 6). Sube, baja. Cerca de las fuentes del río Jordán, junto a los montes de Mizar y Hermón, donde «un abismo llama a otro abismo», donde el rugido de las cascadas llena el aire, el poeta siente que los torrentes y las olas de Dios lo envuelven, lo lanzan de un lado al otro, un momento elevado por la esperanza, al siguiente arrojado hacia la desesperación (42:6-7).

Así es nuestra vida en Cristo. Jesús dice: «En el mundo tienen tribulación» (Jn 16:33). Puede ser persecución. Puede ser una discapacidad. Ciertamente, será tentación, opresión de fuerzas malignas, oposición del mundo y la lucha diaria contra las debilidades de nuestra carne. Pero también hay momentos de felicidad, gratitud, éxito y gran gozo en la obra del Señor. Estés donde estés ahora —arriba, abajo o flotando en algún punto intermedio— sabes que el Dios crucificado y resucitado a quien servimos, Jesucristo, está allí contigo. Él es el gozo en nuestra tristeza. La luz en nuestra oscuridad. La esperanza en nuestra desesperación. «La salvación de mi ser y mi Dios» (Sal 42:11).

Salmo 43

A Dios, alegría de mi alma

Cuando extrañamos a un ser querido, preguntamos: «¿Cuándo volveremos a estar juntos?». Claro, echamos de menos lo que hacíamos juntos —una comida compartida, una larga caminata, conversaciones sobre la vida—, pero lo que realmente extrañamos no son esas cosas; extrañamos a la persona.

El salmista extraña a Dios. ¿Y nosotros? El Salmo 43 es, en realidad, la segunda mitad del Salmo 42, repitiendo los mismos temas y estribillo. A lo largo de estos dos salmos, sus preguntas básicas son: «¿cuándo podré estar en la presencia del Dios que amo? ¿Cuánto tiempo más debo esperar? ¡Quiero estar con mi Señor!». Observa la progresiva intimidad: «Envía tu luz y tu verdad; que ellas me guíen, que me lleven a tu monte santo y a tus moradas. Entonces llegaré al altar de Dios, a Dios, mi supremo gozo...» (43:3-4). Al monte... a la morada... al altar... a Dios. El destino no es un lugar, una cosa, ni siquiera un regalo, sino el Dador, el Amado, nuestro Dios.

En este mundo oscuro, entenebrecido por el caos y la confusión, en el que tan a menudo tropezamos, oramos: «¡Envía tu luz!». Llena de esperanza nuestro interior. En este mundo falso, invadido por mentiras, oramos: «¡Envía tu verdad!». Enséñanos el camino por el que debemos andar. Que tu Palabra sea lámpara a nuestros pies y luz en nuestro camino, para guiarnos a casa (Sal 119:105). A casa contigo, oh Cristo. Tú eres nuestra única esperanza, plena y perfecta. Tú eres el camino al Padre, la verdad encarnada de Dios, la resurrección y la vida. Y aunque tú nos colmas de cosas buenas, de incontables dones, lo que realmente queremos eres tú. No lo que nos das, sino a ti.

Tú nos llamas, diciendo: «Vengan a mí», y venimos (Mt 11:28). Cargados y cansados, venimos. Sintiéndonos rechazados, venimos (43:2). Cuando nuestras almas están abatidas, turbadas dentro de nosotros, venimos (43:5). Venimos a ti Jesús, porque tú eres nuestro Dios, nuestro «supremo gozo» (43:4).

Salmos 44:1-8

Te complaciste en ellos

El Salmo 44 comienza con una emotiva y alentadora narración de las acciones salvadoras que Dios realizó por su pueblo en el pasado. Pero si sigues leyendo, te toparás con un abrupto «sin embargo» en el versículo 9 que nos catapulta instantáneamente de la alabanza a la protesta. Ya llegaremos a eso mañana y pasado mañana. Por ahora, debemos dejar que el ambiente de adoración de esta primera sección permanezca. Déjate empapar por él. Porque solo sentándonos en el banquete de alabanza de estos primeros versículos podremos apreciar la escasez protestante del resto.

¿Qué hizo el Señor por nuestros antepasados israelitas en tiempos antiguos? Básicamente, todo. Habiendo arrancado a Israel de la esclavitud en Egipto, lo plantó en libertad en la tierra prometida. Con su propia mano expulsó a los cananeos, ferezeos, heveos y demás «eos» de la tierra (44:2). Los descendientes de Abraham no tenían mejores armas ni estrategias militares más astutas, «pues no fue por su espada que tomaron posesión de la tierra, ni fue su brazo el que los salvó, sino tu diestra y tu brazo, y la luz de tu presencia, porque te complaciste en ellos» (44:3). Como en tiempos antiguos, así también más recientemente, los israelitas fueron salvados por Dios de sus enemigos, y en su nombre vencieron a sus adversarios (44:5-7).

En otras palabras: esto fue monergismo divino a plena vista. Es decir, Dios hizo lo que debía hacerse, dio lo que debía recibirse y logró todo esto porque se complacía en su pueblo. De esa manera, la historia de Israel anticipa la obra de Cristo por nosotros. Porque tanto amó Dios, tanto se complació en el mundo, que envió a Jesús para liberarnos de la esclavitud del pecado, plantarnos en la libertad de su reino y salvarnos de todos los enemigos demoníacos y de los pecados mortales. Por eso, no confiamos en nosotros mismos, ni en nada que esté en nosotros o venga de nosotros, sino que confiamos únicamente en nuestro Salvador, en quien «... nos hemos gloriado todo el día. Por siempre alabaremos tu nombre» (44:8).

Salmos 44:9-16

Tú, tú, tú

Todos hemos salido de una casa luminosa y resplandeciente, cruzando una puerta hacia una noche oscura. En el Salmo 44 cruzamos ese umbral entre los versículos 8 y 9. De «por siempre alabaremos tu nombre» a «pero tú nos has rechazado y nos has confundido». De la luz a la oscuridad. Junto a cada experiencia en la cima de una montaña en la vida se cierne un precipicio.

Cuando nos suceden cosas malas como cristianos, luchamos por conciliar esas experiencias dolorosas con un Dios amoroso. «¿Cómo pudo el Señor permitir esto?», clamamos. Palabras como «permitir» o «dejar» dominan nuestras oraciones. Sin embargo, en los Salmos, el orante suele hablar con mucha más franqueza, como en el Salmo 44: «tú nos has rechazado... tú nos haces retroceder ante el adversario... tú nos entregas como ovejas para ser devorados...» (vv. 9-11). Tú, tú, tú. Los compositores no están diciendo que Dios permitió que ocurriera algo; están diciendo: «Él lo hizo».

Yo abrazo tanto la dificultad como la brutal honestidad de tales oraciones. Reunimos los fragmentos de nuestras vidas hechas trizas, algunos manchados de lágrimas, otros de sangre, todos impregnados de desilusión y dolor. Luego metemos esos escombros en una bolsa, la dejamos sobre el escritorio de Dios, lo miramos a los ojos y decimos: «tú hiciste esto, Dios. ¿Por qué?». Podemos hacer eso y seguir siendo humildes. Podemos hacer eso y seguir siendo respetuosos. Podemos hacer eso porque nuestro Señor no tiene una secretaria serafínica que nos haga callar ni un equipo de seguridad querubínico que nos escolte hacia afuera. No; él nos invita a depositar nuestra bolsa de dolor ante él. Nuestro Padre nos pide que derramemos nuestro corazón delante de él. Así que lo hacemos. Al hacerlo, él nos escuchará, nos sostendrá mientras lamentamos y nos amará. Aunque no nos explicará por qué suceden cosas terribles, nos llenará con su Espíritu y nos plantará profundamente en el corazón de Jesús donde, incluso, en medio del dolor, también empezamos a sanar, a alejarnos poco a poco de nuestras vidas oscurecidas, cubiertas de tinieblas, para entrar de nuevo en la casa luminosa y resplandeciente de esperanza del Padre.

Salmos 44:17-26

¡Despierta! ¿Por qué duermes, Señor?

No hay congregaciones perfectas con pastores perfectos, pero sí hay congregaciones buenas con pastores excelentes que hacen un trabajo admirable predicando el evangelio y cuidando a sus comunidades. Sin embargo, a veces, esas congregaciones, con una membresía menguante, finalmente tienen que cerrar sus puertas. ¿Por qué? ¿Qué hicieron mal? Asimismo, no hay familias perfectas, pero sí hay familias buenas con padres y madres ejemplares, e hijos también. Sin embargo, a veces, tristemente, estas familias sufren un accidente automovilístico terrible o su casa se incendia. ¿Por qué? ¿Qué hicieron mal?

Estas preguntas, al estilo de las de Job, resuenan en el salmo de hoy. Después de enumerar todas las terribles aflicciones sobrevenidas (Sal 44:9-16), los israelitas claman: «Todo esto nos ha sobrevenido, pero no nos hemos olvidado de ti, ni hemos faltado a tu pacto» (44:17). No están afirmando que sean sin pecado, pero sí dicen: «Si nos hubiéramos olvidado del nombre de nuestro Dios, o extendido nuestras manos a un dios extraño» (44:20). «No se ha vuelto atrás nuestro corazón, ni se han desviado nuestros pasos de tu senda» (44:18). No obstante, él los ha aplastado y tratado como «ovejas para el matadero» (44:22. Cf. Ro 8:36).

Confundidos y heridos, ¿a quién acuden? ¡A Dios! Él es nuestra única esperanza. «¡Despierta!», claman, «¿por qué duermes, Señor?», anticipando la pregunta de los discípulos azotados por la tormenta cuando despertaron a un Jesús dormido (Marcos 4:38). Anticipando también nuestra pregunta, cuando las tormentas rugen y el cielo parece dormitar. «¿Por qué escondes tu rostro? ¿Por qué olvidas nuestra aflicción y nuestra opresión?» (Sal 44:24).

En esos momentos, cuando rugen las tormentas, también ruge nuestro Señor, ese león indomable que C. S. Lewis retrató tan vívidamente. Él se levantará y rugirá. De hecho, ya lo hizo cuando Jesús salió fuera del sepulcro. Despierto. Vivo. Y redimiéndonos «por amor de [su] misericordia» (44:26). Nos abrazará y nos cubrirá con su amor hasta que pase la tormenta y regrese la paz.

Salmos 45:1-9

La gracia se derrama en tus labios

En las relaciones personales, tenemos múltiples formas de relacionarnos con otra persona. Stacy es mi esposa, sí, pero también es mi hermana en Cristo y una vecina a quien estoy llamado a amar. Mi pastor es el pastor que el Señor ha llamado para cuidarme, pero también es un amigo y hermano en Cristo. Nuestras relaciones con los demás son multidimensionales.

Así también ocurre con nuestro Señor Jesús, quien es simultáneamente nuestro Rey, Juez, Maestro, Amigo, Creador, Sacerdote y, como escuchamos en el Salmo 45, Esposo del cuerpo colectivo de creyentes, su novia.

El Salmo 45, titulado «Canción de amor», es un himno nupcial: la primera mitad trata del novio y la segunda de la novia (vv. 1-9 y 10-17). Entonces, ¿este salmo trata sobre un rey de la línea de David que se casa con una novia extranjera? Sí. ¿Habla también del amor del Señor por Israel, su novia (como en el Cantar de los Cantares)? Sí. ¿Y trata, de forma más perfecta aún, del amor de Cristo el Esposo por su novia, la Iglesia? Sí, absolutamente. De hecho, Hebreos cita Salmos 45:6-7 y lo aplica directamente al Hijo de Dios (Heb 1:8-9).

Este regio novio, «el más hermoso de los hijos de los hombres», lleva una espada sobre el muslo y gracia en los labios (Sal 45:2-3). Poderoso y misericordioso. Montado en su caballo de guerra, combate por «la verdad, la humildad y la justicia» (45:4). A este rey se le llama Dios: «Tu trono, oh Dios, es eterno y para siempre» (45:6). También es aquel a quien Dios «ha ungido», quien «amó la justicia y aborreció la iniquidad» (45:7). Esta es una manera hebrea de pintar, con matices y tonos del Antiguo Testamento, quién es Jesús. Él es el Hijo de David y el Esposo de la iglesia —la Novia a quien Jesús ama y por quien se entregó para santificarla, como dice Pablo (Ef 5:25-33). Unidos a este Rey de reyes en amor, estamos en paz en él, porque su reino permanece para siempre, y nosotros permanecemos junto a él como aquellos por quienes ganó la victoria suprema de la salvación.

Salmos 45:10-17

El rey deseará tu hermosura

Después de que Dios creó a Eva del costado de Adán, y el hombre la llamó «mujer», leemos: «Por tanto, el hombre dejará a su padre y a su madre y se unirá a su mujer, y serán una sola carne» (Gn 2:23-24). En Génesis, el énfasis recae en que el hombre deja a sus padres para unirse a su esposa, pero en el Salmo 45 vemos lo contrario: a la novia se le dice «olvida tu pueblo y la casa de tu padre» (45:10). Tanto la novia como el novio, entonces, unidos como hueso de sus huesos y carne de su carne, «dejan» u «olvidan» los lazos parentales para su unión conyugal.

En este himno nupcial real, ocurre algo más que la unión privada de un individuo con otro. Un rey se casa con una princesa. Las naciones se unen. Allí está la novia, su vestido de bodas es «bordado de oro», «vestiduras bordadas», entrando en el palacio del rey, acompañada de sus damas de honor, las «vírgenes que la siguen» (45:13-15). Es una ocasión vibrante y jubilosa, en la que ella «se postrará ante él» no solo como esposo, sino como rey y señor, y él «deseará su hermosura» (45:11). De esta unión «tendrás hijos; los harás príncipes en toda la tierra» (45:16).

Este es el himno que se canta cuando Cristo y su iglesia se hacen uno. Todos los creyentes, como cuerpo corporativo, somos la novia. Cristo nos ha santificado, nos ha hecho santos, habiéndonos purificado «por el lavamiento del agua con la palabra». Él hace esto en el bautismo, para que en él seamos «sin mancha ni arruga ni cosa semejante... santos e inmaculada» (Ef 5:25-27). Nuestras vestiduras están bordadas con el oro de su justicia, adornadas con su gracia. Nosotros, la Iglesia, nos postramos ante él como Señor, Esposo y Rey. Dejando atrás el antiguo modo de vida en el que estábamos separados de Cristo, nos aferramos a él como «miembros de su cuerpo» (Ef 5:30). En él, nosotros, la Iglesia, somos amados, somos realeza, todo gracias al sacrificio de la crucifixión que él hizo para que compartiéramos su vida divina.

Salmos 46:1-5

Hay un río

Observa las imágenes en estos dos escenarios:

- Su divorcio fue una tormenta que pensó que nunca superaría, mientras ola tras ola de pérdida se estrellaban sobre ella.
- Todos en la empresa moribunda sabían que la calma momentánea era solo el ojo de la tormenta; pronto vendrían vientos de ruina económica.

Las metáforas del mar tempestuoso en estos ejemplos modernos también son favoritas de los poetas de Israel. En el salmo de hoy, la tierra sufre cambios, las montañas caen en el mar, las aguas se agitan y braman (46:2-3). Esta imagen marina es una forma poética de describir la furia de las naciones que sitian Jerusalén (46:6). La ciudad de Dios, Jerusalén, está bajo ataque. Para el pueblo del Señor, esto era el fin de su mundo. Se avecinaba una pérdida catastrófica.

Ahora observa el contraste que se establece: «Hay un río cuyas corrientes alegran la ciudad de Dios, las moradas santas del Altísimo» (46:4). La respuesta a la amenaza oceánica no es un océano más poderoso, sino un río. ¿Por qué? Jerusalén era para Israel lo que el Edén había sido para Adán y Eva. Allí el Señor habitaba entre ellos. Allí estaba el suelo santo. Allí estaba el Edén restaurado. ¿Y qué fluía del Edén? Un río (Gn 2:10).

Para los ciudadanos de Jerusalén, como para nosotros que por la fe habitamos en Sión, la iglesia, el río de Dios nos alegra cuando tormentas, olas y vientos nos amenazan. No importa cuán grandes e imponentes parezcan nuestros enemigos oceánicos, no son nada comparados con el pequeño cuerpo de agua salvadora y edénica del Señor. Hay un río en la iglesia, claro como el cristal, que fluye de la fuente del bautismo a nuestras vidas. Nos alegra. Nos da gozo y esperanza. En este río, estamos seguros de todo el rugir, espumar y enfurecer de nuestros enemigos. Estas cinco pequeñas palabras, «Estoy bautizado en Cristo», son un río en el que podemos danzar, nadar y encontrar consuelo toda nuestra vida.

Salmos 46:6-11

Estén quietos y sepan que yo soy Dios

Cuando el Señor dice: «Estén quietos y sepan que yo soy Dios», usa el verbo hebreo *rafah* para «estar quietos», que tiene la connotación de soltar las manos, dejarlas caer a los lados (Sal 46:10). No dejes que tu mano agarre esto o aquello. No, simplemente deja caer esas manos a tu costado. Quédate ahí. Date prisa en no hacer nada. Reconoce que tú no eres Dios; yo lo soy.

Dado el contexto del salmo en el que el Señor dice esto, sus palabras contraculturales son impactantes. Las naciones rugen. Los reinos tambalean. Las montañas tiemblan. Los mares se agitan. Hay eventos peligrosos y catastróficos ocurriendo alrededor del pueblo de Dios. ¡Necesitamos hacer algo! ¡Lo que sea! Pero Dios dice: «No. Relájate. Respira profundo. Siéntate sobre tus manos. Yo me encargaré de esto y, cuando lo haga, sabrás que yo soy Dios, tu Dios». Hay un tiempo para actuar y un tiempo para recibir. Hay muchos momentos en la vida cuando los obstáculos que enfrentamos son tan grandes, las amenazas tan oscuras y amenazantes, que frenéticamente tratamos de tomar el control de la situación, generalmente en vano. En esos momentos o temporadas, cuando recordamos cuán pequeños somos, cuán no divinos somos, *rafah*. Suelta las manos. Estate quieto. Y recuerda que «el Señor de los ejércitos está con nosotros; nuestro baluarte es el Dios de Jacob» (Sal 46:7).

No estamos a la altura de todos los desafíos de la vida. Pero Jesús sí. Nada lo toma por sorpresa. Nada es demasiado grande o aterrador para él. Él reina como Rey sobre toda la creación, incluidas nuestras propias vidas. Sus manos, marcadas por los clavos, no cuelgan inertes a su lado, sino que están activas para protegernos, rescatarnos, sostenernos y guiarnos al lugar de paz. Estemos quietos en su amor. Estemos quietos en su presencia. Y sepamos que él es nuestro Dios bueno y lleno de gracia, que nunca nos dejará solos.

Salmo 47

Dios ha ascendido entre aclamaciones

Casi un milenio antes de que naciera Jesús, el arca del pacto fue llevada a Sión, donde el Señor habitaba y reinaba en medio de su pueblo. Allí estaba el rey David, vestido ese día como sacerdote con su efod de lino, danzando delante de este cofre sagrado. Allí estaban los levitas, paso a paso con cuidado, llevando este trono de Dios hasta Jerusalén, su nuevo hogar. Y allí estaban el resto de los israelitas, llenando el aire «con aclamaciones y al sonido del shofar» (2 S 6:15; mi traducción).

Muchos salmos relatan eventos históricos, como el cruce del mar Rojo y las peregrinaciones en el desierto; el Salmo 47 narra la subida del arca a Jerusalén. El salmo llama a todas las naciones a alabar al Señor (47:1-2); se refiere a la conquista de la tierra bajo Josué (47:3-4); contiene un llamado cuádruple para que «toda la tierra» cante alabanzas (47:6-7); y proclama a Dios como el rey universal del mundo (47:8-9). Fíjate en lo que ocurre en medio del salmo: las palabras hebreas para «aclamación» y «el sonido del shofar», que aparecen en 2 Samuel 6:15, se repiten: «Dios ha ascendido entre aclamaciones, el Señor al sonido del shofar» (47:5; mi traducción). Estas frases, como cordones bíblicos, atan la historia del arca entrando en Jerusalén con este salmo que celebra ese evento... y algo aún más grande.

El «algo más grande» es que el salmo anticipa un evento mucho mayor que vendría en un futuro. El arca llevada a Sión prefiguraba lo que sucedería aproximadamente un milenio después. Dios en la carne, Jesús el Mesías, ascendería a la Jerusalén celestial, mientras sus discípulos «lo adoraron» (Lc 24:52). Desde allí, «Dios reina sobre las naciones; Dios se sienta en su santo trono» (Sal 47:8). Sentado a la diestra del Padre, Jesús reina como «gran Rey sobre toda la tierra» (47:2). Nuestro gran Rey. Y nosotros, vestidos como sacerdotes que estamos revestidos de su justicia, nos regocijamos ante él, quien reina sobre nosotros en amor.

Salmos 48:1-8

La ciudad de nuestro Dios

A lo largo de la historia, los pueblos han golpeado su pecho jactándose de sus fortalezas inexpugnables y ciudades inconquistables, como Masada de Herodes o la ciudad fenicia de Tiro. Por impresionantes que sean estos lugares, también son creaciones humanas. Y por eso, son susceptibles de destrucción y conquista. Los edificios se queman. Las murallas se derrumban. Las ciudades caen. Este hecho hace que el Salmo 48, al menos en la superficie, suene como una vana jactancia. El poeta canta sobre Sión, la ciudad de Dios. Cuando los reyes de la tierra se reunieron contra ella, se retorcieron como una mujer de parto. Huyeron despavoridos, totalmente derrotados.

Si este poema hablara solo de la ciudad terrenal de Jerusalén, podríamos decir: «Sí, la ciudad era ciertamente impresionante, con una posición defensiva fuerte. Sin embargo, también fue conquistada muchas veces, por Babilonia, Roma y otros». Como tantas otras ciudades en este mundo, Jerusalén fue arrasada y sus calles se tiñeron de rojo con la sangre de los vencidos. Pero el Salmo 48 trata de algo más profundo que un punto en un mapa. Es un cántico de alabanza al lugar donde el Señor reina sobre su pueblo, dondequiera que ese lugar esté geográficamente. Sí, en el Antiguo Testamento, era la ciudad capital de David, pero esa ubicación servía como un dedo metropolitano apuntando más allá de sí mismo hacia una nueva y mejor Sión, donde Dios en Cristo sigue reinando supremo e inconquistable en medio de su pueblo.

Jesús dijo a la mujer samaritana que se acercaba la hora en que los adoradores del Padre no lo adorarían ni en el monte en Samaria ni en el monte en Jerusalén, sino «en Espíritu y en verdad» (Juan 4:21-24). Esa hora es el tiempo de la Iglesia, donde Cristo reúne a su pueblo alrededor de él. La Iglesia es la fortaleza de Cristo, contra la cual las puertas del Hades no prevalecerán (Mt 16:18). La Iglesia es la ciudad de nuestro Dios, que Cristo ha establecido para siempre. Aquí, en la fortaleza del cuerpo de Jesús, ningún enemigo puede alcanzarnos.

Salmos 48:9-14

Caminen por Sión

A diferencia de las ciudades modernas, a las que se puede entrar y salir libremente, normalmente desde cientos de calles y carreteras diferentes, las ciudades antiguas enfrentaban una amenaza existencial que rara vez, o nunca, pasa por la mente de los neoyorquinos y londinenses de hoy: los invasores. Así que, en los tiempos antiguos, las ciudades se construían para la defensa. Muros gruesos. Puertas fuertes. Torres altas. Su propia supervivencia lo exigía.

«Caminen por Sión y vayan alrededor de ella; cuenten sus torres; consideren atentamente sus murallas, recorran sus palacios, para que lo cuenten a la generación venidera» (48:12-13). En otras palabras: al caminar por sus calles, fijaros en la habilidad sabia de los arquitectos y en el trabajo cuidadoso de los artesanos. Observad su obra, su sacrificio. Han legado a los ciudadanos actuales un lugar seguro para vivir, adorar y ser el pueblo de Dios.

Si pensamos en la ciudad de Jerusalén como una imagen de la iglesia, podemos hacer el mismo tipo de recorrido. Pasead por la Sión de la iglesia, atravesad su historia. Contad esos padres de la Iglesia, esas torres firmes, hombres como Ireneo y Atanasio, que valientemente se enfrentaron al mundo para declarar y defender la verdad contra las herejías invasoras. Considerad bien los credos, que en forma compacta confiesan las enseñanzas de la Biblia acerca del Padre, del Hijo y del Espíritu Santo, y protegen a la iglesia de los dardos y flechas de la falsedad. Cantad a través de las ciudadelas de himnos de la iglesia, que traducen la Escritura en poesía. Cuando se unen a la música, estos himnos suelen quedar tan grabados en la memoria de los creyentes mayores que pueden cantarlos palabra por palabra, incluso cuando no recuerdan a sus propios familiares. En la Sión de la iglesia hoy, podemos confesar, orar y ser el pueblo de Dios porque Cristo ha usado a innumerables personas a lo largo de los siglos para producir obras que sirven como torres, murallas y ciudadelas a nuestro alrededor. Somos beneficiarios de su sabiduría y esfuerzo. Por ellos, damos gracias a Cristo nuestro Señor. Y de ellos aprendemos que «este es Dios, nuestro Dios para siempre», el Dios que protege a su pueblo (48:14).

Salmos 49:1-12

Aun el sabio muere

El Salmo 49 busca meternos en la cabeza un hecho inexorable: un día vas a morir. Puede que dejes esta vida en una cama cómoda, en tu casa, rodeado de familia, pero no estarás ni más ni menos muerto que el hombre sin hogar que da su último suspiro, solo, en una caja de cartón. Muerto es muerto. La tumba democratiza. ¿Quieres ser sabio? Un buen primer paso es *memento mori* —recuerda que debes morir. Recuerda a diario que «el hombre en vanagloria no permanece; es como las bestias que perecen» (Sal 49:12).

Ese es un buen primer paso, pero de ninguna manera el último. A través de este salmista, el Señor está ampliando nuestros horizontes, dándonos una visión más grande de la vida y la muerte. «Oigan esto, pueblos todos; escuchen, habitantes todos del mundo, tanto humildes como encumbrados, ricos y pobres juntos» (Sal 49:1-2). ¿Oír qué? Primero, que no hay razón para temer «en los días de adversidad, cuando la iniquidad de mis enemigos me rodee, los que confían en sus bienes y se jactan de la abundancia de sus riquezas» (Sal 49:5-6). Dios es su Juez, no nosotros. Él se encargará de ellos. Nosotros ocupémonos de nosotros mismos, de confiar en nuestro Padre, de gloriarnos en nada sino «... en la cruz de nuestro Señor Jesucristo, por el cual el mundo ha sido crucificado para mí y yo para el mundo» (Gl 6:14).

Segundo, debemos saber que, aunque «nadie puede en manera alguna redimir a su hermano, ni dar a Dios rescate por él» (Sal 49:7), el Dios-Hombre sí puede, y lo ha hecho. Jesús vino «para dar su vida en rescate por muchos» (Mc 10:45). La resurrección de Jesús fue el funeral de la muerte. Cristo dice: «Yo soy la resurrección y la vida; el que cree en mí, aunque muera, vivirá, y todo el que vive y cree en mí no morirá jamás...» (Jn 11:25-26). Así que recuerda que debes morir, sí. Pero, más importante aún, recuerda que las tumbas no son nuestros hogares eternos (Sal 49:11), sino que, para el cristiano, la muerte física es solo el portal a la presencia de Jesús.

Salmos 49:13-20

Pero Dios redimirá mi alma

Estamos familiarizados con la imagen bíblica del Señor como nuestro pastor (Salmo 23), o Jesús como el Buen Pastor (Juan 10), pero el Salmo 49 menciona al pastor opuesto: «Como ovejas son destinados para el Seol, la muerte los pastoreará; los rectos los regirán por la mañana, su forma será para que el Seol la consuma, de modo que no tienen morada» (Sal 49:14). La muerte, con vara y cayado, guía a las almas no junto a aguas de reposo y verdes pastos, sino al abismo abierto de la tumba, a las entrañas del Seol. La muerte es el mal pastor, que no da su vida por las ovejas, sino que toma la vida de las ovejas para sí.

El Salmo 49 nos recuerda con fuerza que un día moriremos. En esta parte final, el poeta se enfoca en «los insensatos» (49:13), especialmente en el hombre cuya gloria terrenal crece. «Porque nada se llevará cuando muera, ni su gloria descenderá con él» (Sal 49:17). Sí, «aunque mientras viva, a sí mismo se felicite (y aunque los hombres te alaben cuando prosperes), irá a reunirse con la generación de sus padres; quienes nunca verán la luz» (Sal 49:18-19). Esta necia confianza en algo fuera del Dios vivo, es una inclinación y un mal que todos compartimos.

En medio de esta sección, sin embargo, resuena el siempre esperanzador «pero Dios». «Pero Dios redimirá mi alma del poder del Seol, pues él me recibirá» (Sal 49:15). Pero Dios no es Dios de muertos, sino de vivos, el Dios de Abraham, de Isaac, de Jacob, y también nuestro Dios, de todos los que estamos en Cristo, quien dio su vida por nosotros. Pero Dios nos ha dado una riqueza más allá de todo cálculo: el oro de su amor, misericordia y gracia en el don de su Hijo. Pero Dios Padre, en Jesús nuestro buen Pastor, nos ha rescatado del poder del Seol, porque su Hijo se levantó vivo de la tumba y venció al lobo de la muerte, que se hacía pasar por pastor. Recíbenos, oh Señor, porque tú eres nuestra vida.

Salmos 50:1-6

Fuego consumidor

El Salmo 50 nos sienta en una sala de tribunal. Preside el Honorable, el Elohim Yahveh (el Poderoso, Dios, el Señor). Esta triple combinación de nombres hebreos remite al mismo uso triple en Josué 22:22, donde irónicamente algunas tribus declaran ser inocentes de romper el pacto. En el Salmo 50, sin embargo, no hay inocencia. Hay evidencia irrefutable contra Israel. El Elohim Yahveh ha convocado como testigos nada menos que a toda la creación: «El poderoso Dios, el Señor, ha hablado y convocado a la tierra, desde el nacimiento del sol hasta su ocaso» (Sal 50:1). «Desde los cielos en lo alto convoca a la tierra, para juzgar a su pueblo» (Sal 50:4).

De qué trata el juicio y los crímenes de los que Israel es acusado los veremos en los próximos dos días. Por ahora, no pasemos por alto el hecho de que el Señor no está juzgando a los gentiles, a las naciones del mundo, sino a «su pueblo». Como Él mismo dice: «Junten a mis santos, los que han hecho conmigo pacto con sacrificio» (Sal 50:5). Como luego escribirá Pedro: «Porque es tiempo de que el juicio comience por la casa de Dios...» (1 P 4:17).

Delante de nuestro Dios hay «un fuego consumidor» (Sal 50:3), pues él es «un Dios celoso» (Dt 4:24), listo con su llama para quemar toda escoria de mal que impida que su pueblo sea completamente y solo suyo. Esta disciplina refinadora «al presente ninguna disciplina parece ser causa de gozo, sino de tristeza...» (Heb 12:11). Claro que sí. Está diseñada para eso. Dios nos trata «como a hijos. Porque ¿qué hijo hay a quien su padre no discipline?» (Heb 12:7). Dios está quemando la escoria de nuestro egocentrismo, hipocresía y todo aquello a lo que aún nos aferramos en este mundo cuando deberíamos aferrarnos solo a él, y encontrar en él más bien, más belleza y más plenitud de lo que jamás soñamos hallar en otra parte. La disciplina ardiente de nuestro Padre, alimentada por el amor, tiene como único propósito soldarnos a Jesús, para que en él participemos de la plenitud de la vida de Dios.

Salmos 50:7-15

¿Acaso he de comer carne de toros?

Ningún sacerdote escuchó jamás el estómago del Señor gruñir dentro del lugar santísimo. Dios no tiene hambre. Tampoco tiene sed. Aquel que da todas las cosas a todos no necesita que le demos nada. No hay vacío en Dios que podamos llenar. Él ya está pleno, autosuficiente.

Ese es uno de los puntos clave en esta sección central del Salmo 50: «Si yo tuviera hambre, no te lo diría a ti, porque mío es el mundo y todo lo que en él hay. ¿Acaso he de comer carne de toros o beber sangre de machos cabríos?» (Sal 50:12-13). Aun si, en teoría, el Señor tuviera antojo de barbacoa, no necesitaría que los israelitas le trajeran el pecho de ternera, porque él dice: «Porque mío es todo animal del bosque y el ganado sobre mil colinas» (Sal 50:10).

Ayer vimos cómo este salmo pone al pueblo de Dios en juicio. El primer grupo al que se dirige son los exteriormente religiosos, pero que interiormente están desviados (50:7-15). Esta desviación se expresa en el culto, pues asumen que están allí para Dios. Piensan que el Señor los necesita, que necesita sus sacrificios, que necesita que amontonen carneros y toros sobre su altar. Tales pensamientos errados —que todavía rondan en muchas iglesias— reducen al Creador a una deidad necesitada, como si se presentara al culto esperando su dosis semanal de halagos. En cambio, «Ofrece a Dios sacrificio de acción de gracias...» (Sal 50:14). No pensemos que le damos algo; más bien, le agradecemos todo lo que él nos ha dado. «Cumple tus votos al Altísimo» (Sal 50:14), para honrarle por habernos auxiliado en nuestra impotencia. «Invoca mi nombre en el día de la angustia; yo te libraré y tú me honrarás» (Sal 50:15). Librarnos de la angustia, salvarnos, redimirnos del mal... eso es precisamente lo que más le gusta hacer a nuestro Dios. En lugar de querer que le alimentemos, el Señor Jesús quiere alimentarnos a nosotros, servirnos vida, invitarnos a su mesa donde cuerpo y alma, sacian nuestra hambre más profunda con el banquete de su misericordia.

Salmos 50:16-23

Pensabas que yo era como tú

Existe un sesgo psicológico llamado «sesgo de falso consenso», que funciona así: como yo creo, pienso y actúo de ciertas maneras, asumo que la mayoría de los demás también lo hacen. Yo y ellos estamos en «consenso». Esta suposición puede ser muy útil, especialmente cuando quiero tranquilizar mi conciencia: «¡Mira, mi comportamiento es normal! Después de todo, la mayoría de las personas piensan y creen como yo».

Si este sesgo funciona en la esfera persona a persona, también funciona en la esfera persona a Dios. De hecho, esa es la esencia de la reprensión del Señor a los malvados en esta última sección de la escena judicial en el Salmo 50. En cinco versículos, el Juez divino presenta las acusaciones: solo hacen profesión verbal del pacto, echan sus palabras tras sus espaldas, se juntan con ladrones y adúlteros, sueltan su boca para el mal y su lengua trama engaño. Resumiendo, el Señor dice: «Estas cosas has hecho y yo he guardado silencio; pensaste que yo era tal como tú» (Sal 50:21). Sesgo de falso consenso. Porque los malvados suponían que se salían con la suya, sin voz del cielo que tronara una reprensión, asumían que lo que ellos creían, pensaban y hacían reflejaba la voluntad divina. Tal es la torcida ilusión de los pecadores que intentan recrear a Dios a su propia imagen.

Esto es un fuerte llamado a que nos examinemos. ¿Mi «sí» es el «no» de Dios? ¿Asumo que el Señor y yo estamos bien solo porque no ha caído un rayo? ¿Estoy llamando bueno a lo malo y malo a lo bueno, y peor aún, reclamando justificación religiosa para ello? Siempre hay en nosotros algo de lo que debemos arrepentirnos. Así que hagámoslo. El Juez está cerca. No desea condenarnos, sino oír nuestra confesión, pronunciar su sentencia de «No culpable» y quitarse la toga negra, acercarse a nosotros y abrazarnos como Padre. Después de todo, su Hijo y nuestro Salvador asumió nuestra culpa hace mucho y la pagó por completo en la cruz.

Salmos 51:1-4

Contra ti, contra ti solo he pecado

David, un hombre conforme al corazón de Dios, se había convertido en un hombre conforme a los oscuros deseos de su propio corazón (1 S 13:14; 2 S 11-12). Había codiciado a Betsabé, la esposa de su amigo y soldado leal, Urías. Además de mentir y cometer adulterio, David encubrió su mal al orquestar la muerte de Urías en el campo de batalla (causando además otras muertes colaterales), y luego hipócritamente se casó con la viuda de guerra, que estaba embarazada fruto de su adulterio. En todo esto, el rey había menospreciado y despreciado al Señor y su palabra de forma grave, diabólica y pública. Pensando que hablaba de otro, David pronunció correctamente la sentencia sobre sí mismo: «El que hizo esto merece morir» (2 S 12:5).

Tras estos pecados, cuando David fue confrontado por Natán, confesó: «He pecado contra el Señor» (2 S 12:13). En efecto, así fue. Pero ¿acaso no había pecado también contra Urías, Betsabé y muchos otros? Sí, sin duda. Entonces, ¿cómo podía decir en el salmo que escribió después: «Contra ti, contra ti solo he pecado, y he hecho lo malo delante de tus ojos» (Sal 51:4)? Esta confesión no niega que David pecó contra otros; simplemente resalta, de manera ampliada, que sin importar cuánto pequemos contra otras personas, en última instancia, no es su ley la que quebrantamos, ni su palabra la que despreciamos, ni su santidad la que profanamos, sino la de Dios.

Por esa razón, solo a él clamamos, junto con David: «Ten piedad de mí, oh Dios, conforme a tu misericordia; conforme a lo inmenso de tu compasión, borra mis transgresiones. Lávame por completo de mi maldad, y límpiame de mi pecado» (Sal 51:1-2). Y así lo hace nuestro Señor, con gozo y prontitud, porque el Hijo de David, el Mesías conforme al corazón del Padre, quien no merecía morir, murió, no obstante, para reconciliarnos con nuestro Padre, que nos lava y nos limpia de toda mancha de culpa.

Salmos 51:5-9

En pecado me concibió mi madre

Cuando estamos agachados entre los escombros de nuestras vidas hechas pedazos, nos preguntamos: «¿Dónde se torció todo?». Las situaciones varían, los sufrimientos difieren, pero aparece la misma pregunta. ¿Cuándo empezó a desmoronarse mi matrimonio? ¿Cuándo empecé a convertir el trabajo en mi ídolo y a amargar a mis hijos descuidados? ¿Cuándo equivoqué ese primer paso?

¿Podemos señalar el momento preciso en que comenzaron todos nuestros problemas? De hecho, sí. Siempre podemos, aunque no sea donde la mayoría piensa. Es en el útero. Ahí está el origen de todos nuestros problemas. David lo dice claramente: «Yo nací en iniquidad, y en pecado me concibió mi madre» (Sal 51:5). Nuestro problema de fondo no es que pequemos —aunque eso sea grave—, sino que somos pecadores. Así como el fruto no hace al árbol, sino el árbol al fruto, no somos pecadores porque pecamos; pecamos porque somos pecadores. Somos «por naturaleza hijos de ira» (Ef 2:3). No entramos en este mundo con una hoja en blanco, capaces de decidir si seremos pecadores o no. Ya lo somos. Y quienes somos da fruto malo en nuestras vidas, como ocurrió en la de David.

Ya que en el útero comenzaron todos nuestros problemas, nuestro bondadoso Padre se aseguró de que en el útero también comenzara la solución a todos nuestros problemas. Jesús no descendió del cielo como un superhéroe divino, aterrizando en la tierra como un hombre de treinta años. El Hijo de Dios se hizo uno de nosotros en el vientre de María, así como nosotros llegamos a ser humanos en el vientre de nuestras madres. Nació, aprendió a caminar y hablar, pasó por la pubertad y llegó a ser un hombre maduro. Dios vivió nuestra vida. Pasó por cada etapa para que, en cada etapa, desde embrión hasta la adultez, pudiera redimirnos plenamente. En él, que es plenamente Dios y plenamente humano, nosotros, que hemos manchado nuestras almas, somos hechos «más blancos que la nieve» en su sangre salvadora (Sal 51:7).

Salmos 51:10-14

Crea en mí, oh Dios, un corazón limpio

Si alguien es innovador o imaginativo, lo llamamos «creativo». En algunas redes sociales, los productores de videos son llamados «creadores». Los artistas crean pinturas, los músicos crean canciones. Pero en hebreo, no importa qué hagas ni cuán original sea, tú no eres «creativo» ni «creador». Solo Dios lo es.

Cada vez que el verbo hebreo *bara* (crear) se usa en el Antiguo Testamento, el único sujeto es el Señor. En el principio, Dios *bara* los cielos y la tierra, y no comparte esa capacidad con nadie.

Eso hace que la oración de David sea aún más significativa: «Crea en mí, oh Dios, un corazón limpio, y renueva un espíritu recto dentro de mí» (Sal 51:10). Había una sola manera para que David obtuviera un corazón limpio. Podría haberse cambiado su manto real por cilicio, golpearse el pecho, llorar y ayunar, confesar y lamentarse todo el día, todos los días, por el resto de su vida. Sin embargo, nada de eso lo acercaría a crear por sí mismo, un corazón limpio y un espíritu recto. Las actividades humanas asociadas con el arrepentimiento tienen su lugar, pero son incapaces de producir un cambio interior. Solo Cristo, por el poder de su Espíritu enviado del Padre, puede hacerlo.

¡Y él lo hace! Así como por su palabra poderosa habló y todas las cosas fueron creadas, así también por su palabra de gracia habla palabras que crean en nosotros corazones limpios, espíritus rectos y gozo en la salvación. Cada «Yo te perdono» de los labios de Dios a nuestros oídos es como el «Sea la luz» de Génesis 1. Hace que las cosas sucedan. Así como hubo luz, así también hay perdón. Él lo habla en nosotros, creando esperanza, haciendo nacer gozo y abriendo nuestra boca para enseñar a otros transgresores sus caminos, para que los pecadores se vuelvan a él (Sal 51:13). Llenos de su Espíritu Santo, por tanto, con corazones lavados y purificados por el líquido de su misericordia, nuestras lenguas cantan en alta voz la justicia de aquel que hizo por nosotros lo que nunca podríamos lograr por nosotros mismos (Sal 51:14).

Salmos 51:15-19

Un corazón contrito y humillado

Cuando leemos la Torá, especialmente Levítico, encontramos muchas enseñanzas rituales sobre los sacrificios de tórtolas, corderos y bueyes ofrecidos en el altar del santuario. También se nos dice que Dios encuentra estos sacrificios «aceptables» o «agradables», lo cual en hebreo es *ratza*. Este mismo verbo aparece en el Salmo 51:16, pero en forma negativa: «Porque no te deleitas en sacrificio, de lo contrario yo lo ofrecería; no te agrada el holocausto» (Sal 51:16). Entonces, ¿cuál es? ¿Le agradan o no al Señor estos sacrificios?

El hebreo suele usar una construcción «no X, sino Y» como una forma hiperbólica de enfatizar un punto. Por ejemplo: Dios dice en Oseas: «Porque me delito más en la lealtad que en el sacrificio, y en el conocimiento de Dios que en los holocaustos» (Os 6:6). No sacrificios, sino amor; no holocaustos, sino conocimiento. Esto es paralelo al Salmo 51, donde después de decir que Dios «no se complace en el holocausto», leemos: «Los sacrificios de Dios son el espíritu contrito; al corazón contrito y humillado, oh Dios, no despreciarás» (Sal 51:17). No holocaustos (X), sino corazones quebrantados (Y). Mientras que el hebreo usa esta forma de retórica, nosotros diríamos: «más Y que X» o «no X sin Y». Dios quiere contrición más que sacrificio. No se agrada en las ofrendas sin arrepentimiento.

Esto impacta nuestra adoración hoy. Cristo rechaza un culto mecánico, de cumplir el rito sin arrepentimiento. No quiere que lo amemos con recitación automática ni con asistencia a la iglesia por mera costumbre. Él exige todo nuestro corazón, alma y fuerzas. Abre nuestros labios para que nuestra boca anuncie su alabanza (Sal 51:15), no «vanas repeticiones» (Mt 6:7, RVR60). Con su ley nos quebranta para que, sanados por su gracia, seamos «humildes y contritos de espíritu» y temblemos ante su palabra (Is 66:2). Cristo nos quiere a nosotros. Fue sacrificado por nosotros para que fuésemos suyos. Nos mira a los ojos, sonríe y nos dice que nuestro Padre se complace en nosotros.

Salmo 52

Amas toda palabra destructora

Cuando David huía de Saúl, se detuvo en un lugar llamado Nob. Allí, recibió de manos del sacerdote Ahimelec el pan consagrado para alimentar a él y a sus hombres hambrientos (1 S 21:1-9). Merodeando ese día andaba un edomita llamado Doeg, siervo de Saúl. No solo informó a Saúl sobre Ahimelec sino que, por orden del rey, empuñó su espada y mató a ochenta y cinco sacerdotes, junto con sus familias (1 S 22:6-19). ¿Y dónde comenzó esta masacre brutal? Dentro de la boca de Doeg.

En el Salmo 52, el «hombre poderoso» que se jacta de su maldad, cuya lengua afilada como navaja «trama destrucción», que ama «el mal más que el bien, la mentira más que decir lo que es justo», es Doeg, como lo indica el encabezado (52:1-4). Pero, como con todos estos salmos, aunque estén enraizados en situaciones históricas concretas, su aplicación es universal. Los Doeg nacen cada día, en cada generación. Y cuando somos brutalmente honestos con nosotros mismos, descubrimos que nuestra propia boca esconde una lengua afilada como navaja, dada a menospreciar, difamar, «doeguear» a otros.

El dicho que nuestras madres nos enseñaron sobre por qué Dios nos dio dos oídos y una boca sigue siendo cierto: para escuchar el doble de lo que hablamos. Y cuando hablemos, que no solo sea hablar, ni solo decir la verdad, sino hablar la verdad en amor (Ef 4:15). Entre aquellos que se dice que estarán fuera de la nueva Jerusalén y serán lanzados al lago de fuego, se incluyen «todos los mentirosos» (Ap 21:8). En cuanto a los de lengua doeguiana, Dios «te destruirá para siempre... te arrancará de la tierra de los vivientes» (Sal 52:5). Así que confesemos nuestras mentiras, ese hablar vano como el tamo que se lleva el viento, y descansemos en Cristo, nuestro perdonador, quien habla a nuestros oídos la verdad de su amor misericordioso hacia nosotros. Entonces, con David, podremos confesar: «Pero yo soy como un olivo verde en la casa de Dios; en la misericordia de Dios confío eternamente y para siempre. Te daré gracias para siempre por lo que has hecho...» (Sal 52:8-9).

Salmo 53

¿Hay alguien que busque a Dios?

Seguramente David está equivocado en el Salmo 53. Él dice que no hay nadie «que busque a Dios» (53:2). Pero, por supuesto, sí los hay, ¿verdad? Personas en todo el mundo, de toda variedad de religiones y espiritualidades, buscan a Dios. Lo buscan en las montañas más altas y en los desiertos más áridos. Lo buscan en lo profundo de sus corazones y almas. El mundo está lleno de buscadores de Dios. Así que David debe estar equivocado, ¿verdad?

David no está equivocado. Está en lo correcto. Existen buscadores de «dioses», sin duda, pero inevitablemente, sin excepción, encontrarán algo distinto al único Dios verdadero: encontrarán un ídolo. Cuando iniciamos la cacería de Dios por cuenta propia, lo rastreamos y, finalmente, «lo encontramos», nuestra búsqueda personal nos deja frente a una «deidad» que se parece sorprendentemente —y no por casualidad— a nuestro propio y nada divino corazón. Como dice el viejo adagio: al principio, Dios nos hizo a su imagen, y desde entonces, nosotros hemos estado devolviéndole el favor.

Al igual que el Salmo 14, su gemelo poético y casi idéntico, el Salmo 53 dice las cosas como son. Sin endulzarlas. Todos estamos corrompidos. Todos podridos hasta el corazón. Todos nos hemos desviado de Dios. No solo no podemos buscarlo; ni siquiera tenemos la disposición espiritual para dar un solo paso hacia él. Los pecadores muertos no pueden resucitarse a sí mismos. No podemos exhumarnos para iniciar una cruzada de búsqueda. Entonces, en su misericordia, el Señor nos busca. Aquel a quien nunca podríamos encontrar, nos encuentra. A quien jamás podríamos desear, nos desea. Viene a nosotros con piel, huesos y carne en Jesús. Un Dios visible, tangible, que come con pecadores y devora nuestra muerte. «¡Oh, si de Sión saliera la salvación de Israel!», oró David (53:6).

¡Y salió! La salvación vino de Sión, encarnada en aquel cuyo nombre mismo significa «el Señor salva» (cf. Mt 1:21). David tiene razón: «No hay quien haga el bien» (Sal 53:3). Pero hay un Dios que es bueno y que hace el bien por nosotros en su Hijo.

Salmo 54

No ponen a Dios delante de sí mismos

«¡Pues claro!». Esa solía ser mi reacción instintiva ante algunas afirmaciones en los Salmos. Parecen tan obvias. ¿Para qué gastar tinta en mencionarlas? Por ejemplo, en el salmo de ayer, mientras los enemigos de Israel devoraban al pueblo del Señor, estos adversarios «no invocan a Dios» (53:4). Por supuesto que no lo invocan. O en el salmo de hoy, cuando David se queja de los hombres despiadados que buscan su vida, dice: «No han puesto a Dios delante de sí» (54:3). Por supuesto que no.

Pero mi antigua reacción instintiva pasaba por alto un punto clave. El salmista no está diciendo algo evidente; al contrario, está señalando lo que en gran medida se pasa por alto, es decir, que la razón última por la cual los enemigos atacan es porque están en guerra con el mismo Dios. Aunque puede haber razones periféricas para su hostilidad, la enemistad contra el cielo es la causa central. Habiéndose vuelto contra Dios, se vuelven contra su pueblo. Al no alimentarse de los buenos dones del Señor, buscan devorar a los creyentes. Al no poner a Dios delante de sí, colocan trampas y lazos para los seguidores de Cristo.

No te equivoques, como el salmista, vivimos, trabajamos y estudiamos en un campo de batalla. Puede que no estemos rodeados de casas marcadas por bombas, pero caminamos en medio de una guerra feroz y ardiente. Batallamos contra fuerzas espirituales malignas que reciben sus órdenes del «dios de este mundo», como lo llama Pablo (2 Co 4:4). Somos atacados por una razón fundamental: nuestros enemigos están en guerra con Dios; por tanto, están en guerra con nosotros. Como dijo nuestro Señor: «Si el mundo los odia, sepan que me ha odiado a mí antes que a ustedes» (Jn 15:18). Por eso oramos: «¡Líbranos del mal!».

«Pero Dios es el que me ayuda; el Señor es el que sostiene mi alma» (Sal 54:4). En Jesús ya hemos vencido, pero hasta que esa victoria final se manifieste en la resurrección, Cristo nos rodeará con sus santos ángeles, nos cubrirá con la protección del Espíritu y nos salvará por amor de su nombre.

Salmos 55:1-11

¡Quién me diera alas como de paloma!

¿Ofrece Dios su propia versión del WITSEC, el Programa Federal de Protección de Testigos de EE. UU.? A veces me gustaría que así fuera. Que llegaran esos vehículos de vidrios polarizados para llevarnos en plena noche, darnos un nuevo nombre y hogar, lejos de todas las amenazas y problemas de nuestro pasado. David expresa ese mismo deseo escapista: «¡Quién me diera alas como de paloma! Volaría y hallaría reposo. Ciertamente huiría muy lejos; moraría en el desierto. Me apresuraría a buscar mi lugar de refugio contra el viento borrascoso y la tempestad» (55:6-8).

Encontramos un consuelo inesperado en esta camaradería con David. «Ah, tú también», le decimos a este antiguo matador de gigantes. «¿Tú también, que enfrentaste heroicamente a Goliat, a veces sientes ganas de hacer las maletas y huir a las montañas?». En el Salmo 55, David admite: «Sí». Y en nuestro propio tipo de Salmo 55, cuando escuchamos «la voz del enemigo», cuando «echan iniquidad sobre mí» y cuando «terror de muerte me ha cubierto», también queremos volar lejos (55:3-5).

Cuando queremos huir, pero en lugar de eso nos rebelamos contra el miedo; cuando nos quedamos, oramos y luchamos, entonces vivimos el Salmo 55. Nuestro valor en esos momentos es un regalo de Dios, obrado por el Espíritu. Aprendemos a clamar con David: «Escucha, oh Dios, mi oración; y no te escondas de mi súplica. Atiéndeme y respóndeme...» (55:1-2). Aprendemos a orar: «Confúndelos, Señor, divide sus lenguas» (55:9). Es decir, haz que sus planes siniestros sean como Babel: un monumento inacabado a la vergüenza del mal ante Dios y su verdad. En lugar de rendirnos, en lugar de cobardemente cruzar al campamento enemigo, permanecemos firmes. Oramos. Esperamos. Entregamos a nuestro Padre nuestras ansiedades y temores, sabiendo que, pase lo que pase, Jesús es nuestro refugio. En él, nada puede separarnos de la misericordia de Dios, quien nos esconde bajo la sombra de sus alas (cf. Sal 17:8).

Salmos 55:12-23

Su habla era más blanda que la mantequilla

«Nuestro Señor Jesucristo, la noche en que fue traicionado...». Muchos de nosotros hemos escuchado esas palabras cientos, si no miles, de veces. Tomadas de la carta de Pablo a la iglesia en Corinto, son las palabras pronunciadas al comenzar la celebración de la Cena del Señor (1 Co 11:23). Pero reflexiona profundamente en el contexto: «cuando fue traicionado». La sombra de la traición cubre esa noche. Judas Iscariote lo vende. Sus discípulos huyen. Pedro lo niega, tres veces. La noche en que Jesús se entrega, a su alrededor hay personas dominadas por la debilidad, la infidelidad y el temor.

David escribe en el Salmo 55:

> *No es un enemigo el que me reprocha, si así fuera, podría soportarlo; ni es uno que me odia el que se ha alzado contra mí, si así fuera, podría ocultarme de él; sino tú, que eres mi igual, mi compañero, mi íntimo amigo. Nosotros que juntos teníamos dulce comunión, que con la multitud andábamos en la casa de Dios... Aquel ha extendido sus manos contra los que estaban en paz con él, ha violado su pacto. Las palabras de su boca eran más blandas que la mantequilla, pero en su corazón había guerra; más suaves que el aceite eran sus palabras, sin embargo, eran espadas desnudas* (Sal 55:12-14, 20-21).

David pensaba en Ahitofel, su consejero que lo traicionó durante el golpe de Absalón (2 S 15-16). Pero estas palabras se aplican con igual, si no mayor precisión, a Judas. Traición, duplicidad y perfidia, como cánceres morales, se extienden a lo largo de estas oraciones de David. Son cosas comunes que los humanos sufrimos. Y son cosas comunes que los humanos hacemos.

Por eso es tan significativo que «Nuestro Señor Jesucristo, la noche en que fue traicionado...» alimentara a sus discípulos, y aún nos alimente a nosotros. ¿A nosotros, los falsos? Sí. ¿A nosotros, que traicionamos, mentimos y abandonamos a los amigos? Sí. Jesús no vino para santos, sino para pecadores. Confiesa quién eres: «Soy un pecador» —y escucha a Jesús decir—: «Entonces, precisamente por ti fui traicionado para que, al dar mi vida por ti, sepas que yo nunca, jamás te traicionaré».

Salmo 56

Esto sé, que Dios está a favor mío

Una cosa es saber que hay un Dios, confesar que nuestro universo tiene un diseño inteligente, que un Creador omnipotente está detrás de todo lo que existe, que en él vivimos, nos movemos y existimos. Eso es bueno. Esta creencia es mucho mejor que el ateísmo o el agnosticismo. Pero no es suficiente.

Demos un paso más. Otra cosa es saber que este Dios no es una deidad unitaria, sino una Trinidad de personas: Padre, Hijo y Espíritu Santo. Confesar que, en el cumplimiento del tiempo, según su plan de salvación, el Padre envió a su Hijo para hacerse carne, vivir, morir y resucitar. Esto también es muy bueno. Esta creencia, que es histórica y teológicamente correcta, es mucho mejor que el simple deísmo o incluso el teísmo. Pero, aun así, no es suficiente.

¿Qué falta? Tres pequeñas palabras: «a favor mío». Como David lo expresa con tanta claridad: «Esto sé, que Dios está a favor mío» (Sal 56:9). El Padre está a favor mío, el Hijo está a favor mío, el Espíritu está a favor mío. Jesús asumió la humanidad a favor mío. Vivió, fue crucificado y resucitó a favor mío. Incluso ahora, a la diestra del Padre, Cristo intercede a favor mío. Con David, oramos: «En Dios, cuya palabra alabo, en Dios confío; no temeré. ¿Qué puede hacerme el hombre?» (56:4).

¿Amenaza la muerte? Yo «andaré delante de Dios en la luz de la vida» (56:13). ¿Me abruma el dolor? El Padre pone mis lágrimas en su frasco y lleva un registro de ellas en su libro (56:8). ¿Tengo miedo? «El día en que temo, yo en ti confío» (56:3). Porque el Dios que me creó, me redimió y me santificó está a favor mío, todo lo demás palidece en comparación. Esas tres pequeñas palabras, «a favor mío», son el fundamento de la esperanza hoy, mañana y por siempre.

Salmo 57

El Dios que todo lo hace a favor mío

Durante los años en que Saúl y su ejército perseguían a David por el desierto de Judea, él usó frecuentemente las cuevas como escondites. Ese es el trasfondo del Salmo 57, como indica lo que está escrito. El alma de David está «en medio de leones... hijos de hombres, cuyos dientes son lanzas y saetas, y cuya lengua es espada afilada» (57:4). Los enemigos tienden redes a sus pasos y cavan fosas en su camino (57:6). Así que, en la cueva, David se agazapa. Espera. Tiene esperanza. Y ora.

Durante algunas de las épocas más oscuras de la vida, aprendemos una cosa o dos sobre agazaparnos. Esperar. Tener esperanza. Y orar. Nuestras «cuevas» pueden ser nuestro hogar; también pueden ser un centro de rehabilitación o una prisión. Sea donde sea, nuestro verdadero refugio es el Señor, a quien decimos: «... en ti se refugia mi alma; en la sombra de tus alas me ampararé hasta que la destrucción pase» (57:1).

Usando tres palabras hebreas, David resume su esperanza y la nuestra. Durante esos tiempos de espera, clama a *el gomer alay* (57:2). Él es «Dios» y *alay* significa «a favor mío», pero ¿y *gomer*? Este verbo solo ocurre cinco veces en todo el Antiguo Testamento y siempre en los Salmos. Significa «llevar a cabo, cumplir, completar». Se ha traducido como el Dios que «cumple su propósito para conmigo».

Dios es quien nos *gomers*. Él nos lleva hasta el buen fin que quiere para nosotros, enviando desde los cielos y salvándonos (57:3). Ningún enemigo, amenaza u obstáculo detendrá al Dios que *gomers* por nosotros. Esa es nuestra esperanza resumida en tres palabras hebreas. Clamamos a *el gomer alay*, al Dios cuyo buen y bondadoso propósito para nosotros no puede ser frustrado, un propósito que nos ancla a la esperanza encarnada, Jesús el Mesías. En nuestro Salvador, podemos decir: «Firme está mi corazón, oh Dios, mi corazón está firme; cantaré y entonaré salmos... Porque grande, hasta los cielos, es tu misericordia, y hasta el firmamento tu verdad» (57:7, 10).

Salmo 58

Hay un Dios que juzga en la tierra

Los salmos nunca nos dejan olvidar que Dios no es una deidad domesticada. No es como el buen tío Carlos, que pasa sus días aumentando su panza cervecera y mejorando su juego de golf, indiferente al mal, con una ética atrofiada de «vive y deja vivir».

¿Aquel que maravillosamente teje a cada bebé en el vientre, crees que es ciego al aborto? ¿Aquel que no tuvo dónde recostar la cabeza, piensas que es sordo a los sollozos de los pobres? ¿Aquel que fue ejecutado injustamente por líderes cobardes, crees que encoge los hombros ante la corrupción de los líderes de hoy? ¿Aquel que hace a cada ser humano a su imagen y semejanza, crees que es apático ante el racismo?

No te engañes. Dios no puede ser burlado. No es un Juez que guiña un ojo ante el mal (de ningún tipo). Si no estás tan seguro, lee el Salmo 58. Cuando se llama bueno a lo malo y malo a lo bueno, esta es la oración que estalla. Pide que Dios rompa los dientes de los hombres feroces como leones. Que se disuelvan como babas de caracol que se derriten. Anuncia el día del ajuste de cuentas, porque «... ciertamente hay un Dios que juzga en la tierra» (58:11).

Por lo tanto, al mirar la fábrica de ídolos de nuestro corazón, que produce malos pensamientos, homicidios, adulterios y toda clase de maldades, nos arrepentimos de nuestra propia complicidad con el mal. Nos golpeamos el pecho compungidos. Clamamos: «¡Oh Señor, ten piedad! ¡Cristo, ten piedad! ¡Señor, ten piedad!». Y, oh maravilla de maravillas, él lo hace. Porque no es un Juez con un corazón de hierro, sino uno con un corazón de carne. Es capaz de aborrecer el mal y perdonar a los pecadores. No es el buen tío Carlos, sino el Salvador de la humanidad, el Dios de todos nosotros, que vendrá a juzgar a los vivos y a los muertos, y que diariamente y con celo clama en amor: «Vengan a mí, todos ustedes pecadores, y laven sus ropas y háganlas blancas en la sangre del Cordero».

Salmos 59:1-7

Aullando como perros

Un perro, «el mejor amigo del hombre», no es precisamente un gran amigo en la Biblia. Los perros devoraron el cuerpo de Jezabel en la calle (2 R 9:30-37). A los prostitutos masculinos se les llamaba «perros» (Dt 23:18). Llamar a alguien «perro muerto», o llamarse a uno mismo así era, aparentemente, un insulto común (2 S 9:8; 16:9). Y los perros que vuelven a comerse su vómito son una imagen bastante repulsiva pero adecuada de un necio repitiendo su necedad (Pr 26:11; 2 P 2:22).

En el Salmo 59, David compara dos veces a sus enemigos con perros: «Regresan al anochecer, aúllan como perros, y rondan por la ciudad... Merodean buscando qué devorar; y si no se sacian, gruñen» (59:6, 15). ¿Quiénes son estos enemigos caninos? El título del salmo lo vincula al incidente en 1 Samuel 19, «cuando Saúl envió hombres a vigilar la casa [de David] para matarlo». Merodeando y aullando, «acechan mi vida», dice David; «hombres feroces me atacan» (59:3). ¿Por qué? «... no es por mi transgresión, ni por mi pecado, Señor; sin culpa mía corren y se preparan contra mí...» (59:3-4).

Si estas palabras son adecuadas a la situación de David, cuadran perfectamente con la vida y el ministerio del Hijo de David, quien «no conoció pecado» (2 Co 5:21) y «no cometió pecado, ni engaño alguno se halló en su boca» (1 P 2:22). Además, Jesús enfrentó a sus propios «perros». En el Salmo 22, la oración de la crucifixión (Mt 27:46), el Mesías dice: «Porque perros me han rodeado; me ha cercado cuadrilla de malhechores; me horadaron las manos y los pies... Libra mi alma de la espada, mi única vida de las garras del perro» (22:16, 20). Nuestro Padre respondió esa oración el día que levantó a Jesús de entre los muertos, quebrando para siempre los colmillos del pecado. La «vida preciosa» de Jesús fue restaurada. Él resucitó, y nosotros en él tenemos vida. Por esa vida que tenemos en Cristo, el perro de la muerte tiene un ladrido que siempre será peor que su mordida.

Salmos 59:8-17

Tú, oh Dios, eres mi fortaleza

El proverbio «La casa de un hombre es su castillo» no aparece en la Biblia, sino que se originó hace algunos siglos. Sin embargo, elementos de esta misma idea se reflejan en el mundo antiguo.

Por ejemplo, la Torá estipula que, si alguien hacía un préstamo, el prestamista no podía irrumpir en la casa del prestatario para tomar la prenda, sino que estaba legalmente obligado a quedarse afuera y dejar que el deudor le llevara la prenda (Dt 24:10-11). El hogar era, y sigue siendo, un dominio único.

Esa realidad hace que el trasfondo del Salmo 59 sea aún más repugnante, pues Saúl envió hombres «para vigilar la casa [de David] a fin de matarlo» (título). ¡Su casa! Saúl pretendía convertir el «castillo» de David en su tumba.

Como David estaba en peligro mortal, incluso, dentro de los muros de su propio hogar, ¿adónde podía ir? ¿Había otro castillo, otra fortaleza, donde estuviera seguro? No una ni dos, sino tres veces, David nos da la respuesta: «Oh fortaleza mía, a ti cantaré; porque Dios es mi baluarte, el Dios que me muestra misericordia» (59:9, 16-17). La raíz hebrea *sagab*, «estar en lo alto», está detrás tanto del sustantivo «fortaleza» como del verbo en el versículo 1: «Ponme a salvo en lo alto, lejos de los que se levantan contra mí».

El famoso himno de Martín Lutero, «Castillo fuerte es nuestro Dios», está basado en el Salmo 46, pero refleja también el Salmo 59. Cantamos al Señor como nuestra fortaleza y «nuestro fiel escudo y arma».

No importa cuán alto se levanten nuestros enemigos, Cristo nos eleva aún más alto, en él. No importa dónde aceche el mal, incluso en nuestros propios «castillos», tenemos una fortaleza inexpugnable en Jesús, quien nos ha hecho miembros de su propio cuerpo. La casa de un cristiano es Jesús mismo, donde estamos seguros, pues nadie puede arrebatarnos de su mano (Jn 10:28).

Salmo 60

Con Dios haremos proezas

Leer el Salmo 60 puede parecer más una clase de geografía que una oración o un himno. Los nombres se acumulan: Siquem, Sucot, Galaad, Manasés, Efraín, Judá, Moab, Edom y Filistea. En un salmo de solo una docena de versículos, aparecen nada menos que nueve nombres de lugares (y eso sin contar los mencionados en el título). Sin embargo, cuanto más tiempo pasamos en la Biblia, más nos damos cuenta de lo centrales que son las ciudades, países, montañas, mares y ríos en la historia de la salvación. Esta historia está arraigada (con toda intención) en lugares reales.

Algunos de los lugares mencionados en el salmo, como Moab, Edom y Filistea, fueron problemas constantes para el pueblo de Dios. El título sitúa esta oración en el reinado de David, quien derrotó a estos pueblos (2 S 8), pero no sin lucha y, evidentemente, ocasionales derrotas. Por eso, el salmo comienza lamentando que Dios ha rechazado a su pueblo, los ha hecho pasar cosas difíciles y los ha embriagado con sufrimiento. Sin embargo, al final surge un torrente de esperanza, con una oración y una declaración: «Danos ayuda contra el adversario, porque vano es el auxilio del hombre. En Dios haremos proezas; y él pisoteará a nuestros adversarios» (60:11-12).

Los salmos no dudan en mencionar nombres, en hablar del enemigo cuando se habla con Dios. Hay una lección allí, de especificidad, honestidad y humildad. Uno de nosotros ora: «Señor, mi enemigo es la pornografía; vana es la ayuda del hombre, pero tú pisotearás a mi enemigo». Otro ora: «Padre, mi enemigo es el alcohol; yo no puedo salvarme, pero tú harás proezas y pisotearás a ese enemigo». ¿Cuál es el tuyo? Nómbralo. Confiésalo. Inclínate en humilde arrepentimiento. Cristo levantará tu cabeza, hablará palabras de vida y perdón sobre ti y te dará ayuda contra tu enemigo. Sí, vano es el auxilio del hombre, pero el evangelio de Jesús es «... poder de Dios para la salvación de todo el que cree...» (Ro 1:16).

Salmo 61

Desde los confines de la tierra te invoco

Cuando los israelitas querían señalar el lugar más lejano que podían imaginar, hablaban de *miqtzeh ha'arets*, «el extremo de la tierra». En Deuteronomio, el Señor amenazó que, si su pueblo rompía el pacto, los dispersaría «desde un extremo de la tierra hasta el otro» (28:64). Asimismo, en Isaías, cuando los exiliados regresen a casa, vendrán «desde el extremo de la tierra» (43:6). Usando esta misma imagen, David dice: «Desde los confines de la tierra te invoco, cuando mi corazón desmaya...» (61:2).

El extremo de la tierra no es un lugar feliz. A menudo, se siente como el fin de todas las cosas. Cosas como sueños. Cosas como esperanza. Allí, los desanimados tiemblan en la oscuridad al borde de la desesperación. El extremo de la tierra es donde llegamos al final de nuestra cuerda. Miramos nuestras manos vacías, impotentes para ayudarnos. Miramos a la izquierda y a la derecha y solo vemos espacios vacíos, sin ayuda alguna. Entonces, irónicamente, en ese lugar sin esperanza, la brasa de la esperanza se aviva en una llama creciente. Porque allí nos damos cuenta, tal vez por primera vez, de que cuando hemos perdido todo, todo lo que siempre necesitamos estaba en el Señor, a quien nunca podemos perder y quien ciertamente nunca nos perderá a nosotros.

Clamamos: «Condúceme a la roca que es más alta que yo» (61:2) y, poco a poco, él lo hace. Nos levanta del polvo para hacernos descansar sobre los hombros de Jesús, la roca de nuestra salvación. En lugar de buscar refugio en nuestros propios recursos, Cristo se convierte en nuestro «refugio, torre fuerte frente al enemigo» (61:3). Habitamos en su tienda, su santuario, como miembros de su cuerpo, y «nos abrigamos bajo el refugio de sus alas» del Espíritu, quien nos santifica como hijos del Padre (61:4). El extremo de la tierra no es territorio ajeno para Cristo. Es su taller. Allí nos escucha, nos sostiene y comienza a rehacernos para que nos parezcamos menos a nosotros mismos y más a él.

Salmos 62:1-7

Solo en Dios

A veces usamos la palabra latina *sola* en frases doctrinales como *Sola fide* (solo por la fe) y *Sola gratia* (solo por la gracia). Podríamos llamar al Salmo 62 el «Salmo Sola». Seis veces se usa la palabra hebrea *akh*, «solo» o «únicamente», y cada vez encabeza la línea poética para darle énfasis. Cuatro veces de forma positiva: «*Solo* en Dios espera en silencio mi alma... Él *solo* es mi roca y mi salvación... *Solo* en Dios espera en silencio mi alma, pues de él viene mi esperanza. *Solo* él es mi roca y mi salvación, mi refugio...» (vv. 1-2, 5-6; cursivas añadidas). Y *akh* se usa dos veces de forma negativa: «Solo consultan para derribarlo de su eminencia... Solo un soplo son los hombres de baja condición» (62:4, 9).

Aquí hay un enfoque similar al de un láser, tanto respecto a aquel en quien descansan nuestra salvación y defensa, como en la fragilidad de la humanidad y el objetivo del diablo de destruirnos. El único plan del enemigo es derribarnos de donde estamos sentados con nuestro Rey, el Hijo de David. Arrojarnos al pozo de la destrucción.

¿En quién podemos apoyarnos, confiar y esperar? Ciertamente, no en nosotros mismos, porque «solo un soplo son los hombres de baja condición, y los de alto rango son mentira. En la balanza suben, todos juntos pesan menos que un soplo» (62:9).

¿Entonces, a dónde podemos acudir? Solo a Dios, solo a Cristo, únicamente a él. Nuestra alma espera en silencio en él, confiando en la salvación que solo él puede proveer. Solo él es nuestra roca cuando todo a nuestro alrededor es arena movediza. Solo él es nuestro refugio, cuando las fuerzas demoníacas nos acechan. Como dice un himno antiguo: «Jesús, solo Jesús, puede calmar mi anhelo profundo».[10] Jesús solo —nuestro Dios crucificado y resucitado— es la razón por la cual podemos enfrentar todos nuestros temores, levantar la cabeza en alto y saber que en él está nuestra salvación, nuestra gloria y nuestro descanso eterno.

Salmos 62:8-12

Suben en la balanza

En la balanza con la que las Escrituras pesan a las personas, el peso se iguala. Colaboradores y bailarinas, directores generales y cocineros de hamburguesas, ancianos gruñones y bebés llorones. Todos pesamos lo mismo. «Solo un soplo son los hombres de baja condición, y los de alto rango son mentira. En la balanza suben, todos juntos pesan menos que un soplo» (Sal 62:9). Inhala y luego sopla sobre una balanza. Ese es el peso de la humanidad.

Esta es la manera en que Dios nos recuerda que necesitamos algo mejor, más pesado y firme en lo que confiar. Algo verdaderamente bueno. Pero entonces alguien podría decir: «Si no en las personas, ¿qué tal confiar en sus bienes, ganados justamente o adquiridos por robo? ¿Podemos confiar en eso?» No, tampoco servirá. «No confíen ustedes en la opresión, ni en el robo pongan su esperanza; si las riquezas aumentan, no pongan el corazón en ellas» (62:10). Por un lado, todos sabemos cómo las economías pueden colapsar y los ahorros de toda una vida desaparecer. Por otro lado, aunque durmamos en camas de dinero, ese dinero no hará nada para satisfacer nuestra necesidad más profunda de descanso.

Para asegurarse de que todos escuchemos el mensaje, el Señor lo enfatiza: «Una vez ha hablado Dios; dos veces he oído esto: que de Dios es el poder; y tuya es, oh Señor, la misericordia, porque tú pagas al hombre conforme a sus obras» (62:11-12). Poder y amor, allí se encuentra el peso divino. Allí está la esperanza sólida para la humanidad. El poder de Dios no se detendrá hasta habernos llevado de la muerte a la vida y habernos hecho suyos. El amor del Padre nunca cesará hasta habernos perseguido hasta los brazos de Jesús. Allí, permaneciendo en paz en Cristo, encontramos descanso. Allí, purificados en la sangre de Jesús, nosotros y todas nuestras obras somos hechos buenos ante los ojos de nuestro Padre, quien nos recompensa conforme a la obra que él mismo ha obrado en nosotros por el poder del Espíritu.

Salmo 63

En tierra seca y árida

En una carta a una viuda afligida, el autor y pastor escocés George MacDonald le dijo que esta vida es como residir:

> *en una casa con ventanas por todos lados. De un lado, el dulce jardín está pisoteado y desgarrado, las hayas derribadas, la fuente rota; te sientas y miras, y todo es muy miserable... Abre la ventana del otro lado, donde las grandes montañas se elevan hacia el cielo, y las estrellas, al levantarse y ponerse, coronan sus picos. Por esas escaleras, mira los pies descendentes del Hijo del Hombre viniendo a consolarte.*[11]

Lo que MacDonald describe como un jardín pisoteado y desgarrado, David lo expresa con imágenes del desierto de Judea: «... en tierra seca y árida, donde no hay agua» (Sal 63:1). Allí, David dice a Dios: «Mi alma tiene sed de ti, mi carne te anhela» (63:1). Hay un hambre en esta vida que ningún alimento puede satisfacer, una boca reseca que ninguna bebida puede calmar. Profundamente incrustado en nuestras almas está el anhelo por el alimento y la bebida de Dios, la mesa de su presencia, rebosante de un banquete que al mismo tiempo nos sacia y nos hace anhelar aún más.

Al apartar nuestros ojos de la «tierra seca y árida», del jardín pisoteado y roto, y mirar hacia las escaleras donde vemos «los pies descendentes del Hijo del Hombre», contemplamos al único, el único, que llena nuestras almas «como con médula y grasa» (63:5). Él vierte en nuestras bocas resecas «agua viva» (Juan 4:10). Él, que es «el pan de la vida», nos alimenta (Juan 6:35). ¿A quién más iríamos sino a él, pues tiene «palabras de vida eterna» (6:68)? Su «misericordia es mejor que la vida» (Sal 63:3), porque su amor es nuestra vida. Jesús viene a nosotros, nos atrae hacia sí, y confesamos: «Oh Dios, tú eres mi Dios... Porque tú has sido mi ayuda, y a la sombra de tus alas canto gozoso» (63:1, 7).

Salmo 64

Vuelven su lengua tropezadero contra sí mismos

El arma en la que el enemigo confía será, finalmente, su propia ruina. Este tema bíblico parpadea como un letrero de neón historia tras historia. La cabeza de la serpiente es aplastada por el mismo talón al que muerde (Gn 3:15). Los soldados madianitas se hieren entre sí en el caos nocturno causado por el ejército de Gedeón (Jueces 7:22). Goliat es decapitado con su propia espada (1 S 17:51). Y así continúa.

El Salmo 64 encaja en este mismo molde. Los enemigos de David han convertido sus lenguas en armas. «Afilan su lengua como espada y lanzan palabras amargas como flecha» (Sal 64:3), listas para herir con mentiras afiladas. «Hieren en oculto al íntegro» (64:4). Luego se engañan a sí mismos pensando que saldrán impunes, porque han escondido sus planes en lo más profundo de su ser: «... los pensamientos del hombre y su corazón son profundos» (64:6).

¡Necios! ¿Creen que su corazón es «profundo»? ¿No saben que los «pensamientos del Señor son muy profundos» (Sal 92:5), que «el Señor escudriña todos los corazones y entiende todo intento de los pensamientos»? (1 Cr 28:9). ¿Esas flechas que tienen? «Pero Dios les disparará con flechas; repentinamente serán heridos» (Sal 64:7). ¿Esas lenguas que afilaron? «Vuelven su lengua tropezadero contra sí mismos» (64:8). ¿Ese ataque «repentino» que planearon? «repentinamente serán heridos» (64:7).

El arma en la que el enemigo confía será su propia ruina. Y todo esto culmina fuera de la ciudad de Jerusalén, en un lugar llamado Gólgota, donde Jesús muere. La muerte celebra una fiesta ese día. Los demonios bailan en diabólica alegría. ¡Necios! ¿No saben que el hombre crucificado, al morir, ha destruido la muerte? ¿No saben que Jesús, al tomar el pecado, ha demolido el poder del pecado? ¿Ignoran los demonios que, al empuñar la espada, agarraron la hoja con la cual fueron heridos ellos mismos? Pronto lo descubrirían. La muerte, el arma del enemigo, fue la ruina del enemigo mismo. Y la vida, el regalo de Jesús, es el premio de victoria para el creyente.

Salmo 65

Tú coronas el año con tus bienes

La poesía de los Salmos es como un baile entre dos compañeros: creación y redención, entre el Dios que da forma a todas las cosas y el que fue clavado en la cruz para nuestra salvación. Así como cuando un hombre y una mujer bailan, hay dos personas, pero un solo baile, con fluidez y gracia, de igual forma la danza poética de la creación y la redención siempre se mueven de una a otra, con sus pies deslizándose sobre la pista de los Salmos.

El Salmo 65 hace esto hermosamente. Habla de redención: «Las iniquidades prevalecen contra mí» (Sal 65:3). ¿Pero qué hace Dios? «Tú las perdonas» (65:3). Él es el «Dios de nuestra salvación» que nos hace acercarnos para habitar en sus atrios, para que seamos saciados con el bien de su casa (65:4-5). Pero este compañero de redención está danzando con el compañero de la creación. «El río de Dios rebosa de agua» (65:9). El año mismo, como un príncipe, es «coronado con tus bienes» (65:11). Los collados se adornan de alegría (65:12). Toda la creación danza y canta un rotundo Aleluya a su Creador.

Esta es la danza amorosa de la creación y la redención, reflejada en el Salmo 65, que se movió y fluyó a través de la vida de Jesús, cuando Dios nuestro Creador usó los mismos elementos de la creación para salvarnos. El Hijo de Dios tomó para sí nuestros huesos y sangre, piel y dientes. El Creador se ató para siempre, en la encarnación, a nuestra carne creada. El pecado encontró la expiación; una creación rota encontró al Creador sanador. Cuando resucitó, no se levantó como un fantasma sin cuerpo, sino como un hombre con corazón y estómago, uñas y cicatrices recién sanadas. Nos redimió a nosotros, criaturas, al tomar nuestra humanidad creada para que en su obra salvadora fuéramos hechos nuevas criaturas, uniéndonos al aplauso de toda la creación: desde las estrellas que cantan hasta el sol que sonríe y los ángeles que ríen. «Dan voces de júbilo» porque Jesús vive, y nosotros vivimos en él (65:13).

Salmos 66:1-12

Toda la tierra te adorará

En el Salmo 66, como en otros salmos, hay tanto una universalidad amplia como una especificidad en la salvación. Primero: el coro de la humanidad —a veces junto con el sol, la luna y las estrellas— alaba a Dios. «Aclamen con júbilo a Dios, habitantes de toda la tierra» y «Toda la tierra te adorará» (Sal 66:1, 4). El Señor de la Biblia no está limitado por fronteras nacionales ni atado con una correa a un territorio restringido, como creían que sucedía con otras deidades del antiguo Cercano Oriente. Más bien, toda la tierra está llena de su gloria.

Segundo: la razón principal de esta alabanza cósmica son los actos específicos de salvación que él realiza por su pueblo. No alabamos a Dios solo porque sea un gran y poderoso ser divino que hace que el sol cruce el cielo o que siembre los campos celestiales con estrellas, por grandioso que eso sea. No, él es específicamente el Dios que nos redime de manera histórica y tangible. «Vengan y vean las obras de Dios, admirable en sus hechos a favor de los hijos de los hombres. Convirtió el mar en tierra seca; cruzaron el río a pie...» (66:5-6). Porque Dios salva así, también es exaltado de manera cósmica. Lo que hizo en el mar Rojo se expande y estalla en un himno oceánico.

Lo que hace el Salmo 66, con este doble enfoque en la universalidad y la especificidad, nos conduce directamente a la obra de Cristo por nosotros. En este único hombre, en una sola vida, mediante su único bautismo, único ministerio, único arresto, única crucifixión y única resurrección —a través de esta actividad tan específica y enfocada de Dios en Jesús por nosotros—, la alabanza al Padre se extiende al mundo entero. ¡Aclamen con júbilo a Dios, habitantes de toda la tierra! porque el Dios de toda la tierra ha descendido hasta nosotros. Este rabino judío del siglo I, de Nazaret, que es al mismo tiempo Dios de Dios, Luz de Luz, Dios verdadero de Dios verdadero, él es la alabanza de toda la tierra, porque toda la tierra ha sido reconciliada con el Padre en él.

Salmos 66:13-20

Contaré lo que él ha hecho por mi alma

Me gusta imaginar al ladrón en la cruz, cuando murió y abrió los ojos en la presencia de Dios, contándole a todo el que quisiera escuchar: «¡Así fue! Estaba a unos metros de Jesús. Me acercaba cada vez más a la muerte cuando, de repente, exclamé: "Jesús, acuérdate de mí cuando vengas en tu reino". Y él me dijo: "En verdad te digo: hoy estarás conmigo en el paraíso"» (cf. Lucas 23:39-43).Ese criminal perdonado estaría viviendo, en el cielo, las palabras de Salmo 66:16: «Vengan y oigan, todos los que temen a Dios, y contaré lo que él ha hecho por mi alma».

¿Qué ha hecho él por tu alma? Cuando dices estas palabras: «Pero ciertamente Dios me ha oído; él atendió a la voz de mi oración» (66:19), ¿en qué piensas? ¿Aquel día en que hubo un accidente en la autopista justo delante de ti, clamaste a Jesús y saliste sin un rasguño? ¿Aquellos meses en que estabas entrando y saliendo del hospital, cuando toda la iglesia intercedía por ti, y finalmente te recuperaste? ¿O aquel año de dolor insoportable, cuando la vida se volvió casi invivible, cuando todas tus oraciones eran gemidos sin palabras y lágrimas imparables —ese año en el que Dios te llevó de la mano hacia la esperanza otra vez? ¿Qué ha hecho él por tu alma?

Cristo ha hecho más por nuestras almas de lo que un millón de libros podrían relatar. Él nos ha creado y redimido, ha llenado nuestra vida de bendiciones inmerecidas, y ha respondido a cada súplica de misericordia y perdón. «¡Bendito sea Dios, que no ha desechado mi oración, ni apartado de mí su misericordia!» (66:20). Para los que no guardan iniquidad, sino que guardan a Jesús en su corazón (cf. 66:18), que son uno con él, nuestro Padre siempre está atento. Ni siquiera la vida eterna en la resurrección será suficiente para contar todo lo que ha hecho, hace y hará por nosotros, sus amados hijos.

Salmo 67

Dios tenga misericordia de nosotros y nos bendiga

El Señor dijo a Aarón y a sus hijos: «Así bendecirán a los israelitas. Les dirán: "El Señor te bendiga y te guarde; el Señor haga resplandecer su rostro sobre ti, y tenga de ti misericordia; el Señor alce sobre ti su rostro, y te dé paz". Así invocarán mi nombre sobre los israelitas, y yo los bendeciré» (Nm 6:23-27).

Esta bendición se expande en un canto en el Salmo 67. Tres de los mismos verbos hebreos de la bendición aparecen en el versículo 1: tener piedad, bendecir y hacer resplandecer su rostro. Así como oímos «el Señor» tres veces en la bendición, el salmo concluye con un triple «Dios... nuestro Dios... Dios nos bendice». Pero ocurre algo sorprendente en el Salmo 67: esta sonrisa de Dios se irradia desde Israel hacia todas las naciones. Como dice el salmo: «para que sea conocido en la tierra tu camino, entre todas las naciones tu salvación» (67:2). Así, toda la tierra queda bañada por la gracia, la bendición y la luz del rostro radiante de nuestro Dios de amor.

Dios ha tenido misericordia de nosotros y nos ha bendecido en Jesús, el Salvador de Israel y de las naciones. El Padre hace resplandecer su rostro sobre nosotros cuando miramos el rostro de Su Hijo, levantado en la cruz para enfrentar nuestro castigo, recibir el escupitajo de los enemigos sobre su rostro y enfrentar la muerte misma, la cual venció en su resurrección. El poder salvador de Dios ha salido de Judea a Samaria, y hasta lo último de la tierra, mientras escuchamos la buena noticia de que somos libres y perdonados en Jesús. Ese rostro infantil que la Virgen María un día apretó contra su pecho, ese rostro adulto del hombre que decidió ir a Jerusalén, ese rostro que se oscureció en la muerte, pero resplandeció en la resurrección, ese rostro ahora brilla sobre nosotros como la sonrisa del Padre resplandeciendo desde el rostro de su Hijo.

Salmos 68:1-3

¡Levántate, oh Dios!

Cuando Israel levantó campamento después de su larga estadía en el monte Sinaí, a la cabeza de las tribus no iba una persona, sino un objeto: «... el arca del pacto del Señor iba delante de ellos por los tres días, buscándoles un lugar dónde descansar» (Nm 10:33). Este cofre cubierto de oro era el trono móvil del Señor. Contenía las dos tablas de piedra del pacto. Su cubierta era el propiciatorio. Cargada sobre los hombros de los levitas, abría camino mientras los israelitas alzaban la voz para cantar: «¡Levántate, oh Señor, y sean dispersados tus enemigos, huyan de tu presencia los que te aborrecen!» (Nm 10:35).

Ese breve canto de Israel fue adoptado y adaptado como las líneas de apertura del Salmo 68: «¡Levántese Dios! Sean esparcidos sus enemigos, y huyan delante de él los que lo aborrecen» (Sal 68:1). A partir de esta imagen, el salmo continúa: «Como se disipa el humo, disípalos; como la cera se derrite delante del fuego, así perezcan los impíos delante de Dios. Pero alégrense los justos; regocíjense delante de Dios; sí, que rebosen de alegría» (68:2-3).

El arca, donde Dios estaba presente para y con su pueblo, donde se rociaba la sangre de la expiación en Yom Kippur, que contenía la palabra del Señor y guiaba al pueblo hacia adelante, era un anticipo de Jesús. Él es Dios por nosotros y con nosotros, aquel «a quien Dios exhibió públicamente como propiciación por su sangre» (Ro 3:25), «el Verbo [que] se hizo carne y habitó entre nosotros» (Juan 1:14). Él nos guía a través del desierto de esta vida hacia la tierra prometida en el reino de su Padre. Todos los malvados que lo rechazan perecerán, derritiéndose como cera ante el fuego. Pero los justos en él, bautizados en su cuerpo, se gozarán eternamente con Dios, rebosando de alegría.

¡Levántate, oh Dios! ¡Y así ha sido! Jesús ha resucitado de entre los muertos, y vivimos en él.

Salmos 68:46

Padre de los huérfanos

Cuando escuchamos noticias de niños que han sido abusados o descuidados, la sangre nos hierve. De igual modo, cuando alguien se aprovecha de los ancianos, los explota o los defrauda, nos llena de indignación. Lo mismo sucede cuando otros miembros vulnerables de la sociedad son maltratados o ignorados. ¿Dónde está la humanidad? ¿Dónde está la decencia básica? ¿Dónde está el amor? Cuando esta indignación ante el mal brota en nosotros vemos, incluso, a través de la niebla de nuestras emociones imperfectas, un reflejo de lo que significa haber sido creados a imagen y semejanza de Dios. Porque si hay personas a quienes el Señor protege con especial celo, a quienes exige que se trate con cuidado y dignidad, son los débiles, los pobres y los vulnerables.

Nuestro Dios es el «Padre de los huérfanos y defensor de las viudas. Dios prepara un lugar para los solitarios; conduce a los cautivos a prosperidad» (Sal 68:5-6). Esto no significa, por supuesto, que él sea sordo a las oraciones de los millonarios, o que deje a las familias sanas y completas a su suerte. No, nuestro Padre se preocupa por todos, desde los más altos hasta los más bajos, desde los que tienen hasta los que no tienen. Sin embargo, los más bajos —las viudas y los huérfanos, los hambrientos y los débiles— son, a menudo, señalados como los receptores especiales de la compasión divina, y como aquellos que deben recibir también nuestra compasión. El Señor está cerca de los quebrantados de corazón; asegurémonos nosotros de estarlo también.

«Canten a Dios, canten alabanzas a su nombre; abran paso al que cabalga por los desiertos, cuyo nombre es el Señor; regocíjense delante de él» (Sal 68:4). Exáltenlo también porque él se bajó de esas nubes, descendió para pisar nuestra tierra como hombre, sanó a los enfermos, alimentó a los hambrientos, resucitó al hijo de una viuda y amó a todos, incluso al joven rico que se alejó de él (Marcos 10:17). Padre de los huérfanos es él, así como amigo de los pecadores. Nos hace suyos, nos llena de su Espíritu y nos manda a amar y cuidar a quienes nos rodean.

Salmos 68:7-10

La tierra tembló

En la Biblia y a lo largo de la historia de la Iglesia, el Señor se ha velado en lo ordinario. Sí, el viento recio y las lenguas de fuego descendieron en Pentecostés, pero no todas las asambleas congregacionales posteriores tuvieron semejante espectáculo divino. Jesús suele presentarse bajo cosas simples y terrenales: palabras predicadas, agua derramada en el bautismo, pan y vino consumidos en la Cena del Señor. Esta obra divina no es grandiosa en apariencia. No es algo que haga «retumbar el techo», pero es igual de real, igual de rebosante de vida y salvación. Lo extraordinario divino se camufla en lo ordinario humano.

Sin embargo, ha habido momentos en los que no quedaba duda de que Dios había aparecido. Uno de ellos fue en el Sinaí, cuando tronó el trueno, relampagueó el relámpago, sonaron las trompetas y «... todo el monte se estremecía con violencia» (Ex 19:16-18). «Tan terrible era el espectáculo, que Moisés dijo: "Estoy aterrado y temblando"» (Heb 12:21). Este es el trasfondo de lo que describe el Salmo 68: «Oh Dios, cuando saliste al frente de tu pueblo, cuando marchaste por el desierto, tembló la tierra; también se derramaron los cielos ante la presencia de Dios; el Sinaí mismo tembló delante de Dios, el Dios de Israel» (68:7-8). Cuando el Señor se presenta en la fiesta vestido de terremoto, no hace falta que nadie lo presente: todos sabemos que el Todopoderoso ha entrado.

Aun aquí, cuando la gente temblaba con razón, había motivo para alegrarse, porque el que hacía temblar los montes podía también hacer gotear las nubes. «Tú esparciste lluvia abundante, oh Dios; tú fortaleciste tu heredad cuando estaba extenuada» (68:9). El poder divino era evidente, pero también lo era el amor divino. De hecho, al Señor le encanta demostrar su poder, sobre todo en salvarnos y bendecirnos. Qué apropiado que, así como el Sinaí tuvo su terremoto, tanto la muerte como la resurrección de Jesús fueron acompañadas de terremotos (Mt 27:51-54; 28:2). Ahí estaba Dios por nosotros, no en el Sinaí para proclamar palabras de ley, sino para vivificarnos con palabras de esperanza, paz y perdón, de parte de aquel que cumplió la ley en nuestro lugar.

Salmos 68:11-14

Las mujeres que anuncian las buenas nuevas

Imagina a un artista que tiene varios cuadros bíblicos delante de él. Allí está Israel, caminando en seco por el mar Rojo, con Miriam y las mujeres cantando y danzando con panderos (Éxodo 14–15). Allí está Josué, al frente del ejército de Israel, derrotando a los reyes amorreos que huyen por sus vidas y se esconden en una cueva (Josué 10). Y allí están Débora y Barac, venciendo a Sísara y su ejército, entonando el himno de victoria (Jueces 4–5). Ahora imagina que el artista toma estos tres cuadros y, con destreza y creatividad, y los fusiona en uno solo. ¿El resultado? La miniobra maestra de Salmos 68:11-14.

Así como Miriam y Débora cantaron la victoria del Señor sobre los enemigos de su pueblo, así también «el Señor da la palabra; las mujeres que anuncian las buenas nuevas son gran multitud» (68:11). Una multitud de mujeres evangelizan, es decir, van contando a todos las buenas nuevas. ¿Cuáles son esas buenas nuevas? ¡El enemigo ha sido derrotado! El Todopoderoso dispersó a los reyes (68:12). La «nevada en el monte Salmón» podría ser una imagen de los huesos de los adversarios esparcidos entre los montes como copos sobre el suelo (68:14). Las alas de paloma cubiertas de plata y sus plumas con resplandor de oro son, probablemente, el botín que las mujeres reparten con alegría (68:13), como la madre de Sísara imaginaba qué los guerreros estarían haciendo (Jueces 5:30). El mensaje general de estos cuatro versículos es: (1) Dios ha dado la victoria a su pueblo; (2) grande es el botín de guerra y; (3) fuerte y jubilosa es la proclamación de esta buena noticia.

Con esto en mente, podríamos cantar estos versículos a todo pulmón cada domingo de Resurrección. ¿Los reyes del pecado, la muerte y el infierno? Vencidos por Jesús. ¿El botín de guerra? Todos nosotros, por quienes él padeció, murió y resucitó. Y ya que Miriam es el equivalente hebreo de María, ¿quiénes son las «Marías» que anuncian las buenas nuevas? María Magdalena y la otra María, quienes presenciaron su resurrección y anunciaron esta, la mejor de las noticias, a los discípulos. ¡Regocíjate, porque Cristo ha resucitado! ¡Verdaderamente ha resucitado! ¡Aleluya!

Salmos 68:15-18

Oh, monte de Dios

Como las montañas, arraigadas en la tierra, se alzan hacia el cielo, los pueblos antiguos solían pensar que sus cumbres eran la morada sagrada de las divinidades. Pensemos en Zeus y el panteón griego en el monte Olimpo, o Baal en el monte Hermón. El único Dios verdadero, el Señor, también tenía sus montes. No solo apareció en el monte Sinaí sino que, finalmente, plantó su tienda en Jerusalén, en el monte Moriah, cerca del monte Sión.

El Salmo 68 personifica al «monte de Basán» como resentido y envidioso del «monte que Dios desea para morada suya» (v. 16). «¡Ese cerro insignificante!», casi podemos oír burlarse a las montañas aparentemente más imponentes. Pero lo que importa no es la altura o grandeza del monte, sino que el Señor esté allí. Y no está solo. Su arca, como un carro, estaba rodeada de «millares de millares» de ángeles (68:17). Su tienda santa, hecha con el botín de los egipcios y dedicada de nuevo a Dios, era donde el Señor moraba entre su pueblo para recibir ofrendas y darles dones de limpieza y perdón.

Pablo relaciona el Salmo 68:18 con el descenso y ascenso de Jesús: «Cuando ascendió a lo alto, llevó cautivo un gran número de cautivos, y dio dones a los hombres» (Ef 4:8). Pablo explica: «Esta expresión: «ascendió», ¿qué significa, sino que él también había descendido a las profundidades de la tierra? El que descendió es también el mismo que ascendió mucho más arriba de todos los cielos, para poder llenarlo todo» (Ef 4:9-10). En Jerusalén, con su muerte y resurrección, Jesús ató al «hombre fuerte» Satanás y saqueó «su casa» (Mt 12:29), rompiendo las cadenas de nuestro cautiverio.

Él nos hace «piedras vivas», edificados como su casa espiritual, el santuario de la iglesia (1 P 2:5). Jesús nos da apóstoles, profetas, evangelistas, pastores y maestros para que todos lleguemos a la madurez, a la unidad de la fe y al pleno conocimiento del Hijo de Dios (Ef 4:11-13). En Cristo hemos llegado al verdadero «monte Sión y a la ciudad del Dios vivo» (Heb 12:22).

Salmos 68:19-23

Salidas de la muerte

Desde nuestra perspectiva, la puerta de la muerte solo se abre en una dirección: hacia adentro, no hacia afuera. Muchas entradas, ninguna salida. Miremos el mundo. ¿Por qué puertas entra la gente al reino de la muerte? Uno muere de cáncer, otro en un accidente automovilístico. Uno muere por un disparo, otro de vejez. Hay miles de puertas oscuras por las cuales familiares, amigos, desconocidos —y cada uno de nosotros— dejamos este mundo, cruzando el portal de la mortalidad.

Pero el salmo de hoy nos abre los ojos a una nueva verdad: «Dios es para nosotros un Dios de salvación, y a Dios el Señor pertenece el librar de la muerte» (68:20). Esa última línea en hebreo, *mavet totza'ot*, «librar de la muerte», podría traducirse también como «éxitos de la muerte». Ahora bien, esa es una imagen asombrosa. La llave que abre cada puerta de la muerte se forjó dentro de una tumba, fuera de Jerusalén, donde el cuerpo de Jesús yacía envuelto en un sudario. Cuando su cuerpo entró al reino de la muerte, habiendo sido crucificado por nosotros, parecía que él también había ingresado a un lugar sin salida. Pero Jesús no vino a dejar todo como estaba; vino a poner este mundo patas arriba. Después de tres días en la muerte, sus pulmones comenzaron a elevarse. Su corazón silencioso empezó a latir. Sus ojos secos se humedecieron, se abrieron y brillaron con vida nueva e invencible. Él transformó esa entrada en una salida cuando cruzó esa puerta de piedra.

A Jesús le pertenecen las salidas de la muerte. El cuerpo resucitado de Jesús es la llave que no solo abre, sino que demuele cada puerta que una vez se cerró sobre los cuerpos de nuestros seres queridos. ¿La puerta del cáncer? Demolida. ¿La puerta de la violencia? Demolida. ¿La puerta de los accidentes? Demolida. En el último día se oirá el chirrido de puertas cerradas, el crujir de ataúdes sellados, el estallido de mares, y los muertos en Cristo resucitarán. Un vasto ejército de redimidos. No solo vivos otra vez, sino revestidos de inmortalidad, cuerpos resplandecientes, reflejando el cuerpo del Señor de la Vida mismo.

Salmos 68:24-27

Las doncellas con panderos

Cuando comenzamos el Salmo 68 hace unos días, notamos que las líneas iniciales fueron tomadas del breve canto que acompañaba la elevación del arca del pacto mientras Israel atravesaba el desierto. Esa misma imagen continúa más adelante en el salmo, presumiblemente cuando el arca era llevada al santuario en Jerusalén: «Ellos han visto tu procesión, oh Dios, la procesión de mi Dios, mi Rey, hacia el santuario. Los cantores iban delante, los músicos detrás, en medio de las doncellas con panderos» (68:24-25).

En la adoración cristiana de hoy, vemos de todo: desde bandas con múltiples instrumentos, hasta solo piano u órgano, o nada más que la voz humana. La adoración de Israel incluía muchos instrumentos. En el Salmo 68 hay «músicos» y «doncellas con panderos». En el Salmo 150 leemos de trompetas, arpas, liras, panderos, cuerdas, flautas y címbalos, todos usados para alabar al Señor. En Apocalipsis, la adoración celestial se embellece con arpas (Ap 5:8; 14:2; 15:2). Cuando Pablo dice a la iglesia en Éfeso que canten «salmos, himnos y cantos espirituales, cantando y alabando con su corazón al Señor», el verbo griego para «alabando» (*psállō*) puede referirse a pulsar las cuerdas de un instrumento (Ef 5:19).

La creación deja claro que a Dios le encanta hacer cosas hermosas. También ama los sonidos hermosos, sean los cantos de las aves, el canto de su pueblo o el sonido de instrumentos de viento o cuerda en la adoración. Si la poesía es prosa elevada, y el canto es poesía elevada, entonces cantar palabras poéticas, junto con instrumentos, es elevar nuestro lenguaje de adoración al máximo grado. Y ¿por qué no lo haríamos? El Dios a quien bendecimos, a quien bendijeron las tribus de Benjamín, Judá, Zabulón y Neftalí (Sal 68:26-27), no solo es el Creador de todas las cosas, sino el Amante de la humanidad. No solo vivimos, nos movemos y existimos en él, sino que la vida de su Hijo ha sido derramada en nosotros por el Espíritu Santo (Hch 17:28). A él adoramos todos nuestros días, porque es digno de toda gloria, honra y alabanza.

Salmos 68:28-31

Vendrán reyes con presentes

El tabernáculo y, luego, el templo en Jerusalén, fueron los santuarios donde Israel adoraba al Señor. Esto es bien conocido. Lo que no se reconoce tan a menudo es que estos lugares santos fueron construidos, embellecidos e, incluso (a veces), parcialmente financiados con materiales y dones de gentiles, «forasteros» en el reino de Dios. El oro y la plata tomados de los egipcios formaron parte de las contribuciones para el tabernáculo (Ex 3:22; 11:2; 12:35; 35:4ss.). El templo de Salomón se construyó con recursos y obreros de Tiro (1 R 5; cf. Sal 45:12). Después del exilio en Babilonia, cuando el templo fue reconstruido, el rey persa Darío ordenó que lo que se necesitara para el culto, como animales, se proveyera a los judíos desde el tesoro real (Esd 6:9-10). Con mucho o poco, los gentiles ayudaron a edificar y abastecer el santuario israelita.

Esto forma parte del trasfondo de Salmo 68:29: «Por causa de tu templo en Jerusalén, te traerán presentes los reyes». Los versículos circundantes usan imágenes de animales para expandir esta idea. «Reprime las fieras de las cañas, la manada de toros con los becerros de los pueblos...», probablemente hace referencia a Egipto, cuyos nobles visitaban Israel trayendo tributo (68:30-31). Cus, que estaba al sur de Egipto en el alto Nilo, «se apresurará a extender sus manos hacia Dios» (68:31). El poder de Dios, con el que actuó en favor de su pueblo, impactó a los gentiles hasta llegar a la región que hoy conocemos como Etiopía (= Cus).

¡Qué vívido anticipo de lo que vendría! Cuando Felipe bautizó a un eunuco etíope, él pasó a formar parte del templo del cuerpo del Mesías (Hch 8:26-39). «Pues por un mismo Espíritu todos fuimos bautizados en un solo cuerpo, ya judíos o griegos, ya esclavos o libres. A todos se nos dio a beber del mismo Espíritu» (1 Co 12:13). Si incluso bajo el antiguo pacto los gentiles se vinculaban al santuario israelita, bajo el nuevo pacto, todos somos «piedras vivas... edificados como casa espiritual» (1 P 2:4-5). Ninguno que confía en Cristo es un forastero, porque sea judío o griego, esclavo o libre, hombre o mujer, todos somos «uno en Cristo Jesús» (Gl 3:28).

Salmos 68:32-35

Oh reinos de la tierra

Parte del lenguaje internacional de los Salmos, si se analiza de forma aislada, puede parecer tremendamente audaz. Israel, después de todo, era una franja diminuta de tierra, constantemente eclipsada por superpotencias «más grandes y malas» que imponían su fuerza... y que, a menudo, también aplastaban a Israel. Egipcios, asirios, babilonios, persas, romanos, todos se turnaron para hacer que la tierra y el pueblo de Dios parecieran tan universalmente importantes como Rhode Island (¡con disculpas a los residentes de ese buen estado!).

Al final del Salmo 68, por ejemplo, leemos: «Canten a Dios, oh reinos de la tierra; canten alabanzas al Señor» (v. 32). ¿Reinos de la tierra? ¿Cantarle al Dios de Israel? ¿No es acaso un mandato algo atrevido y desafiante? Sí, pero solo si lo miramos con ojos humanos. El Dios de Israel puede parecer el Señor de una nación pequeña, pero él «cabalgó por los cielos, que son desde la antigüedad» (68:33). Su «poder está en los cielos» (68:34). Aunque las naciones no lo reconozcan, el Señor es el Dios de Egipto, Asiria, Babilonia, Persia, Roma y de toda nación antigua (y moderna). «El Señor es nuestro Dios, el Señor uno es» (Dt 6:4), y este único Dios, que no admite rivales, debe ser alabado en todo el mundo, en exclusión de todo pseudo dios.

A este Dios que «da poder» a su pueblo, le «atribuyen poder» (68:34-35). En hebreo, el verbo traducido como «dar» y «atribuir» es el mismo (*natan*). Él, que nos da poder, recibe la alabanza que le devolvemos. Este Dios de poder habla con su «voz poderosa» (68:33, mi traducción). Con esa voz poderosa creó los cielos y la tierra. Y con esa misma voz poderosa habló desde el cielo diciendo: «Este es mi Hijo amado en quien me he complacido» (Mt 3:17), señalando así al único en quien todos los reinos de la tierra tienen esperanza y salvación. «¡Bendito sea Dios!» (Sal 68:35). Sí, bendito sea Jesús, de quien Tomás dijo: «¡Señor mío y Dios mío!» (Jn 20:28).

Salmos 69:1-5

Hasta el cuello

Después de su resurrección, Jesús dijo a sus discípulos: «Esto es lo que yo les decía cuando todavía estaba con ustedes: que era necesario que se cumpliera todo lo que sobre mí está escrito en la ley de Moisés, en los Profetas *y en los Salmos*» (Lc 24:44; cursivas añadidas). Hemos estado recogiendo «frutos de Jesús» de este frondoso árbol que son los Salmos durante todo el año. Algunos de estos frutos están en ramas más altas, otros más bajas, pero la cosecha que cuelga en el Salmo 69 está al alcance de un niño. ¿Por qué? No uno ni dos, sino cinco de sus versículos son citados en el Nuevo Testamento aplicados al Mesías y a aspectos de su ministerio.[12] Veremos esto en los próximos días.

El salmo comienza cuando el poeta, hundido hasta el cuello en problemas, ora: «Sálvame, oh Dios, porque las aguas me han llegado hasta el alma. Me he hundido en cieno profundo y no hay donde apoyar el pie; he llegado a lo profundo de las aguas, y la corriente me cubre» (69:1-2). Está ronco de tanto clamar. Sus ojos, agotados de esperar una señal de esperanza, «desfallecen» (69:3). Los mentirosos que lo atacan, que lo odian sin causa, son más que los cabellos de su cabeza (69:4). Claramente, David, autor del salmo, está en un gran apuro.

Pero quien soportó un sufrimiento aún más pesado fue el Hijo de David, quien cumple este salmo. Los evangelistas nos cuentan que Jesús subía a los montes para orar (Mt 14:23), oraba toda la noche (Lc 6:12) y suplicaba con tal fervor que su sudor se volvió como gotas de sangre (Lc 22:44). Hebreos dice que él ofreció «oraciones y súplicas con gran clamor y lágrimas» (5:7). Si alguna vez te has preguntado cómo sonaba eso, escucha el Salmo 69. Allí está Jesús, derramando su corazón ante su Padre, entregando todos sus dolores y penas a él. En este salmo oímos el corazón de Jesús, quien soportó todo esto voluntariamente por nosotros. Lo hizo para que, habiendo sufrido hasta la muerte, pudiera pasar de lamentarse, «¡Sálvame, oh Dios!», a alegrarse diciendo, «Padre, ¡he salvado a tu pueblo!».

Salmos 69:6-11

El celo por tu casa

Estamos acostumbrados a ver representaciones artísticas de Jesús cargando a un niño en brazos, caminando sobre las olas del mar o enseñando la Palabra de su Padre a las multitudes. Pero ¿blandiendo un látigo? ¿Persiguiendo a los cambistas fuera del templo? Eso no tanto. Nuestro Señor no es solo dulzura y luz; es un hombre encendido de celo, un Dios de santa indignación. Cuando purificó el templo, sus discípulos resumieron su motivación con este pasaje: «El celo por tu casa me consumirá» (Jn 2:17; Sal 69:9).

Aquel día, Jesús acusó a los vendedores de palomas de convertir la «casa de mi Padre» en una «casa de comercio» (Jn 2:16). Su celo no estaba dirigido a sí mismo. No era una maniobra narcisista para ganar popularidad. Lo hizo por su Padre y por todos aquellos que podían verse negativamente afectados por esa explotación del santuario. Este celo dirigido al otro es el trasfondo de lo que Pablo escribe cuando también usa el Salmo 69 para aplicarlo al ministerio de Jesús: «Así que nosotros, los que somos fuertes, debemos sobrellevar las flaquezas de los débiles y no agradarnos a nosotros mismos. Cada uno de nosotros agrade a su prójimo en lo que es bueno para su edificación. Pues ni aun Cristo se agradó a él mismo; antes bien, como está escrito: "Los insultos de los que te injuriaban cayeron sobre mí"» (Ro 15:1-3; Sal 69:9).

El oprobio que Jesús soportó, la ignominia que cubrió su rostro, lo sufrió por amor a su Padre (Sal 69:7). Por un tiempo, este desprecio vino, incluso, de sus propios familiares: «Me he convertido en extraño para mis hermanos, y en extranjero para los hijos de mi madre» (69:8). La familia de Jesús intentó sujetarlo, pensando que «estaba fuera de sí» (Mc 3:21). Con razón Isaías lo llamó «varón de dolores, experimentado en aflicción» (Is 53:3). Sin embargo, todo esto lo soportó, con gozo y de forma voluntaria, porque su misión era salvar a otros. Vino a rescatarnos. Y lo logró. Nada podría apagar el celo de aquel que fue consumido por amor a nosotros.

Salmos 69:12-15

Pero yo elevo a ti mi oración, oh, Señor

Si la gente habla mal de nosotros, arrastra nuestro nombre por el lodo, incluso inventa chistes sobre nosotros, ¿cuál es nuestra reacción inmediata? ¡Responder fuego con fuego, por supuesto! Devolverles la ofensa, lanzarles palabras aún más hirientes. Esto aplica tanto en internet como en persona. La próxima vez que te ocurra, recuerda el Salmo 69. Fíjate en el contraste aquí: «Hablan de mí los que se sientan a la puerta, y soy la canción de los borrachos. Pero yo elevo a ti mi oración, oh Señor...» (69:12-13). La puerta de la ciudad era el lugar donde se hacían negocios, se tomaban decisiones judiciales y los ciudadanos se reunían para charlar. Mientras ellos hablan del salmista, ¿cómo responde él? «Pero yo elevo a ti mi oración, oh Señor». Cuanto más hablan ellos de él, más habla él con Dios. Sus labios calumniosos son enfrentados con sus rodillas dobladas.

En lugar de responderles, dice a su Padre: «... oh, Señor, en tiempo propicio; oh Dios, en la grandeza de tu misericordia; respóndeme con tu verdad salvadora. Sácame del cieno y no dejes que me hunda; sea yo librado de los que me odian, y de lo profundo de las aguas. No me cubra la corriente de las aguas, ni me trague el abismo, ni el pozo cierre sobre mí su boca» (Sal 69:13-15). Él confía su causa a Dios, quien escucha cada palabra mentirosa, cada sílaba malvada pronunciada contra su siervo.

Esta oración, adecuada tanto en los labios de Jesús como en los nuestros, nos recuerda que nuestro mejor curso de acción siempre es encomendar nuestra reputación, nuestra vida, nuestro todo a nuestro Padre. En su misericordia inagotable, él nos responderá sin falta con su fidelidad salvadora, para que el pozo no cierre su boca sobre nosotros (69:13, 15). Cuando las palabras de otros nos asalten, intentando confundirnos y desmoralizarnos, recordemos que estamos protegidos por la palabra de nuestro Padre, que declara que somos sus hijos amados.

Salmos 69:16-20

La afrenta ha quebrantado mi corazón

El Maestro de las bienaventuranzas es también quien las cumple. Jesús es pobre en espíritu y manso, tiene hambre y sed de justicia, es misericordioso y puro de corazón, y un pacificador que es perseguido por causa de la justicia (Mt 5:3-10). Por lo tanto, él es también el cumplidor de la segunda bienaventuranza: «Bienaventurados los que lloran, pues ellos serán consolados» (Mt 5:4). El Salmo 69, en palabras del propio Mesías, expresa esto: «Tú conoces mi afrenta, mi vergüenza y mi ignominia; todos mis adversarios están delante de ti. La afrenta ha quebrantado mi corazón y estoy enfermo. Esperé compasión, pero no la hubo, busqué consoladores, pero no los hallé» (69:19-20).

No imaginemos que cuando los fariseos blasfemamente acusaron a Jesús de estar aliado con Beelzebú, el príncipe de los demonios, estas palabras no tuvieron efecto en él. No pensemos que la triple negación de Pedro o las palabras traicioneras de Judas simplemente le resbalaron. «La afrenta ha quebrantado mi corazón, y estoy enfermo...» (69:20). Quebrantado. Enfermo. Angustiado. Jesús no era un filósofo estoico que dijera: «Venid a mí y aprendan a tener un semblante impasible». Él experimentó nuestras emociones, incluyendo la herida emocional de ser difamado, traicionado y sentir los fragmentos de un corazón roto atravesando su pecho.

Así como nuestro Padre está cerca de los quebrantados de corazón (Sal 34:18), así estuvo cerca de su Hijo. Y ese mismo Hijo, nuestro amigo y hermano, se sienta con nosotros en nuestros días más oscuros. El Mesías fue enviado «a vendar a los quebrantados de corazón» (Is 61:1). En nuestra angustia, él se apresurará a respondernos (Sal 69:17), se acercará a nuestra alma para redimirnos (69:18), y nos dará la compasión y el consuelo que a menudo no encontramos en ningún otro lugar (69:20). Fue hecho semejante a nosotros «en todo», para llegar a ser un «sumo sacerdote misericordioso y fiel» por nosotros (Heb 2:17).

Salmos 69:21-29

Castigo sobre castigo

La vida sería mucho más fácil si pudiéramos alcanzar la resurrección sin pasar por la muerte; ser renovados sin ser deshechos. Pero la vida en nuestro mundo no es fácil. Es dura. Y también lo son algunas de las verdades sobre esta vida y nuestra futura vida con Dios. Una de esas verdades es que no tenemos vida con Jesús a menos que primero seamos juzgados, hallados culpables y muertos. Jesús no puede hacer nada con personas que aún están vivas; nos necesita bien muertos primero. Como escribió Martín Lutero: «Es la naturaleza de Dios hacer algo de la nada; por lo tanto, aquel que no es aún nada, de él Dios no puede hacer nada».[13]

En Salmos 69:21-28, encontramos una serie de afirmaciones imprecatorias que piden que los enemigos sean atrapados, cegados, puestos a temblar, golpeados con indignación divina, desolados, castigados y borrados del libro de la vida. En otras palabras: es una oración para que Dios los juzgue, los declare culpables y los mate. Entonces, y solo entonces, el Señor podría hacer algo con ellos. Cuanto menos de nosotros hay, más tiene Jesús con qué trabajar. Mientras pensemos que tenemos vida en nosotros mismos, justicia en nosotros mismos, orgullosamente creemos que aún somos algo. Debemos ser humillados, abatidos, muertos, sepultados y convertidos en nada. Entonces Jesús, que hace su mejor obra con la nada, puede hacer algo de nosotros.

Y así lo hace. Así como Jesús esperó hasta que Lázaro estuviera muerto para aparecer y resucitarlo (Juan 11), así también nos hace morir al crucificarnos con él en el bautismo, para que co-muramos y seamos co-sepultados con él, y luego «andemos en novedad de vida» (Ro 6:3-4). Primero somos hechos nada, luego somos rehechos en él. No-vivos y revivificados en Jesús. Así como nuestro Padre, de la nada, trajo todas las cosas a la existencia por su Palabra, así, en esa misma Palabra, que es Jesús, ahora Dios proclama la plenitud de la vida de Jesús en nosotros.

Salmos 69:30-36

El Señor oye a los necesitados

A lo largo del Salmo 69, hemos escuchado la voz de Jesús al orar con las palabras de David. Cristo es el que, consumido por el celo, purificó la casa de su Padre (69:9), llevó los insultos (69:9), fue ofrecido con vinagre en la cruz (69:21) y a quien Judas traicionó (69:25; Hch 1:20). La sombra oscura del sufrimiento cubre la mayor parte de los versículos 1 al 29. Sin embargo, en esta sección final, amanece, surge la esperanza y se eleva la alabanza. El salmo termina donde todo bien comienza: en la resurrección de Jesús.

«Con cántico alabaré el nombre de Dios, y con acción de gracias lo exaltaré», canta el Mesías viviente, como también lo hizo en el Salmo 22:22: «Hablaré de tu nombre a mis hermanos; en medio de la congregación te alabaré» (citado en Heb 2:12). Jesús irrumpe con un himno a su Padre, lo exalta con gratitud, porque escuchó la oración de su Hijo, quien clamó: «Sálvame, oh Dios» (Sal 69:1). Nuestro Padre lo salvó de la muerte, lo liberó de la prisión del oscuro sepulcro, «porque el Señor oye a los necesitados y no menosprecia a los suyos que están presos» (69:33).

Con la resurrección de Jesús, toda la creación estalla en santa ovación, y «Alábenle los cielos y la tierra, los mares y todo lo que en ellos se mueve» (69:34). Un coro cósmico grita ¡Aleluya! porque Jesús «fue entregado por causa de nuestras transgresiones y resucitado para nuestra justificación» (Ro 4:25). La comunidad de Dios, representada aquí como Sión y las ciudades de Judá, será el lugar donde morarán los creyentes, los que aman su nombre (69:35-36). En Jesús, «ustedes, en cambio, se han acercado al monte Sión y a la ciudad del Dios vivo, la Jerusalén celestial, y a miríadas de ángeles, a la asamblea general e iglesia de los primogénitos que están inscritos en los cielos, y a Dios, el Juez de todos, a los espíritus de los justos hechos ya perfectos, a Jesús, el mediador del nuevo pacto, y a la sangre rociada que habla mejor que la sangre de Abel» (Heb 12:22-24).

Salmo 70

¡Apresúrate, oh, Señor!

Si preguntáramos a Dios: «De todos los versículos en los Salmos, ¿cuál ha sido el más orado a lo largo de los siglos cristianos?», difícilmente habría duda de cuál sería su respuesta: «¡Oh Dios, apresúrate a librarme! Apresúrate, oh Señor, a socorrerme» (70:1). En los primeros siglos del cristianismo, este versículo inicial del Salmo 70 fue usado por monjes egipcios como la oración incesante del corazón. Quienes siguen la Regla de San Benito lo han rezado siete veces al día durante 1500 años. En los servicios litúrgicos tradicionales de anglicanos, luteranos y otras iglesias protestantes, el Salmo 70:1 ha sido una característica constante durante siglos.

Más literalmente, este versículo dice: «Dios, para librarme; Señor, ven pronto en mi ayuda». Para algunos, decirle a Dios que salga de «primera» y se apresure puede parecer un poco atrevido, pero no para el salmista. Seis veces en los salmos el poeta suplica a Dios: «¡Apresúrate!», usando este mismo verbo hebreo.[14] Dado que dos de ellas aparecen en los versículos inicial y final del Salmo 70, podríamos llamar a este salmo la oración del «¡Apresúrate, oh Dios!». Después de todo, necesitamos ayuda. No mañana, ni siquiera más tarde hoy, sino en este mismo instante. Hay quienes buscan nuestra vida, se complacen en nuestro mal y se burlan de nosotros (70:2-4). Somos «afligidos y necesitados», clamando desesperadamente ayuda desde lo alto (70:5).

Así que, al vestirte por la mañana, al llevar a los niños a la escuela, trabajando, haciendo ejercicio, descansando o en cualquier actividad, reza estas palabras. Como incienso, subirán al trono de Dios. Purificadas por Jesús, serán un aroma agradable para el Padre. Es difícil imaginar un versículo que resuma con mayor precisión, brevedad y fervor lo que necesitamos (ayuda y liberación), de quién lo necesitamos (nuestro Dios y Señor), y cuándo lo necesitamos (¡rápido, ahora!). «¡Oh Dios, apresúrate a librarme! Apresúrate, oh Señor, a socorrerme» (70:1). Y él lo hará.

Salmos 71:1-6

Desde el seno de mi madre

Las autobiografías no tienen una regla fija sobre el momento exacto en la vida del autor en que debe comenzar la historia, pero la mayoría relata alguna porción de la infancia. Las peculiaridades de mamá y papá. Quizás la experiencia escolar. Si la infancia fue relativamente feliz o estuvo plagada de problemas.

El Salmo 71 es una oración autobiográfica, escrita por un poeta anciano, uno que ve cada vez más cabellos con canas (71:18). Él elige comenzar su autobiografía muy temprano: en el útero, para ser precisos. Ora: «Porque tú, eres mi esperanza; oh Señor Dios, tú eres mi confianza desde mi juventud. De ti he recibido apoyo desde mi nacimiento; tú eres el que me sacó del seno de mi madre; para ti es de continuo mi alabanza» (71:5-6).

En cada sala de parto, nuestro Padre está presente. Ha estado en su calendario desde la eternidad. Como dirá un salmo posterior: «Tus ojos vieron mi embrión, y en tu libro se escribieron todos los días que me fueron dados, cuando no existía ni uno solo de ellos» (Sal 139:16). Él conocía el color de tus ojos, dónde estaría esa peca particular y los contornos de tu alma, mucho antes de que existieras. Quién eres no es sorpresa para él, porque él te planeó, te formó y, cuando llegó el momento, te sacó del seno de tu madre.

¿Nos atreveremos, entonces, a pensar que no importamos? ¿Que nuestras vidas son insignificantes? El Creador del cielo y de la tierra, desde toda la eternidad, nos tuvo en su mente y en su corazón. No solo quiso que existiéramos, sino que quiso ser para nosotros «una roca de refugio a la cual poder ir continuamente» (71:3). Quiso ser nuestro Dios, para que pudiéramos refugiarnos en él y «jamás sea yo avergonzado» (71:1), para librarnos y rescatarnos en Jesucristo, e inclinar su oído a cada uno de nuestros clamores (71:2). Así de importantes somos para el Señor, nuestra esperanza, nuestra confianza, aquel en quien nos apoyamos desde antes de nacer.

Salmos 71:7-18

Vejez y cabellos canos

Si haces una búsqueda en línea de «cosas que mejoran con la edad», aparecerán desde el vino hasta los jeans y los sartenes de hierro fundido. Sin embargo, un elemento que nunca debería figurar en esa lista son las personas. Sí, por supuesto, algunos hombres y mujeres crecen en virtud o se expanden en compasión a medida que envejecen, pero muchos no. Todos hemos visto esto. Envejecer no garantiza una enmienda de vida. Como dijo Tomás de Kempis: «Si es cosa terrible morir, tal vez sea aún más terrible vivir largo tiempo».[15] Algunos, mientras viven mucho, tienen el alma que se acorta, se arruga y se marchita, reduciéndose a pequeñas y grotescas cámaras llenas de nada más que los jadeos y suspiros del ego.

El Salmo 71 traza un curso mejor. El poeta, como vimos ayer, comenzó su salmo autobiográfico en el útero, pero pronto da un salto adelante, pidiendo a Dios: «No me rechaces en el tiempo de la vejez; no me desampares cuando me falten las fuerzas» (71:9). Y: «Oh Dios, tú me has enseñado desde mi juventud, y hasta ahora he anunciado tus maravillas. Y aun en la vejez y las canas, no me desampares, oh Dios, hasta que anuncie tu poder a esta generación, tu poderío a todos los que han de venir» (71:17-18). Su vida no ha sido para nada libre de preocupaciones. Aun al envejecer, sus enemigos acechan, se burlan y acusan, llegando al extremo de decir que el Señor lo ha abandonado (71:10-11, 13).

A pesar de estas dificultades continuas, vemos quién es el salmista, lo que ha sufrido y su esperanza firme en Dios: «He llegado a ser el asombro de muchos, porque tú eres mi refugio fuerte» (71:7). Él es un asombro, un ejemplo, un testimonio viviente de un creyente que confía en que, pase lo que pase, las innumerables «proezas de salvación» del Señor son su refugio y descanso (71:15). Concede, amado Padre, que tal confesión de fe en tu Hijo amoroso, fiel y salvador sea nuestro legado, mientras te alabamos y proclamamos tu «poderío a todos los que han de venir» (71:18).

Salmos 71:19-24

¿Quién como tú?

«Sin iguales». Así describimos a hombres y mujeres cuyas habilidades son prácticamente inigualables. Los llamamos los M.G.T.T. (los más grandes de todos los tiempos). En hebreo, podríamos mirarlos y preguntar: «*¿mi kamoja?*», es decir, «¿quién como tú?». David le hizo esa pregunta una vez a Abner, el general de Saúl (1 S 26:15). En el Cántico de Moisés, se pregunta a Israel: «¿Quién como tú, pueblo salvado por el Señor?» (Dt 33:29). Sin embargo, la mayoría de las veces, «*¿mi kamoja?*» no se dirige a un individuo o nación, sino al Señor.

Después de que Israel cruzó el mar Rojo, cantaron: «¿Quién como tú entre los dioses, oh Señor? ¿Quién como tú, majestuoso en santidad, temible en las alabanzas, haciendo maravillas?» (Éxodo 15:11). Obviamente, la pregunta es retórica. El Señor no tiene igual. La misma pregunta comienza esta última sección del Salmo 71: «Porque tu justicia, oh Dios, alcanza hasta los cielos; tú que has hecho grandes cosas, oh Dios, ¿quién como tú?» (71:19). Lo que sigue a esta pregunta es una hermosa y compacta confesión que, en un solo versículo, resume las cruces que cargamos en esta vida, nuestra confianza en Dios y la esperanza de la resurrección corporal cuando Jesús regrese en el último día: «Tú que me has hecho ver muchas angustias y aflicciones, me volverás a dar vida, y me levantarás de nuevo de las profundidades de la tierra» (71:20).

¿No es perfecto? El salmista, que comenzó este salmo autobiográfico alabando al Dios en quien aprendió a confiar desde el seno de su madre, ahora mira hacia el horizonte de la resurrección, cuando su cuerpo y nuestros cuerpos formados por Dios serán reformados y glorificados para reflejar el cuerpo de Jesús.

Mi kamoja, oh Señor. ¿Quién como tú? Nadie. Tú eres incomparable en poder, en gracia y en promesa, Señor Jesús. Nuestros labios gritan de alegría mientras cantamos alabanzas a ti; también nuestra alma, «la cual tú has redimido» (71:23). Desde el seno de la madre hasta la tumba, y hasta el glorioso día de la resurrección, tú eres nuestro Dios.

Salmos 72:1-7

Como lluvia sobre la hierba cortada

El Salmo 72 cierra el Libro II de los Salmos, que comenzó con el Salmo 42. Dado que el versículo final dice: «Aquí terminan las oraciones de David, hijo de Isaí», es probable que el Salmo 72 sea el anciano David orando por su hijo Salomón (el título en hebreo puede significar «de» o «para» Salomón). Dicho esto, es más que una oración real para su heredero real. ¿Cómo es eso? David, siendo «profeta, y sabiendo que Dios le había jurado sentar a uno de sus descendientes en su trono» (Hch 2:30), escribió el Salmo 72 también sobre su futuro descendiente. Este es el hijo mesiánico de David, uno mayor que Salomón, que «dominará de mar a mar, y desde el río Éufrates hasta los confines de la tierra» (72:8). Al orar el Salmo 72, por lo tanto, veamos al rey Salomón, sí, pero más importante aún, veamos al Rey Jesús, en quien este salmo pasa de blanco y negro a todo color.

David ora para que su heredero gobierne con justicia y rectitud, para que «haga justicia a los afligidos del pueblo, salve a los hijos de los pobres, y aplaste al opresor» (72:4). Los «afligidos» son los *ani*, una palabra hebrea que describe a los que están afligidos y son humildes, precisamente el tipo de personas a quienes Jesús dice: «Vengan a mí, todos los que están cansados y cargados, y yo los haré descansar» (Mt 11:28). El principal «opresor» que él aplasta es Satanás mismo, quien ha alimentado enemistad contra el pueblo de Dios desde el Edén (Gn 3:15).

En el reino del Mesías, él es «como la lluvia sobre la hierba cortada, como aguaceros que riegan la tierra», pues satisface nuestra sed más profunda, impregnándonos de su propia vida (72:6). En él «florecerán los justos» y abundará la paz, porque en Cristo somos hechos el pueblo que nuestro Padre siempre quiso que fuéramos. Estamos arraigados en él. Encontramos nuestra identidad en él. Contemplando a nuestro Rey con los ojos de la fe, «siendo transformados en la misma imagen de gloria en gloria» (2 Co 3:18).

Salmos 72:8-14

De mar a mar

Cuanto más ascendemos en las escaleras sociales, económicas o laborales, menos atención solemos prestar a quienes están en los peldaños inferiores. Es raro que un director ejecutivo invite a cenar al conserje de la empresa. Si esto es así en una sociedad democrática, ¡cuánto más en alguien que reina como rey! Se podría pensar que está demasiado ocupado con el protocolo, las ceremonias y los asuntos de estado para preocuparse por el hombre de la calle, y mucho menos por la persona sin hogar en el callejón. Así podríamos pensar.

Pero, incluso en el antiguo Israel, los reyes no eran «demasiado importantes» para ignorar las necesidades del ciudadano común. David escuchó las súplicas de una viuda (2 S 14), y Salomón juzgó el caso de las dos prostitutas (1 R 3).

En el Salmo 72, David primero ora para que el dominio del rey se extienda «de mar a mar, y desde el río Éufrates hasta los confines de la tierra» (Sal 72:8). Salomón ciertamente expandió las fronteras de Israel, pero nunca hasta ese nivel. David también pide que su heredero reciba homenaje de tribus del desierto, enemigos, reyes del sur de Arabia, de «todos los reyes» (72:9-11). De nuevo, esta universalidad nunca sucedió bajo Salomón. Bajo Jesús, sin embargo, el reino de Dios se ha expandido internacionalmente, desde reyes y emperadores hasta conductores de autobús y plomeros. En todos los continentes, cada día, cada hora, los creyentes se arrodillan en oración ante el Rey Mesías.

Lejos de pensar que es demasiado grande o que está demasiado ocupado para nosotros, Cristo como Rey «Porque él librará al necesitado cuando clame, también al afligido y al que no tiene quien lo auxilie. Tendrá compasión del pobre y del necesitado, y la vida de los necesitados salvará. Rescatará su vida de la opresión y de la violencia, y su sangre será preciosa ante sus ojos» (72:12-14). Jesús te ve. Le importas. Y actúa, a veces en cosas pequeñas, a veces en grandes, para mostrarte su amor sin límites. Para Cristo, eres más que un ciudadano de su reino; eres parte de su familia.

Salmos 72:15-20

Sean benditas en él todas las naciones

Hace unos cuatro mil años, en las llanuras de Mesopotamia, Dios escogió a un solo hombre para ser el fundamento de un linaje que culminaría en el nacimiento de un bebé que llegaría a ser bendición para el mundo entero. Ese hombre era Abraham, y ese bebé era Jesús. Cuando el Señor llamó a Abraham —cuyo nombre en ese momento era Abram— le prometió hacer de él una gran nación bendita, añadiendo: «en ti serán benditas todas las familias de la tierra» (Gn 12:1-3). Más tarde, después del casi sacrificio de Isaac, Dios reiteró esta promesa: «en tu simiente serán benditas todas las naciones de la tierra» (Gn 22:18). Esa «simiente» u «ofrenda» de Abraham, aquel cuya bendición se extendería al mundo entero, es el Mesías (cf. Gl 3:16).

Con el tiempo, esta promesa de la simiente mesiánica se fue delimitando desde la familia de Abraham a la tribu de Judá (Gn 49:8-12) y, finalmente, a la familia de David (2 S 7:1-17). David mismo, plenamente consciente de que el rey prometido vendría de su linaje, por eso dice: «Sea su nombre para siempre; que su nombre se engrandezca mientras dure el sol, y sean benditos por él *los hombres*; llámenlo bienaventurado todas las naciones» (Sal 72:17). Este gobernante de Israel, quien es el centro del Salmo 72, es llamado por Mateo «hijo de David, hijo de Abraham» (Mt 1:1). Pilato solo tenía razón, a medias, cuando llamó a Jesús «el Rey de los judíos» (Mt 27:37); él es el Rey de judíos y gentiles. A ambos los bautiza en un solo cuerpo (1 Co 12:13) para que «no haya distinción entre griego y judío, circunciso e incircunciso, bárbaro, escita, esclavo o libre, sino que Cristo es todo, y en todos» (Col 3:11). En Cristo, el bendito, somos bendecidos.

«Bendito sea el Señor Dios, el Dios de Israel, el único que hace maravillas» (Sal 72:18). Él cumplió su promesa a Abraham y a David. Envió a su Hijo para ser nuestro Rey, quien nos ha hecho ciudadanos por gracia y herederos de todas sus promesas. «Bendito sea su glorioso nombre para siempre» (72:19).

Salmos 73:1-12

Tuve envidia de los arrogantes

La sexta bienaventuranza dice: «Bienaventurados los de limpio corazón, pues ellos verán a Dios» (Mt 5:8). Jesús tomó este lenguaje del Salmo 24:4 y también del salmo de hoy: «Ciertamente Dios es bueno para con Israel, para con los puros de corazón» (Sal 73:1). Pero hay un problema. Un gran problema. Un problema que comparte Asaf (autor del Salmo 73) con nosotros. ¿Nuestros corazones? Están lejos de ser puros.

Asaf va directo al grano: «En cuanto a mí, mis pies estuvieron a punto de tropezar, casi resbalaron mis pasos. Porque tuve envidia de los arrogantes al ver la prosperidad de los impíos» (73:2-3). Casi se amarga porque los incrédulos parecen tener la vida demasiado fácil (73:4-12). Dicho en lenguaje moderno, el salmista se queja: «¿Por qué, Señor, los malvados disfrutan de los mejores empleos, las vacaciones lujosas, la vida cómoda? A ellos no les importa nada de ti, Señor, mientras yo me esfuerzo por ser puro y fiel, ¡y tú no pareces recompensarme!».

Dime esto: ¿por qué a Asaf (o a nosotros) nos debería importar el éxito de los impíos? ¿Por qué eso nos afecta? Porque, en el fondo, queremos las mismas cosas que ellos tienen. Eso es. La envidia desea lo que otro posee. Cuando tenemos «envidia de los arrogantes», mostramos nuestra verdadera carta o, mejor dicho, nuestro corazón en toda su impureza.

Si «los de limpio corazón» verán a Dios, si Dios es bueno con Israel, con los puros de corazón, ¿tenemos alguna esperanza?

¡Sí la tenemos! Cuando nos situamos bajo aquel que fue puro de corazón por nosotros. No hay un retrato más claro del cumplimiento de todas las bienaventuranzas que nuestro Señor en la cruz: pobre en espíritu, llorando, manso, puro de corazón, siendo el bendito para que nosotros, por la fe en él, también seamos bendecidos. Arrepintámonos, pues, de nuestra envidia y la impureza de nuestros corazones, y echemos todo sobre la misericordia de Jesús, orando: «Crea en mí, oh Dios, un corazón limpio» (Sal 51:10).

Salmos 73:13-17

Hasta que entré en el santuario

En el Salmo 73 damos un paseo por el alma en conflicto de Asaf. Ayer escuchamos cómo envidiaba la prosperidad de los impíos. Su amargura por la vida despreocupada de ellos culminó en una queja de autocompasión: «Ciertamente en vano he guardado puro mi corazón y lavado mis manos en inocencia, pues he sido azotado todo el día y castigado cada mañana» (73:13-14). Parece que guardó estos pensamientos para sí mismo en aquel momento. Estaba tanto envidioso como resentido, despreciando a la gente cuya vida sin problemas también codiciaba. ¿Suena familiar? ¿Cuántas veces nos burlamos de los ricos, famosos y poderosos, mientras secretamente ardemos de envidia por lo que tienen?

Asaf, sin embargo, mantuvo esto en silencio —y sabiamente. Como dice: «Si yo hubiera dicho: "Así hablaré", he aquí, habría traicionado a la generación de tus hijos» (73:15). Tironeado en dos direcciones en esta lucha psicológica y teológica, finalmente halla algo de paz: «Cuando pensaba, tratando de entender esto, fue difícil para mí, hasta que entré en el santuario de Dios; entonces comprendí el fin de ellos» (73:16-17). Su «fin» lo veremos mañana, pero por ahora, notemos que la claridad vino solo en la presencia de Dios. Solo en el santuario del Señor pudo despertar de su embriagadora envidia y empezar a pensar con claridad.

¿Una enseñanza aquí? Todos necesitamos un predicador. Necesitamos una voz que no sea la nuestra, que tome la Palabra de Dios y hable la luz de la verdad divina en medio de nuestras tinieblas, tentaciones, envidias y amarguras. Dejados solos, nos descarriamos. Por eso, nuestro Señor ha querido no dejarnos solos, sino enviarnos predicadores en el santuario de Dios. Para llamarnos al arrepentimiento, sí. Y, lo más importante, para llenar nuestros oídos con la buena noticia de que somos libres y perdonados en Jesús, quien nos da el verdadero contentamiento en él.

Salmos 73:18-22

Los desprecias como fantasmas

Todas nuestras comodidades modernas, aunque útiles, también fomentan la impaciencia. Basta con escuchar cómo hablamos. Si un sitio web tarda treinta segundos en cargar, murmuramos: «¡Este sitio está tardando una eternidad!». La comunicación y gratificación instantáneas dificultan cultivar la paciencia y tener una perspectiva a largo plazo. Y si esto complica la vida diaria, imagina lo que hace a nuestras almas.

Asaf se había hundido en el pantano de la impaciencia y la miopía espiritual (Sal 73:2-12). Cuando vio cómo prosperaban los impíos y languidecían los justos, solo veía el hoy, no el próximo año, y mucho menos el fin de la vida. Tenía un grave caso de miopía espiritual. Su momento de «¡ajá!», llegó cuando Dios le abrió los ojos a la verdad, a la cual respondió: «Ciertamente tú los pones en lugares resbaladizos; los arrojas a la destrucción. ¡Cómo son destruidos en un momento, son totalmente consumidos por terrores repentinos! Como un sueño del que despertar, oh Señor, cuando te levantes, despreciarás su apariencia» (73:18-20). Llegará un día en que Dios, como un hombre que despierta, despreciará a los impíos como si fueran fantasmas. A aquellos que decían: «¿Cómo lo sabe Dios? ¿Hay conocimiento en el Altísimo?» (Sal 73:11), el Juez supremo les dirá: «Jamás los conocí; apártense de mí» (Mt 7:23; 25:41).

Vivamos hoy a la luz de aquel día en que esta vida acabará. Ya que «está decretado que los hombres mueran una sola vez, y después de esto, el juicio» (Heb 9:27), muramos ahora a nosotros mismos, muramos al pecado, co-muramos con Jesús y seamos resucitados a nueva y verdadera vida en él. En lugar de amargarnos por una supuesta injusticia entre creyentes e incrédulos, actuando «torpe y sin entendimiento... como una bestia delante de ti» (Sal 73:22), humillémonos bajo la poderosa mano de Dios y sepamos «que los sufrimientos de este tiempo presente no son dignos de ser comparados con la gloria que nos ha de ser revelada» cuando nuestro Señor regrese (Ro 8:18).

Salmos 73:23-28

¿A quién tengo yo en los cielos sino a ti?

Jesús dice: «O, ¿de qué le sirve a un hombre ganar el mundo entero y perder su alma?» (Mc 8:36). Este solo versículo resume el Salmo 73. Aquellos que se enorgullecen y se mantienen erguidos en su autosuficiencia, Dios los hará caer en ruina. Los incrédulos que creen estar viviendo el sueño, un día despertarán y se darán cuenta de la pesadilla: «porque los que están lejos de ti perecerán; tú has destruido a todos los que te son infieles» (73:27).

Asaf, quien ha sido honesto a lo largo de este salmo sobre sus luchas y envidias, también es claro respecto a nuestra única esperanza en este mundo: solo Dios. Y no solo «Dios» en un sentido abstracto, sino el Señor que toma nuestra mano derecha, que está continuamente con nosotros (73:23), que nos guía en esta vida y luego nos recibe en gloria (73:24). Nuestra carne y corazón pueden ser tan inestables como la arena, pero Dios no lo es. Él es, como dice el hebreo con valentía, «la fortaleza de mi corazón» (73:26).

Como cristianos, vivimos en un mundo confuso —y a menudo nosotros mismos estamos confundidos por nuestra envidia— pero cada paso nuestro es guardado y sustentado por nuestro Señor Jesús. ¿A quién tenemos en los cielos sino a él? Y fuera de él, nada deseamos en la tierra. Verdaderamente Dios es bueno para Israel, para los de limpio corazón (73:1), y los de limpio corazón verán a Dios (Mt 5:8). Con corazones purificados por la sangre de Jesús, nuestros corazones rociados para ser limpiados de mala conciencia, miramos «la gloria de Dios en el rostro de Cristo» (Heb 10:22, 2 Co 4:6). Y ese rostro siempre nos sonríe, a nosotros, su pueblo amado. «Pero para mí, estar cerca de Dios es mi bien; en Dios el Señor he puesto mi refugio para contar todas tus obras» (Sal 73:28).

¿Y qué obra mejor hay que la que Cristo, nuestro Redentor, ha hecho al dar su vida por nosotros y por el mundo?

Salmos 74:1-8

Oh, Dios, ¿por qué?

Comúnmente comenzamos nuestras oraciones con algo como «Señor Dios, Padre celestial» o «Dios Todopoderoso y eterno», pero no con «Oh Dios, ¿por qué nos has rechazado para siempre?» Sin embargo, así empieza el Salmo 74. Obviamente, las cosas no están bien. A medida que el salmo continúa, descubrimos cuán «mal» están. El templo ha sido destrozado en pedazos por enemigos empuñando hachas. Sus preciosos grabados están hechos añicos. Las llamas han devorado gran parte del santuario. Antes, había señales y símbolos del Dios verdadero, pero ahora el *graffiti* de la idolatría ha contaminado el lugar santo. Entonces el pueblo del Señor quiere saber por qué los ha rechazado. «¿Por qué se ha encendido tu ira contra las ovejas de tu prado?» (74:1).

Oh Dios, ¿por qué? Cuatro palabras sencillas, pero que resumen volúmenes de lágrimas, gritos, gemidos, protestas y la confusión atormentada de los hijos de Dios que se sientan sufriendo entre las cenizas. ¿Por qué permitiste que mi casa fuera destruida en un huracán? ¿Por qué permitiste que mi niña muriera de cáncer? ¿Por qué permitiste que mis enemigos arruinaran todo por lo que había trabajado? ¿Por qué parece que no te importa? En la cruz, Jesús mismo, un solo hombre hablando por toda la humanidad, lamentó: «Dios mío, Dios mío, ¿por qué me has abandonado?» (Mt 27:46; Sal 22:1).

Aquí hay otra oración indómita que se niega a ser domesticada al silencio frente al sufrimiento. Oh Dios, ¿por qué? Tales oraciones no buscan información, sino intervención. ¡Haz algo, Dios! Y eso es justamente lo que nuestro Padre quiere que le pidamos. Que veamos la oscuridad mirándonos de frente y levantemos los ojos para clamar a la Luz.

Cuando nos sentamos entre las cenizas, sea cual sea la pérdida o el dolor, de algo podemos estar seguros: nada puede «volver a la vida» a nuestro Señor. Él vive. Y porque vive, sabemos que Dios está de nuestro lado. En su tiempo y a su manera, intervendrá, porque no cerrará su corazón a los gritos de sus hijos.

Salmos 74:9-17

Quebraste las cabezas de los monstruos en las aguas

Me he sentado al borde de mi cama, parpadeando y comenzando a sonreír aliviado, al darme cuenta de que el terrible sueño que me había despertado, con el corazón latiendo a mil por hora, era precisamente eso: solo un sueño. Pesadilla en realidad. Esa es la clase de transición que entendemos. Más difícil de asimilar son las transiciones que vemos, a menudo, en los salmos, como en el Salmo 74, del versículo 11 al 12, donde giramos bruscamente de «¿Por qué, Dios?» a «Sin embargo, Dios», de la casi desesperación a la esperanza, de una pesadilla muy real en la tierra a una confesión fiel en medio de ella.

Israel ha estado lamentando no solo la destrucción de su santuario, sino algo aún más terrible: el aplastante silencio de Dios en el desastre: «No vemos nuestras señales; ya no queda profeta, ni hay entre nosotros quien sepa hasta cuándo» (74:9). ¿Hasta cuándo? Claman. ¿Por qué? Gimen. Y luego, inmediatamente, surge la luz, como un amanecer a medianoche: «Con todo, Dios es mi rey desde la antigüedad, él que hace obras de salvación en medio de la tierra» (74:12). Más esperanza sigue, al recordar el pueblo del Señor —adaptando lenguaje mitológico común en su cultura— cómo el Señor aplastó a Egipto, representado aquí como «monstruo marino» y «Leviatán» (74:13-14). Tú dividiste el mar, tú destruiste al monstruo, tú lo diste como alimento, tú abriste fuentes. Tú, tú, tú, oh Dios, hiciste todo esto desde la antigüedad por nosotros.

Qué gran lección para nosotros. Cuando nuestras vidas en el presente están sumidas en la oscuridad, tomamos prestada la luz del pasado. Cuando Dios parece guardar silencio ahora, escuchamos sus palabras de antaño. Así como actuó ayer para nuestros padres y madres en la fe, así actuará hoy para nosotros. Jesús es nuestro Dios fiel, que siempre oye y libra. Nuestro Señor, quien sabe cómo salir de la tumba, sabe cómo levantarnos de los pozos de desesperanza a la luz radiante de la esperanza una vez más.

Salmos 74:18-23

Tu nombre

Cuando escucho «Chad», no pienso: «Ese es un identificador de cuatro letras que me sirve como etiqueta personal». Por supuesto que no. Cuando escucho «Chad», pienso en mí, como tú cuando oyes tu nombre. Los nombres son mucho más que simples etiquetas. Nuestra identidad esencial está entrelazada con ellos. Por eso, cuando alguien arrastra nuestro nombre por el suelo o usa nuestro nombre para encubrir una mentira, nos importa. Nos importa profundamente. No están difamando una palabra; están atacando nuestra persona.

Si esto es verdad respecto a nuestros nombres, ¡cuánto más lo es para el nombre de Dios! Cuando oramos, «Santificado sea tu nombre», estamos pidiendo que el nombre de Dios sea tratado como santo, sí, pero también que Dios mismo, cuyo nombre está inseparablemente ligado a su identidad, sea confesado como «Santo, santo, santo», como cantaron los serafines (Isaías 6:3).

Eso es precisamente lo que no estaba ocurriendo en el Salmo 74: «¿Hasta cuándo, oh Dios, blasfemará el adversario? ¿Despreciará el enemigo tu nombre para siempre? ¿Acuérdate de esto, Señor: que el enemigo ha blasfemado, y que un pueblo insensato ha despreciado tu nombre» (74:10, 18). El verbo hebreo usado aquí, *na'atz*, puede significar «afrentado, despreciado, menospreciado, rechazado, difamado». Ya te haces la idea. Dios y su nombre están siendo escupidos por los enemigos que han destruido el santuario.

Por eso oramos, «No vuelva avergonzado el afligido; alaben tu nombre el afligido y el necesitado» (74:21). En un mundo lleno de burladores, levántanos como tus alabadores. Puesto que somos «el alma de tu tórtola» (74:19), el templo de tu Espíritu, danos labios para cantar tu alabanza. Padre nuestro, arraiga nuestros propios nombres, nuestra identidad, tan profundamente en Jesús tu Hijo que, al enseñar tu Palabra, al vivir nuestra vida, todo lo que digamos y hagamos sea hecho en verdad y pureza. «Levántate, oh Dios, defiende tu causa» (74:22). En lugar de un tumulto de afrentas contra ti, que se eleve hasta el cielo una oleada de alabanza a tu nombre.

Salmo 75

Los cuernos de los justos

Cuando yo era niño, al trabajar con el ganado junto a mi papá, aprendí enseguida para qué sirven esos dos proyectiles en la cabeza de las vacas: son armas. Más vale estar atento. Claro que lo mismo sucede con los ciervos, alces, carneros y otros animales con cuernos. Por eso, en el mundo antiguo, los cuernos eran un ícono de poder, peligro y victoria. Las deidades eran representadas con cuernos. Los reyes también quienes, a menudo, se asociaban con la divinidad, a veces llevaban cuernos.

El mismo simbolismo aparece en la Biblia: «Dije a los orgullosos: "No se jacten"; y a los impíos: "No alcen la frente; no levanten en alto su frente; no hablen con orgullo insolente"» (Sal 75:4-5). Cuando los malvados alzan su cuerno, están exaltándose con orgullo sobre Dios y su pueblo. Pero Dios dice: «Quebraré todo el poderío de los impíos, pero el poderío del justo será ensalzado» (75:10).

En esos ranchos donde trabajé, también despresábamos el ganado, lo cual es un asunto sangriento. Con Dios también lo es, y mortal. El Señor no solo quita los cuernos de los pecadores, sino que mata al orgulloso —mata nuestro orgullo— para que así pueda exaltarnos como personas nuevas y humildes que lo exaltan a él.

Cuando Zacarías canta sobre el nacimiento del Mesías en la casa de David, se refiere a Jesús como «un cuerno de salvación» (Lucas 1:69). En Jesús, todo el simbolismo de los cuernos se concentra. Él es Dios. Él es el Rey. Él es quien vence al enemigo. Él es quien corta los cuernos de los impíos al llamarnos a todos al arrepentimiento y hacernos morir en él. Y él es también quien nos exalta en sí mismo al hacernos uno con su cuerpo. En Jesús, nuestro cuerno de salvación, nuestros cuernos de victoria son también levantados para que compartamos en su triunfo.

Salmos 76:1-6

Él quebró las flechas encendidas

A los reyes asirios les encantaba alardear de sus hazañas militares representando asesinatos espantosos de sus enemigos o registrando sus victorias en relieves de piedra. En uno de ellos, llamado el Prisma de Senaquerib, el rey asirio presume de haber rodeado Jerusalén y tener a Ezequías atrapado «como un pájaro enjaulado». Esto es lo que hoy llamaríamos «manipulación política». Lo que el rey asirio omite mencionar es que, mientras su ejército sitiaba la ciudad santa, en una sola noche «el ángel del Señor salió e hirió a ciento ochenta y cinco mil en el campamento de los asirios» (2 R 19:35).

Esta masacre de los enemigos de Israel es, posiblemente, el acontecimiento histórico detrás del Salmo 76, donde Dios «... quebró las flechas encendidas del arco, el escudo, la espada y las armas de guerra» (76:3), de modo que «Fueron despojados los fuertes de corazón; durmieron su sueño, y ninguno de los guerreros pudo usar sus manos. A tu reprensión, oh Dios de Jacob, jinete y caballo cayeron en profundo sueño» (76:5-6). ¿Y qué papel desempeñaron los ciudadanos de Judá en esta victoria? Ninguno. Dios hizo toda la batalla, todo el triunfo, todo por ellos.

Cuando Saulo perseguía a la iglesia, Jesús se le apareció y le dijo: «Saulo, Saulo, ¿por qué me persigues?» (Hch 9:4). Nota: me persigues. Perseguir al pueblo de Dios es atacar a Dios mismo. El Salmo 76 confirma esto, pues al atacar Jerusalén, los asirios atacaron a Dios, ya que «Dios es conocido en Judá; grande es su nombre en Israel. En Salem está su tabernáculo, y en Sión su morada» (76:1-2). El Señor tiene su manera de pelear por su pueblo, aunque sus tácticas no siempre son iguales. Él demolió al ejército asirio; transformó a Saulo, el perseguidor, en Pablo el apóstol y, en la victoria más grande de todas, Jesús usó el arma de la muerte para destruir la muerte misma en su resurrección. Dios hizo toda la batalla, todo el triunfo, todo por nosotros, para que en él estemos victoriosos sobre la muerte y la tumba.

Salmos 76:7-12

¿Quién podrá estar en pie?

La historia de la salvación, narrada en el Antiguo Testamento, no carece de ocasiones en las que el futuro se adelanta al presente. Lo que sucederá estructura lo que está sucediendo. El presente prefigura el futuro, y el futuro da forma al pasado. Una forma en que esto ocurre es en las batallas donde el Señor derrota a los enemigos de su pueblo. Cuando el Señor venció a Egipto en el mar Rojo o plagó a los asirios alrededor de Jerusalén, estas victorias fueron anticipos de la conquista final de todas las fuerzas del mal. Cada victoria sucesiva fue una miniatura de la victoria final y definitiva.

Esto explica el movimiento de la primera mitad del Salmo 76 (Dios derrota a Asiria) a la segunda mitad (Dios derrota el mal universal). Si en los versículos 1 al 6 el rey Senaquerib debería temer al Dios de Israel, entonces en los versículos 7 al 12, nuestro Señor «temido es por los reyes de la tierra» (76:12). De lo particular a lo universal. Cuando leemos sobre estas batallas y guerras, por tanto, miremos más allá, al horizonte, y preguntemos a Dios: «... ¿y quién podrá estar en pie delante de tu presencia en el momento de tu ira?» (76:7). De hecho, esta misma pregunta se formula de manera universal en Apocalipsis, cuando los incrédulos claman a montes y peñas: «... caigan sobre nosotros y escóndannos de la presencia de aquel que está sentado en el trono y de la ira del Cordero, porque ha llegado el gran día de la ira de ellos, ¿y quién podrá sostenerse?» (Ap 6:16-17).

Esa es la pregunta: ¿Quién podrá estar en pie? «¿Y quién podrá soportar el día de su venida? ¿Quién podrá mantenerse en pie cuando él se manifieste?» (Mal 3:2). «Señor, si tú tuvieras en cuenta las iniquidades, ¿quién, oh Señor, podría permanecer?» (Sal 130:3). Solo hay un lugar donde podremos estar en pie en el juicio final: en aquel que estuvo en nuestro lugar, murió en nuestro lugar, resucitó en nuestro lugar y ahora se presenta delante de nosotros como Juez de vivos y muertos. Permaneciendo en Cristo por la fe ahora, estamos seguros y protegidos en el juicio venidero, porque en él ya hemos «pasado de muerte a vida» (Jn 5:24).

Salmos 77:1-4

Rehúsa ser consolada

De todas las personas en la Biblia, Jacob y Raquel son quienes «rehusaron ser consolados», aunque por diferentes razones. Cuando Jacob fue engañado por sus hijos para que creyera que José, su hijo favorito, había sido despedazado por una bestia salvaje, él «rehusó ser consolado y dijo: "Ciertamente enlutado bajaré al Seol por causa de mi hijo"» (Gn 37:35). Raquel se usa de manera metafórica para la nación de Israel cuando ve a sus hijos llevados al exilio: «Se oye una voz en Ramá, lamento y llanto amargo; Raquel llora por sus hijos, rehúsa ser consolada, por sus hijos que ya no existen» (Jer 31:15).

Este patriarca y matriarca de Israel necesitaban sentarse en su dolor por un tiempo. El salmista también dice: «Mi voz se eleva a Dios, y a él clamaré; mi voz se eleva a Dios, y él me oirá. En el día de mi angustia busqué al Señor; en la noche mi mano se extendía sin cansarse; mi alma rehusaba ser consolada» (Sal 77:1-2). El duelo no se puede acelerar como en un microondas. Cuando nos golpea por primera vez el dolor de la pérdida, alguien que se apresura a decir: «¡Todo va a estar bien!» no está bien. Lo que a menudo necesitamos es la compañía de las lágrimas, el consuelo del silencio, el amor expresado en maneras silenciosas que nos permiten saber que no lloramos solos. No hay sanidad si primero no se siente el dolor.

Con el tiempo, nuestras almas están listas para ser consoladas. La agonía inicial de la pérdida se convertirá en un dolor sordo por extrañar a alguien. Se abre un espacio dentro de nosotros en el que el bálsamo de la esperanza se filtra, gota a gota. Antes, permanecíamos despiertos durante la noche, con Dios manteniendo nuestros párpados abiertos, tan turbados que no podíamos hablar (Sal 77:4). Pero ahora podemos cerrar los ojos, decir una simple oración y ver que cada mañana empieza a amanecer un poco más de luz. No estamos danzando de alegría, pero estamos cojeando con esperanza, sabiendo que Cristo, nuestra Vida, nos lleva hacia adelante.

Salmos 77:5-9

¿Se ha olvidado Dios de tener misericordia?

Podemos ser brutalmente honestos con nuestro Padre. Sin endulzar palabras. Sin rodeos sobre lo que nos molesta. Podemos poner nuestras angustias delante de él con lenguaje directo y claro. De hecho, no solo podemos, él quiere que lo hagamos. Como un padre que enseña a su hijo a hablar, el Espíritu nos habla en los Salmos y nosotros se los repetimos. Y algunas de estas oraciones, como el Salmo 77, no dudan en clavar una serie de preguntas empapadas de lágrimas en la puerta cerrada del cielo.

Eso es lo que hace Asaf en el Salmo 77. Su vida está en medio de un caos absoluto. Está agotado. Se niega a ser consolado. Así que lanza una andanada de seis preguntas punzantes al cielo: «¿Rechazará el Señor para siempre? ¿no mostrará más su favor? ¿Ha cesado para siempre su misericordia? ¿Ha terminado para siempre su promesa? ¿Ha olvidado Dios tener piedad o ha retirado con su ira su compasión?» (Sal 77:7-9). Así se ve el lamento. Es feo, pero al menos es auténtico. Volcamos los fragmentos rotos de nuestro corazón ante el Señor y decimos: «¡Mira! Así estoy. Así de grande es mi dolor. Tú eres mi Padre, ¡haz algo al respecto!».

Dentro del lamento está incrustada una verdad que nos permite ser tan francos: el Todopoderoso a quien nos dirigimos, el Creador a quien nos atrevemos a cuestionar, no es algún «Poder» anónimo y sin corazón en el universo. Es nuestro Padre y nosotros somos sus hijos. Así que, con valentía y confianza, le hablamos como hijos amados hablan a un Padre amado. Podemos hacerlo porque estamos en Jesús, el Hijo del Padre, quien nos ha hecho hijos e hijas de su Padre celestial. Cuando alzamos nuestras manos al cielo, debajo de nosotros, sosteniéndonos, siempre están las manos marcadas por los clavos de nuestro Hermano y Amigo. Hablamos con Dios como Jesús le habló, como nuestro Padre, sin miedo de abrir nuestros corazones rotos ante el Dios que nunca olvida tener piedad.

Salmos 77:10-15

Me acordaré

Cuando la familia y los amigos se reúnen después de un funeral, inevitablemente surgen historias sobre la persona fallecida. Lo que he observado, casi universalmente, es que muchas de estas historias son graciosas. Aunque todos en la mesa ya conozcan la historia, alguien la vuelve a contar. Recordamos el pasado. Necesitamos recordar el pasado. Y a pesar del ambiente solemne, a pesar del dolor interior, ¿qué comienza a escucharse en la sala? Risas. La alegría nada en el lago de las lágrimas.

Después de que Asaf nos ha contado sus angustias, sus noches de insomnio, sus preguntas a Dios, después de esta cadena fúnebre de versos, ¿qué decide finalmente hacer? Recordar. Dice: «Me acordaré de las obras del Señor; ciertamente me acordaré de tus maravillas antiguas. Meditaré en toda tu obra, y reflexionaré en tus hechos» (Sal 77:11-12). Y añade: «Santo es, oh Dios, tu camino; ¿qué dios hay grande como nuestro Dios? Tú eres el Dios que hace maravillas; has hecho conocer tu poder entre los pueblos. Con tu brazo has redimido a tu pueblo, a los hijos de Jacob y de José» (77:13-15). Tal vez el salmista no necesitaba reír, pero ciertamente necesitaba tener esperanza. Y empezó a encontrar esa esperanza, como nosotros, al recordar las obras del Señor.

Por eso «escuchar demasiado evangelio» es una imposibilidad. La buena noticia de que estamos vivos y perdonados en Cristo —esas obras salvadoras del Señor— es la vieja historia que nunca podemos escuchar demasiado, nunca podemos contar demasiado, nunca podemos recibir en exceso. Porque habrá incontables veces en nuestras vidas en que estaremos tan abrumados por la culpa, tan distraídos por el estrés, tan debilitados por la vergüenza o simplemente tan ensimismados, que necesitaremos recordar el pasado. Así que nos empapamos diariamente de la historia del amor del Padre hacia nosotros en Jesucristo, para que cuando lleguen los días difíciles, recordemos la mejor de las noticias: que en su Hijo, Dios demuestra que está de nuestro lado, y nada jamás cambiará eso.

Salmos 77:16-20

Tu camino en las grandes aguas

Hay más de una manera de contar una historia, por supuesto. Podemos limitarnos a «solo los hechos» para relatar lo que sucedió, o podemos adornar el relato con color y emoción. Podemos describir lo ocurrido en prosa solemne o en poesía elevada. Podemos narrar solo lo que ven nuestros ojos o, con visión profética, imaginar cómo el cielo está involucrado de forma invisible. Los diversos narradores bíblicos que relataron el rescate del Señor a su pueblo en el mar Rojo usaron todos estos modos, desde la narración en prosa de Éxodo 14, por ejemplo, hasta el canto elevado del mismo hecho en Éxodo 15.

En Salmos 77:16-20, mientras Asaf vuelve a contar esta historia marina, saca todos los recursos. Las aguas, como criaturas aterrorizadas, tiemblan ante su Creador. Como barriles volcados, las nubes derraman aguas, los cielos braman y flechas de relámpagos disparan hacia el mar. «La tierra se estremeció y tembló» (77:18). Como en Génesis 1, la tierra seca aparece como un «camino en las muchas aguas», y el Señor avanza entre las paredes líquidas, con sus huellas invisibles (77:19). Detrás de él, como un rebaño, sigue su pueblo, pastoreado «por la mano de Moisés y de Aarón» (77:20).

Pablo luego escribirá que los israelitas «en Moisés todos fueron bautizados en la nube y en el mar» (1 Co 10:2). Esta unión acuática del líder y el pueblo prefiguró nuestra unión acuática con Jesús en nuestro bautismo. Así como Dios, aquel día, rescató a su pueblo de sus adversarios y los condujo a la libertad, así en nuestro bautismo, nuestro Padre nos rescata del faraón del infierno y nos guía a la libertad del perdón en Jesús. Él nos levanta y nos lleva a través del mar del bautismo, con sus huellas invisibles, y nos pone en manos de nuestros propios pastores, quienes siguen cuidándonos como miembros del rebaño de Cristo. Así como el cruce del mar Rojo se convirtió en el momento fundacional para Israel, así nuestro bautismo es el acto divino fundacional en nuestras vidas, empapándonos de una gracia que nunca se seca.

Salmos 78:1-8

Abriré mi boca en parábolas

Aunque la historia no se repite, con frecuencia rima. Los poetas que pueden escuchar ese ritmo dentro de la cacofonía de la historia, y luego organizarlo en el compás de palabras ordenadas que pueden ser oradas y cantadas, son un regalo de Dios para todos nosotros. Asaf hace eso en el Salmo 78. Él toma la disonancia dentro de la historia de Israel, detecta un patrón y lo moldea en este segundo salmo más largo de los 150. Asaf sostiene la historia delante de nosotros como un espejo para que el pasado refleje el presente. Jesús hace lo mismo en sus parábolas. Él toma cosas escondidas desde tiempos antiguos y revela su verdad presente. Así, en medio de las enseñanzas en parábolas de Jesús, Mateo cita el Salmo 78:2 como cumplido por nuestro Señor (Mt 13:34).

Porque el camino al corazón del pecador es a través de sus oídos, Asaf comienza: «Escucha, pueblo mío, mi enseñanza; inclinen ustedes su oído a las palabras de mi boca» (78:1). Su enseñanza a la que debemos prestar oído es a «las cosas maravillosas que el Señor ha hecho», como la entrega de la Torá a Israel, para que cada generación cuente de nuevo esta palabra (78:4-6), ponga su confianza en Dios y guarde sus mandamientos (78:7), y no fuera «como sus padres, generación porfiada y rebelde… cuyo espíritu no fue fiel a Dios» (78:8).

Si la historia de Israel nos enseña algo, es esto: las palabras de Dios deben resonar continuamente en nuestros oídos, para que hablemos de ellas al sentarnos en casa, al andar por el camino, al acostarnos y al levantarnos (Dt 6:7). Cuando vivimos no solo de pan, sino de «todo lo que procede de la boca del Señor» (Dt 8:3), esa palabra nos da vida divina, porque nos da a Jesús, quien es la Vida de Dios. Al orar el Salmo 78, por lo tanto, nos sumergimos no solo en la historia de Israel, sino también en la nuestra, aprendiendo una advertencia, sí, pero también aprendiendo que nuestra esperanza está en Dios y «las maravillas que él ha hecho» por nosotros (78:4).

Salmos 78:9-31

No creyeron en Dios

Quizás pensamos: «Si yo hubiera presenciado los milagros impresionantes que vieron los israelitas —el cruce del mar Rojo, el maná, el agua de la roca— no habría seguido sus pasos rebelándome contra un Dios tan asombroso». ¿Ah, sí? Deja de engañarte. Eso es arrogancia espiritual alardeando: «Señor, te doy gracias porque no soy como los otros hombres, especialmente esos israelitas de corazón duro...». Compartimos la misma carne y sangre. Enfrentamos las mismas tentaciones. Y caemos, regularmente, en los mismos pozos de rebelión.

El Salmo 78, línea tras línea, expone una secuencia simple pero siniestra: Dios hace el bien a Israel y ellos actúan mal hacia él. Él hizo maravillas delante de ellos, y ellos «rehusaron andar en su ley» (78:10). Dividió el mar para ellos, y «se olvidaron de sus obras» (78:11-13). «Hizo salir corrientes de la peña» para ellos, «pero aún siguieron pecando contra él, rebelándose contra el Altísimo en el desierto» (78:16-17). Con precisión láser, el salmista señala el problema fundamental: «No creyeron en Dios, ni confiaron en su salvación» (78:22).

Ese siempre es el problema, ¿verdad? Falta de confianza. La incredulidad corroe la fe. Nuestro clamor sigue siendo el del padre que dijo a Jesús: «Creo; ¡ayúdame en mi incredulidad!» (Mc 9:24). Desde nuestros corazones desconfiados, como desde un sótano oscuro y húmedo, salen las alimañas del mal hacia nuestra vida. Tal vez sea rebelión abierta, como Israel, o tal vez pecados más sigilosos como la hipocresía autojustificada. Sea como sea, pecado es pecado, incredulidad es incredulidad. Lo que necesitamos es lo que nuestro Padre siempre da: su Hijo. Jesús toma nuestros corazones de piedra y los reemplaza con corazones de carne. Habla palabras de luz en nuestras almas oscurecidas, nos lava puros con su sangre y nos alimenta con el maná que es su cuerpo, el pan del cielo. Él es nuestro Señor digno de confianza, el dador y sustentador de la fe, que jamás se rinde con nosotros.

Salmos 78:32-55

Cuando los hería de muerte, entonces lo buscaban

Mientras hago caminatas o corro, a menudo, escucho los Salmos del día (ver el apéndice para el plan que sigo). Un día, mientras sonaba el Salmo 78, me encontré sonriendo en uno de los versículos, no porque fuera gracioso, sino porque esas palabras son un comentario irónicamente oscuro sobre nuestra testaruda naturaleza humana. Cuando el poeta habló de la continua rebelión de Israel contra el Señor, escribió: «Cuando los hería de muerte, entonces lo buscaban; y se volvían y buscaban con diligencia a Dios» (78:34).

¿Cuán cierto es esto sobre la humanidad? Cuando la vida va bien, es fácil olvidar que toda bondad viene de nuestro Dios bueno. Cuando un hombre tiene el estómago lleno, no piensa en el hambre. Cuando una mujer está bien abrigada, no piensa en el frío. Nadie piensa mucho en la salud hasta que enferma. Así también, cuando todo va bien con nosotros, cuando la vida está al menos «bien», nos adormecemos pensando que nos las arreglamos solos. Probablemente, no lo diríamos en voz alta, pero la voz está ahí: «Gracias, Señor, por todo lo que has prometido hacer por mí, pero resulta que me va bastante bien por mi cuenta». Sutil. Sugestiva. Siniestra. Así es la autoidolatría.

Por eso, Dios nos hiere de muerte, para que aprendamos a buscarlo. Nos hace morir en las cruces que llevamos, en las espinas en la carne que sufrimos. Estas son un gran incentivo para arrepentirnos y orar. Las pruebas que enfrentamos nos despiertan del letargo para buscar al Dios que nunca se ha apartado de nuestro lado, pero a quien tan neciamente olvidamos que estaba allí. «Señor, ten misericordia. Cristo, ten misericordia. Señor, ten misericordia». Así oramos y así el Señor Jesús escucha. Él recuerda que somos ovejas débiles y torpes, fácilmente desviadas, fácilmente distraídas, frecuentemente perdidas. Así que, a veces, nos pastorea hacia valles oscuros donde recordamos escuchar su voz y seguir su luz, pase lo que pase. Y pase lo que pase, estamos seguros con él.

Salmos 78:56-66

Su poderío en manos del adversario

Para la mayoría de nosotros, mencionar el nombre Ichabod evoca imágenes de un «jinete sin cabeza» y de Ichabod Crane. Sin embargo, el nombre se remonta hasta los días de Samuel, cuando los filisteos derrotaron a los israelitas; el sacerdote Elí y sus dos hijos, Hofni y Finees, murieron; el santuario en Silo fue destruido; y el arca del pacto fue tomada como botín de guerra. En medio de esta catástrofe, la viuda de Finees dio a luz a un hijo y lo llamó Ichabod, que significa «¿Dónde está la gloria?» o «Sin gloria». Como ella misma explicó: «Se ha ido la gloria de Israel, porque el arca de Dios ha sido tomada» (1 S 4:22).

Esta narrativa vergonzosa es el lienzo sobre el cual está pintado el Salmo 78:56-66. Porque Israel continuó tentando y rebelándose contra Dios, provocándolo a celos con sus ídolos, «abandonó la morada en Silo» y entregó «su poderío [el arca] en manos del adversario» (78:60-61). «Sus sacerdotes [Hofni y Finees] cayeron a espada» y «sus viudas no pudieron llorar» (78:64). Pero esa no sería la última palabra, porque en uno de los símiles más impactantes de los Salmos, «entonces despertó el Señor como de un sueño, como guerrero vencido por el vino» (78:65). Como un guerrero ebrio, lleno de pasión y ansioso de pelear, Dios fue a la guerra contra Filistea, usando su arca como arma para vencerlos, junto con Dagón, su falso dios (1 S 5:1-12).

Una oscura tarde de viernes en Jerusalén, bien podría haberse llamado Ichabod al hijo de una mujer en trabajo de parto, porque en la cruz, cuando Jesús exhaló su último aliento, la gloria parecía haberse marchado. La muerte tomó el arca del cuerpo de Cristo como botín de guerra. O eso parecía. El Señor despertó como de un sueño, una vez muerto, pero ahora vivo, para tomar su propio botín de guerra. Llevó cautivo al infierno, encadenó el pecado y decapitó la muerte. «E hizo retroceder a sus adversarios, poniendo sobre ellos una afrenta perpetua» (Sal 78:66). Y gracias a su vida, que es nuestra vida, nosotros gritamos: «¡Gloria!».

Salmos 78:67-72

El monte Sión que él amaba

Las personas que Dios elige para desempeñar papeles fundamentales en su historia de salvación rara vez tienen sentido para nosotros. Abraham y Sara, escogidos para ser el papá y la mamá de la nación israelita, ya estaban décadas más allá de la edad de concebir hijos. Jonás, enviado al campo misionero asirio, odia a los asirios. Jacob, siempre centrado en Jacob, miente, traiciona y hasta arrastra el nombre del Señor por el lodo para conseguir lo que quiere. Elecciones extrañas, ¿verdad?

Lo mismo ocurre con la elección de la tribu de Judá. Cualquiera que lea la última sección de Génesis, con sus grandes aplausos a la sabiduría y el éxito de José, asumiría naturalmente que su linaje lideraría la nación. Pero Dios sacude la cabeza. El Señor «desechó la tienda de José» y, en cambio, «escogió a la tribu de Judá, el monte Sión que él amaba» (Sal 78:67-68). José fue un líder fenomenal en Egipto, pero no habría un pastor para Israel que saliera de su tribu. En cambio, el rey vendría de Judá. ¿El mismo Judá que embarazó a Tamar, su nuera? ¿El mismo Judá que convenció a sus hermanos de vender a José como esclavo y quedarse con el dinero? Sí, ese mismo. Esta elección improbable fue escogida por Dios para llevar adelante la promesa de la descendencia mesiánica, para ser la tribu de la cual surgiría David, y la tribu en la cual nacería Jesús.

Dios no juega según nuestras reglas. Él desbarata todas nuestras expectativas. «Sino que Dios ha escogido lo necio del mundo para avergonzar a los sabios; y Dios ha escogido lo débil del mundo para avergonzar a lo que es fuerte. También Dios ha escogido lo vil y despreciado del mundo: lo que no es, para anular lo que es, para que nadie se jacte delante de Dios» (1 Co 1:27-29). Todo esto nos lleva a Cristo crucificado, el Hijo de David, de la tribu de Judá, quien mediante la aparente locura de la cruz nos lleva al «monte Sión, que él amaba» (Sal 78:68), al santuario de su propio cuerpo, porque él es el Verbo hecho carne que habitó entre nosotros (Juan 1:14).

Salmos 79:1-7

Jerusalén en ruinas

Los versículos de este salmo gotean sangre. Gritos de horror resuenan de palabra en palabra, cada una llena de agonía. La ciudad santa ha caído, arrasada por la espada de Babilonia. «Han dejado a Jerusalén en ruinas» (Sal 79:1). Ni siquiera el templo ha sido perdonado, sino profanado, destruido, el precioso lugar santísimo reducido a escombros. Esto ya es terrible, pero aún hay cosas peores. Están los cuerpos de los israelitas tirados como carroña por el suelo, porque «no hubo quien les diera sepultura» (79:3). Sus cadáveres son devorados por «las aves del cielo» y «la carne de tus santos» es alimento «para las fieras de la tierra» (79:2). La sangre cubre las calles. ¿Y ese sonido horrible? Es la risa burlona del enemigo, porque «hemos sido el oprobio de nuestros vecinos, escarnio y burla de los que nos rodean» (79:4).

¿Qué haces cuando, mires donde mires, solo hay caos, sacrilegio, indignación, un verdadero infierno en la tierra? ¿A dónde vas cuando no ves delante de ti nada más que el abismo abierto de la desesperación, ansioso por devorar tu alma? Vas al Único que es siempre y en todo lugar nuestra esperanza. Clamas: «¿Hasta cuándo, Señor? ¿Estarás enojado para siempre?» (79:5). Tomas los pedazos de tu corazón roto y los lanzas hacia el cielo. Levantas tus ojos enrojecidos e hinchados y gritas: «¡Ayuda, Señor! ¡Haz algo!». Verbalizas la angustia indescriptible que hay dentro de ti: «Derrama tu furor sobre las naciones que no te conocen, y sobre los reinos que no invocan tu nombre» (79:6).

Eso es lo que haces. Porque eso es lo que nuestro Señor, en los Salmos, nos enseña a hacer cuando la muerte y la desesperación nos acechan. Gritamos. Lamentamos. Y mientras lo hacemos, manos invisibles para nosotros, con cicatrices de la crucifixión en las muñecas, nos sostienen, incluso mientras sollozamos y golpeamos el suelo. Cristo está allí para acompañarnos, sin importar cuánto tiempo tome la sanidad. Nuestras vidas están «atadas en el haz de los que viven con el Señor su Dios...» (1 S 25:29). Él no se irá jamás.

Salmos 79:8-13

Estamos muy abatidos

No es que no hubieran sido advertidos. El Señor había enviado profetas como Jeremías para predicar a Judá que los babilonios vendrían, conquistarían, destruirían y obligarían a los ciudadanos de Jerusalén al exilio. ¿Por qué? Porque el pueblo había prostituido su corazón tras otros dioses, llegando a profanar el templo. La devastación descrita en la primera mitad del Salmo 79 (ver ayer) era Dios diciendo que hablaba en serio sobre el pecado y sus consecuencias.

Así claman: «No recuerdes contra nosotros las iniquidades de nuestros antepasados; vengan pronto a nuestro encuentro tu compasión, porque estamos muy abatidos» (Sal 79:8). Durante siglos, sus padres habían sembrado viento y ahora esta generación cosechaba torbellinos. Los captores se burlan: «¿Dónde está su Dios?» (79:10). Los cautivos gimen (79:11). Con lenguaje simple pero cargado de dolor, su situación se resume así: «Estamos muy abatidos» (79:8). Hay una cosa que es «sentirse decaído», y otra muy distinta es «estar muy abatido». Ambos hacen la vida difícil, pero lo último hace que la vida parezca apenas soportable. Puede que nunca experimentemos el tipo de drama que vivieron los habitantes de Jerusalén pero, tarde o temprano, también nosotros «estaremos muy abatidos». Nos sentiremos aislados, mientras el mundo sigue girando y nuestra pequeña «Jerusalén» se ahoga en dolor. Nuestra mente repetirá en bucle lo que hicimos, diciéndonos qué estúpidos fuimos. «Si tan solo... si tan solo...» será nuestro mantra vacío, porque el pasado no se puede cambiar.

En esos momentos, ¿qué hacemos? Lo que hizo el pueblo de Jerusalén en el Salmo 79. Oramos: «Ayúdanos, oh Dios de nuestra salvación, por la gloria de tu nombre; líbranos y perdona nuestros pecados por amor de tu nombre» (79:9). Entregamos nuestro dolor, nuestro arrepentimiento, nuestro pecado, nuestro lugar de profunda humillación al Padre que está siempre dispuesto a perdonar. Él nos renovará en su Hijo, el Médico que puede sanar nuestras heridas más profundas. Descubriremos, con el tiempo, que por más bajo que hayamos caído, Jesús está allí para ofrecernos su mano salvadora extendida.

Salmos 80:1-7

Pan de lágrimas

Distintas bebidas se asocian con ocasiones o estaciones de la vida. Champaña para celebraciones de bodas, leche para el bebé en crecimiento, y ¿qué mejor en un día nevado que un chocolate caliente? En la Biblia, las bebidas son símbolos de diferentes circunstancias. El autor de Hebreos reprende a sus oyentes inmaduros diciéndoles que necesitan leche y no alimento sólido (5:12-13). El vino se asocia con la alegría (Sal 4:7) y, en exceso, con el castigo (Joel 1:5). Tener una sed desesperada de agua es como anhelar al Dios vivo (Sal 42:1-2).

Eco de otros salmistas, Asaf añade lágrimas a esta lista de bebidas: «Oh Señor, Dios de los ejércitos, ¿hasta cuándo estarás enojado contra la oración de tu pueblo? Les has dado a comer pan de lágrimas, y les has hecho beber lágrimas en gran abundancia» (Sal 80:4-5). De más está decir que, si bebemos lágrimas, las cosas no están bien.

Las cosas no estaban bien para Israel en el Salmo 80. Oiremos más sobre sus desgracias en los próximos dos días. Por ahora, observa el contraste sarcástico en los primeros versículos. Todo el mundo sabe que las ovejas deben escuchar la voz de su pastor, pero el salmo comienza al revés: «¡Presta oído, oh Pastor de Israel!» (80:1). ¡Escucha tú a tus ovejas, oh Pastor divino! Y los pastores se supone que llevan a su rebaño a pastos verdes, pero Dios, su Pastor, les ha dado de comer «pan de lágrimas» (80:5). El Señor no está haciendo su trabajo.

Hay una audacia sin disculpas en los salmos. No tememos decirle a Dios: «¡Sé quien se supone que eres! ¡Sé nuestro Pastor! Deja de guardar silencio y habla a tus ovejas indefensas y hambrientas. Basta ya de estas comidas de lágrimas y condúcenos a pastos verdes de esperanza. Deja de arder contra nuestras oraciones y haz resplandecer tu rostro sobre nosotros». No adoramos a un Padre tímido; no le ofrezcamos oraciones tímidas. Como dice Tim Keller: «La única persona que se atreve a despertar a un rey a las 3:00 a. m. para pedirle un vaso de agua es un hijo. Nosotros tenemos ese tipo de acceso».[16]

Salmos 80:8-13

El puerco montés

Así como los Salmos moldean la proclamación hoy, también formaron la enseñanza de Jesús, incluso en su elección de contar parábolas. Cuando dijo: «Había una vez un hacendado que plantó una viña...» (Mt 21:33), probablemente estaba evocando no solo la famosa parábola de la viña de Isaías (5:1-7), sino también el Salmo 80. En este poema, Israel pinta su retrato nacional con colores vitícolas. «Una vid removiste de Egipto» dicen, y la plantaste en la tierra prometida (80:8). Llenaron el país, cubrieron los montes con su sombra y los cedros de Dios con sus ramas; extendieron sus ramas hasta el mar y sus renuevos hasta el río (80:9-11). Todo iba bien. Luego, ya no. La viña quedó reducida a ruinas. «¿Por qué has derribado sus vallados, de modo que la vendimian todos los que pasan de camino? El puerco montés la devora, y de ella se alimenta todo lo que se mueve en el campo» (80:12-13).

El Salmo 80 tiene muchas aplicaciones, pero una de ellas es como oración ferviente de la iglesia cuando se ve amenazada y atacada, ya sea de manera encubierta o abierta, por cualquier «puerco montés» que busque hacerle daño. Cada día, «los poderes de este mundo de tinieblas... las fuerzas espirituales de maldad en las regiones celestes», esos puercos diabólicos del infierno, buscan devorar a la iglesia (Ef 6:12). A veces la asolan con herejías, otras con persecución, mundanalidad o la estrategia probada de seducirla para que abandone su «primer amor», el evangelio de Jesús (Ap 2:4).

En todos esos momentos, oramos para que nuestro Padre «no nos deje caer en tentación, sino que nos libre del mal», para que restaure su viña y haga resplandecer su rostro sobre nosotros, a fin de ser salvos de los ataques del puerco montés (Mt 6:13, Sal 80:7). Y así lo hará. Si «Cristo amó a la iglesia y se dio él mismo por ella» (Ef 5:25), ciertamente protegerá a quien tanto ama. La mayor devoción de cualquier esposo humano hacia su esposa palidece en comparación con la devoción divina de Jesús por nosotros, su esposa.

Salmos 80:14-19

Haz resplandecer tu rostro

Los patriarcas, profetas y salmistas tenían múltiples maneras de hablar del Salvador venidero. Por ejemplo, lo llamaron la Simiente (Gn 3:15), el Mensajero (Ex 3:2) y el Hijo del hombre (Dn 7:13). Isaías también lo llamó «Israel», el siervo del Señor (Is 49:3).

Así como la nación de Israel nació de un solo hombre, Israel (Gn 32:28), la historia de la salvación volvería a concentrarse en un solo hombre, Jesús.

En los versículos finales del Salmo 80 vemos un anticipo de esto. La nación de Israel había sido representada antes en el salmo como una vid plantada en la tierra prometida (80:8). En estos versículos finales, mientras oramos para que Dios cuide «la vid, la cepa que tu diestra ha plantado» (80:14-15), ocurre un cambio: esta vid nacional es llamada «el hijo que para ti has fortalecido... la cepa de tu diestra, el hijo de hombre que para ti has fortalecido» (80:15, 17). Una traducción aramea posterior, llamada Targum y producida por judíos, interpretó el «hijo» de Salmo 80:15 como «el Rey Mesías». De la vid al hijo, de la cepa al Hijo del hombre. Con este cambio, Asaf eleva nuestros ojos de la vid de la nación al Hijo de Dios, la fortaleza del Padre, quien un día vendría a representar a la nación, rescatar a Israel y ser el Salvador del mundo.

Tres veces en el Salmo 80 oramos básicamente lo mismo: «¡Restáuranos, oh Dios, oh Dios de los ejércitos, restáuranos; haz resplandecer tu rostro sobre nosotros, y seremos salvos!» (vv. 3, 7, 19). Al final de este salmo, comprendemos que nuestra única restauración está en el Hijo, el Rey Mesías, quien es el rostro radiante y sonriente del Padre. Él irradia amor y redención en nuestras vidas sombrías y pecaminosas. Nos da el pan de vida en lugar del pan de lágrimas; nos defiende del puerco montés; y nos concede vida cuando invocamos su nombre (80:5, 13, 18). ¡Toda la alabanza sea a Cristo!

Salmos 81:1-7

En nuestro día de fiesta

En unos días, los estadounidenses celebrarán el Día de la Independencia, una de sus fiestas nacionales. Familia y amigos se reunirán. Los pueblos y ciudades realizarán ceremonias especiales. Habrá música, comida y un recuerdo de la historia. Por supuesto, este tipo de festividades anuales ocurren en países de todo el mundo. No era diferente en el antiguo Israel ya que, anualmente, celebraban festividades como la Pascua, las Semanas (=Pentecostés), Sucot (=Tabernáculos) y, con el paso de los siglos, añadieron Purim y Janucá.

El Salmo 81 es un canto para Sucot, como sugiere el versículo 3: «Toquen la trompeta en la luna nueva, en la luna llena, en el día de nuestra fiesta» (81:3). Se tocaban trompetas el primer día del séptimo mes, y en el día quince de ese mes comenzaba la celebración de Sucot, que duraba una semana (Lv 23:23-25, 33-36). En Sucot, el pueblo de Dios vivía en refugios temporales para recordar los cuarenta años que sus antepasados pasaron en el desierto. En el Salmo 81, recuerdan cómo Dios pasó por la tierra de Egipto, liberó a su pueblo y luego los puso a prueba en el desierto en lugares como Meriba (81:5-7).

A través del calendario anual de Israel, Dios les recordaba que su pasado siempre estaba presente. Cada festival, como un brazo largo, se extendía hacia el cofre de tesoros de la historia para traer al presente el oro de la misericordia divina. Cada generación confesaba no solo que Dios sacó a sus padres y madres de Egipto, sino que nos sacó a nosotros de Egipto (Dt 6:21-23). Así como la adoración israelita contemporizaba el pasado, también lo hace hoy la adoración cristiana. Cuando nos reunimos como el cuerpo de Cristo, el brazo largo del Señor se extiende hacia la salvación históricamente lograda por Jesús, y luego deja caer su perdón, salvación y vida en nosotros ahora. Cuando se predica el evangelio, cuando se bautiza a las personas, cuando la Iglesia consume a Cristo en la Cena del Señor, todo lo que Jesús hizo en los evangelios se contemporiza. Él habla. Él da. Él salva. Él lava. Él alimenta. Sus acciones pasadas de misericordia nunca son meramente pasadas, porque él siempre está con nosotros en el presente.

Salmos 81:8-16

¡Si tú me oyeras!

La segunda mitad del Salmo 81 muestra una escena de patetismo divino. Al leerlo, en mi mente imagino a Dios el Padre de pie, con lágrimas rodando por sus mejillas, sus manos extendidas hacia sus hijos amados, suplicándoles, rogándoles que no sigan por el camino rebelde en el que están, sino que regresen a él, que lo escuchen antes de que sea demasiado tarde. Él dice: «¡Oh Israel, si tú me oyeras!... ¡Si mi pueblo me oyera, si Israel anduviera en mis caminos!... Yo te alimentaría con lo mejor del trigo, y con miel de la peña te saciaría» (81:8-16).

A menudo, decimos que la locura es hacer lo mismo una y otra vez y esperar un resultado diferente. Si es así, la humanidad está enamorada de la locura. Cada generación desde Adán y Eva ha repetido las mismas rebeliones espirituales, el mismo egoísmo, la misma sordera a la palabra del Señor, y espera que al final todo esté bien. No lo está. Nunca lo estuvo. El novelista ruso Fiódor Dostoievski una vez definió a los humanos como «bípedos ingratos».[17] Quizás una descripción aún más precisa es que somos oyentes reacios. Nos paramos delante del Dios que nos creó, que nos ama, que quiere lo mejor para nosotros, quien dice: «Abre bien tu boca y la llenaré» (81:10) y, sin embargo, nosotros damos la vuelta, nos tapamos los oídos con los dedos y abrimos bien la boca para tragarnos desechos tóxicos.

¡Oh, mis compañeros pecadores, qué locura! Volvamos al Señor nuestro Dios con «espíritu contrito», a nuestro Padre que nos ama entrañablemente, y postrémonos ante él con corazones humildes y contritos (Jl 2:13; Sal 51:17). Él nos levantará, nos mirará a los ojos y nos amará por completo. Todo lo que quiere es a nosotros. Todo lo que quiere es ser nuestro Dios, envolvernos en la justicia de Jesús y llenar nuestra boca con la dulzura de su misericordia y gracia. Danos, Padre celestial, oídos siempre abiertos a ti, corazones que se inclinen hacia tu amor y pies que se alegren en andar en tus caminos.

Salmo 82

En medio de los dioses

Imagina un tribunal celestial con el Señor Dios Todopoderoso presidiendo. En el banquillo están «los dioses», un grupo de seres celestiales acusados de cometer graves injusticias contra los débiles, huérfanos, afligidos, menesterosos y necesitados (Sal 82:1-4). Ellos han «juzgado injustamente y favorecido a los impíos» (82:2). Ahora bien, en un tribunal normal habría testigos, abogados, interrogatorios y, quizás, un jurado. Dios no necesita nada de eso. Él conoce los crímenes. Él conoce la evidencia. Y pronuncia esta sentencia contra ellos: «Yo dije: "Ustedes son dioses, y todos son hijos del Altísimo. Sin embargo, como hombres morirán y caerán como cualquiera de los príncipes"» (82:6-7).

El Salmo 82 levanta momentáneamente el velo que separa nuestro mundo visible del invisible para permitirnos ver lo que sucede detrás de escena. Estos seres celestiales, llamados «dioses» e «hijos del Altísimo», son los ángeles creados que, en lugar de ministrar a la humanidad, se rebelaron (Ap 12:7). Ahora «caminan en tinieblas» (Sal 82:5). Pablo los llama «poderes y autoridades» (Col 2:15), «tronos y dominios» (1:16), «poderes» (Ro 8:38) y «las fuerzas espirituales de maldad en las regiones celestes» (Ef 6:12). Todo el reino demoníaco es aquel al que el Señor sentencia en el Salmo 82. Y así comenzó la guerra, la guerra espiritual en la que aún nos encontramos hoy.

Una enseñanza clave del Salmo 82 es que vivir una vida contraria a los demonios, exhibir un carácter celestial aquí en este mundo, es tratar a los débiles, huérfanos, afligidos, menesterosos y necesitados con justicia y misericordia. Esa, por supuesto, fue la vida que llevó Jesús, quien ahora vive en nosotros para continuar esa misma vida, usando nuestras manos, pies y labios para hacerlo. ¡Piensa en esto! Cada acto de misericordia, cada obra de amor compasivo es una afrenta a los demonios y un recordatorio de su derrota. Que Jesús nos llene de tal manera que, mientras esas fuerzas malignas morirán como hombres, nosotros, los hijos de Dios, «resplandeceremos... como las estrellas, eternamente y para siempre» (Dn 12:3).

Salmos 83:1-8

Tus amados protegidos

Un gran problema se avecina. Una larga lista de naciones ha hecho un pacto contra Israel, diciendo: «Vengan, y destruyámoslos como nación, para que ya no haya memoria del nombre de Israel» (83:4).

Se han aliado «las tiendas de Edom y de los ismaelitas, Moab y los agarenos, Gebal, Amón y Amalec, Filistea con los habitantes de Tiro; Asiria también se ha unido a ellos; se han convertido en ayuda para los hijos de Lot» (83:6-8). Ante tal circunstancia, lo último que el pueblo de Dios necesita es que él guarde silencio. Por eso, desde el primer versículo, Asaf insiste con tres «no»: «Oh Dios, no permanezcas en silencio; no calles, oh Dios, ni te quedes quieto» (83:1).

Lo que Israel necesitaba, y lo que nosotros necesitamos, no es una voz divina que truene desde el cielo como fuegos artificiales multicolores. No necesitamos ser impresionados sino «palabreados», escuchar a Dios hablar liberación a nosotros, sus hijos. Su voz audible no se oye desde el cielo, sino que se experimenta en la tierra cuando frustra los ataques del enemigo mientras rescata y defiende a los suyos. También usa la boca de profetas y predicadores para animarnos y sostenernos en la esperanza, incluso ante probabilidades que parecen imposibles. Lo hace porque, en Cristo, somos sus «protegidos» (83:3).

El hebreo para «protegidos» es *tzafan*, que implica algo escondido, como cuando la madre de Moisés lo ocultó siendo bebé (Ex 2:2). Nosotros somos los escondidos, los protegidos de nuestro Padre, porque hemos muerto a nosotros mismos y nuestra «vida está escondida con Cristo en Dios» (Col 3:3). Él no guardó silencio, sino que habló la palabra que lo hizo posible. Sin importar cuántos enemigos o males enfrentemos, descansamos en la paz de saber que, en Cristo, estamos finalmente seguros. Con confianza decimos: «El Señor está a mi favor; no temeré. ¿Qué puede hacerme el hombre?» (Sal 118:6).

Salmos 83:9-18

El Altísimo sobre toda la tierra

Ayer escuchamos acerca de la gran coalición de fuerzas enemigas que amenazaban con borrar al pueblo de Dios (Sal 83:1-8). Pero Israel tenía una larga historia de naciones que intentaron destruirlo. A medida que Asaf continúa el salmo, recuerda dos victorias famosas del pasado. En Jueces 4–5, bajo el liderazgo de Débora y Barac, con la ayuda de Jael y su mazo, Israel derrotó a «Sísara y Jabín» (Sal 83:9). Y en Jueces 6–8, bajo Gedeón, vencieron a Madián y a sus jefes, Oreb, Zeeb, Zebah y Zalmuna (83:9-12). Por eso Asaf ora: Dios, «Trátalos como a Madián,Como a Sísara, como a Jabín en el torrente Cisón» (83:9).

Sin embargo, la oración no es solamente para aplastar al enemigo. La meta final es que los vencidos «busquen tu nombre, oh Señor... para que sepan que solo tú, que te llamas el Señor, eres el Altísimo sobre toda la tierra» (83:16, 18). El viaje que va de querer destruir a Israel a buscar al Dios de Israel pasa necesariamente por la muerte. El enemigo debe ser perseguido por el torbellino del Señor, aterrado por su tempestad, avergonzado y perecer (83:13-17). En efecto, hay una sola puerta que lleva de la rebelión contra Dios a la restauración con Dios: esa puerta es la muerte. El camino a la vida exige la muerte.

Con nosotros no es diferente. Todos nacimos impíos, enemigos de Dios, por naturaleza «hijos de ira» (Ro 5:6, 10, Ef 2:3). Lo que somos en nosotros mismos debe morir, ser crucificado y sepultado con Jesús. Eso es exactamente lo que sucede en la Palabra líquida del bautismo. Como escribe Pablo: «¿O no saben ustedes que todos los que hemos sido bautizados en Cristo Jesús, hemos sido bautizados en su muerte?» (Ro 6:3). «... nuestro viejo hombre fue crucificado con Cristo, para que nuestro cuerpo de pecado fuera destruido...» (Ro 6:6). Entonces, así como Jesús resucitó, también nosotros resucitamos a «una nueva vida en él» (Ro 6:4), «muertos para el pecado, pero vivos para Dios en Cristo Jesús» (Ro 6:11), sabiendo que solo él es el Altísimo.

Salmos 84:1-7

Ante Dios en Sión

Imagina que un joven está enamorado de una joven. Ella ocupa sus pensamientos, día y noche. Si no puede estar con ella, tal vez mire su foto o lleve consigo un regalo que ella le dio. Sin embargo, lo que verdaderamente desea es a ella. Ella y solo ella es el objeto de su amor.

El Salmo 84 nos recuerda cómo la morada de Dios, sus atrios, su casa de adoración en Jerusalén eran dones maravillosos para Israel. El templo podría haber sido considerado una de las maravillas del mundo antiguo, tan exquisita era su belleza. Pero la verdadera hermosura del templo no estaba meramente en su oro y plata, en las vestiduras enjoyadas del sumo sacerdote o en el ritmo de sacrificios y salmos. La belleza de la casa del Señor era el Señor en esa casa. En el santuario, el adorador podía «contemplar la hermosura del Señor» (Sal 27:4).

Así que, aunque las almas de los peregrinos que subían a Jerusalén anhelaban, sí, desfallecían «por los atrios del Señor», iban «de poder en poder» no solo para estar en el templo, sino para comparecer «ante Dios en Sión» (84:2, 5, 7).

Dios no es un poder abstracto ni una fuerza divina, sino una persona viva llamada Jesucristo. Lo amamos a él. Lo deseamos a él. Lo adoramos a él. No es una herramienta divina que usamos para obtener las cosas que realmente queremos. Incluso el cielo mismo estaría «vacío y desolado», como dice un antiguo himno, si Dios no habitara allí.[18]

Nuestra fe no es en un «eso» sino en un «Él», no en un dogma sino en un hombre que es Dios. «Bienaventurados son los que moran en tu casa; continuamente te alaban» (84:4). Bienaventurados somos los que estamos en Cristo, miembros de su propio cuerpo, cerca de aquel que es nuestro temor, nuestro amor y nuestra confianza.

Salmos 84:8-12

Un portero en la casa de mi Dios

«Ubicación, ubicación, ubicación». Todos conocemos ese mantra tan importante en el negocio inmobiliario. Pero tiene aplicación mucho más allá de dónde vendemos o compramos una propiedad. ¿Dónde nos ubicaremos en este mundo? ¿dónde hundiremos raíces para poder decir: «Esto es quien soy, esto es lo que realmente importa en la vida y aquí floreceré»? El salmo de hoy enumera dos opciones de raíces: «la casa de mi Dios» y «las tiendas de impiedad» (84:10).

Las tiendas de impiedad son como un circo gigante lleno de innumerables atracciones. Pedro las describe en términos hedonistas: «... andando en sensualidad, lujurias, borracheras, orgías, embriagueces y abominables idolatrías» (1 P 4:3). Pero estas «tiendas» también tienen espacio para otras inclinaciones: desde el ateísmo intelectual hasta el espiritualismo pop de «elige tu propio dios», desde el nacionalismo hasta el racismo o cualquier cantidad de ideologías idólatras. Su poder secreto es este: cualquiera que sea nuestra debilidad —moral, intelectual, social— habrá algo en estas tiendas para cada uno de nosotros. Seducen a nuestra alma a abrir la lona, entrar y comenzar a sacrificar nuestra vida eterna en los altares de la impiedad.

Como hijos de nuestro Padre celestial, reformados a la imagen de Jesús y rehechos como templos de su Espíritu, conocemos una mejor ubicación: «mejor es un día en tus atrios que mil fuera de ellos. Prefiero estar en el umbral de la casa de mi Dios que morar en las tiendas de impiedad» (Sal 84:10). Las tiendas de impiedad prometen el bien, pero inculcan el mal, afirman otorgar vida, pero nos ahogan con la muerte, mientras que, en la casa de Dios, «nada bueno niega a los que andan en integridad» (84:11). Vivir en la casa de Dios es vivir en Jesús, el Ungido, cuyo rostro contempla el Padre (84:9). Aquí, en lugar de envenenar nuestras almas con «los placeres temporales del pecado» (Heb 11:25), florecemos como nuevas criaturas, vivimos no para nosotros, sino para los demás, y ya respiramos el aire de la resurrección mientras nuestros pies siguen plantados en este mundo. Ubicados en Cristo, aunque muramos, viviremos en aquel que es nuestra Vida (Juan 11:25).

Salmos 85:1-7

Señor, tú perdonaste

El profesor de seminario, Norman Nagel, siempre instaba a sus estudiantes a fijarse en quién estaba «haciendo los verbos». Con esto quería decir que cuando se trata de acciones como redimir, perdonar, salvar, liberar, expiar, etc., hay que notar cómo Dios es siempre el sujeto. Él es el que hace. En el Salmo 85, por ejemplo, confesamos: «Oh Señor, tú mostraste favor a tu tierra; cambiaste la cautividad de Jacob. Perdonaste la iniquidad de tu pueblo; cubriste todo su pecado. Retiraste toda tu furia; te apartaste del ardor de tu ira» (vv. 1-3). ¿Ves todos los «tú»? Dios es el único que actúa, el que da, y nosotros, su pueblo, los que recibimos.

Ayudar un poco a Dios… eso es lo que nos encanta imaginar que hacemos. Encontrarnos con él a mitad de camino. Terminar lo que él empezó. Poner el glaseado de nuestra piedad sobre el pastel de su misericordia. Somos astutos con esto, diciendo (o al menos pensando): «Jesús hizo su parte para salvarnos, y ahora todo lo que tenemos que hacer es ______». Lo que va en ese espacio puede ser arrepentirse, tener fe, bautizarse, orar, obedecer, etc. ¿Debemos arrepentirnos, tener fe, ser bautizados, orar, obedecer? Sí, ¡por supuesto! Pero estas cosas no vierten un supuesto uno por ciento que aún faltaba para completar nuestra salvación. No hay un «todo lo que tenemos que hacer es…». Está cien por ciento terminado. Hecho. Perfectamente cumplido por Jesús.

Dios, incluso, hace los otros verbos. Él nos lleva al arrepentimiento. Él obra la fe en nosotros. Él nos bautiza. Su Espíritu ora en nosotros. Él da poder para obedecer. En otras palabras: nuestro Señor no nos deja tener «piel en el juego» de la salvación. Los verbos no nos pertenecen a nosotros, sino a él. Y eso es la mejor noticia para nosotros, porque si se requiriera aunque sea una pizca de trabajo de nuestra parte para completar la redención, nunca podríamos estar seguros de que somos salvos. Pero porque Jesús lo ha hecho todo, lo ha hecho perfectamente y lo ha hecho todo por nosotros, descansamos seguros en él, el «Dios de nuestra salvación» (Sal 85:4).

Salmos 85:8-13

La justicia y la paz se han besado

Si la gente recuerda algún beso de la Biblia, probablemente sea aquel infame que Judas Iscariote le dio a Jesús. «¿Con un beso entregas al Hijo del Hombre?», le preguntó Jesús (Lucas 22:48). Sí, de hecho, así fue. Con el dinero de sangre tintineando en su bolsillo, pagado por los principales sacerdotes, este antiguo seguidor de Jesús se convirtió en el líder de la turba que vino contra nuestro Señor en el oscuro Getsemaní. Y el resto es historia: historia de pasión, de su arresto y acusación, juicio y sentencia, azotes y burlas, clavos y muerte. Todo comenzó con un beso.

Sin embargo, de manera misteriosa, nuestro Señor usó ese beso traicionero de Judas para cumplir su promesa de un beso muy distinto, uno descrito en el Salmo 85: «La misericordia y la verdad se han encontrado, la justicia y la paz se han besado. La verdad brota de la tierra, y la justicia mira desde los cielos» (85:10-11). En el Hijo de Dios, hay un descender y un ascender, pues cielo y tierra, divinidad y humanidad, se besan.

Cristo es la personificación de la misericordia. Dios se entrega por completo para salvar todo lo que somos. Él une la justicia y la paz al cumplir las demandas justas de la ley por nosotros y reconciliarnos con el Padre en paz. Así como los árboles brotan de la tierra, enraizados en el suelo, «la verdad brota de la tierra» en Jesús, quien está arraigado en el suelo de este mundo como nuestro hermano en la carne, siempre fiel a nosotros, su familia humana (85:11). Y así como la lluvia desciende del cielo y riega la tierra, «la justicia mira desde los cielos».

Cristo trae consigo la vida del Espíritu y la misericordia del Padre. Él riega nuestras almas cansadas con su vida divina. Jesús, el Dios-hombre, se acerca a nosotros, pone sus manos sobre nuestros hombros, nos mira a los ojos y nos besa con el saludo de la paz, porque todo está bien en él.

Salmos 86:1-7

Abundante en misericordia

Un rumor difamatorio sobre Dios ha estado circulando desde los días de la iglesia primitiva. La esencia de este rumor es la siguiente: el Dios del Antiguo Testamento es cruel y sediento de sangre, pero el Dios del Nuevo Testamento es dulce y amoroso. ¿Has escuchado versiones de esto? De hecho, un hereje del siglo II, Marción, desechó todo el Antiguo Testamento, y partes del Nuevo, porque estaba convencido de esta mentira. Aunque esos extremos son raros hoy en día, todavía escuchamos ecos de tales ideas, incluso entre cristianos.

Todo esto pasa por alto, primero, que el Dios de toda la Biblia es el mismo. Es Jesús el Hijo quien, con su Padre y el Espíritu, es la Santa Trinidad. Esta grosera tergiversación también ignora la confesión repetida, a menudo, por Israel sobre quién es el Señor, su carácter, su corazón hacia nosotros. Una de estas confesiones se expresa hermosamente en el Salmo 86:5, un versículo digno de ser escrito en letras doradas: «Pues tú, Señor, eres bueno y perdonador, abundante en misericordia para con todos los que te invocan».

Tú eres bueno, *tov*, en hebreo. No aceptable, no satisfactorio, sino bueno. El Señor no solo creó un mundo bueno y continúa haciendo el bien en nuestro mundo, sino que él es bueno. La bondad define todo su ser y carácter. Y él es *sallach*, en hebreo, dispuesto y listo para perdonar. No necesita que le supliquen o lo convenzan para que se muestre misericordioso con los pecadores. Así como un pez anhela el agua y un ave el vuelo, así nuestro Señor se deleita en perdonarnos por causa de Cristo. Finalmente, él es *rav chesed*, una frase hebrea que significa grande en amor, abundante en gracia divina. Desde Génesis hasta Apocalipsis, desde la creación hasta hoy mismo, nuestro Padre, su Hijo y el Espíritu Santo, el Dios del Antiguo y del Nuevo Testamento, es «bueno y perdonador, abundante en misericordia para con todos los que le invocan» (Sal 86:5). ¡A ti clamamos, Señor! Tú eres nuestro bueno, perdonador y amoroso Redentor.

Salmos 86:8-13

Unifica mi corazón

«Todo con moderación». Ese dicho es una buena guía para la mayoría de los aspectos de la vida. Podemos fácilmente trabajar, dormir o comer demasiado o muy poco. Sin embargo, como muchos proverbios breves, hay excepciones. Por ejemplo, la moderación en nuestra relación con Dios es decididamente mala, aunque pretendamos que la vida puede funcionar bien así, y nuestra cultura impulse tal moderación. A la gente no le importa que seamos religiosos, ¿verdad? Solo que no quieren que nos lo tomemos demasiado en serio. No seas un «fanático religioso» para quien Cristo lo sea todo. Reserva un pequeño espacio en tu vida para lo religioso. La mayoría de las personas están bien con eso.

¿Pero Jesús? Él no acepta eso. Él no es un pasatiempo religioso de «un cuarto de corazón» o «medio corazón», sino un Rey de «todo el corazón». Así oramos: «Enséñame, oh Señor, tu camino; andaré en tu verdad; unifica mi corazón para que tema tu nombre. Te daré gracias, Señor mi Dios, con todo mi corazón y glorificaré tu nombre para siempre» (Sal 86:11-12). Une mi corazón. Todo mi corazón. Si el politeísmo fuera cierto, supongo que tener un corazón dividido sería necesario: un poco para este dios, un poco para aquel. Pero en un mundo con un solo Dios, necesitamos una devoción de corazón único y unido, porque él es nuestro todo, nuestro todo en todo, aquel hacia quien no puede haber moderación.

Si las afirmaciones del cristianismo son verdaderas, entonces no hay nada moderadamente importante en ello. Jesús, quien nos dio todo, nos llama a darle todo; a tomar nuestra cruz y seguirle; a temerle, amarle y confiar en él sobre todas las cosas; a perder nuestra vida en él y así encontrar la verdadera vida divina en él. Grande es su misericordia hacia nosotros, el tipo de amor que no descansará hasta haber abrazado toda nuestra persona. Allí, en Jesús, descubriremos no un gozo o paz moderados, sino la plenitud de ambos. Cristo primero. Cristo completamente.

Salmos 86:14-17

El hijo de tu sierva

Durante aquellas largas noches, cuando Jesús se sentaba solo, hablando con su Padre, rogándole que fortaleciera a sus discípulos para las batallas que vendrían, que bendijera la proclamación del reino hecha por él y por ellos, me imagino que también oraba estos versículos finales del Salmo 86. El salmo, escrito por David, era más grande que David, abarcaba una historia más larga que la vida de David, pues su horizonte alcanzaba la vida del Hijo de David y Señor de David, quien un día haría suyas estas palabras.

«Oh Dios, los arrogantes se han levantado contra mí, y una banda de violentos ha buscado mi vida, y no te han tenido en cuenta» (Sal 86:14). Los fariseos intentan atrapar a Jesús en sus palabras. El Sanedrín se levanta contra él para buscar su vida, porque dejaron a un lado las palabras del Dios vivo para abrazar las tradiciones de los hombres. «Pero tú, Señor, eres un Dios compasivo y lleno de piedad, lento para la ira y abundante en misericordia y fidelidad» (86:15). En su enseñanza, en su sanidad, en su resistencia ante la oposición, esa compasión, gracia, amor y fidelidad de su Padre sostuvieron a nuestro Señor.

Jesús oró: «Vuélvete hacia mí y tenme piedad; da tu poder a tu siervo, y salva al hijo de tu sierva» (86:16). Este Siervo del Señor, profetizado por Isaías, este hijo de la sierva María, al dirigir su rostro hacia Jerusalén, necesitaba la fuerza y la gracia que solo su Padre podía darle, pues sabía el sufrimiento y el rechazo que le esperaban. Así ora: «Muéstrame una señal de tu bondad, para que la vean los que me aborrecen y se avergüencen, porque tú, oh Señor, me has ayudado y consolado» (86:17). Su Padre respondió esa oración de la manera más grandiosa posible, mostrándole la señal de favor en la resurrección, vivificando su cuerpo crucificado para que todos los que crean en él tengan el consuelo seguro y cierto de su propia resurrección de entre los muertos. Nuestro Padre, al responder esta oración de Jesús, la responde también para nosotros, pues su vida, su victoria y su gracia son nuestras.

Salmo 87

Cosas gloriosas se dicen de ti

Cualquiera que sea el lugar que aparezca en tu acta de nacimiento, es a la vez correcto e incorrecto. Puede ser cierto, en un sentido factual, que naciste en Los Ángeles, Ciudad de Nueva York, Roma o Londres, pero para el cristiano, ninguna de esas es tu verdadera metrópolis (tu «ciudad madre»). Cuando naces de nuevo del agua y del Espíritu, tu ciudad natal se convierte en la Jerusalén celestial. Como dice Pablo: «Pero la Jerusalén de arriba es libre; esta es nuestra madre» (Gl 4:26).

Pablo está aludiendo a la versión griega del Salmo 87:5, que habla de la «madre Sión». Esa es la ciudad natal, no solo de israelitas, sino también de gentiles. Dios así lo ha querido. Él «ama las puertas de Sión más que todas las otras moradas de Jacob. Cosas gloriosas se dicen de ti, oh ciudad de Dios» (Sal 87:2-3). Esta ciudad, amada por Dios, se convierte en la metrópolis del mundo, a la que vendrán todas las naciones, como profetizó Isaías (Is 2:1-5). Los peregrinos fluyen desde Rahab (=Egipto), Babilonia, Filistea, Tiro y Cus (Sal 87:4). El Señor está en la puerta de Jerusalén, anotando los nombres de los que entran: «El Señor contará al inscribir los pueblos: "Este nació allí"» (87:6).

Los cristianos llevan un pasaporte de Jerusalén en el bolsillo del corazón. En él, el Señor ha escrito estas palabras: «Este nació allí». Como hijos de nuestro Padre celestial, portadores del Espíritu de Dios, unidos por Cristo a la Iglesia, «nuestra ciudadanía está en los cielos, de donde también ansiosamente esperamos a un Salvador, el Señor Jesucristo, el cual transformará el cuerpo de nuestro estado de humillación en conformidad al cuerpo de su gloria, por el ejercicio del poder que tiene aún para sujetar todas las cosas a él mismo» (Flp 3:20-21). En aquel día de la resurrección, en los nuevos cielos y nueva tierra, «la ciudad santa, la nueva Jerusalén», nuestra ciudad madre, descenderá del cielo, de parte de Dios (Ap 21:1-2). Esa metrópolis será «el tabernáculo de Dios entre los hombres», donde para siempre gozaremos de la visión beatífica de nuestro Señor Jesucristo (21:3).

Salmos 88:1-9

Oh Señor, Dios de mi salvación

«Da tu mejor cara». Decimos eso cuando hablamos de primeras impresiones. Causar un impacto positivo y duradero en una persona mostrando la mejor versión de nosotros mismos. Esto no tiene por qué ser falso. Tenemos cualidades mejores y peores, algunas útiles y llenas de esperanza, otras más sombrías y egoístas. No hay nada malo, y todo correcto, en comenzar mostrando lo bueno.

Creo que algo parecido sucede con el Salmo 88. Es el más oscuro de los salmos, concluyendo, literalmente, con la palabra «tinieblas» (88:18). Pero antes de arrastrarnos por estos versículos subterráneos y sin luz, llenos de visiones espectrales, no debemos pasar por alto cómo comienza: «Oh Señor, Dios de mi salvación, de día y de noche he clamado delante de ti» (88:1). ¡Vaya manera de empezar con el mejor pie! Esta invocación inicial será la antorcha ardiente a la que nos aferramos mientras recorremos el resto de estos versículos de medianoche. Tú, oh Señor, tú y solo tú eres el Dios de rescate, el Dios de redención, el Dios de nuestra salvación a quien elevamos nuestras voces, de día y de noche.

Comenzar un lamento, incluso el más intenso, reconociendo que clamamos al Dios de la salvación es señalar que confiamos en el Señor de los buenos finales. ¿Antes de llegar a ese buen final habrá sufrimiento? Sí, mucho. ¿Cuánto durará? ¿Qué tan malo se pondrá? ¿Cuánto tendremos que soportar en esta vida antes de que vuelva a amanecer la luz? Solo Dios lo sabe. Pero lo que sí sabemos es que, al final, Jesús vence. Y porque él vence, nosotros también vencemos. Hasta ese día, seguiremos adelante, muchas veces, como Pablo, «... tan abrumados sobre manera más allá de nuestras fuerzas, de modo que hasta perdimos la esperanza de salir con vida» (2 Co 1:8). Pero nos aferramos a la antorcha que arde brillantemente con las palabras: «Oh Señor, Dios de mi salvación». Ninguna oscuridad, por más profunda que sea, podrá apagar esas palabras, porque el Dios de nuestra salvación es Jesús, la luz del mundo.

Salmos 88:10-18

Tinieblas

Si asociamos un salmo con el Viernes Santo, ese es el Salmo 22, cuyo verso inicial nuestro Señor oró en su agonía: «Dios mío, Dios mío, ¿por qué me has abandonado?» (22:1, Mt 27:46). Pero el Salmo 88 bien podría llamarse «el otro salmo del Viernes Santo». San Agustín dice de él: «Aquí se profetiza la Pasión de nuestro Señor».[19] Este lamento expresa, con un lenguaje desgarrador, el dolor extenuante de cuerpo y alma que nuestro Señor soportó por nosotros.

Las imágenes de la muerte acechan esta oración: «Mi alma está llena de males, y mi vida se ha acercado al Seol... Soy contado entre los que descienden a la fosa... Me has puesto en la fosa más profunda, en lugares tenebrosos, en las profundidades» (88:3, 4, 6). Vemos a Jesús, con sangre fluyendo de múltiples heridas, jadeando, resbalando lentamente hacia el abrazo de la muerte. Peor aún que su dolor físico es el tormento de cargar con nuestro pecado y recibir las olas de la ira divina: «Ha reposado sobre mí tu furor, y me has afligido con todas tus olas» (88:7). Abandonado por casi todos, solo en la cruz, clama a Dios: «Has alejado de mí mis amistades; me has hecho objeto de repugnancia para ellos... Has alejado de mí al compañero y al amigo» (88:8, 18). Finalmente, en una oración que parece resonar desde las profundidades de la tumba misma, Jesús dice: «Mis conocidos están en tinieblas» (88:18).

Jesús dijo que todo lo que estaba escrito de él en los Salmos debía cumplirse (Lc 24:44). El Salmo 88 se cumplió cuando Jesús sufrió, murió y su cuerpo fue colocado en la tumba. Allí disfrutó de su descanso sabático y esperó para resucitar en la luz de la victoria. Pero hasta que llegó esa luz, esperó en tinieblas.

Y en las tinieblas es donde, a veces, están nuestras vidas. Así que, con Jesús, esperamos. Sin embargo, no esperamos sin esperanza, porque con nosotros espera aquel que caminó primero este sendero, quien abrió el camino fuera de la tumba. Dado que estamos con Jesús, por grande que sea la oscuridad, mayor aún es el amor con el que él llena nuestros corazones de paz.

Salmos 89:1-4

He hecho un pacto

En el mundo antiguo, debido a que los rollos eran costosos, a menudo se reutilizaban. La tinta vieja de los escritos anteriores se raspaba y se agregaba un nuevo texto. A estos rollos se les llama palimpsestos, lo que significa «raspado de nuevo». Sin embargo, la escritura antigua no se borraba por completo; el lector todavía podía verla, aunque débilmente, debajo del nuevo texto. Un palimpsesto era, por tanto, un rollo con texto sobre texto.

El Salmo 89 es como un palimpsesto. Aquí encontramos porciones de la Torá, junto con 2 Samuel 7, que han sido «reescritas» con la poesía del Salmo 89. Texto nuevo sobre texto antiguo. Mientras leemos el Salmo 89, también vislumbramos Génesis, Éxodo y la promesa de Dios a David debajo de él. Esto se hace evidente en el inicio, donde Dios dice: «Yo he hecho un pacto con mi escogido, he jurado a David mi siervo: "Estableceré tu descendencia para siempre, y edificaré tu trono por todas las generaciones"» (89:3-4). Esto remite a 2 Samuel 7, donde el Señor prometió edificar una casa dinástica para David, diciendo del descendiente real que surgiría: «Estableceré el trono de su reino para siempre», y «Tu casa y tu reino permanecerán para siempre delante de mí» (7:13, 16). En las últimas palabras de David, él se refiere a esta promesa, añadiendo que Dios «ha hecho conmigo un pacto eterno» (2 S 23:5).

De cierta manera, todo el Antiguo Testamento, que conduce al nacimiento de Jesús, es un enorme palimpsesto, con Génesis sobrescrito por Éxodo, Éxodo por Levítico, y así sucesivamente. Al leer, descubrimos capa tras capa de promesas y profecías, cada una edificando sobre la anterior. Toda esta Sagrada Escritura se cumple cuando Jesús el Mesías, el Hijo de David, llega y señala el Antiguo Testamento diciendo: «En el rollo del libro está escrito de mí» (Heb 10:7). Estas Escrituras dan testimonio de Jesús, como él mismo confesó (Jn 5:39). Leer el Antiguo Testamento es leer acerca de Cristo.

Salmos 89:5-18

La alabanza de los cielos

Los beneficios de vivir en una era de estudio científico avanzado son obvios. Sabemos más sobre los elementos macro y micro de nuestro mundo que cualquier generación humana anterior. Exploramos Marte, mapeamos el genoma y tomamos antibióticos que nos curan de enfermedades que habrían llevado a nuestros antepasados a la tumba. Estamos bien. Pero vivir en esta época también es un desafío constante para los cristianos. Nuestras palabras y creencias sobre la creación pueden, fácilmente, volverse demasiado científicas y poco bíblicas. Deberían estar lado a lado: una enseñando sobre enzimas y astrofísica, la otra cantando sobre ángeles y aguas vivas. Sin embargo, lo que ocurre con demasiada frecuencia es que el lenguaje científico sobre nuestro mundo eclipsa el lenguaje exaltado sobre la creación en la Biblia.

Poemas como el Salmo 89 entrenan nuestros ojos para ver lo invisible, y nuestros oídos para oír lo inaudito de un mundo vivo con la actividad de Dios. En lugar de observar solo un sistema solar cuando miramos el cielo nocturno, vemos los cielos alabando las maravillas del Señor y su fidelidad en la asamblea de los santos (89:5). Cuando estamos en la playa, en lugar de pensar únicamente «Delante de mí hay un enorme cuerpo de agua salada», confesamos al Creador: «Tú dominas la soberbia del mar; cuando sus olas se levantan, tú las calmas» (89:9). O consideremos las montañas. ¿Son formaciones elevadas que se alzan sobre el terreno circundante? Sí, pero las montañas, como Tabor y Hermón, también son cantores que «aclamarán con gozo a tu nombre» (89:12).

La ciencia es un don de Dios para explorar y analizar lo que él ha hecho. Los salmos son un don de Dios para confesar y alabarlo por lo que ha hecho. Nos encontramos en este mundo como criaturas curiosas que investigan lo que encuentran, pero también como participantes en un coro mundial. Humanos, estrellas, ángeles, animales y ríos que baten palmas, elevan sus voces y alaban al Padre por medio del Hijo y en el Espíritu Santo por crear y sostener todas las cosas, porque él es bueno y su misericordia es para siempre.

Salmos 89:19-37

He hallado a David

Cuando Google Earth se hizo disponible por primera vez, hice lo predecible: busqué mi casa. La pantalla se abrió con una vista panorámica del cielo y la tierra, como si estuviera sentado en el borde de un satélite. Luego, con unos pocos movimientos de los dedos, me acerqué cada vez más, a mi lado del globo, mi país, ciudad, vecindario, dirección. Ahí estaba. A través de satélites que orbitan en el espacio, estaba mirando directamente a mi patio trasero. De lejos a cerca, de lo amplio a lo estrecho, mi perspectiva se afinó.

Pasar de la primera parte del Salmo 89 a los versículos 19 al 37 es como usar Google Earth. Pasamos de contemplar la inmensidad de los cielos, los mares rugientes y las montañas imponentes, a acercarnos a la casa de David. Dios dice: «He ayudado a un poderoso; he exaltado a uno escogido de entre el pueblo. He hallado a David, mi siervo; lo he ungido con mi óleo santo, y con él estará siempre mi mano; mi brazo también lo fortalecerá» (89:19-21). Hay mucho del «yo» divino en esta sección, y con razón. Dios elige, Dios unge, Dios fortalece, Dios promete. David es su hombre, el receptor de sus promesas, cuyo trono perdurará «como el sol» y «será establecido para siempre como la luna» (89:35-37).

Esta sección sobre David es también la sección sobre el Hijo de David. De hecho, las promesas que encajan imperfectamente en el David histórico encajan perfectamente en el mesiánico Jesús. Él clama: «Mi Padre eres tú, mi Dios y la roca de mi salvación» (89:26). Él es mi «primogénito, el más excelso de los reyes de la tierra» (89:27). Su trono es «como los días de los cielos» (89:29), perdurable como el sol y la luna (89:36-37).

En él nos enfocamos, porque en Cristo está toda la plenitud del Padre para nosotros. Él es nuestro Rey, aquel en quien somos reconciliados con el Padre, y en cuyo reino de paz descansamos seguros por gracia.

Salmos 89:38-52

¿Dónde está, Señor, tu misericordia de antes?

Imagina que caminas por un campo hermoso, cielo azul arriba, silbando una melodía alegre, cuando de repente la tierra se abre y caes profundamente en un pozo abandonado. Ahí quedas, herido y asustado, gritando desde la oscuridad hacia el pequeño círculo de luz sobre ti. Ese cambio precipitado de alegría a aflicción, de certeza a incertidumbre, es lo que sucede en el Salmo 89 entre los versículos 37 y 38. También describe lo que, a menudo, nos ocurre cuando nuestra vida se desmorona de repente y nos quedamos clamando: «¿Por qué? ¿Dónde estás, Dios? ¿Hasta cuándo, Señor?».

Ayer leímos la promesa de Dios al rey David de mantener su trono firme y levantar al hijo mesiánico de David. El Salmo 89:19-37 es luminoso y alegre, rebosante de esperanza. Luego, en el versículo 38, colapsamos en ese pozo abandonado. Una y otra vez, Israel clama: «Pero tú lo has rechazado y desechado... Has hecho que se regocijen todos sus enemigos... Lo has cubierto de ignominia» (89:38, 42, 45). Cada «tú» es un puño ensangrentado golpeando la puerta de hierro del cielo exigiendo, implorando entrada. «¿Hasta cuándo, Señor?» (89:46), lamentan.

Para Israel, esto ocurrió cuando los babilonios devastaron Jerusalén y dejaron vacío el trono. Para nosotros, el «Salmo 89» de nuestra vida puede ser cualquier calamidad. ¿Qué hacemos desde el fondo del pozo? Gritamos desde la oscuridad hacia el círculo de luz sobre nosotros. Oramos, como nos ha enseñado el Salmo 89. Y al hacerlo, invisiblemente con nosotros, está el Hijo de David, un varón «experimentado en aflicción» (Isaías 53:3), que desciende al pozo con nosotros. Cuando gritamos: «¿Dónde estás, Dios?», Jesús dice: «Aquí estoy». Cuando clamamos: «¿Hasta cuándo, Señor?», Jesús dice: «Nunca te dejaré, no importa cuánto sufras». En nuestras tinieblas y dudas, en nuestras penas y dolores, él nos sostiene y, finalmente, nos levantará. Jesús, nuestro Rey resucitado, conoce bien el camino de la oscuridad a la vida y la luz de nuevo.

Salmos 90:1-4

De eternidad a eternidad

Un final de suspenso y choque nos confrontó en el Salmo 89, la oración final del libro tres de los Salmos. La ciudad santa es un montón de escombros. La corona rota de David yace en el polvo. ¿Qué puede hacer el pueblo de Israel ahora? Una respuesta inicial llega al abrir el salmo que inaugura el libro cuatro. El Salmo 90 es «Oración de Moisés, varón de Dios». Aquí tenemos una súplica del mismo hombre que intercedió dos veces por Israel cuando toda esperanza parecía perdida (Éxodo 32 y Números 14). En la situación aparentemente desesperada surgida del Salmo 89, volver a Moisés y a la Torá es precisamente lo correcto.

Moisés retrocede nuestra perspectiva, incluso, antes del principio de todas las cosas: «Antes que los montes fueran engendrados, y nacieran la tierra y el mundo, desde la eternidad y hasta la eternidad, tú eres Dios» (90:2). Antes de David, antes de Israel, antes de Moisés, antes del éxodo, del diluvio e incluso de la creación misma, ¿a quién encontramos? Solo a Dios. Nuestro Padre, de eternidad a eternidad. Él ha sido «nuestro refugio de generación en generación» (90:1). Nosotros estamos en este mundo por un corto tiempo antes de morir y volver «al polvo» (90:3). Pero el reloj no ata a nuestro Señor, porque «mil años ante tus ojos son como el día de ayer que ya pasó, y como una vigilia de la noche» (90:4).

¡Y eso son buenas noticias! Nosotros, que somos mortales, hallamos vida eterna en él. Nosotros, que somos solo polvo, sabemos que para él valemos mucho más que el oro. Antes de nacer, ya estábamos en su corazón y mente. Mientras vivimos, él vierte en nosotros la vida de su Hijo y de su Espíritu. Cuando morimos, vamos a estar con él, porque estar «ausentes del cuerpo» es estar «habitando con el Señor» (2 Corintios 5:8). Allí, con Jesús, aguardaremos la resurrección del cuerpo y la vida del mundo venidero en aquel que nos sostiene a nosotros y a todas las cosas en sus manos.

Salmos 90:5-12

Enséñanos a contar nuestros días

Enséñanos a contar nuestros días, oh Señor, para que al levantarnos a enfrentar cada día, lo hagamos en el nombre en el cual hemos sido bautizados: Padre, Hijo y Espíritu Santo. Comenzar el día de esta manera es recordarnos que, cualquiera sea la prueba ardiente que enfrentemos hoy, su calor no podrá evaporar el agua del bautismo con la que hemos sido empapados en Cristo. Enséñanos, oh Señor Jesús, a contar nuestros días comenzando por contarnos dentro de tu familia.

Enséñanos a contar nuestros días, Jesús, para recordar que «este es el día que el Señor ha hecho» y así «regocijémonos y alegrémonos en él» (Sal 118:24). No fue un error que despertáramos hoy. Este es el día que el Señor ha hecho, para que hagamos algo con él, incluso en esas formas normales y poco impresionantes que llenan la mayoría de las horas de nuestra vida. Señor Jesús, enséñanos a contar nuestros días, incluido hoy, como esas veinticuatro horas en que vivimos y servimos por gracia.

Enséñanos a contar nuestros días, oh Señor, así como nuestras noches. Cuando nuestro trabajo termina y nos retiramos a descansar, recordemos que, aun cuando el sol se oculta, «Ni aun las tinieblas son oscuras para ti, y la noche brilla como el día; las tinieblas y la luz son iguales para ti» (Sal 139:12). Señor, enséñanos a contar nuestros días y también nuestras noches, para que descansemos en ti.

Finalmente, Padre, enséñanos a contar nuestros días, al reflexionar con gozo en el hecho de que, gracias a Jesús, tú no estás contando, no estás tomando en cuenta nuestras transgresiones contra nosotros (cf. 2 Co 5:19). Ser discípulo de Jesús es vivir completa y perfectamente cubiertos por el amor divino, aunque en nosotros mismos le sigamos de manera incompleta e imperfecta. Señor, enséñanos a contar nuestros días como días vividos únicamente por tu misericordia, a los pies de la cruz y la tumba vacía, bajo la sombra de tu amor.[20]

Salmos 90:13-17

¡Vuélvete, Señor!

Cuenta la leyenda que el emperador romano Marco Aurelio contrató a un sirviente para que lo siguiera a todas partes y, cada vez que alguien se inclinara ante el emperador o cantara sus alabanzas, el sirviente se acercara y susurrara: «Solo eres un hombre». Eso estaba bien, pero nosotros tenemos algo mejor: tenemos a Moisés. En el Salmo 90, Moisés se acerca a nuestro oído y nos susurra: «Dios te hará volver al polvo. Eres como la hierba que se marchita. Tu vida dura setenta años, quizás ochenta, pero esos años no son más que trabajo y pesar. Pronto mueres y vuelas» (cf. 90:2-10). Solo eres un hombre, solo eres una mujer. Esta es una dura pero necesaria verdad: soy mortal. Moriré. Mi cuerpo volverá al polvo.

Pero Moisés —¡gracias a Dios!— no se detiene ahí. Mientras el Señor nos dice: «Vuelvan [al polvo], hijos de los hombres», nosotros le oramos a él: «¡Vuélvete, Señor! ¿Hasta cuándo? Compadécete de tus siervos» (90:3, 13). Así como florecemos como la hierba por la mañana, pero nos marchitamos por la tarde (90:6), oramos para que Dios nos «sacie por la mañana con» su «misericordia» (90:14). Ya que «por tu furor han declinado todos nuestros días» (90:9), pedimos que «nos cantemos y nos alegremos todos nuestros días» (90:14). En resumen: suplicamos al Señor: «Alégranos conforme a los días que nos afligiste» (90:15). Suaviza nuestras vidas duras con alivio divino. Haz que nuestras vidas breves sean ricas en amor. En nuestros cuerpos desérticos, vierte el oasis de tu vida. Ya que solo somos un hombre o una mujer, sé nuestro Dios desde la eternidad y para siempre.

Esto él lo desea hacer y ya lo ha hecho en Cristo. Dios se hizo hombre en Jesús para que nosotros lleguemos a ser hijos de Dios en él. La «... gracia del Señor nuestro Dios» está sobre nosotros en Cristo (90:17). Mientras estemos en esta vida, él bendice la obra de nuestras manos. Y cuando llegue nuestra última hora, él dirá: «Bien, siervo bueno y fiel» (Mt 25:21).

Salmos 91:1-6

La destrucción que hace estragos en medio del día

En los primeros siglos de la Iglesia, los monjes que vivían en el desierto egipcio solían advertir sobre el «demonio del mediodía». Los monjes derivaron el nombre del Salmo 91:6, que habla de «la destrucción que hace estragos en medio del día». Este demonio del mediodía, también llamado acedia, no viene a seducirnos hacia un pecado escandaloso y grosero. No, él es el animador de los suicidios lentos, mientras cada vestigio de esperanza, gozo y luz se va desangrando por el fondo de nuestras almas que se vuelven grises. David Brooks describe esto como «una pereza del alma, como un horno puesto en tibio».[21]

Solo hay un lugar de protección contra este demonio. Se encuentra en el abrigo de nuestro Padre, el Altísimo, quien es nuestro refugio y fortaleza, el Dios en quien confiamos (91:1-2). Con él está el Hijo, quien nos librará del lazo del cazador y de la pestilencia mortal (91:3). Con el Padre y el Hijo está la paloma del Espíritu, quien nos cubrirá con sus plumas, y bajo sus alas hallaremos refugio (91:4). Bautizados en su santísimo nombre, no necesitamos temer «el terror de la noche, ni la flecha que vuela de día» (91:5), porque la fidelidad de Dios nos protegerá de «los dardos encendidos del maligno» (Ef 6:16).

Cuando el demonio del mediodía aceche nuestras vidas, rodeando nuestras almas, allí estará nuestro Señor Jesús, cuya fidelidad es «escudo y baluarte» (91:4). Él entrará en nuestras vidas oscurecidas, sacará todas las bolsas de basura de desesperanza, abrirá las cortinas y dejará entrar la luz de su vida. Nos sostendrá, nos amará y derramará su gracia en nuestras almas cansadas y agotadas. Nos entregará una taza humeante de esperanza fuerte para sorber hasta que volvamos a sentirnos humanos. Ese es el tipo de Dios que tenemos, uno que está a nuestro favor. Ningún demonio del mediodía tiene oportunidad contra el Dios que colgó desde el mediodía hasta las tres en una cruz porque preferiría morir antes que pasar la eternidad separado de nosotros.

Salmos 91:7-10

A ti no se acercará

Sadrac, Mesac y Abednego tuvieron que enfrentarse al horno de fuego ardiente en Babilonia. El rey Nabucodonosor les había ordenado que se postraran ante su estatua idolátrica (Dn 3:1-15), pero hacerlo habría sido negar a su Señor. Así que estos tres israelitas fieles, temiendo a Dios más que a este gobernante terrenal, dijeron: «No». Le respondieron al rey enfurecido: «Nuestro Dios a quien servimos puede librarnos del horno de fuego ardiente. Y de su mano, oh rey, nos librará. Pero si no lo hace, ha de saber, oh rey, que no serviremos a sus dioses ni adoraremos la estatua de oro que ha levantado» (Dn 3:17-18). ¿Cómo podían estos jóvenes demostrar tal confianza, diciendo, en esencia: «Ya sea que Dios nos libre de las llamas o no, no participaremos en la idolatría»? Porque sabían que, aunque les sobreviniera un daño momentáneo en sus cuerpos, ningún daño definitivo podría alcanzarlos. En el Señor, estaban seguros.

Esa misma confianza firme canta, con valentía, el Salmo 91. «Aunque caigan mil a tu lado y diez mil a tu diestra, a ti no se acercará» (91:7). ¿Qué pasa si somos perseguidos, entregados por la familia o amigos, encarcelados, llevados ante gobernadores, incluso martirizados? (Lc 21:12-16). Así sea. «Sin embargo, ni un cabello de su cabeza perecerá» (Lc 21:18). O como dice el poeta: «No te sucederá ningún mal ni plaga se acercará a tu morada» (Sal 91:10). Esto no significa que ningún daño físico nos alcanzará. Jesús dijo que algunos, incluso, serían muertos. Significa que, aunque muramos, viviremos (Jn 11:25), porque ningún daño eterno puede ni podrá tocar a un hijo de Dios.

No tememos a los Nabucodonosores de este mundo, que matan el cuerpo, pero no pueden matar el alma (Mt 10:28). Tememos al Señor del cielo y de la tierra, quien mismo experimentó un daño físico increíble, incluso la muerte, pero salió, completa y gloriosamente vivo, de su tumba. En él estamos seguros, porque nadie puede arrebatarnos de su mano (Jn 10:29).

Salmos 91:11-13

Pisotearás a la serpiente

Si Satanás tiene un doctorado en algún campo, si ha perfeccionado un arte sobre todos los demás, es el de torcer profesionalmente las Escrituras. En su primer discurso registrado, ya está tratando de deshacer las palabras de Dios. A Eva le dijo: «¿Conque Dios les ha dicho: "No comerán de ningún árbol del huerto"?» (Gn 3:1). Por supuesto, el Señor había dicho: «De todo árbol del huerto podrás comer» (Gn 2:16), excepto del árbol del conocimiento del bien y del mal (2:17). Pero esta es la táctica del diablo: tomar las palabras del Señor y tergiversarlas. Su objetivo es llevarnos, algún día, a repetir su pregunta, a lograr que digamos: «¿Conque Dios ha dicho...?».

Así como Satanás tentó a Eva en el Edén, tentó también al nuevo y mejor Adán (Jesús) en el «Edén» sustituto, el templo. En el pináculo del templo, le dijo a Jesús: «Si eres Hijo de Dios, lánzate abajo, porque escrito está: "A sus ángeles te encomendará" y "En las manos te llevarán, no sea que tu pie tropiece en piedra"» (Mt 4:6). Satanás estaba torciendo las palabras del Salmo 91, insinuando que permitían tentar al Señor con este tipo de acto circense. A esto Jesús respondió sabia y contundentemente: «También está escrito: "No tentarás al Señor tu Dios"» (Mt 4:7).

La gran ironía del fracaso del diablo es que inmediatamente después de las palabras que citó del Salmo 91, vienen estas: «Sobre el león y la cobra pisarás; pisotearás al cachorro de león y a la serpiente» (91:13). Al permanecer firme en la palabra de su Padre, Jesús pisoteó «al dragón, la serpiente antigua que es el diablo y Satanás» (Ap 20:2). Aplastó al «león rugiente» que busca devorar (1 P 5:8). La Simiente de la mujer ya estaba obrando, aplastando el cráneo de esta serpiente mentirosa (Gn 3:15).

El Verbo hecho carne estaba viviendo de toda palabra que sale de la boca de su Padre, para que nosotros tengamos vida y victoria en él.

Salmos 91:14-16

En mí ha puesto su amor

Ayer vimos cómo Satanás trató de usar la espada del Espíritu contra Jesús, pero terminó cortándose la mano con el filo de la Escritura (cf. Ef 6:17). Como sucede frecuentemente cuando el diablo intenta manipular las Escrituras, mezcló mentira con verdad. La parte verdadera de la cita diabólica del Salmo 91 a Jesús es simplemente esta: sí, este salmo es sobre Jesús. Es la oración del autor anónimo. Es la oración de Israel y nuestra oración. Pero es especialmente la oración de Cristo mismo.

Observa cómo el Padre acumula promesas que cumplirá para su Hijo: lo librará, lo protegerá, le responderá cuando lo invoque, estará con él en la angustia, lo rescatará, lo honrará, lo saciará de larga vida y le hará ver la salvación (91:14-16). Ocho promesas en total. Todas están precedidas por esto: «Porque en mí ha puesto su amor» (91:14). El hebreo detrás de «ha puesto su amor» es el verbo *chashaq*. En Deuteronomio, es el Señor quien *chashaq* a Israel, es decir, «se prendió en amor» o «se apegó con amor» a su nación elegida (Dt 7:7). Como dice Juan: «Nosotros amamos porque él nos amó primero» (1 Jn 4:19). El Hijo amado ama a su Padre, se acoge a él en amor, así como el Padre se acoge a su Hijo.

Porque estamos en ese Hijo, amados por Dios Padre, miembros del pueblo elegido que es la Iglesia, el Espíritu nos da también estas ocho promesas. Él nos libra y protege del mal. Incluso antes de que lo invoquemos, ya está listo para responder (cf. Is 65:24). En toda angustia, está a nuestro lado. Nos rescata de nuestros pecados, nos honra llamándonos suyos, nos sacia con vida eterna y nos muestra la salvación en Jesús.¿Qué mayor regalo podemos recibir que ser llamados hijos de nuestro Padre celestial, herederos de todas las promesas hechas ciertas y adquiridas para nosotros en su Hijo? Alabado sea nuestro refugio y fortaleza, el Dios en quien confiamos (Sal 91:2).

Salmos 92:1-4

Bueno es dar gracias al Señor

¿Por qué es «bueno dar gracias al Señor, y cantar alabanzas a tu nombre, oh Altísimo»? (92:1). ¿Por qué es bueno anunciar por la mañana tu bondad, y tu fidelidad por las noches? (92:2). Una y otra vez en los Salmos le informamos a Dios que lo vamos a alabar; incluso se nos ordena alabarlo. ¿Por qué?

No es porque el Creador tenga una autoestima frágil que necesite un impulso de ego de nuestra parte. Él no necesita nada de nosotros, ni siquiera nuestro reconocimiento o gratitud. Si nunca se escribiera un solo himno que ensalzara y magnificara su glorioso nombre, nuestro Padre estaría perfectamente bien. Si nadie dijera jamás: «¡Oh Dios, tú eres asombroso!», él seguiría siendo el mismo. Inmutable. Inquebrantable. No disminuido. Él es completo en sí mismo. El salmista nos da la respuesta: «Porque tú, oh Señor, me has alegrado con tus obras; cantaré con gozo ante las obras de tus manos» (92:4).

Tú me has alegrado. He visto tus obras. Piénsalo de esta manera: cuando presenciamos algo espectacular en la creación, algo que nos deja boquiabiertos por su belleza, algo que nos llena de asombro y alegría, no nos quedamos callados. Exclamamos: «¡Guau!» o «¡Es increíble!» o «¡Qué maravilloso!». Expresamos algún tipo de alabanza. A menudo, esto brota espontáneamente ante una obra de arte, un logro atlético impresionante o en el abrazo de alguien a quien amamos.

Cuando estamos despiertos y atentos ante el Bello por excelencia, cuando vemos su arte en la creación, su sabiduría en el orden de las estrellas, sus maravillosas obras de rescate a lo largo de la historia y, especialmente, meditamos en cómo nos ha salvado de los peligros de nuestros pecados por la obra perfecta de Jesús, ¿cómo no responder en alabanza? Es bueno dar gracias al dador de todo bien. Abrimos nuestra boca ante aquel que nos habló a la existencia y, plenamente conscientes de quiénes somos en él, plenamente despiertos a su poder, gracia, belleza y misericordia, alabamos.

Salmos 92:5-9

¡Cuán profundos tus pensamientos!

Las apariencias engañan. El agua que brilla a lo lejos en el desierto resulta ser un espejismo. En los viajes por carretera, montañas que parecen estar a unos pocos kilómetros pueden tardar una hora o más en alcanzarse. Las apariencias engañosas abundan, especialmente, en el mundo de la acción humana, en el «vivir la mejor vida». Si evaluamos el éxito según los criterios de la sabiduría mundana, claro, puede parecer que, mientras ninguna buena acción queda sin castigo, el engaño y las prácticas turbias dan muy buenos resultados. Como se queja Jeremías: «¿Por qué prospera el camino de los impíos, y viven en paz todos los que obran con perfidia?» (Jer 12:1).

El salmista nos da una respuesta: «¡Qué grandes son tus obras, oh Señor! ¡Cuán profundos tus pensamientos!» (92:5). Pensamientos divinos muy profundos. Aquí está el lente correcto para ver la vida con ojos divinos. Los pensamientos profundos de nuestro Señor demuestran que una evaluación superficial de lo que realmente está sucediendo no basta. Puede parecer que el mal triunfa, pero las apariencias engañan. Los que piensan así son el «hombre torpe» y el «insensato» que no comprenden esto: «Que cuando los impíos brotaron como la hierba, y florecieron todos los que hacían iniquidad, solo fue para ser destruidos para siempre. Pero tú, oh Señor, excelso eres eternamente» (92:7-8). El Señor verá a quienes rechazan sus caminos.

Que nosotros, quienes andamos en los caminos de Dios, levantemos los ojos para ver su perspectiva eterna. Nos estamos preparando en esta vida breve para una vida sin fin en la presencia de Dios nuestro Padre. Como dijo mi hijo Luke: «Las personas más importantes en nuestras vidas son aquellas a quienes podemos mirar y decir: "Mi vida es mejor por ti". Sé esa persona». Sé esa persona, libre y perdonado en Cristo, que vive rico en buenas obras, abundante en amor, enfocado en servir a los demás. Concédenos, Señor Jesús, una participación en tus pensamientos profundos, para que pensemos, creamos y vivamos esta vida con una perspectiva eterna.

Salmos 92:10-15

Plantados en la casa del Señor

El viejo adagio «Florece donde has sido plantado» comunica la sabiduría de permanecer fiel y dar fruto dondequiera que estés en la vida. Este es un buen consejo, por supuesto, ya que la vida rara vez resulta como la planeamos. Nos encontramos no en el suelo fértil de una vida fácil, sino en la tierra pedregosa de una vida difícil. Así sea. Florece donde has sido plantado. Y si Dios te arranca y te planta en otro lugar, florece allí también.

Esta metáfora de ser plantado, tan útil como es, también se puede aplicar de otra manera, como vemos en el Salmo 92.

«El justo florecerá como la palma, crecerá como cedro en el Líbano. Plantados en la casa del Señor, florecerán en los atrios de nuestro Dios» (92:12-13). El mismo verbo hebreo para «florecer, *parach*» se usó unos versículos antes para describir «cuando los impíos brotan, *parach*, como la hierba» (92:7). El contraste es obvio. La hierba que brota «será destruida para siempre» (92:7), mientras que la palmera floreciente «aun en la vejez dará fruto; estará vigorosa y muy verde» (92:14). ¿Cuál es el secreto de cómo el justo florece como la palma o el cedro? No es ningún secreto: «Están plantados en la casa del Señor» (92:13). Sus raíces se alimentan con el agua sagrada y los nutrientes santos de Dios. La vida, que viene de él, entra en ellos. Por lo tanto, dan fruto en la vejez, permanecen frescos, verdes y llenos de savia, todo porque la vida de la casa de Dios es su fuente de vitalidad.

¡Qué lección tan preciosa para nosotros! En Cristo, cuyo cuerpo es nuestra «casa», nuestro templo (Juan 2:18-22), estamos plantados, «arraigados y edificados en él» (Col 2:7). No florecemos como creyentes porque tengamos alguna vitalidad espiritual innata en nosotros. Más bien, toda nuestra vida y perdón, toda nuestra paz, esperanza y amor, vienen únicamente de Cristo. Alimentados por él, «anunciarán cuán recto es el Señor; él es mi roca, y que en él no hay injusticia» (92:15).

Salmo 93

El mundo está establecido

Hubo un tiempo, hace mucho, cuando la única agitación de la que las personas eran plenamente conscientes era la que ocurría en su propia región, pueblo, hogar y alma. Una sequía regional. Un familiar enfermo. Lo sabías porque estaba justo en tu patio trasero. Eso ya era bastante; a veces, era horrendo. Pero ahora podemos ver videos de horrores al otro lado del mundo, directamente en la pantalla de nuestro celular. Bombas cayendo. Cuerpos destrozados. Es demasiado. Somos como niños intentando sostener un peso de 450 kg. Nos aplasta.

Como el rugir y golpear de las olas, martillando las rocas en la orilla, las luchas y dolores del mundo, de nuestra nación, de nuestra región, de nuestras comunidades, de nuestras familias y de nuestra propia alma llegan a inundarnos en un océano de desesperación.

Por eso necesitamos el Salmo 93. En el torbellino de confusión y pesadilla, este salmo permanece en serena compostura. Es el ancla segura que nos mantiene firmemente sujetos a Dios. «Los torrentes han alzado, oh Señor, los torrentes han alzado su voz...» (93:3). ¿Y dónde está Dios? Sentado en su trono, inmutable, sin el menor temblor. «El Señor reina... vestido está de majestad» (93:1). El mundo está firme; su trono está firme; él es desde la eternidad. Su palabra, también, sus decretos, son totalmente dignos de confianza.

Con el Padre sentado en su trono, y su Hijo, nuestro Hermano Jesucristo, a su diestra, ¿qué hemos de temer? Nada. No importa cuán mal se pongan las cosas en nuestro mundo o en nuestra vida, con Cristo de nuestro lado, todo estará bien. Ni un cabello de tu cabeza cae al lavabo sin que él lo cuente. Dios tiene al mundo entero en sus manos marcadas por los clavos. Y te tiene a ti. Así que cuando las olas golpeen la orilla, cuando las amenazas se acerquen, levanta la cabeza y ríe, querido cristiano, porque la tumba está vacía. Jesús vive y reina. Y nada apagará, oscurecerá ni detendrá esta, la mejor de las noticias.

Salmos 94:1-11

Dios de venganza

Nuestro impulso cuando somos golpeados ¿cuál es? Devolver el golpe. Pocas cosas son más fundamentales para la naturaleza humana. Los animales no son diferentes. Si tiras de la cola de un perro, es probable que clave sus dientes en ti. Así funciona en el mundo de los hombres y de las bestias. Si alguien te golpea en una mejilla, tú le devuelves el golpe, en ambas mejillas. Qué sorprendente, entonces, escuchar a Jesús decir: «Pero yo les digo: no resistan al que es malo; antes bien, a cualquiera que te abofetee en la mejilla derecha, vuélvele también la otra» (Mt 5:39). Pablo reitera esto: «Si es posible, en cuanto de ustedes dependa, estén en paz con todos los hombres. Amados, nunca tomen venganza ustedes mismos, sino den lugar a la ira de Dios, porque escrito está: "Mía es la venganza, yo pagaré", dice el Señor» (Ro 12:18-19). Esa cita, «Mía es la venganza», de Deuteronomio 32:35, hace eco a la apertura del Salmo 94.

El salmo comienza: «¡Oh Señor, Dios de las venganzas, oh Dios de las venganzas, resplandece! ¡Levántate, Juez de la tierra; da su merecido a los soberbios!» (94:1-2). Oramos a Dios: «Señor, tú has dicho "Mía es la venganza", así que te pedimos que hagas lo que solo a ti te corresponde». El Salmo 94 retrata a los impíos regocijándose en la maldad, hablando con arrogancia, aplastando al pueblo del Señor, matando a viudas, extranjeros y huérfanos, y mientras tanto burlándose del cielo, afirmando que Dios es un necio, ciego y sordo, impotente para actuar (94:3-7).

Pero el que formó el oído, oye; el que formó el ojo, ve lo que ellos dicen y hacen. Él reprenderá, disciplinará y juzgará. Cuando nos encontremos en ese campo de los burladores, arrepintámonos. Volvámonos de esa conducta vil e impía al Dios que es misericordioso y clemente, siempre dispuesto a perdonar. «¡Horrenda cosa es caer en las manos del Dios vivo!» (Heb 10:31), el Dios de venganza; así que hoy y siempre caigamos, por el arrepentimiento y la fe, en los brazos de Cristo, nuestro Señor compasivo. A nosotros, él nos dirá: «Mía es la misericordia; no te pagaré conforme a tus obras. Eres perdonado».

Salmos 94:12-15

Tú disciplinas, oh, Señor

Imagina a unos padres que nunca disciplinan a sus hijos. Que nunca corrigen su mal comportamiento, nunca dicen no a sus caprichos infantiles, nunca les permiten sufrir las consecuencias de sus malas acciones. ¿Qué terminarían criando esos padres? No serían miembros sanos y amorosos de la sociedad, sino personas egoístas y dañinas para el mundo.

Disciplinamos a nuestros hijos porque los amamos, queremos lo mejor para ellos y somos muy conscientes de que tienen mucho que aprender —muchas veces a la manera difícil— sobre lo que es mejor para ellos en esta vida.

Si esto es verdad en la relación entre padres humanos y sus hijos, cuánto más cierto es entre nuestro sabio Padre celestial y nosotros, sus hijos e hijas, a menudo rebeldes y siempre pecadores. La Biblia nos dice repetidamente que Dios nos disciplina porque nos ama como un padre a su hijo (Pr 3:12) que, aunque dolorosa, la disciplina luego produce un fruto apacible de justicia (Heb 12:11), que el Señor lo hace para nuestro bien (Heb 12:10), para que no seamos condenados con el mundo (1 Co 11:32), sino que caminemos en sus caminos y le temamos (Dt 8:6), participando así de su santidad (Heb 12:10).

Por todas estas razones, el salmista dice: «Bienaventurado el hombre a quien reprendes, Señor, y lo instruyes en tu ley, para darle descanso en los días de aflicción, hasta que se cave una fosa para el impío» (Sal 94:12-13). Observa el paralelo entre «corregir» e «instruir». La escuela de la disciplina divina es donde aprendemos humildad, compasión, fe, amor, sacrificio y servicio. Nuestro Padre nos está desmontando y volviendo a formar a la imagen de su Hijo. Para lograrlo, usa las pérdidas en la vida, las consecuencias de nuestras malas decisiones y acciones, y toda clase de circunstancias difíciles que nos hacen depender más de él y menos de nosotros mismos.

Su meta es salvarnos de nosotros mismos y arraigarnos cada vez más profundamente en Jesús. En él, encontramos al Señor que «no abandonará a su pueblo ni desamparará su heredad» (Sal 94:14).

Salmos 94:16-23

Si el Señor...

De las cientos de miles de palabras que existen en español, «si» es de las que más usamos. Surge en nuestras conversaciones varias veces al día. Cada «si» anticipa un «entonces», como por ejemplo: «Si haces ejercicio, entonces tendrás mejor salud». Pero también existen frases con «si no», como: «Si no quieres que los pájaros ensucien tu automóvil, no lo estaciones bajo ese árbol». (¡Todos hemos pasado por eso!). Luego están los «si no» profundamente serios. «Si mi esposa no recibe este tratamiento, no estará con nosotros mucho tiempo más». O, como dice el salmista en el Salmo 94: «Si el Señor no hubiera sido mi ayuda, pronto habría habitado mi alma en el lugar del silencio» (v. 17).

«Si el Señor no hubiera sido mi ayuda». Muchas personas me han dicho a lo largo de los años: «No sé cómo alguien podría seguir adelante si no creyera en Dios». El salmista seguramente estaría de acuerdo. Él enfrenta una batalla cuesta arriba contra enemigos astutos, asesinos sedientos de sangre, gobernantes malvados y otros que «se unen contra la vida del justo y condenan a muerte al inocente» (94:21). Esta oración encaja perfectamente con lo que Jesús sufrió, tanto que casi podemos oírlo susurrarla en la noche de su arresto. Con los poderes del mundo —romanos y judíos— aliados contra él, con las fuerzas demoníacas rondando hambrientas, con sus propios discípulos huyendo en la oscuridad, ¿quién permanecería con Jesús? Si el Padre no hubiera sido su ayuda, su alma habría habitado pronto en el silencio.

Pero el Señor fue su baluarte, el Padre, la roca de su refugio (94:22). Lo levantó del sepulcro, de la tierra del silencio, a una atmósfera electrificada de aleluyas. Lo hizo por él, y lo hizo por nosotros, para que en Jesús, también nosotros tengamos la certeza de la ayuda divina, ahora y aun en la tumba. «Si el Señor no hubiera sido mi ayuda». Pero sí lo es. Ahora y siempre, nuestro auxilio es Jesús el Cristo.

Salmos 95:1-7

¡Oh venid!

El Antiguo Testamento presenta varias formas de contar la historia de la creación. Génesis 1 tiene un enfoque macro, en los cielos y la tierra, mientras que Génesis 2 se enfoca en lo micro: el Edén y nuestros primeros padres. En su oración, Nehemías resume la creación en un solo versículo (Neh 9:6), mientras que Sabiduría reflexiona casi todo un capítulo (Pr 8). Los salmos, frecuentemente, ponen en música el relato de la creación, como en los versículos iniciales del Salmo 95: «Porque Dios grande es el Señor, y Rey grande sobre todos los dioses. En cuya mano están las profundidades de la tierra; suyas son también las cumbres de los montes. Suyo es el mar, pues él lo hizo; y sus manos formaron la tierra firme» (95:3-5).

Cuando mires hacia abajo desde el borde del Gran Cañón, di con las palabras del Salmo 95: «En su mano están las profundidades de la tierra». Si alguna vez contemplas el Monte Everest, proclama: «Las cumbres de los montes son suyas». Cuando sientas la arena de la playa entre los dedos de tus pies, mira hacia el mar y confiesa: «Suyo es el mar, pues él lo hizo». Y en cualquier otro lugar de la creación, canta: «Sus manos formaron la tierra firme». En otras palabras: descubre en cada aspecto de la creación un motivo para «aclamar con júbilo a la roca de nuestra salvación» (95:1), para «adorarnos y postrarnos», para «doblar la rodilla ante el Señor nuestro Hacedor» (95:6). ¿Por qué? «Porque él es nuestro Dios; nosotros somos el pueblo de su prado y las ovejas de su mano» (95:7).

Estos versículos del Salmo 95 se cantan en todo el mundo, cada mañana, en un cántico llamado el *Venite* (del latín, venid). Venid, y oremos también nosotros. Venid y ver escrito en el rollo de la creación las innumerables obras de nuestro Padre. Venid y ver en él no solo poder creador, sino también amor y salvación, que nos hicieron suyos en Cristo. Venid, adoremos, postrémonos y confesemos «que Jesucristo es Señor, para gloria de Dios Padre» (Flp 2:11).

Salmos 95:7-11

Oyen hoy su voz

A todos nos ha pasado. La rutina matutina comienza. Estamos tomando café, pensando en el día que viene. Todo está bien, quizás incluso muy bien. Y entonces sucede: suena el celular. Contestamos y, de inmediato, el corazón se nos hunde. Mala noticia. En cuestión de segundos, pasamos de sonreír a fruncir el ceño, de la tranquilidad a la creciente ansiedad.

La llamada proverbial irrumpe en medio del Salmo 95. Allí estamos, cantando a Dios por su amor y poder creativo durante seis versículos y medio. Entonces, justo cuando inhalamos para terminar el versículo 7, ring-ring-ring. Contestamos, y estas palabras chocan con nuestros oídos: «Si ustedes oyen hoy su voz, no endurezcan su corazón como en Meriba, como en el día de Masah en el desierto» (95:7-8). Es como si Dios escuchara nuestras alabanzas, pero de pronto se pusiera de pie, detuviera la orquesta, hiciera callar al coro y dijera: «Miren, pueblo, toda su alabanza está bien, pero sepan esto: sus antepasados, en el desierto, se tapaban los oídos cada vez que yo hablaba. Endurecieron sus corazones hasta que, finalmente, les dije en mi ira: "No entrarán en mi reposo". Así que no repitan su grave error. Hoy, cuando yo hable, ¡escuchen!».

Ese «Hoy» del salmo, cuando Dios habla, sigue siendo este día. Y ese «reposo» del cual fueron privados los israelitas incrédulos, permanece: es «un reposo sagrado para el pueblo de Dios» (Heb 4:9), un reposo en la obra terminada de Jesús. Ellos «no pudieron entrar a causa de su incredulidad» (Heb 3:19), pero «los que hemos creído entramos en mi reposo» (4:3). Descansamos en aquel que dijo: «Vengan a mí, todos los que están cargados y cansados, y yo los haré descansar» (Mt 11:28). Así que oigan hoy su voz, que nos llama: «Vengan a mí, todos ustedes con culpa y vergüenza, y yo los perdonaré, los limpiaré y les daré vida con mi sangre preciosísima». Sí, Señor, hoy escuchamos, venimos y te alabamos como la roca de nuestra salvación y nuestro reposo cumplido.

Salmos 96:1-9

Un cántico nuevo

La vieja canción de nuestro mundo caído y fracasado es «No hay nada nuevo bajo el sol». Una canción plana, desafinada, acompañada de trompetas y tambores desgastados. Cuando miras tu vida hecha trizas por la serie de decisiones necias que tomaste, esta canción suena de fondo. Cuando estás totalmente en bancarrota por dentro, sin un centavo de esperanza, y te preguntas por qué siquiera existes, esta vieja canción suena. Notas falsas. Melodías moribundas. Esta es la canción que se canta en el anfiteatro de este mundo, un disco rayado de personas rotas llevando vidas rotas. Todos la sabemos de memoria.

Dios sabe que conocemos demasiado bien esa vieja canción, así que él, con misericordia más alta que las montañas, con amor más profundo que las profundidades del océano, nos dio un cántico nuevo: «¡Canten al Señor un cántico nuevo! ¡Canten al Señor, toda la tierra! Canten al Señor, bendigan su nombre; proclamen de día en día las buenas nuevas de su salvación» (96:1-2). Esta no es la canción seductora de ídolos inútiles, sino el cántico salvador de aquel que «hizo los cielos», delante de quien hay «gloria y majestad», y en cuyo santuario hay «poder y hermosura» (96:5-6).

Este cántico nuevo no es novedoso en el sentido de moderno o innovador, sino un cántico de buenas nuevas del Cordero que renueva nuestras esperanzas, renueva nuestras almas, renueva la vida misma. Este es el cántico nuevo de Jesús, porque si alguno está en él, es una nueva criatura (2 Co 5:17). Las cosas viejas pasaron, las canciones viejas se desecharon, y todo es nuevo en el Verbo hecho carne que habitó entre nosotros y cantó su amor en nuestros corazones. Verás, sí hay algo nuevo bajo el sol: Dios se hizo hombre en Jesús el Dios-hombre. Él es nuestro cántico nuevo. Y gracias a él, en nuestra vida bajo el sol, que tantas veces es dura y dolorosa, somos llevados sobre los hombros de nuestro Buen Pastor, quien llena el cielo y la tierra con su potente voz de amor divino por nosotros.

Salmos 96:10-13

Él juzgará al mundo

El penúltimo versículo de la Biblia contiene esta oración: «¡Ven, Señor Jesús!» (Ap 22:20). A menudo me pregunto: aunque de labios para afuera decimos desear que Jesús rasgue los cielos y descienda para juzgar a vivos y muertos, ¿realmente lo decimos en serio? ¿Somos como niños en la noche antes de Navidad cuando anticipamos el juicio final? ¿Oramos, «¡Oh Señor, apresúrate! ¡No puedo esperar para ser juzgado por ti!»? Porque eso es lo que pedimos cuando oramos, «¡Ven, Señor Jesús!». Él pondrá cada tumba fuera de servicio, separará a creyentes de incrédulos, destruirá esta creación con fuego y formará «cielos nuevos y tierra nueva, en los cuales mora la justicia» (2 P 3:10-13). ¿Estamos orando con entusiasmo para que llegue ese día?

Cuando oramos el Salmo 96, ciertamente lo hacemos. No solo nosotros, sino toda la creación espera con expectación contenida que el Señor aparezca en nuestra puerta. Los cielos se alegran, la tierra se regocija, los mares rugen, los campos se gozan y los árboles cantan mientras anhelan «al Señor, porque él viene, porque él viene a juzgar la tierra. Juzgará al mundo con justicia y a los pueblos con su fidelidad» (96:13). ¿Por qué es que incluso «la creación aguarda con anhelo la revelación de los hijos de Dios»? (Ro 8:19). ¿Por qué deberíamos, y de hecho, compartimos esa emoción?

Simplemente por esto: porque queremos estar con Jesús. Anhelamos verlo, postrarnos ante él, adorarlo cara a cara. La eternidad sin Jesús es una monstruosa inconcebibilidad. Cuando él vuelva, vendrá a juzgar la tierra, sí, pero porque él murió y resucitó por nosotros, y porque vivimos y creemos en él, nuestro reencuentro no será como el de un juez sentenciador con un criminal condenado, sino como el Redentor con el redimido, el Rabí con el discípulo. El juicio final es un día feliz en el que nosotros, que ya hemos sido justificados en Jesús, levantaremos la cabeza, sonreiremos y escucharemos: «¡Bien, siervo bueno y fiel!» (Mt 25:21).

Salmos 97:1-5

Fuego va delante de él

Cuando el Hijo de Dios se manifiesta, nunca sabemos si su aparición será estruendosa o discreta, aterradora o sencilla. En el Edén, da un paseo por el jardín al fresco del día, pero en el Sinaí hace temblar la montaña envuelta en humo con relámpagos y toques de trompeta que infunden terror. A los padres de Sansón, primero se les presenta como un hombre común con un anuncio de nacimiento, pero a Moisés se le revela como el Mensajero envuelto en fuego dentro de la zarza ardiente. También en el Nuevo Testamento lo vemos como un pequeñísimo bebé envuelto en pañales, y luego, en Apocalipsis, está vestido con una túnica larga, un cinto de oro en el pecho, cabello blanco como la lana, ojos como llamas de fuego y una espada de dos filos saliendo de su boca.

En la escena inicial del Salmo 97, vemos a este Jesús inconfundible, estilo Apocalipsis. A su alrededor giran nubes y densa oscuridad como de cueva. Reina como Rey cósmico desde un trono fundado en la justicia y el derecho, con un reino que se extiende hasta los confines más lejanos que los hebreos llamaban *iyyim* («islas» o «costas»; 97:1). Dondequiera que él esté, arde el fuego. «Fuego va delante de él y quema a sus adversarios en derredor» (97:3). Relámpagos iluminaron el mundo, haciendo que la tierra se estremeciera (97:4). El calor de su presencia convierte montañas en volcanes, de modo que «como cera se derritieron los montes ante la presencia del Señor, ante la presencia del Señor de toda la tierra» (97:5).

Al final, nuestro Señor Jesús será «revelado desde el cielo con sus poderosos ángeles en llama de fuego, dando castigo a los que no conocen a Dios ni obedecen al evangelio» (2 Ts 1:7-8). Por lo tanto, «ofrezcamos a Dios un servicio aceptable con temor y reverencia, porque nuestro Dios es fuego consumidor» (Heb 12:28-29). Ese culto aceptable es la fe en Cristo, en su obra, su sacrificio, su resurrección, su salvación para nosotros en «un reino inconmovible» (12:28). En ese reino, aguardamos el día en que daremos la bienvenida a nuestro Señor Jesús con alegría y regocijo, seguros en él.

Salmos 97:6-7

¡Póstrense ante él todos los dioses!

Existen muchos argumentos para demostrar la existencia de Dios, pero el que encuentro más convincente es la existencia de nuestro mundo, diseñado con inteligencia. La Biblia habla, a menudo, en estos términos, incluso en los Salmos. Por ejemplo, el Salmo 19 empieza diciendo: «Los cielos proclaman la gloria de Dios, y el firmamento anuncia la obra de sus manos» (19:1). Otro dice: «Los cielos declaran su justicia» (Sal 50:6). Este eco se oye también en el salmo de hoy: «Los cielos proclaman su justicia, y todos los pueblos han visto su gloria» (97:6). Por esta razón, Pablo escribió: «Pero lo que se conoce acerca de Dios es evidente dentro de ellos, pues Dios se lo hizo evidente. Porque desde la creación del mundo, sus atributos invisibles, su eterno poder y divinidad, se han visto con toda claridad, siendo entendidos por medio de lo creado, de manera que ellos no tienen excusa» (Ro 1:19-20).

Sin excusa. El salmista refuerza esto, porque después de decir: «Los cielos proclaman su justicia, y todos los pueblos han visto su gloria», continúa: «Sean avergonzados todos los que sirven a imágenes talladas, los que se glorían en los ídolos; ¡póstrense ante él todos los dioses!» (97:6-7). Los necios adoradores de ídolos, que «cambiaron la gloria del Dios incorruptible por una imagen» (Ro 1:23), quedarán avergonzados. De hecho, sus «dioses», ídolos inútiles, deberían postrarse ante el verdadero Dios: «¡Póstrense ante él todos los dioses!».

Por supuesto, creer en la existencia de una deidad, o incluso en un solo Dios, es un buen punto de partida, pero detenerse allí solo coloca a alguien en el mismo círculo teológico que los demonios. Como escribe Santiago: «Tú crees que Dios es uno. Haces bien; también los demonios creen, y tiemblan» (Stg 2:19). La fe verdadera consiste en creer que este único Dios es por nosotros, que la plenitud de la Deidad habita corporalmente en Jesús, y que su muerte en la cruz es la revelación de la gloria del Padre para salvarnos. Los cielos, ciertamente, declaran su justicia, pero la cruz y la resurrección de Jesús declaran su voluntad de salvarnos y darnos esa justicia.

Salmos 97:8-12

La luz se ha sembrado

Hace dos días, comenzamos el Salmo 97 con el Señor haciendo una gran entrada al mundo con todo el despliegue divino imaginable: nubes, densa oscuridad, relámpagos centelleantes, montes que se derriten y mucho fuego. Jesús viene a juzgar al mundo. Él avergonzará a los adoradores de ídolos, pero su pueblo —aquí llamado «Sión» y «las hijas de Judá» (97:8)— se alegrará y gozará por sus juicios. A diferencia de los ídolos inútiles, Cristo es «el Altísimo sobre toda la tierra... muy excelso sobre todos los dioses» (97:9).

Vivimos en la espera de la segunda venida de Cristo. La anhelamos, la esperamos, pero aún no ha ocurrido. Ahora, por lo tanto, nosotros «los que amamos al Señor» somos llamados a «aborrecer el mal» (97:10). Y no solo el mal que está «allá afuera», sino el mal más peligroso que está dentro: «las pasiones carnales que combaten contra el alma» (1 P 2:11). Esta batalla constante, con «tribulaciones por fuera, y por dentro temores» (2 Co 7:5), genera muchos días oscuros. En esas circunstancias, a veces nos preguntamos si podremos seguir. Si todo es demasiado. Examinamos los campos de nuestra vida y los vemos cubiertos de sombras.

En esos días oscuros, recordemos que «la luz se ha sembrado para el justo, y alegría para los rectos de corazón» (97:11). Semillas de luz divina, granos de iluminación misericordiosa, están enterrados bajo el suelo, listos para brotar en el momento oportuno. La esperanza viene en camino, como viene en camino el crecimiento de la semilla de trigo sembrada por el agricultor. Cuando sea el momento, el suelo negro se abrirá y brotarán hojas de luz. La oscuridad huirá con la cola entre las piernas. La esperanza cubrirá el campo mientras la luz, sembrada por el Espíritu, se expande en una cosecha de gozo. La luz viene, tan cierto como Cristo salió de la oscuridad de la tumba a la luz de la vida nuevamente por nosotros. Por esta razón, «¡alégrense en el Señor... y alaben su santo nombre!» (97:12).

Salmo 98

Aclamen con júbilo al Señor

En 1719, Isaac Watts publicó *Los Salmos de David, imitados en el lenguaje del Nuevo Testamento*. En esta colección hay una paráfrasis en forma de himno del Salmo 98, dividida en dos partes. La segunda parte la conocemos todos. La mayoría la sabemos tan bien que podemos cantarla de memoria. Lo que probablemente no sabemos es que estamos cantando palabras basadas en el Salmo 98. Esta paráfrasis en forma de himno es el amado villancico navideño «¡Al mundo paz!».

La alegría que llega al mundo es el Señor Jesús mismo, cuya «diestra y su santo brazo le han dado la victoria» (98:1). Cuando cantamos «Recibe al Rey Jesús», estamos repitiendo la declaración del Salmo: «El Señor ha dado a conocer su victoria... Todos los términos de la tierra han visto la salvación de nuestro Dios» (98:2-3). Este no es un mensaje limitado a un pequeño rincón del mundo, sino uno que «cielos y naturaleza canten». Los mares rugen, los ríos baten palmas y cantan jubilosos los montes (98:7-8), mientras «campos y selvas, peñas y montes / repiten con gozo su voz». Ya que el Creador mismo ha venido a nuestro mundo y ha tomado nuestra naturaleza creada en el vientre de María, toda la creación se convierte en un coro cósmico para alabar y magnificar el nombre de Jesús, quien ha unido el cielo (Dios) y la tierra (humanidad) en sí mismo.

Las espinas del pecado y el dolor, la herencia maldita del primer Adán, son reemplazadas por el último Adán, quien «viene a derramar su bendición / hasta donde llega la maldición». ¿La maldición del pecado? Sí. ¿La maldición de la muerte? Sí. ¿La maldición del dolor? Sí. La maldición queda cubierta por la bendición de Jesús, quien es «la salvación de nuestro Dios» (98:3). En él, heredamos la bendición de nuestro Padre, que se revelará plenamente en la nueva creación, donde «ya no habrá muerte, ni habrá más duelo, ni clamor, ni dolor...» (Ap 21:4). ¡Al mundo paz, en verdad! ¡El Señor Jesús ha venido y vendrá otra vez!

Salmo 99

¡Él es santo!

En su visión de los serafines de seis alas, Isaías los escuchó clamar unos a otros: «¡Santo, santo, santo es el Señor de los ejércitos; llena está toda la tierra de su gloria!» (Isaías 6:3). En la adoración de las iglesias de todo el mundo, un canto basado en estas palabras (llamado el *Sanctus* o *Trisagion*) resuena cada domingo. Lo cantamos no solo porque sea un bonito versículo bíblico, sino porque la adoración terrenal y la adoración celestial no suceden «aquí abajo» y «allá arriba», sino que son un solo servicio unido de lo visible y lo invisible. Hombres y querubines, mujeres y serafines, niños en la tierra y creyentes ya en el cielo se mezclan en una alianza mística alrededor del triple Santo Señor. Cada domingo, nuestros hombros rozan alas.

El Salmo 99 es el compañero ideal de Isaías 6, pues en los apenas nueve versículos de este breve salmo, la santidad aparece una y otra vez. El Señor «está sentado como Rey sobre los querubines» en el Lugar Santísimo (99:1). Que los pueblos «alaben tu nombre grande y temible; ¡él es santo!» (99:3). «Exalten al Señor nuestro Dios y póstrense ante el estrado de sus pies; ¡él es santo!» (99:5). Y nuevamente en el versículo final: «Exalten al Señor nuestro Dios y póstrense ante su santo monte, porque santo es el Señor nuestro Dios» (99:9).

Estar en los atrios santos del templo en Jerusalén era estar ante el santuario interior de la Santidad misma, el Señor Dios de Israel.

Cuando ese Señor Dios se hizo carne, el vientre de María fue su arca del pacto durante cuarenta semanas. Cuando comenzó su ministerio, él era el Lugar Santísimo andante. Tocarlo era tocar a Dios. Dondequiera que iba, purificaba y santificaba, compartiéndose a sí mismo. Así lo sigue haciendo hoy, tocándonos con su evangelio, bautizándonos en su cuerpo, dándonos su cuerpo para comer y su sangre para beber en la Cena. Por eso, con las huestes angélicas y los creyentes en el cielo, nosotros, santificados por él, cantamos: «¡Santo, santo, santo es el Señor de los ejércitos; llena está toda la tierra de su gloria!».

Salmo 100

Toda la tierra

En «Revelación», un cuento corto de Flannery O'Connor, la protagonista es una mujer racista, santurrona, que pasa sus días juzgando a los demás. Al final, se le concede una «revelación». Ve «un vasto puente colgante que se extiende hacia arriba desde la tierra a través de un campo de fuego viviente». Sobre él suben almas al cielo. Delante de ella están las personas que ella considera inferiores, a quienes llama basura blanca, negros, locos, lunáticos. En el último grupo van personas que se parecen a ella, aquellos que, en su opinión, actúan con gran dignidad, sentido común y respetabilidad —personas que incluso pueden cantar afinado. En la frase más memorable de la historia, esta mujer se da cuenta «por sus rostros sorprendidos y transformados que, incluso, sus virtudes estaban siendo quemadas».[22]

El Salmo 100 funciona como un fuego lírico. Quema nuestro orgullo y la tendencia a pensar que, aunque Dios ame a todos, a nosotros —los «respetables»— nos ama un poquito más. «¡Aclamen con júbilo al Señor, toda la tierra!» (100:1). No todos ustedes con cierto color de piel, no todos ustedes que votan de cierta manera, no todos ustedes que mantienen su moral intacta. Más bien, ¡toda la tierra! No hay escalera social, económica o espiritual que escalar en el reino de Dios. Jamás hay razón para orar: «Dios, te doy gracias porque no soy como los demás hombres, estafadores, injustos, adúlteros, ni aun como este recaudador de impuestos» (cf. Lc 18:11).

¿Quiénes somos? Todos «pueblo suyo somos y ovejas de su prado» (100:3). Pastamos juntos, lado a lado, con Cristo guiándonos a pastos verdes y aguas de reposo. A él, todos juntos, elevamos un júbilo gozoso. Aunque todos hemos pecado y no alcanzamos la gloria de Dios (Ro 3:23), fue la gloria de Dios salvarnos, lavar nuestras vestiduras y emblanquecerlas en la sangre del Cordero (Ap 7:14). Todo esto lo hace, porque «el Señor es bueno; para siempre es su misericordia, y su fidelidad por todas las generaciones» (100:5).

Salmo 101

Cantaré

Quien conozca cómo la vida de David se vino abajo después del desastre con Betsabé y Urías, y note que este mismo rey es el autor del Salmo 101, comprenderá que al leer estos versículos use pregunte: «¿Cómo?». David escribe: «En la integridad de mi corazón andaré dentro de mi casa» (101:2). ¿Te refieres a la misma casa donde fuiste un mirón mientras Betsabé se bañaba? (2 S 11:2).

Escribe: «El que practica el engaño no morará en mi casa» (101:7), sin embargo, en la casa de David había un hijo, Amnón, que engañó a su hermana Tamar para violarla, y David respondió solo con ira (2 S 13:21). De nuevo, David dice: «Cada mañana destruiré a todos los impíos de la tierra» (101:8), pero este mismo hombre actuó con tanta maldad que provocó la ira de Dios y una peste cayó sobre Israel que mató a setenta mil hombres (2 S 24). Obviamente, la oración de David no se alinea con su práctica. Hay una gran disonancia entre lo que dice y lo que hace.

De manera sorprendente y desconcertante, esta misma disonancia en el Salmo 101 sirve para desenmascarar la misma disonancia en nuestras vidas. ¿Puedes tú, puedo yo, decir con honestidad: «No pondré cosa indigna delante de mis ojos» o «El perverso de corazón se alejará de mí» (101:3-4)? ¿Hemos caminado con integridad, desconocido el mal, evitado toda arrogancia? (101:2, 4-5). Por supuesto que no. La música de nuestras vidas morales suena tan armoniosa como un grupo de monos borrachos golpeando ollas de metal.

Con David, entonces, oramos el Salmo 101, pero solo en la voz de Jesús. Él solo canta estas palabras en perfecta armonía. Lo que pensó, dijo e hizo siempre estuvo alineado. Es la música de su vida justa y sacrificial la que resuena sobre la nuestra, y se convierte en nuestra por la fe. Sonamos como Jesús. Estamos en armonía con él y dentro de él, hechos parte del coro de los santos, cantando en el Espíritu al Padre, quien se complace en nosotros en su Hijo. «Cantaré» en él (101:1).

Salmos 102:1-11

Me olvido de comer mi pan

«Me olvido de comer mi pan» (102:4). Yo nunca entendí realmente este versículo hasta que mi propio hogar de felicidad se convirtió en una casa de luto. Cada día, familiares, amigos e incluso desconocidos llegaban a nuestra puerta con el corazón lleno de compasión y las manos llenas de cazuelas. Aun cuando el dolor nos había devorado el apetito, con tanta comida alrededor, hacíamos lo que de otro modo hubiéramos olvidado hacer: comer.

El salmista, que está viviendo su propia pesadilla, describe la dieta de los dolidos: «He comido cenizas por pan, y con lágrimas he mezclado mi bebida» (102:9). Comer ceniza —masticar el dolor, tragar la pena, beber lágrimas. Este es el alimento diario, casi por hora, de aquellos cuyos días pasan como humo, cuyos huesos arden como un horno, cuyo corazón marchito es herido como la hierba, que no pueden dormir, y cuyos días son como una sombra que se va alargando al atardecer, oscureciéndose lenta pero seguramente hasta la noche que amenaza con tragarse toda esperanza (102:3-11). Cuando esos días lleguen —y llegarán, para todos— ¿qué hacemos? ¿Adónde vamos?

Vamos al Salmo 102, titulado «Plegaria de uno que sufre, cuando desmaya y expone su queja ante el Señor». Vamos a Dios, diciendo: «Oh Señor, escucha mi oración, y llegue a ti mi clamor» (102:1). El Señor Jesús, a quien oramos, conoce de primera mano lo que es soportar la aflicción, noches sin dormir, un corazón marchito y la llegada amenazante de la oscura boca de la noche que parece cerrarse alrededor del alma. Él ha estado allí. Y estará allí contigo. Y será todo oído. Todo corazón. Todo en él, todo para nosotros. Cuando tropecemos, él estará allí para levantarnos. Cuando lloremos, su mano traspasada enjugará cada lágrima de nuestros ojos. Cuando nos olvidemos de comer pan, él enviará amigos y familia para conseguir alimentarnos. Porque ese es el tipo de Dios que es Jesús: el compañero de los quebrantados, el Señor de amor y vida para nosotros.

Salmos 102:12-17

Ten compasión de Sión

En algunos salmos, los dolores internos y las tribulaciones externas son experimentados por un individuo. En el Salmo 13, por ejemplo, David habla solo de «yo» y «me», no de «nosotros». En otros salmos, la perspectiva es colectiva, cuando el pueblo del Señor es atacado, difamado y se siente abandonado por Dios en su hora de más profunda aflicción. El Salmo 89 ejemplifica esto, ya que Israel, después de recordar la fidelidad de Dios en el pasado, ahora lamenta cómo Dios los ha rechazado y entregado a los destructores. Otros salmos, como el Salmo 22, hacen ambas cosas. Estas oraciones comienzan con las agonías de un «yo», luego se expanden, de modo que el salmo se extiende en círculos crecientes para incorporar los dolores y también las bendiciones en Israel o incluso entre todos los pueblos.

Vemos este movimiento expansivo en el Salmo 102, en la transición del versículo 11 al 12 y siguientes. Ya no es un «yo» el que bebe lágrimas y se marchita como la hierba, sino Sión quien necesita compasión, sus piedras e incluso su polvo. Los gemidos de sus prisioneros, los que están condenados a muerte, se elevan hacia el cielo (102:20). Esto nos ayuda al orar, especialmente cuando somos ese «yo» que está sufriendo. En las estaciones oscuras de la vida, puedo estar tan abrumado por mi propio dolor que olvido a otros a mi alrededor que también sufren —muchas veces sufriendo la misma agonía que yo. Estos salmos levantan mis ojos para ver a mi hermano herido, a mi hermana con lágrimas. Mis oraciones abarcan los sufrimientos de otros, y sus oraciones abarcan las mías, de modo que en una camaradería de dolor y súplica, el «yo» se amplifica a «nosotros» mientras el cuerpo de creyentes clama a nuestro Padre celestial.

¿Qué hace él? Tiene compasión de nosotros. «Él considerará la oración de los menesterosos y no ha despreciado su plegaria» (102:17). Él levanta y tiene compasión a Sión (102:12-13). Nos envuelve a todos juntos en su abrazo paternal, dándonos sanidad de corazón y alivio del alma al derramar en nosotros los dones de su Hijo.

Salmos 102:18-28

Él miró desde lo alto

Si somos propensos a mirar en alguna dirección, es hacia arriba —y no me refiero a mirar hacia Dios. Me refiero a mirar hacia eso que más queremos en la vida. Ese «algo» puede ser bueno en sí mismo, como un título, un ascenso, el éxito financiero o esa «gran oportunidad» que hemos estado esperando. El peligro, generalmente, no es externo sino interno, en nuestro anhelo fanático por ello. Miramos hacia arriba a esa meta con tal intensidad que la ambición nos ciega a quienes están a nuestra izquierda y derecha que nos necesitan, o a quienes están debajo de nosotros que han tropezado, caído y podrían usar una mano amiga. Nos quedamos tan absortos mirando hacia arriba —al honor, poder, placer, fama, éxito, conocimiento, lo que sea— que los heridos, los perdidos y los desfavorecidos pasan desapercibidos.

¿En qué dirección mira nuestro Señor? «Él miró desde su excelso santuario» (102:19). ¿Por qué? «Para oír el gemido de los prisioneros, para liberar a los condenados a muerte» (102:20). El Señor está entronizado para siempre, los cielos son obra de sus manos, y aun así, en lugar de quedarse sentado en su trono, ajeno a todos menos a sí mismo, el Señor mira hacia abajo con compasión y favor. Mira hacia abajo a las prisiones donde hombres y mujeres se sientan entre los escombros de sueños rotos. Mira hacia abajo a los dormitorios de quienes se duermen llorando. Mira hacia abajo a las mentes confundidas de los ancianos y a los corazones temblorosos de los niños pequeños. Dondequiera que estés, sean susurros o gritos los que resuenen en la cámara privada de tu alma, él mira hacia abajo, ve, escucha y le importas.

Jesucristo, quien «fundó la tierra» (Sal 102:25; Heb 1:10), puso el fundamento de toda nuestra esperanza en su resurrección de entre los muertos. Porque no puede ser «vuelto a la vida», porque él vive, podemos enfrentar no solo el mañana, sino también el hoy. Al mirar hacia arriba a su rostro resucitado, vemos brillar una esperanza que nos renueva y enciende amor en nuestros corazones para los que nos rodean. Pase lo que pase, estamos seguros en aquel que miró desde el cielo, nos vio y nos salvó.

Salmos 103:1-5

Todos sus beneficios

Si alguien nos preguntara qué hizo por nosotros un desconocido al azar, podríamos decir: «Fulanita me recomendó un buen restaurante» o «Fulanito me prestó sus cables para encender mi automóvil cuando se quedó sin batería». Misión cumplida. Si nos preguntan qué hizo un compañero de trabajo por nosotros, la lista se alarga: «Veamos: me ayudó con un par de proyectos, me pasó algunos contactos de ventas y me ayudó a sobrevivir la temporada alta». Aun así, olvidaríamos cosas. Pero si alguien nos preguntara qué han hecho por nosotros nuestros padres, cónyuge, hermanos, hijos o amigos cercanos, podríamos pasar todo el día enumerando detalles de esa lista y nunca terminarla. Ahora bien, si esto pasa con las personas más queridas, ¿cuánto más con Dios?

Cuando el salmista dice: «Bendice, alma mía, al Señor, y no olvides ninguno de sus beneficios» (103:2), comprendemos lo imposible que es. ¿Todos sus beneficios? Él me ha dado cada latido de mi corazón, cada respiro de mis pulmones, cada visión de mis ojos. Me ha dado familia, hogar, trabajo y país. Como podríamos seguir y seguir, David enfoca nuestra atención en cinco verbos, todos los cuales Dios hace por nosotros: él perdona todas nuestras iniquidades, sana todas nuestras enfermedades, rescata nuestra vida del sepulcro, nos corona de amor y compasión, y colma de bienes nuestra vida.

Estas cinco acciones resumen el plan general de Dios para nuestra vida: su perdón en Cristo nos reconcilia con él; ese perdón es la certeza divina de que, cuando nuestra vida aquí termine y Jesús regrese, todas las enfermedades de esta vida serán sanadas en la resurrección; cuando él redima nuestros cuerpos del sepulcro en el último día, nuestros cuerpos glorificados llevarán coronas de amor y compasión; y para siempre con Jesús, seremos saciados de bien. Por todo esto, sí, bendigamos al Señor y no olvidemos ninguno de sus beneficios hacia nosotros en Cristo.

Salmos 103:6-14

Grande en misericordia

Hay pasajes de la Escritura que, como poesía con alas, pueden levantarnos de los valles de tristeza y llevarnos a alturas de esperanza una vez más. Otros versículos caen como lluvia sobre el suelo reseco de nuestra alma, despertando vida y alegría de nuevo. Dios nos ha dado muchos de estos pasajes en la Biblia. Si los listáramos, ordenándolos según el impacto que tienen en nosotros durante los momentos más difíciles de la vida, cerca de la cima, si no en la cima, estarían los versículos 8 al 13 del Salmo 103.

> *Compasivo y clemente es el Señor, lento para la ira y grande en misericordia. No luchará con nosotros para siempre, no luchará con nosotros para siempre. No nos ha tratado según nuestros pecados, ni nos ha pagado conforme a nuestras iniquidades. Porque como están de altos los cielos sobre la tierra, así es de grande su misericordia para los que le temen. Como está de lejos el oriente del occidente, así alejó de nosotros nuestras transgresiones. Como un padre se compadece de sus hijos, así se compadece el Señor de los que le temen.*

¿Cómo es el amor de Dios? Su amor muestra misericordia a los que no la merecen, gracia a los ingratos. No es tacaño; no guarda rencores. No nos paga conforme a nuestras iniquidades, sino que nos da los dones pagados por Cristo mismo. Los cielos más altos son bajos en comparación con las cumbres de su amor. Ha alejado nuestros pecados a una distancia tan incalculable como la que hay del oriente al occidente. Ningún padre terrenal, aunque trabaje en tres empleos por sus hijos, pase horas de rodillas orando por ellos o reciba una bala por ellos, ni siquiera ese padre tiene un corazón tan grande como el del Señor hacia nosotros.

Si estas palabras del Salmo 103 fueran piezas de un rompecabezas, al unirlas, la imagen que aparecería delante de nosotros sería el rostro de Jesús. Él es la encarnación viva del amor divino.

Salmos 103:15-22

Como la hierba

Cada primavera, nuestro jardín delantero pasa de un marrón apagado de invierno a un verde vibrante. El pasto adquiere ese inconfundible tono de vida. Las flores florecen. Y por un tiempo, permanece. Pero cuando el calor del verano tuesta la tierra, el pasto verde vuelve a tornarse marrón. Las flores se marchitan. Todos sabemos cómo funciona esto. Por eso, todos asentimos con la cabeza al entender lo que David quiere decir cuando dice: «El hombre, como la hierba son sus días; como la flor del campo, así florece» (Sal 103:15). Claro, cuando somos jóvenes, tal vez vivamos en un mundo imaginario de invencibilidad, pero la realidad finalmente se impone. Nuestro tiempo aquí es breve.

Tener conciencia de la fragilidad de la vida humana pone el resto del Salmo 103 en una luz sorprendente y audaz. Aunque somos diminutos en el vasto universo de la creación, somos nosotros sobre quienes Dios derrama sus beneficios. El amor inquebrantable del Señor, que es desde la eternidad y hasta la eternidad, es nuestro (103:17). Nosotros, tan pequeños en el gran esquema de las cosas, llevamos sobre nuestra cabeza, como en las frentes de reyes y reinas, la corona del amor constante del Señor Todopoderoso. Sobre nuestras cabezas está la marca real de que somos amados con una misericordia incalculable. Muchas veces podemos sentirnos los más insignificantes, pero nuestro Padre nos corona como sus hijos reales.

Por lo tanto, bendice al Señor, quien no esperó que fuéramos a él, sino que vino a nosotros. Bendice al Señor, quien no nos dijo que lo encontráramos a mitad de camino, sino cuyo Hijo fue hasta el final, a la cruz completa y la tumba vacía para hacernos suyos. Bendice al Señor, hombres y mujeres, niños y bebés, grandes y pequeños, los que tienen su vida en orden y los que viven en un completo desastre. Bendice al Señor, que es misericordioso y compasivo, lento para la ira y grande en misericordia para con nosotros en Jesús su Hijo, nuestro Salvador. Aunque nos sintamos como hierba que se marchita, en Jesús somos «robles de justicia» (Is 61:3).

Salmos 104:1-4

Sus ministros, fuego flameante

Se les conoce por varios nombres y títulos en toda la Escritura. En su visión del templo, Isaías los llamó serafines, mientras cantaban «Santo, Santo, Santo» alrededor del trono de Dios (6:1-3). En su visión del carro del trono, Ezequiel los llamó simplemente «seres vivientes» (1:5). En Génesis, cuando fueron colocados con espadas flameantes para guardar la entrada al Edén después de la expulsión de Adán y Eva, se les llama querubines (3:24). Dos estatuas de querubines dorados, con las alas extendidas una hacia la otra, también estaban sobre el propiciatorio en el lugar Santísimo (Ex 25:18-20). Además, hay dos arcángeles mencionados por nombre en la Biblia: Miguel y Gabriel; este último tuvo el privilegio de llevarle a María la buena noticia de que, siendo virgen, llevaría en su vientre al Hijo del Altísimo, Jesús nuestro Salvador (Dn 12:1; Lc 1:26).

Vemos que al comenzar el Salmo 104, los ángeles reaparecen: el Señor «hace de los vientos sus mensajeros, y de las llamas de fuego sus ministros» (104:4). Ellos están con él en esta descripción poética de Dios en gloria celestial: «Bendice, alma mía, al Señor. Señor Dios mío, cuán grande eres; te has vestido de esplendor y de majestad. Cubriéndote de luz como con un manto, extendiendo los cielos como una cortina. Él es el que pone las vigas de sus altos aposentos en las aguas, el que hace de las nubes su carroza, el que anda sobre las alas del viento» (104:1-3).

Estos mensajeros del Señor son «espíritus ministradores enviados para servir por causa de los que heredarán la salvación» (Heb 1:14). Son nuestros «guardianes» celestiales, invisibles pero presentes, acompañándonos mientras trabajamos, viajamos, dormimos y adoramos. Cuando llegue nuestra última hora, harán por nosotros lo que hicieron por Lázaro: llevarnos al seno de Abraham, al mismo cielo, donde estaremos ante el Salvador vestido de luz, quien nos recibirá con brazos abiertos (Lc 16:22). ¡Qué día de alegría será ese para nosotros!

Salmos 104:5-9

A tu reprensión huyeron

Al orar con el Salmo 104 durante los próximos días, colócalo al lado de Génesis 1. Aunque el orden no es exacto, el salmo sigue el esquema básico de los actos creativos diarios de Dios. Ayer vimos al Señor, vestido de esplandor, «extendiendo los cielos como una cortina» (104:2). Estaba rodeado de ángeles, «poniendo las nubes por su carroza» (104:3). Los actos del Día 1 y del Día 2 se reflejan en esos versículos.

En el Día 3 de la creación, Dios hizo que las aguas descendieran para que apareciera la tierra seca (Gn 1:6-9). En paralelo, en el Salmo 104, la tierra está firmemente fundada, pero el mundo todavía está cubierto de agua. Incluso las montañas están sumergidas. Entonces Dios habla —¡o mejor dicho, reprende!—: «A tu reprensión huyeron [las aguas]; al sonido de tu trueno se precipitaron. Se levantaron los montes, se hundieron los valles, al lugar que tú estableciste para ellos. Pusiste un límite que no pueden cruzar, para que no vuelvan a cubrir la tierra» (104:7-9).

La «reprensión» de Dios a las aguas en la creación para que «huyeran» refleja su acción redentora posterior en el mar Rojo, cuando las aguas «huyeron» ante Dios (Sal 114:3). El agua hace la voluntad del Creador; él habla y el agua responde, tanto en creación como en redención. Su palabra habló el agua a la existencia; su reprensión hizo que se hundieran para que apareciera la tierra seca; su mandato hizo que el agua inundara la tierra en los días de Noé; su promesa hizo que esas mismas aguas se hundieran de nuevo; su reprensión dividió las aguas del mar para que su pueblo pudiera cruzar. La palabra de Dios y la acción del agua tienen una larga historia empapada de gracia divina.

No es de sorprender, por lo tanto, que cuando Jesús nos dijo cómo hacer discípulos, dijera de hacerlo bautizando y enseñando (Mt 28:18-20). A nuestro Señor le gusta hacer grandes cosas con agua. ¡Y qué gran cosa es usar el agua, llena con la palabra de Dios, para hacernos seguidores de Jesús!

Salmos 104:10-13

Los asnos monteses mitigan su sed

Cuando Jesús se dirige a las ovejas a su derecha en el juicio final, les dice: «Vengan, benditos de mi Padre, hereden el reino preparado para ustedes desde la fundación del mundo» (Mt 25:34).

En la lista de sus sencillas y amorosas acciones, incluye esto: «Tuve sed, y me dieron de beber» (25:35). Hay una correspondencia fácil de pasar por alto entre lo que hacen los creyentes y lo que Dios mismo hace. En este reino preparado desde la fundación del mundo, los hijos de Dios hacen lo que su Padre, desde la creación, ha estado haciendo siempre: dar de beber al sediento.

En el Salmo 104, decimos de Dios: «Él hace brotar manantiales en los valles; corren entre los montes; dan de beber a todas las bestias del campo; los asnos monteses mitigan su sed. Junto a ellos habitan las aves de los cielos; Elevan sus trinos entre las ramas . Él riega los montes desde sus aposentos; del fruto de sus obras se sacia la tierra» (104:10-13). El Señor es el que sacia la sed, el dador de agua para cada animal del campo. Ante sus ojos está un mundo que, cada segundo de cada día, lo necesita. Asnos monteses. Pájaros que cantan. Montes elevados. Todos tienen sed, y él les da de beber. Él humedece la garganta del mundo.

Cuando el Dios creador bajó del cielo para habitar entre nosotros, para establecer su reino, decidió superarse a sí mismo. Optó por hacer más que proveer agua al sediento: transformó seis tinajas de agua en seis tinajas de vino (Jn 2:1-11). Aquel que da «de beber a todas las bestias del campo» dio vino a cada invitado en la boda. Y no un vino agrio y barato, sino el mejor vino, el de la más alta calidad. Este milagro en Caná lo hizo para manifestar su gloria (2:11), una gloria que no se contenta solo con satisfacer nuestros deseos físicos diarios, sino que sacia la sed más profunda de nuestra alma con él mismo.

Salmo 104:14-23

El rugido de los leones jóvenes

En nuestra era moderna, tendemos a elevar la ciencia como la reina de las disciplinas académicas, como si la ciencia fuera el árbitro final de la verdad. Pero la ciencia, lejos de ser una reina, es una sirvienta más en la corte del verdadero Rey, el Creador mismo. La ciencia habla en prosa pura y simple sobre los hechos examinables de la naturaleza, pero oraciones bíblicas como la del Salmo 104 cantan con poesía a todo color sobre la creación y el Creador.

Aquí confesamos que el vino, el aceite y el pan, lejos de ser simplemente productos de la viticultura, la agricultura y la panadería, son obra de Dios, quien hace crecer las plantas "para que el hombre las cultive, para que saque de la tierra alimento, y vino para alegrar el corazón del hombre, aceite para hacer brillar su rostro y pan para fortalecer el corazón del hombre" (104:14-15). Los árboles donde anidan las aves, las altas montañas donde vagan las cabras montesas, son plantados y formados por el Señor (104:16-18). Los cuerpos celestes no solo existen, sino que «hizo la luna para marcar las estaciones» (104:19). La oscuridad también es creación del Señor, para que las bestias nocturnas puedan arrastrarse (104:20), y la luz es un don divino para el hombre que «sale a su trabajo y a su labor hasta la tarde» (104:23). Incluso el rugido de un león es una especie de oración a nuestro Padre, pues «los leoncillos rugen por su presa, y buscan de Dios su alimento» (104:21). Por lo tanto, toda la creación, desde el sol y la luna, hasta los viñedos y los olivares, los leones y las personas, da testimonio del amor creador del Señor. Él ahora y siempre «sostiene el universo con la palabra de su poder» (Hebreos 1:3). El Salmo 104 ha transformado el caminar de Génesis 1 en una danza, la descripción constante día a día de Génesis, en un aleluya cantado a Dios Padre, a su Espíritu y a su Hijo, Jesucristo, por quien «todas las cosas fueron hechas... y sin él nada de lo que ha sido hecho, fue hecho» (Juan 1:3). Bendice al Señor, alma mía. Bendice al Padre, al Hijo y al Espíritu Santo.

Salmos 104:24-26

Leviatán

Los israelitas antiguos observaban el universo como tres niveles apilados uno sobre otro: los cielos o el firmamento en la parte superior, la tierra seca en el medio, y en el fondo las aguas (por ejemplo, Ex 20:4). En el quinto día de la creación, Dios pobló los niveles superior e inferior: dijo, «Llénense las aguas de multitudes de seres vivientes, y vuelen las aves sobre la tierra en la abierta expansión de los cielos» (Gn 1:20). Las aves vuelan arriba, los peces pululan abajo. Al orar el Salmo 104, recordamos el llenado de la capa inferior: «He allí el mar, grande y anchuroso, en el cual se mueve un sinnúmero de animales tanto pequeños como grandes. Allí surcan las naves, y el Leviatán que hiciste para que jugara en él» (104:25-26).

Génesis también dice que Dios «creó los grandes monstruos marinos» (1:21). En hebreo, «monstruos marinos» se traduce *tannin*, una palabra que, dependiendo del contexto, también puede referirse a serpientes o dragones. Lo que Génesis llama *tannin*, el Salmo 104 lo llama Leviatán, un monstruo del abismo que Job describe con gran detalle (Job 41, cf. 3:8). Isaías lo presenta como un dragón serpentino, huidizo e inflexible del mar (27:1). En el Salmo 104, Leviatán, que en otros contextos parece tan temible, es simplemente una criatura juguetona de el Señor que se divierte como un delfín cerca de los barcos.

«¡Cuán numerosas son tus obras, oh Señor! Con sabiduría las has hecho todas» (Sal 104:24). El Señor «con sabiduría fundó la tierra» (Pr 3:19). Sí, lo hizo con sabiduría, pero la Sabiduría a menudo es personificada en el Antiguo Testamento. En Proverbios 8, la Sabiduría dice: «El Señor me poseyó al principio de su camino, antes de sus obras de tiempos pasados» [...] «cuando las fuentes del abismo se afianzaron» [...] «yo estaba entonces junto a él como arquitecto» (8:22, 28, 30). Esta Sabiduría es el Hijo del Padre, pues «porque en él fueron creadas todas las cosas, tanto en los cielos como en la tierra» (Col 1:16). Por Cristo, la tierra fue fundada. Por Cristo, los cielos fueron hechos. Por Cristo, los mares fueron vertidos. Así que, aquella noche cuando Jesús caminó sobre el mar de Galilea, pisaba las aguas que, mucho antes, él mismo había creado y llenado de «animales sinnúmero [...] animales pequeños y grandes» (104:25).

Salmos 104:27-30

Todos ellos esperan en ti

Una idea muy extendida sobre Dios como Creador es que su proyecto creativo terminó hace mucho tiempo. Al principio, él formó los cielos y la tierra, estableció divisiones entre el cielo, la tierra y los mares, y luego llenó todas estas áreas con sus criaturas correspondientes. Como coronación, creó al hombre y a la mujer, los colocó en el Edén y entonces —según esta idea— la obra creativa de Dios quedó completada. El día séptimo habría sido su fiesta de jubilación, estilo sabático. El mundo, con sus leyes y procesos naturales, funcionaría desde entonces con su propio impulso.

El Salmo 104 nos recuerda que nada podría estar más lejos de la verdad. Todas las criaturas, grandes y pequeñas, «esperan en ti para que les des su comida a tiempo» (104:27). Las nueces y semillas que almacenan las ardillas, las bellotas que esconden los pájaros carpinteros, son provistas por Dios: «Tú les das, ellos recogen; abres tu mano, se sacian de bienes» (104:28). Cuando los caballos envejecen, cuando los pájaros ya no pueden volar, «les quitas el aliento, expiran y vuelven al polvo» (104:29). El Señor reemplaza cada generación: «Envías tu Espíritu, son creados, y renuevas la superficie de la tierra» (104:30).

Este conocimiento íntimo, incluso de las criaturas más insignificantes, es confirmado por Jesús, quien dijo que ni un solo pajarillo «caerá a tierra sin permitirlo el Padre» (Mt 10:29). La creación, no es un reloj bien hecho al que el Señor dio cuerda y luego dejó andar solo, es más bien como una granja o un rancho en el que el Señor está involucrado en cada detalle de su operación diaria.

Si el Señor muestra tal cuidado particular por las ardillas hambrientas y los pajarillos envejecidos, intenta imaginar cuán intensamente, cuán minuciosamente, se preocupa por nosotros, quienes —como dice Jesús— «valemos más que muchos pajarillos» (Mt 10:31). « Y hasta los cabellos de la cabeza de ustedes están todos contados» (10:30). Cada respiro es un regalo. Y cada transgresión, cubierta por la sangre de Jesús. Él ha cuidado de todo por nosotros.

Salmos 104:31-35

Cantaré al Señor

Si abrimos la Biblia al principio y al final, hojeando de Génesis 1-3 a Apocalipsis 21-22, veremos fácilmente los parecidos familiares. El Señor crea «los cielos y la tierra» (Gn 1:1), y luego hay «un cielo nuevo y una tierra nueva» (Ap 21:1). Dios plantó un huerto en Edén para caminar allí con Adán y Eva (Gn 2:8), y después trae la nueva Jerusalén desde el cielo, donde morará con su pueblo (Ap 21:2). Un río fluye desde el Edén (Gn 2:10) y en Apocalipsis encontramos «el río del agua de la vida... que salía del trono de Dios y del Cordero» (Ap 22:1). La muerte comienza en Génesis 3, pero en Apocalipsis 21:4, «ya no habrá muerte». Al final, por tanto, el principio se reinicia, solo que mejor, perfecto y eterno en la nueva creación de la resurrección.

Este tema de que el principio anticipa el final también se refleja en el Salmo 104 que, como hemos visto, sigue aproximadamente el esquema de Génesis 1-2. Así como los días de la creación culminaron con la creación del hombre y la mujer, al concluir el Salmo 104 se centra en la humanidad —el final «o uno u otro» de cada «Adán» y «Eva». Este fin será, o sufrimiento, o canto: «Sean consumidos de la tierra los pecadores» o bien los creyentes, consumidos por el gozo en el Señor (104:33-35). Dos posibilidades, sin tercera opción.

El día en que la tierra comience a temblar, cuando Cristo «toque los montes, y humeen» (104:32), cuando venga de nuevo con la gloria duradera de su Padre «a juzgar a los vivos y a los muertos» (2 Ti 4:1), ese día nosotros, los que creemos en Cristo, lo aguardamos con anhelo. «¡Ven, Señor Jesús!» (Ap 22:20). Hemos puesto nuestra «esperanza completamente en la gracia que se les traerá en la revelación» (1 P 1:13). Esa gracia, abundante en Jesús, hará del último día el primer día de un gozo interminable en la gloria de la resurrección.

Salmos 105:1-6

Descendencia de Abraham

Cuando empezamos a salir y eventualmente nos casamos con nuestro cónyuge, poco a poco vamos conociendo las historias de su familia. El viaje en carretera con los abuelos al Gran Cañón un verano, la batalla de un año de mamá contra el cáncer de mama, la guerra de globos de agua del hermanito dentro de la casa. Historias divertidas y tristes se entrelazan. Aunque las oigamos tantas veces que podríamos contarlas nosotros mismos, siempre seguirán siendo algo ajenas. Después de todo, son relatos de otra familia, no de la nuestra.

Para los cristianos que no son de ascendencia judía, las historias de Israel pueden sentirse así. El éxodo y la conquista, el reinado de David y el exilio en Babilonia son relatos fascinantes pero, en última instancia, no serían nuestro trasfondo como gentiles, ¿verdad? No, esa es una impresión equivocada. El Salmo 105, que repasa las historias de los patriarcas, José, las plagas, el maná y demás, es útil aquí. Fíjate cómo se dirige a la «descendencia de Abraham... hijos de Jacob» (105:6). ¿Quiénes son esta «descendencia», estos «hijos»? Pablo da una respuesta clara en su epístola a los Gálatas: «Y si ustedes son de Cristo, entonces son descendencia de Abraham, herederos según la promesa» (Gl 3:29). Judíos y gentiles que tienen fe en Jesús el Mesías que, por tanto, pertenecen a Cristo, son herederos de las promesas dadas a Abraham. Somos su descendencia, los hijos de Jacob, los hijos de Israel. Nosotros los gentiles, como «un olivo silvestre», fuimos injertados en el árbol de Abraham para que ahora «participemos de la rica savia» de este árbol patriarcal (Ro 11:17). Judíos y gentiles, ramas naturales y ramas injertadas, forman este árbol de fe mesiánica.

Esto significa que todas las narraciones que forman Génesis hasta Malaquías, los exilios y regresos, las conquistas y derrotas, son las historias de quienes tienen fe en Jesús el Mesías. «... la salvación viene de los judíos», como dijo Jesús (Jn 4:22), porque él es judío, descendiente de Abraham y de David. Por lo tanto, «recordemos las maravillas que él ha hecho, sus prodigios y los juicios de su boca», porque son parte de nuestra historia con Dios (105:5).

Salmos 105:7-11

Les daré la tierra

Después de que Abraham salió de su tierra, de su parentela y de la casa de su padre para ir a la tierra que el Señor le mostraría, Dios se le apareció y le dijo: «A tu descendencia daré esta tierra» (Gn 12:7). La misma promesa se reafirma en el Salmo 105: Dios «para siempre se ha acordado de su pacto, de la palabra que ordenó a mil generaciones, del pacto que hizo con Abraham, de su juramento a Isaac, también lo confirmó a Jacob como estatuto, a Israel como pacto eterno, diciendo: "A ti te daré la tierra de Canaán como porción de la heredad de ustedes"» (105:8-11).

La tierra de Israel en hebreo es *Eretz Yisrael*. Es el reemplazo del Edén, de la que Adán y Eva fueron expulsados. Los israelitas entraron a esta tierra prometida como nuevos Adanes y Evas, «un reino de sacerdotes y una nación santa» (Ex 19:6). Como nuevo Edén, Israel aguardaba una expansión internacional, cuando sus fronteras habrían de abarcar todo el mundo bajo el hijo mesiánico de David, quien reinaría hasta los confines de la tierra (Sal 2:8; 72:8).

Esta promesa ha llegado en Jesús de una forma «ya» y «todavía no». Él dijo a la mujer samaritana que llegaría el momento cuando ni en su monte ni en Jerusalén se adoraría al Padre. Más bien, se adoraría en Espíritu y en verdad (Jn 4:21-24). Ese momento es ahora, en la era del Nuevo Testamento, cuando el evangelio del reino ha alcanzado los cuatro rincones de la tierra. El «todavía no» que esperamos, con esperanza, es el cielo nuevo y la tierra nueva, donde esta realidad será nuestra habitación eterna en cuerpos resucitados.

Por ahora, descansamos en la promesa de que, en Cristo, habitamos en su reino, es decir, en la verdadera tierra de Israel, en la tierra prometida de paz bajo el reinado de Jesús nuestro Rey, aguardando el día en que «vendrán muchos del oriente y del occidente y se sentarán a la mesa con Abraham, Isaac y Jacob en el reino de los cielos» (Mt 8:11).

Salmos 105:12-15

Pocos en número

Cuando Dios comienza algo, casi siempre parece que no va a resultar en nada. Un caso claro: la promesa a Abraham de que le daría descendientes tan numerosos «como las estrellas del cielo y como la arena que está a la orilla del mar» (Gn 22:17). Sin embargo, si avanzamos hasta el nieto de Abraham, Jacob, solo hay setenta personas en su familia (Gn 46:27). No es precisamente un número comparable a la arena del mar. Pero el Señor nunca tiene prisa.

El salmista recuerda estos pequeños comienzos de Israel; eran «pocos en número, muy pocos y extranjeros en el país» (Sal 105:12). La misma frase hebrea, «pocos en número», aparece en los labios de Jacob cuando se preocupa por el tamaño de su familia en comparación con sus enemigos (Gn 34:30). Como los beduinos actuales, ellos andaban de un lugar a otro, viviendo en tiendas. En tres ocasiones, Abraham e Isaac se metieron en problemas porque mintieron a gobernantes acerca de sus esposas, diciendo que eran solo sus hermanas. Cada vez, Dios intervino antes de que la situación se saliera completamente de control, porque «él no permitió que nadie los oprimiera; por amor a ellos reprendió a reyes, diciéndoles: "No toquen a mis ungidos, ni hagan mal a mis profetas"» (Sal 105:14-15).

El Señor los rescató, no por la piedad de los patriarcas —¡estaban atrapados en sus propias mentiras!—, sino para proteger su promesa, porque de esta familia nacería un día la Simiente que aplastaría la cabeza de la serpiente (Gn 3:15).

Al llamarlos no solo profetas sino «ungidos», el salmista usa la palabra *mashíaj*, es decir, mesías, un título que luego se usaría para los reyes. Como profetas y «mesías», estos hombres apuntaban de forma anticipada y borrosa hacia los oficios sagrados que surgirían en Israel. Profetas que predicaban. Reyes que gobernaban. Cada uno de estos preparaba al pueblo de Dios para el gran Profeta (Dt 18:15) y el gran Rey por venir (2 S 7), el mismo Mesías.

En él, finalmente, vemos que lo que Dios comenzó sí llegó a ser algo grande: la bendición de la salvación para «todas las familias de la tierra» (Gn 12:3).

Salmos 105:16-22

José, vendido como esclavo

Fuera de la extensa sección narrativa en Génesis dedicada a José (capítulos 37 al 50), solo hay siete referencias a él como individuo en el resto del Antiguo Testamento. Una de estas, Salmos 105:16-22, ubica a José en la larga línea de hombres elegidos usados por Dios para avanzar su plan de salvación. El salmista ya ha mencionado a Abraham, Isaac y Jacob (105:8-11), cómo Dios protegió a estos «mesías» (105:12-15), y continuará diciendo que así como «envió... a José» para preparar a Egipto para los israelitas (105:17), también «envió a Moisés... y Aarón» para guiar a Israel de regreso a la tierra prometida (105:26).

Observa cómo nuestro Padre siempre usó a José como «segundo». Fue segundo después de su padre, Jacob. Cuando fue vendido por plata como esclavo, fue puesto al mando de la casa egipcia, pero segundo de Potifar. Cuando fue falsamente acusado de asalto sexual y echado en una mazmorra egipcia, fue segundo del jefe de la prisión. Y cuando interpretó los sueños del faraón y preparó la nación para los siete años de hambre, fue segundo del rey. José estaba allí solo para servir y salvar, contento de ser segundo.

Su viaje desde hijo favorito, a esclavo, a prisionero, hasta virrey, fue largo y doloroso: trece años extenuantes. «Con grillos afligieron sus pies, él mismo fue puesto en cadenas» (105:18). Durante ese tiempo, «la palabra del Señor lo puso a prueba» (105:19). Mucho peor que el dolor físico, su ego fue aplastado, su corazón quebrantado; sin embargo, por medio de todos estos sufrimientos aprendió la sabiduría que luego enseñó a los ancianos (105:22).

José cargó su cruz y salió de la mazmorra, semejante a una tumba, hacia la luz de su propia «resurrección», donde estaba listo para ser un gobernante siervo. De esta forma, José fue un bosquejo del Mesías, quien también fue traicionado por los suyos, vendido por plata, sufrió, entró en la fosa de la muerte y resucitó —no para buscar venganza—, sino para salvar. Nosotros los pecadores obramos mal contra él, pero «Dios lo cambió en bien» (Gn 50:20).

Salmos 105:23-25

Él volvió sus corazones para que aborrecieran a su pueblo

Gracias al cuidado providencial del Señor hacia Jacob y su familia a través de la sabia y prudente preparación de José para los siete años de hambre, todo estaba bien después de que «Israel entró en Egipto» (Sal 105:23). Al menos por un tiempo. Después de la muerte de José, «los israelitas tuvieron muchos hijos... y llegaron a ser poderosos en gran manera, y el país se llenó de ellos» (Ex 1:7). O como lo expresa el salmo: «E hizo que su pueblo se multiplicara mucho y los hizo más fuertes que sus adversarios» (105:24).

Adán y Eva no pudieron «ser fecundos y multiplicarse» (Gn 1:28) en el Paraíso debido a su rebelión y posterior exilio del Edén (Gn 3). Pero incluso en el exilio egipcio, estos israelitas, como nuevos Adanes y Evas, no solo fecundaron y se multiplicaron sino que, incluso, después de que empezó la persecución, «cuanto más los oprimían, más se multiplicaban y más se extendían» (Ex 1:12).

Cuanto más los oprimían, más se multiplicaban. El pueblo de Dios siempre ha mostrado su mejor cara en los peores tiempos. Como regla general, mientras mejor nos va —cuando nuestras vidas son cómodas, prósperas, sin preocupaciones y tranquilas— más autosuficientes, olvidadizos de Dios, negligentes en la oración, fríos en el amor y poco celosos en la fe nos volvemos. Es un hecho incómodo pero inquebrantable. Todos lo hemos experimentado y, usualmente, para nuestra eventual vergüenza. La iglesia florece en tiempos de persecución, pero se debilita en tiempos de prosperidad. Así fue en Israel, así sucede en las iglesias, familias y vidas individuales. Si no fuéramos pecadores, no tendría que ser así. Pero lo somos, y por eso el Señor usa sabiamente las manos ásperas de la aflicción para despertarnos, para que abramos los ojos y veamos nuestra constante necesidad de su gracia.

En esos tiempos, oh Cristo, atráenos más profundamente a tu cruz, a tu cuerpo, a tu gracia, para que cuanto menos haya de nosotros, más haya de ti.

Salmos 105:26-36

Él envió a Moisés y Aarón

A medida que el Salmo 105 continúa relatando el pasado de Israel, lo que parece ser solo un salto de versículo a versículo en realidad fue un avance siglo tras siglo, lleno de esclavitud, infanticidio, gemidos y clamores pidiendo ayuda. Del versículo 25, «cambió el corazón para que odiaran a su pueblo», al versículo 26, «envió a Moisés», pasan generaciones enteras. Sería como hablar con un estadounidense acerca del *Mayflower* y luego saltar inmediatamente a Pearl Harbor. Israel languideció en la esclavitud hasta que un día, en el desierto, un pastor de ochenta años se acercó intrigado a una zarza ardiente, y oyó: «¡Moisés, Moisés!», y el resto es historia, historia de salvación (Ex 3:4).

El Señor «envió a Moisés, su siervo, y a Aarón, a quien había escogido» (105:26). Dos ancianos hebreos, armados con un simple bastón de madera y la fuerte palabra del Señor, se presentaron ante el faraón, considerado un dios en Egipto. Aunque «ellos» (los hermanos) «hicieron entre ellos prodigios» (105:27), el verdadero actor era Dios: «Él mandó... Él convirtió... Él habló... Él dio... Él hirió» (105:28-36). ¿Qué estaba haciendo en las diez plagas? El Creador estaba convirtiendo Egipto en un *tohu vavohu*, «sin orden y vacía» (Gn 1:2). La luz se volvió tinieblas, el agua en sangre, la lluvia en granizo, la vegetación en polvo, los primogénitos muertos. Meterse con el pueblo de Dios es meterse con Dios. Como dijo Jesús: «Saulo, Saulo, ¿por qué me persigues?» (Hch 9:4). Finalmente, en esa primera noche de Pascua, el pueblo salió de Egipto, liberado por el Señor.

Más de un milenio después, durante la semana de Pascua, la tierra de Israel quedó en tinieblas por tres horas mientras la Palabra del Señor encarnada moría colgada en el madero de la cruz (Jn 1:14, Lc 23:44). Sangre y agua brotaron del costado traspasado del Cordero de Dios que quita el pecado del mundo (Jn 1:29, 19:34). El primogénito del Padre fue muerto y se convierte también en el primogénito de los muertos (Lc 2:7, Heb 1:6, Ap 1:5). ¿Por qué? Para que tengamos vida en su nombre, seamos nuevas criaturas en Cristo y disfrutemos por siempre la liberación de la esclavitud al pecado. «Para libertad fue que Cristo nos hizo libres» (Gl 5:1). ¡Alabado sea él!

Salmos 105:37-42

Él recordó su santa Palabra

Egipto era el granero del mundo antiguo. La inundación anual del Nilo enriquecía el suelo, permitiendo cosechas abundantes. La serie de diez plagas, como martillazos repetidos del puño del cielo, enrojecieron y ennegrecieron el rostro de esta tierra antaño fértil. Como vimos ayer, Egipto se estaba deshaciendo. Un jardín se marchitó en el desierto. Cuando Israel salió, estos antiguos esclavos se llevaron plata y oro como salario atrasado (105:37). Egipto había sufrido tanto que «se alegraron cuando se fueron, porque su terror había caído sobre ellos» (105:38).

En su largo viaje de Egipto a Canaán, Dios realizó reversiones llenas de gracia para su pueblo. El desierto por donde viajaron se convirtió en un jardín —o al menos en una fuente rica de comida, carne y bebida. Lo que fue quitado a Egipto en las plagas, fue dado a Israel como regalos. Habían caído «llamas de fuego» sobre Egipto, pero Dios dio a Israel «fuego para iluminarlos de noche» (105:32, 39). La misma vara con la que Dios «convirtió sus aguas en sangre», abrió «la roca [para Israel], y brotaron las aguas» (105:29, 41). Las langostas «devoraron toda la vegetación» en Egipto, pero para Israel el Señor proveyó «codornices, y los sació de pan del cielo» (105:35, 40). El Señor de las reversiones hizo así de esclavos, reyes; de oprimidos, jubilosos.

¿Por qué? ¿Porque Israel era un pueblo moralmente superior? ¿La crema y nata espiritual? No. Lo hizo «porque se recordó de su santa Palabra dada a Abraham su siervo» (105:42). Él es un Dios que cumple promesas y no renegará de su palabra. Había prometido a Abraham que sacaría a sus descendientes de la tierra de aflicción, y eso fue exactamente lo que hizo (Gn. 15:13-14). Esa es la mejor de las noticias también para nosotros. Cristo es fiel como nuestro Señor de las reversiones: reemplaza nuestro pecado con su perdón, nuestra muerte con su vida, y nuestra impureza con su justicia. Lo hace no porque seamos moral o espiritualmente superiores a otros, sino únicamente por su misericordia hacia nosotros.

Salmos 105:43-45

Los sacó con alegría

Hoy terminamos el Salmo 105. Espero que, día tras día, al ir recorriendo este salmo, hayas notado no solo lo que está escrito, sino también lo que no está escrito. No me refiero a eventos menores relacionados con los patriarcas ni siquiera a grandes acontecimientos como el cruce del mar Rojo o la entrega de la ley en el Sinaí, aunque estos también han sido omitidos por el poeta. Lo que falta en el Salmo 105 es «el resto de la historia», el lado más oscuro de la narrativa desde Génesis hasta Deuteronomio, donde el mismo pueblo que el Señor rescató de la esclavitud participó en una rebelión continua y descarada contra el Dios que tan generosamente los había redimido.

Lo que falta en el Salmo 105, dicho de otro modo, es cualquier indicio del pecado de Israel. Se nos dice que Dios «reprendió a reyes» por causa de los patriarcas (105:14), pero no que las mentiras de los patriarcas crearon el problema desde el inicio. Se nos cuenta que José fue «vendido como esclavo» (105:17), pero no que sus hermanos se beneficiaron de la venta y encubrieron su acto cruel rompiendo el corazón de su anciano padre. El salmo menciona que Aarón fue elegido por Dios para realizar señales en Egipto (105:26), pero no que Aarón fabricó el becerro de oro en el Sinaí. Y podríamos seguir. Pero no hay ni el más mínimo rastro de la larga lista de malas acciones cometidas por Israel y sus líderes. Gran parte de eso lo veremos en el Salmo 106.

Pero por ahora, recordemos que nosotros también tenemos una versión «Salmo 105» de nuestras vidas; es la versión de nuestra vida que Dios ve en Cristo. ¿Nuestros pecados? Eliminados, cubiertos, sepultados profundamente en el cuerpo de nuestro Redentor crucificado. Nosotros recordamos nuestros pecados, sí, pero nuestro Padre no. Él perdona y olvida. Todo lo que ve es a nosotros, su pueblo, vestidos con la justicia real de Jesús. Seguimos siendo individuos, pero cada uno de nosotros, a nuestra manera, se ve exactamente como Jesús.

Salmos 106:1-5

¡Alabado sea el Señor!

Con el Salmo 106 llegamos al final del libro cuatro del salterio. Ayer vimos cómo el Salmo 105 pinta el hermoso «lado de la gracia» de la historia de Israel. En contraste, el Salmo 106 pinta el «lado del pecado» de la misma, como un grafiti. Pero incluso esta afirmación resumida es demasiado unilateral, pues este salmo, aunque destaca los episodios rebeldes del pasado de Israel, lo hace principalmente para subrayar cuán paciente y misericordioso fue el Señor con su pueblo. Al magnificar el pecado de Israel, el Salmo 106 simultáneamente magnifica el amor de Dios.

Antes de que comience la confesión, resuena la alabanza: «¡Aleluya! Den gracias al Señor, porque él es bueno; porque para siempre es su misericordia. ¿Quién puede relatar los poderosos hechos del Señor, o expresar toda su alabanza?» (106:1-2). Comenzamos como terminaremos, con la exclamación hebrea: *Hallelu Yah* (106:1, 48). *Yah* es la forma abreviada de Yahveh, y *Hallelu* es el clamor de «¡Alaben!». ¡Aleluya, alaben al Señor! Esta alabanza no se basa simplemente en la existencia de Dios, sino en su bondad, su amor constante, sus obras poderosas. No alabamos a un poder divino desconocido en el cielo, envuelto en misterio y enmascarado en anonimato, sino al Señor revelado, bueno, misericordioso, amoroso, fiel, el Señor de la lealtad que obra salvación.

Eso marca toda la diferencia. Si vamos a confesar nuestros pecados, que sea al Dios que sabemos que «es fiel y justo para perdonarnos los pecados y para limpiarnos de toda maldad» (1 Jn 1:9). De cualquier otra deidad, huiríamos con terror. Pero a un Padre cuyo amor constante dura para siempre, que en su bondad envió a Jesús para cubrir el grafiti de nuestro pecado con su sangre carmesí, a él acudimos en busca de refugio. ¿Quién podría declarar toda su alabanza o enumerar todas sus obras? ¿Quién podría posiblemente enumerar todo lo que ha hecho por nosotros? «si se escribieran en detalle, pienso que ni aun el mundo mismo podría contener los libros que se escribirían» (Jn 21:25).

Salmos 106:6-12

Hemos pecado como nuestros padres

Hoy en día está de moda sentarse en juicio sobre las generaciones pasadas. «No puedo creer que ellos ___________». Tal vez en ese espacio en blanco pongas «tuvieran esclavos», «fueran antisemitas» o cualquier otra cantidad de males. Discernir moralmente es bueno; es correcto condenar toda maldad, pasada o presente. Pero la ceguera personal no es buena.

Ceguera, primero, al hecho de que si hubiéramos vivido en esas culturas, hay un noventa y nueve punto nueve por ciento de probabilidad de que también hubiéramos participado en esos mismos males. Y, segundo, una ceguera aún más grave hacia nuestros propios prejuicios, codicia y enorme soberbia que nos hacen estar tan listos para el juicio como cualquier generación anterior, sin importar cuán «poco ilustradas» las consideremos.

El Salmo 106 es una medicina fuerte contra esta enfermedad espiritual de la arrogancia moderna. Antes de pronunciar cualquier palabra de confesión sobre Israel en el pasado, comenzamos orando: «Nosotros hemos pecado como nuestros padres; hemos hecho iniquidad; nos hemos conducido impíamente» (106:6). No solo «nuestros padres»; nosotros hemos pecado. De hecho, el «nosotros» se triplica. Lo que estaba mal en Israel es precisamente lo que está mal en nosotros. La humanidad no ha sido rehabilitada. En nuestros corazones, albergamos egoísmo, engreimiento y toda clase de maldad. Infesta a la humanidad. Claro, podemos ser expertos en ocultarlo —podemos ser especialmente hábiles para ocultarlo de nosotros mismos—, pero los lobos de la iniquidad aúllan día y noche en el sótano de nuestras almas, arañando y rascando para salir. Y a veces salen, si no en hechos, ciertamente en deseos y palabras.

Lejos de rechazarnos, nuestro Señor toma todos nuestros pecados y los echa detrás de su espalda. Los arroja al mar del sacrificio de su Hijo en la cruz, donde se hunden a profundidades insondables (cf. Miq 7:19). Tan grande es el deleite de nuestro Padre en perdonar, que desea hacerlo con celo. Jesús puso esta petición en el Padrenuestro: «Perdónanos nuestras ofensas...». Esa es una petición que nunca queda sin respuesta por parte de nuestro Padre celestial.

Salmos 106:13-18

Pronto se olvidaron

Una característica distintiva de la humanidad es nuestra capacidad para recordar, incluso años después, las cosas malas que la gente nos ha hecho y para olvidar, en cuestión de horas o incluso minutos, las cosas buenas que Dios ha hecho por nosotros. Sin esfuerzo alguno guardamos rencores, pero con gran dificultad mantenemos la gratitud.

Israel no fue diferente. Ayer vimos cómo el Señor rescató a Israel de una masacre egipcia a orillas del mar Rojo. Después, «creyeron en sus palabras; y cantaron su alabanza» en el Cántico del Mar (Sal 106:12; Ex 15:1-21). Eso está bien, ¿verdad? ¡Sí! Pero inmediatamente después, ¿qué sucedió? «Pero pronto se olvidaron de sus obras...» (Sal 106:13). Amnesia voluntaria y pecaminosa.

Se registran dos ejemplos de este olvido ingrato: su «apetito desenfrenado en el desierto» por la comida egipcia (Sal 106:14; Nm 11) y sus celos contra Moisés y Aarón durante la rebelión de Coré, que llevó a que la tierra se tragara vivos a Datán y «la compañía de Abiram» (Sal 106:17; Nm 16). Pronto olvidaron que la comida que comían en Egipto la comían como esclavos. Y pronto olvidaron que los líderes contra quienes se pusieron celosos fueron los mismos que los guiaron hacia la libertad. Israel pasó rápidamente de cantar alabanzas a murmurar protestas.

En lugar de alimentar esa ingratitud, como cristianos cultivemos la acción de gracias. «Y todo lo que hagan, de palabra o de hecho, háganlo todo en el nombre del Señor Jesús, dando gracias por medio de él a Dios el Padre» (Col 3:17). «Den gracias en todo» (1 Ts 5:18). Como empieza el Salmo 106: «¡Aleluya! Den gracias al Señor, porque es bueno; porque para siempre es su misericordia».

Pidamos, pues, al Señor que perdone la falta de gratitud en nosotros y que cultive un corazón agradecido por sus incontables dones, especialmente el don de nuestra libertad de la esclavitud al pecado y a la muerte, por preparar una mesa de perdón para nosotros en su Cena, y por llenarnos de su Espíritu para que, día tras día, demos gracias al Señor por su bondad hacia nosotros.

Salmos 106:19-23

Cambiaron la gloria de Dios

Si un hombre apartara un jugoso filete para, en su lugar, meterse barro en la boca, lo tacharíamos de loco. Si una mujer derramara una copa de vino añejo, la llenara con anticongelante y se la bebiera de un trago, la llevaríamos al hospital y la pondríamos bajo vigilancia suicida. En esas situaciones, cambiar lo bueno por lo malo, la vida por la muerte, es fácil de reconocer y justamente condenado. Pero en circunstancias aún más graves, ocurre lo contrario: los espectadores aplauden. Me refiero a cuando las personas eligen no dioses en lugar de Dios, cuando el vino del Señor se derrama y la copa de la fe se llena de codicia, lujuria, poder, ambición, control y un sinfín de otros ídolos. Participar en esa locura espiritual provoca los vítores del mundo entero.

Israel, «hicieron un becerro en Horeb y adoraron una imagen de fundición. Cambiaron su gloria por la imagen de un buey que come hierba» (Sal 106:19-20). En lugar de un Dios que crea el mundo, que obra la libertad y que es amor, prefirieron la imagen de una bestia que come hierba y deja estiércol. ¿Estúpido? Sí. ¿Condenable? Sí. ¿Aún celebrado hoy? También sí. Pablo alude al episodio del becerro de oro cuando observa cómo las personas no honran ni dan gracias a Dios, sino que se envanecen en sus razonamientos y «su necio corazón fue entenebrecido», de modo que adoran ídolos (Ro 1:21-23).

¡Nosotros tampoco tenemos excusa, porque no somos diferentes! Nuestros necios corazones gravitan constantemente lejos de Dios para temer, amar y confiar en cualquier cosa que no sea Dios. Por eso, el arrepentimiento es nuestro deber diario; volvernos a nuestro Padre y suplicarle que nos perdone por amor a Cristo, quien (usando el lenguaje de Sal 106:23) «se interpuso en la brecha» por nosotros. Él cambió el cielo por la tierra, viniendo a tomar nuestra imagen, nuestra naturaleza. «Y vimos su gloria, gloria como del unigénito del Padre, lleno de gracia y de verdad» (Juan 1:14). En esa plenitud de gracia, hizo el gran intercambio: tomó nuestro pecado para revestirnos con su justicia.

Salmos 106:24-31

Sin fe en la promesa

En un vuelo de costa a costa, sonreí al escuchar a una niña en la fila detrás de mí preguntar: «¿Falta mucho, mami?». Parece que no importa cómo viajemos —en avión, tren, automóvil o a pie— los niños inevitablemente harán esa pregunta. Nunca llegamos lo suficientemente rápido para ellos. Me pregunto si, durante los cuarenta años de peregrinación, los niños israelitas finalmente dejaron de preguntar: «¿Falta mucho?». La respuesta honesta era ominosa: «En este desierto caerán los cadáveres de ustedes, todos sus enumerados de todos los contados de veinte años arriba, que han murmurado contra mí» (cf. Nm 14:29).

Ese fue el veredicto que Dios pronunció cuando los israelitas «aborrecieron la tierra deseable, no creyeron en su palabra. Sino que murmuraron en sus tiendas, y no escucharon la voz del Señor» (Sal 106:24-25). En lugar de disfrutar de la tierra que fluye leche y miel, sus cuerpos fueron enterrados en la tierra cubierta de piedras y arena. Todo por incredulidad. No tuvieron fe en la promesa de Dios de derrotar a sus gigantes enemigos (Sal 106:24; Heb 3:19). Más adelante, cerca del final de los cuarenta años, «se unieron también a Baal Peor y comieron sacrificios ofrecidos a los muertos» (Sal 106:28). Si el sacerdote celoso Finees no se hubiera «levantado e intervenido» para ejecutar juicio sobre dos idólatras, cesando así la plaga enviada por Dios, ¿quién sabe cuántos más habrían perecido? (Sal 106:30-31; Nm 25:6-13).

¿Cuánto tiempo más andaremos en esta vida, atravesando nuestro propio desierto? Solo Dios lo sabe. Pero en cada paso de cada día, mientras esperamos con esperanza entrar en la tierra prometida del descanso eterno, sigamos adelante en arrepentimiento y fe, «olvidando lo que queda atrás y extendiéndome a lo que está delante», mientras «prosigo hacia la meta para obtener el premio del supremo llamamiento de Dios en Cristo Jesús» (Flp 3:13-14). Seguros en aquel que «se levantó e intervino» por nosotros, nuestro gran sumo sacerdote, Jesucristo, avanzamos con esperanza.

Salmos 106:32-39

A Moisés le fue mal

Pobre Moisés. Durante los últimos cuarenta años de su vida, pastoreó a Israel desde Egipto hasta el Sinaí, y por todo el desierto mientras, uno por uno, sus «cuerpos cayeron en el desierto» (Heb 3:17). Soportó rebeliones, disputas internas, murmuraciones, traiciones, insultos y casi fue apedreado. Un día triste, se amargó tanto en espíritu que «habló precipitadamente con sus labios» y golpeó con ira la roca para sacar agua (Sal 106:32-33; Nm 20:10-13). Como consecuencia de actuar con incredulidad y no santificar a Dios ante el pueblo, no se le permitió conducir a la congregación a la tierra prometida (Nm 20:12). Podemos sentir compasión por él, pero Dios es justo y pronuncia lo que es justo. Él es Dios; nosotros no.

Sin embargo, no siento lástima por los israelitas que, a diferencia de Moisés, sí entraron en la tierra prometida y luego convirtieron este don de Dios en una tierra de contaminación. En lugar de destruir a los cananeos, se canaanizaron. «Se mezclaron con las naciones... sirvieron a sus ídolos... sacrificaron a sus hijos y a sus hijas a los demonios... y la tierra fue contaminada con sangre» (Sal 106:34-38). Lee Jueces, 1 y 2 Samuel, 1 y 2 Reyes. Toda la triste y manchada historia está grabada en esas páginas.

Tanto la historia de Moisés como la de las generaciones posteriores de Israel enseñan una verdad dura pero necesaria: no hay forma de entrar en la tierra prometida, ni de permanecer en ella, si dependemos de nuestras propias obras. Lo arruinaríamos todo. Por eso «por gracia ustedes han sido salvados por medio de la fe; y esto no procede de ustedes, sino que es don de Dios, no por obras, para que nadie se gloríe» (Ef 2:8-9). Nuestras buenas obras no nos abren las puertas del reino ni nos mantienen en él. Todo es gracia. Todo ha sido hecho por nosotros por el único que ha sido completamente fiel, completamente obediente, completamente sacrificial. «Pero Dios, que es rico en misericordia, por causa del gran amor con que nos amó...» nos dio vida en la tierra prometida de Cristo mismo (Ef 2:4-5).

Salmos 106:40-48

Reúnenos de entre las naciones

La situación de los refugiados a causa de la guerra, el hambre, la persecución y la disciplina divina es tan antigua como las colinas. La Biblia está llena de ejemplos: desde la expulsión decretada por Dios de Adán y Eva del Edén (Gn 3:23-24), hasta el exilio por hambre de Noemí y su familia desde Belén (Rut 1:1), o el destierro de David de Israel durante la persecución de Saúl (1 S 27:1-4). La expulsión y la deportación han marcado la historia humana.

Al terminar el Salmo 106, encontramos al pueblo de Dios esparcido durante el exilio babilónico en el siglo VI a. C. La última súplica es esta: «¡Sálvanos, oh Señor, Dios nuestro, y reúnenos de entre las naciones, para dar gracias a tu santo nombre y para gloriarnos en tu alabanza!» (Sal 106:47). ¿Qué precipitó este exilio entre los gentiles? ¿Fue hambre? No. ¿Persecución? No. ¿La rebelión de Israel contra Dios? Sí. Cuando Israel cometió todas las atrocidades mencionadas en la lectura de ayer (106:34-39), incluido el sacrificio de niños, «entonces se encendió la ira del Señor contra su pueblo y aborreció su heredad; los entregó en mano de las naciones, y los que los aborrecían se enseñorearon de ellos» (Sal 106:40-41). Cuando el pueblo contaminó la tierra, la tierra, a su vez, «los aborreció» (Lv 20:23). Podríamos pensar que Dios estaría acabado con ellos después de eso. Pero no. «Sin embargo, él vio su angustia al escuchar su clamor, y se acordó de su pacto por amor a ellos, y se arrepintió conforme a la grandeza de su misericordia [hebreo: *chesed*]» (Sal 106:44-45).

Conforme a «su gran compasión» (Sal 106:45, RVA), su gran *chesed*, nuestro Padre miró con compasión a su pueblo, como todavía lo hace con nosotros hoy. Dondequiera que estemos esparcidos, en corazón, mente o cuerpo, viviendo exiliados de él, él nos busca. Nos ama. Nos trae de regreso a casa. Nuestra capacidad para pecar no se compara con su capacidad para perdonar. Por eso oramos: «¡Bendito sea el Señor Dios de Israel, desde la eternidad hasta la eternidad! Y todo el pueblo diga: "¡Amén!" ¡Aleluya!» (Sal 106:48).

Salmos 107:1-9

Algunos vagaron

Hace dos semanas comenzamos el Salmo 105, luego pasamos al Salmo 106 y hoy entramos al Salmo 107. Cuando tengas unos minutos, ora estos tres salmos uno tras otro. Juntos forman un tríptico, una obra de arte poética en tres paneles, en la que vemos la narración de la gracia de Dios Creador hacia Israel (Sal 105), la rebelión de Israel y la disciplina del Señor (Sal 106) y, finalmente, la misericordiosa repatriación de su pueblo (Sal 107). Aunque el libro cuatro del salterio termina con los Salmos 105 y 106, y el Libro 5 comienza con el Salmo 107, esta trilogía de oraciones une ambas colecciones. Estos tres salmos resumen toda la historia del Antiguo Testamento, desde la época de los patriarcas hasta el período postexílico de Esdras y Nehemías. Los Salmos 105 al 107 son una pequeña Biblia.

El Salmo 107 está estructurado en torno a cuatro escenarios diferentes donde las personas se encuentran en situaciones desesperadas, claman a Dios, él los libera y ellos le dan gracias. En el primero de estos, las personas están perdidas en tierra de nadie, con la boca seca, el vientre vacío y el alma abatida (107:1-5). «Entonces en su angustia clamaron al Señor, y él los libró de sus aflicciones» (Sal 107:6). Misericordiosamente, él actúa como su guía, llevándolos a una ciudad donde le dan gracias «por su misericordia y por sus maravillas para con los hijos de los hombres» (Sal 107:8). Porque él es el Dios que «sacia al alma sedienta y ha llenado de bienes al alma hambrienta» (Sal 107:9).

En otras palabras: nuestro Padre es el Dios del evangelio, la buena noticia de que no estamos abandonados en el desierto del pecado, hambrientos de salvación, sedientos de una gota de amor divino. Él abre nuestra boca y la llena con el alimento de la salvación en Jesús. Él vierte en nuestras almas sedientas el agua viva de su amor. Nos hace ciudadanos de Jerusalén, nuestra metrópolis celestial. Todo esto lo hace plena y gratuitamente en su Hijo, quien vino a nuestro mundo precisamente para librarnos de nuestra angustia.

Salmos 107:10-16

Algunos habitaban en tinieblas

Mucho antes de vestirse con ropa de pelo de camello y alimentarse de langostas y miel silvestre, Juan ya tenía un himno cantado acerca de él. Era un recién nacido. Su padre, Zacarías, lleno del Espíritu Santo, profetizó las palabras de un salmo que llamamos el Benedictus (Lucas 1:67-79). Zacarías canta, en parte, que su hijo preparará el camino del Señor «para dar luz a los que habitan en tinieblas y en sombra de muerte; para guiar nuestros pies por el camino de paz» (1:76-79). Esas palabras sobre tinieblas y sombra de muerte son una clara alusión al Salmo 107:10, el segundo de los escenarios de desesperación humana (vv. 10-16).

Las cosas están mal. Muy mal. Los que sufren se sienten cubiertos por la oscuridad de la muerte, con cadenas de hierro golpeando sus pies, con sus corazones abatidos por el trabajo forzado, cayendo a tierra sin mano que los levante. ¿Por qué? «Porque fueron rebeldes a las palabras de Dios y despreciaron el consejo del Altísimo» (Sal 107:11). Son exiliados israelitas, prisioneros lejos de casa. Pero también son exiliados de cada día. Si pudiéramos pegar el oído al corazón de cada hombre y mujer que encontramos, escucharíamos el tenue sonido de cadenas interiores. Incluso, los mejores de nosotros luchan con esclavitudes a uno u otro vicio. Hay una parte de nosotros —a veces una gran parte— que habitan en la sombra de muerte, aunque nuestro rostro muestre una sonrisa.

Entonces llega Juan el Bautista y, con un dedo apuntando a Jesús, se inclina y predica en nuestros oídos: «¡Aquí está el Cordero de Dios, que quita el pecado del mundo!» (Juan 1:29). ¡Nuestro pecado! Ese Cordero es la Luz del mundo, «luz... a los que vivían en región y sombra de muerte...» (Mt 4:16; Is 9:2). Él rompe nuestras prisiones, quiebra puertas de bronce, corta cerrojos de hierro y nos saca de las tinieblas (Sal 107:14-16). Hace lo que sea necesario para liberarnos, iluminarnos y llevarnos a la libertad en él.

Salmos 107:17-22

Algunos fueron insensatos

Cuando oímos «¡Ese tipo es un necio!», ¿qué imaginamos? Tal vez un hombre tonto, alguien que actúa sin pensar. La palabra tiene connotaciones de poco inteligente, fácil de engañar, falto de conocimiento básico. Cuando la Biblia habla de un necio, parte de esta definición moderna aplica, pero un necio es más bien alguien inmoral, que muestra una resistencia obstinada a conformarse a la sabiduría divina, una arrogancia orgullosa que se niega a ser corregida. Alguien puede tener tres doctorados y seguir siendo un necio total. Tan «mente abierta» que, como dice el dicho, «se le caen los sesos».

En el tercero de los cuatro escenarios de sufrimiento en este salmo, leemos: «Por causa de sus caminos rebeldes, y por causa de sus iniquidades, los insensatos fueron afligidos; su alma aborreció todo alimento, y se acercaron hasta las puertas de la muerte» (Sal 107:17-18). Jugaron con la vida de rebelión contra Dios y comprobaron que él no bromea cuando amenaza con castigar. Su rechazo al alimento, probablemente, resulta de una profunda desesperación. Se les fue el apetito. De hecho, las puertas de la muerte se alzan cercanas. O, como decimos, «tienen un pie en la tumba». Esta es la paga de los necios.

¡Pero nuestro Padre ama también a los necios! Y eso es buena noticia para nosotros, porque ¿quién de nosotros no ha pensado, hablado y actuado como necio, para luego encontrarse en una situación desesperada y profunda? Cuando eso ocurra, hagamos como dice el salmo: clamemos al Señor en nuestra angustia, y él nos salvará de nuestra aflicción (Sal 107:19). «Envió su palabra y los sanó, y los libró de la muerte» (Sal 107:20). Envió finalmente su Palabra para que se hiciera carne, para sanarnos impartiendo la sabiduría de lo alto, librándonos de la destrucción que merecemos al cargar en sí mismo nuestra necedad, nuestro orgullo, nuestro mal, hasta la cruz.

Demos gracias, pues, al Señor Jesús por su misericordia, por sus maravillas para con los hijos de los hombres (Sal 107:21).

Salmos 107:23-32

Descendieron a las profundidades

Nunca he estado atrapado en un barco en medio de un mar embravecido, pero he visto suficientes representaciones cinematográficas como para saber que nunca quisiera estar allí. En este cuarto escenario de sufrimiento en el Salmo 107, los marineros (o quizás israelitas volviendo del exilio en un barco) quedan atrapados en una tempestad: «Pues él habló, y levantó un viento tempestuoso que encrespó las olas del mar. Subieron a los cielos, descendieron a las profundidades; sus almas se consumían por el mal; temblaban y se tambaleaban como ebrios, y toda su pericia desapareció» (Sal 107:25-27). Esa frase, «toda su pericia desapareció», en hebreo es: «toda su sabiduría fue tragada». Habían intentado cada truco del arte marinero, cada recurso que conocían, y se quedaron sin sabiduría.

¡Qué imagen perfecta de nuestras vidas cuando toda nuestra sabiduría ha sido tragada! Médicos renombrados enfrentan situaciones donde nada de lo que hagan puede detener la tormenta de la mortalidad que se lleva a sus pacientes. Los mejores padres a veces luchan con una hija atrapada en las drogas o un hijo que ha abandonado la fe. En tormentas reales o en las tormentas proverbiales de la vida, temblamos y titubeamos como ebrios. Todos nuestros recursos, todos nuestros trucos, todo nuestro «saber hacer», de nada sirven ya. Toda nuestra esperanza queda tragada.

En esas situaciones desesperadas, cuando nos damos cuenta de que Jesús es todo lo que tenemos, descubrimos por fin que Jesús siempre ha sido todo lo que necesitamos. Cuando toda nuestra sabiduría ha sido consumida por fuerzas fuera de nuestro control, comprendemos que Dios es nuestra vida, nuestra esperanza, nuestra sabiduría, nuestra salvación, nuestro todo en Cristo. Él nos sostiene cuando rugen las tormentas. Él nos guía después de la tempestad, como diciendo: «Vengan a mí, todos ustedes que están cansados y cargados, y yo los haré descansar». Demos «gracias al Señor por su misericordia, por sus maravillas para con los hijos de los hombres» (Sal 107:31).

Salmos 107:33-43

¿Quién es sabio?

La Biblia podría llamarse la narrativa del gran reverso. Dios toma una situación que parece desesperada, más allá de cualquier ayuda, incluso divina, y dice: «¿Ah, sí? Mira y verás». Entonces, no con un chasquido de dedos sino con la palabra de su boca, pone todo en reversa. Un pueblo esclavizado y sin poder (Israel) de pronto es libre y triunfante, mientras que sus poderosos opresores (Egipto) aparecen como cadáveres en las orillas del mar Rojo. Un adolescente sin armadura ni experiencia (David) mata y decapita a un veterano gigante de guerra armado hasta los dientes (Goliat). Y como clímax de todos estos reversos, un rabino galileo muerto y sepultado (Jesús), crucificado por la potencia mundial de su época (Roma), resucita y se sienta a la diestra del Padre para someter a sí mismo a todos los poderes del mundo.

La gran reversión divina es el tema del cierre del Salmo 107. Donde domina el mal, Dios «convierte los ríos en desierto y los manantiales en secadales, la tierra fértil en salinas...» (107:33-34). Asimismo, donde habitan «los hambrientos», Dios «transforma el desierto en estanques de aguas, y la tierra seca en manantiales», para que allí funden ciudad, cultiven campos, y por «la bendición se multiplican mucho» (107:35-38). Y cuando los poderosos provocan «opresión, maldad y tristeza» de modo que los afligidos «disminuyen y son abatidos», él «vierte desprecio sobre los príncipes y los hace vagar por un lugar desolado sin camino», pero «al pobre lo levanta de la miseria» (107:39-41).

El salmo concluye: «¿Quién es sabio? Que preste atención a estas cosas, y considere las bondades del Señor» (107:43). Sí, que contemple el *chesed* (amor inquebrantable) del Señor Jesús quien, en palabras de su madre, «ha quitado a los poderosos de sus tronos, y ha exaltado a los humildes» (Lc 1:52). Él ha revertido nuestras vidas: de la culpa al perdón, de la muerte a la vida, de la condenación desesperada a la justificación llena de esperanza. Quien sea sabio, que considere estas cosas y alabe a Cristo, quien hace esto por nosotros.

Salmos 108:1-6

Mi corazón está firme

Supongamos que un músico tomara prestadas dos estrofas de «Sublime gracia» y dos estrofas de «Cuán grande es él», y las combinara creativamente en un nuevo himno titulado «Cuán sublime eres». El Salmo 108 es algo así. Las dos mitades de este salmo están tomadas, casi palabra por palabra, de dos himnos anteriores: el Salmo 57:7-11 (=108:1-5) y el Salmo 60:5-12 (=108:6-13). Este nuevo salmo se coloca más adelante en el libro de los Salmos, dentro de una serie que describe un nuevo éxodo (Sal 107), la oposición al Rey Mesías (Sal 109) y la entronización del Mesías a la diestra del Señor (Sal 110). Esto sugiere que el Salmo 108, tomado de salmos previos sobre la liberación de David de Saúl (Sal 57) y sus victorias sobre los enemigos (Sal 60), pretende enseñarnos acerca de la victoria final y completa del Hijo de David, Jesús, sobre todos los enemigos cuando establezca su reino. En otras palabras: el Salmo 108 reutiliza salmos antiguos para formar un nuevo salmo sobre el nuevo David que hace nuevas todas las cosas.[23]

El nuevo y mejor David comienza con alabanza a su Padre. Su corazón está firme; de hecho, todo su ser canta melodiosamente a Dios temprano en la mañana. «¡A la aurora despertaré!», dice (108:2), tal como Jesús lo hizo cuando «levantándose muy de mañana, cuando todavía estaba oscuro, [Jesús] salió y se fue a un lugar solitario, y allí oraba» (Marcos 1:35). Él da gracias al Padre «entre los pueblos», porque lo que «Jesús comenzó a hacer y a enseñar» en los evangelios, principalmente entre los judíos, lo continuó en Hechos, cuando su obra salvadora se extendió «en Jerusalén, en toda Judea y Samaria, y hasta los confines de la tierra» (Hch 1:1, 8).

Jesús oró: «Para que sean librados tus amados, salva con tu diestra, y respóndeme» (Sal 108:6). El Padre respondió a su Hijo, concediéndonos salvación a nosotros, sus amados, al resucitar a Cristo como Rey y exaltarlo a su diestra. Su misericordia, encarnada en Jesús, es «más grande, por encima los cielos», donde ahora reina nuestro Salvador (108:4).

Salmos 108:7-9

Sobre Filistea clamaré con júbilo

Desde que obtuve mi licencia de conducir hasta mis cuarenta y tantos años, si quería conducir a través del estado o del país, tenía que consultar un mapa. En aquellos días previos al GPS, sacábamos del compartimiento del automóvil un mapa de papel manchado de café, lo desplegábamos y trazábamos la ruta desde el punto de origen hasta el destino. El mapa nos daba la perspectiva general que necesitábamos.

Para orar el Salmo 108:7-9, necesitamos un mapa. ¿Dónde está Siquem? ¿El valle de Sucot? ¿Galaad, Manasés, Efraín, Judá, Moab, Edom y Filistea? Parece un examen de geografía. Para simplificarlo, lo que aquí se representa es la tierra prometida y la tierra no prometida, es decir, las tierras de judíos y gentiles. Y el punto es que el Dios de Israel gobierna sobre ambas tierras a través de su Rey ungido, el Mesías. No es un dios pequeño de un terreno delimitado con estacas que marcan los límites de su reinado. «El Señor es grande en Sión», sí, pero también «es exaltado sobre todos los pueblos» (Sal 99:2). Este territorio es más grande que el dado a Israel bajo Josué, porque el Josué mayor, Jesús de Nazaret, reina sobre un reino sin fronteras que se extiende al norte, sur, este y oeste, dondequiera que haya pecadores necesitados de su reinado de perdón y amor.

El libro de los Hechos es el equivalente neotestamentario de Josué, con una nueva conquista, no con lanzas y hondas, sino con la espada del Espíritu, la Palabra de Dios, específicamente la Palabra del evangelio en boca de predicadores como Pedro y Pablo, Esteban y Bernabé. Esta conquista, a lo largo de los siglos, no se ha limitado a una pequeña franja de tierra entre el mar Mediterráneo y el río Jordán. Ha abarcado el globo: Moab y Edom, África e Italia, Inglaterra y América. El reinado de Cristo, que comenzó desde su sangriento trono fuera de los muros de Jerusalén, ahora se ha expandido hasta alcanzar desde las estepas de Rusia hasta las selvas de Sudamérica. Jesús está trazando su misericordia sobre todo el mundo, haciéndonos a nosotros, judíos y gentiles, sus amados ciudadanos.

Salmos 108:10-13

Él pisoteará a nuestros adversarios

Cuando un equipo derrota de manera abrumadora a otro, de tal forma que el equipo perdedor no solo pierde, sino que es humillado, decimos que el ganador «aplastó» al otro. El derrotado queda bajo los pies del vencedor. En la historia militar de Israel, la metáfora a veces se volvía realidad. Por ejemplo, Josué mandó a los jefes militares israelitas a poner sus pies sobre el cuello de sus enemigos (Jos 10:24). De hecho, la primera promesa del Mesías es que la Simiente de la mujer usará su pie, específicamente su talón, para aplastar la cabeza de «la serpiente antigua, que es el diablo y Satanás» (Gn 3:15; Ap 20:2). En el Salmo 110, el Padre dice a su Hijo: «Siéntate a mi diestra, hasta que ponga a tus enemigos por estrado de tus pies» (110:1).

En el Salmo 108, la oración del nuevo y gran David, quien ha vencido el pecado y la muerte, derrotado al diablo y establecido un reino mundial, termina con esta súplica: «En Dios haremos proezas, y él pisoteará a nuestros adversarios» (108:13). Observa tanto el «nosotros» como el «él». Con Dios, nosotros hacemos proezas. ¿Por qué? Porque es él quien pisa a nuestros enemigos. Esta misma combinación de «nosotros» y «él» se refleja en la cita que hace Pablo de la profecía de Génesis 3:15, pero aplicada a la iglesia: «Y el Dios de paz aplastará pronto a Satanás debajo de los pies de ustedes» (Ro 16:20). ¿Quién hace el aplastamiento? Dios. Pero ¿bajo los pies de quién? Los tuyos.

La victoria del Hijo de David es nuestra. En él, por medio de él y gracias a él, haremos proezas. Jesús no se reserva para sí solo los despojos de la victoria, los comparte, profusa y generosamente, con nosotros. Mientras él permanece con el infierno, el pecado, la muerte y Satanás bajo sus pies, nos invita a poner nuestros pies junto a los suyos, porque somos más que vencedores en él. «Con Jesús haremos proezas, y él es quien ha hollado y siempre hollará a nuestros enemigos». Lejos de ser solo una metáfora, esta es la realidad de nuestro triunfo en Cristo.

Salmos 109:1-5

Me rodean con palabras de odio

Mucho antes de que un grupo de soldados corriera en la oscuridad para arrestar a Jesús y llevarlo a la residencia de Caifás, mucho antes de que le escupieran en el rostro y lo abofetearan, mucho antes de que azotaran su cuerpo, le clavaran espinas en la frente y martillaran clavos en sus muñecas y pies —mucho antes de cualquiera de esos actos de violencia física, los adversarios de Jesús ya habían convertido las palabras en armas. Eran expertos en ello. Y lo hicieron repetida y maliciosamente.

Estos ataques verbales se describen en estos versículos iniciales del Salmo 109 —un salmo citado por los apóstoles en referencia a Judas Iscariote (Hch 1:20). Pero, aunque Judas traicionó a Jesús, no estuvo solo en convertir su lengua en una espada. Los fariseos intentaron «sorprenderle en alguna palabra» (Mc 12:13). Un intérprete de la ley «se levantó y, para poner a prueba» (Lc 10:25). Lo calumniaron llamándolo samaritano y diciendo que tenía un demonio (Juan 8:48), incluso que estaba aliado con Beelzebú, el príncipe de los demonios (Mt 12:24). Con razón Jesús lamenta ante su Padre: «Porque contra mí han abierto su boca impía y engañosa; con lengua mentirosa han hablado contra mí. Me han rodeado también con palabras de odio, y sin causa han luchado contra mí. En pago de mi amor, obran como mis acosadores, pero yo oro. Así me han pagado mal por bien, y odio por mi amor» (Sal 109:2-5).

Sin embargo, Jesús continuó enseñando, exhortando y perdonando. También continuó entregándose a la oración, no solo por sus discípulos de entonces, sino también «por los que han de creer en mí por la palabra de ellos», es decir, nosotros (Juan 17:20). Oró para que todos fuéramos uno, como el Padre y él son uno; el Padre en el Hijo y el Hijo en el Padre, para que también nosotros estemos en ellos, y el mundo crea que el Padre envió a Jesús (17:21). Sí, haznos uno, Padre celestial. Y limpia tanto nuestros corazones como nuestras bocas, para pensar y hablar como tus hijos amados y perdonados.

Salmos 109:6-15

Sean pocos sus días

«El Señor Jesús, la noche en que fue entregado, tomó pan...» (1 Co 11:23). Estas palabras son un triste recordatorio de que, mientras Jesús tomaba el pan, Judas estaba maquinando su inminente traición. Mientras Jesús daba, Judas tomaba. «Satanás entró en él» (Juan 13:27). «El Hijo del Hombre se va, según está escrito de él, pero ¡ay de aquel hombre por quien el Hijo del Hombre es entregado! Mejor le fuera a ese hombre no haber nacido» (Mt 26:24).

Pedro cita el Salmo 109 como algo que se ha cumplido en Judas Iscariote (Hch 1:20). Los versículos contienen algunas de las imprecaciones más severas de los Salmos: «un acusador esté a su diestra... su oración se convierta en pecado... sean huérfanos sus hijos, y viuda su mujer... su nombre sea borrado» (109:6-7, 9, 13). La novelista Flannery O'Connor explicó una vez sus personajes exagerados y sorprendentes de esta manera: «Cuando puedes suponer que tu audiencia comparte tus creencias, puedes relajarte y usar medios más normales para hablarle; cuando debes suponer que no las comparte, entonces debes hacer evidente tu visión mediante el impacto: a los duros de oído les gritas, y a los casi ciegos les dibujas figuras grandes y sorprendentes».[24] Podríamos llamar a las oraciones imprecatorias como el Salmo 109 «Salmos al estilo Flannery O'Connor». A los duros de oído les gritan, y a los casi ciegos les dibujan figuras grandes y sorprendentes.

Si tales salmos nos incomodan, bien. Han cumplido su propósito. Como megáfonos, nos despiertan de nuestro letargo moral para actuar y hablar contra el mal, y para arrepentirnos de nuestra propia complicidad en el mismo. Al orar estas imprecaciones, hagámoslo a la sombra de la cruz, donde el hombre quiso hacer el mal, pero Dios obró el bien supremo. Para todos los que se arrepienten y creen en ese Salvador crucificado, nuestra iniquidad no será recordada delante del Señor, y podremos participar de su gracia en la mesa que él preparó para nosotros la noche en que fue traicionado.

Salmos 109:16-20

Se vistió de maldición

Pecar contra Dios nunca es un crimen sin víctimas. Como mínimo, la víctima es el propio pecador, aunque con frecuencia otros también sufren. Los pensamientos lujuriosos ensucian el alma del lascivo. Los planes de venganza, aunque nunca se lleven a cabo, siembran semillas en el corazón que luego brotan en forma de espinas. Desear el mal, hablar el mal y hacer el mal siempre tienen un efecto *boomerang*. Los que cavan hoyos para otros, caen en ellos mismos (Sal 7:15). Amán, enemigo de los judíos, es colgado en la misma horca que había preparado para Mardoqueo el judío (Est 7:10).

En ninguna parte se describe esta justicia *boomerang* de manera más vívida que aquí: «Se vistió de maldición como si fuera su manto, y entró como agua en su cuerpo y como aceite en sus huesos. Séale como vestidura con que se cubra, y por cinto con que se ciña siempre» (109:18-19). Estas son maldiciones sin causa, injustas, que no hacen daño al maldecido, sino que terminan llenando los armarios y cajones del que maldice. De la cabeza a los pies, lo cubren. Él viste su propia desgracia. Aún más, su mente y corazón se convierten en esponjas que absorben el veneno de la maldición, hasta que se filtra en lo más profundo de sus huesos. Al final, todos los que odian a Dios quedan vestidos y saturados de odio; todos los que se aman a sí mismos terminan hinchados de su propio ego; todos los que «... no se acordaron de mostrar misericordia, sino que persiguieron al afligido, al necesitado y al de corazón decaído para matarlos» (109:16) se embriagarán de muerte, de modo que, así como se huele a un alcohólico, de sus bocas saldrá el hedor del sepulcro.

Por eso, con corazones arrepentidos, arrojémonos a la misericordia del Dios bendito, quien desea que ninguno de nosotros se vista de maldición, sino de la bondad y misericordia de Jesús. Ciñámonos el cinturón de la verdad (Ef 6:14). Bebamos su amor y empapémonos de su vida. Jesús se hizo maldición por nosotros (Gl 3:13) para que seamos bendecidos en él. El *boomerang* de nuestros pecados lo golpeó a él, para que nosotros, en su perdón, vivamos.

Salmos 109:21-29

Meneando la cabeza

Aunque los evangelistas no registran que Jesús orara el Salmo 109 durante las horas finales antes de su muerte, es difícil leer estas palabras sin verlas escritas por todas partes en su arresto, juicio y crucifixión. Al caer el sol, mientras la oscuridad acecha y los pasos de los soldados retumban en el huerto de Getsemaní, él ora: «Pero tú, oh Dios, Señor, por amor de tu nombre hazme bien; líbrame, pues es buena tu misericordia» (109:21). Cuando cae sobre su rostro, angustiado y afligido, dice: «Porque afligido y necesitado estoy, y mi corazón está herido dentro de mí. Voy pasando como sombra que se alarga; soy sacudido como la langosta» (109:22-23).

Cuando agoniza y ora con tal fervor que «... su sudor se volvió como gruesas gotas de sangre que caían sobre la tierra» (Lc 22:44), dice: «Mis rodillas están débiles por el ayuno, y mi carne sin gordura ha desfallecido» (Sal 109:24). Mientras los que pasaban junto a la cruz «... lo injuriaban, meneando la cabeza» (Mt 27:39), él ora: Padre, «Me he convertido también en objeto de oprobio para ellos; cuando me ven, menean la cabeza. Ayúdame, Señor, Dios mío» (Sal 109:25-26). Cuando los escribas, sacerdotes y ancianos se burlan diciendo: «A otros salvó, a él mismo no puede salvarse» (Mt 27:42), él clama: «Sálvame conforme a tu misericordia» (Sal 109:26). Finalmente, Jesús ora: «Y que sepan que esta es tu mano; que tú, Señor, lo has hecho» (109:27), porque Jesús, «entregado por el plan predeterminado y el previo conocimiento de Dios», fue «clavado en una cruz por manos de impíos» (Hch 2:23).

Nuestro Padre, a quien Jesús oró, escuchó y respondió a sus súplicas cuando resucitó su cuerpo después de su descanso en el sepulcro. Sus acusadores fueron vestidos de deshonra y cubiertos de vergüenza (Sal 109:28-29), pero él fue revestido de gloria —una gloria que compartirán todos los que se refugien en él, que son los creyentes que reciben con fe el sacrificio que él soportó por amor a nosotros.

Salmos 109:30-31

Él está a la diestra del pobre

Una lección difícil que aprendemos en la vida es que no toda persona que dice ser nuestro amigo permanecerá a nuestro lado en los tiempos difíciles. Cuando azotan las tormentas, esos amigos de buen tiempo desaparecen. Una lección aún más dolorosa es que, a veces, incluso los padres o el cónyuge no estarán siempre para nosotros; algunos hasta nos abandonarán. Y aunque seamos bendecidos con una familia saludable y amigos fieles, aprendemos una última lección: ninguno de ellos puede «completarnos». No debemos esperar ni pedirles eso. Nuestro cónyuge es mortal. Nuestro amigo más cercano es también un pecador. Nuestros padres son solo humanos. En resumen: ninguno de ellos es Dios, aunque a veces estemos tentados a tratarlos como tal.

Por eso necesitamos las verdades en los dos últimos versículos del Salmo 109, para recordarnos de aquel que sí nos completa, que permanece con nosotros en toda tormenta, que nunca nos abandona y que es digno no solo de nuestra confianza sino también de nuestra alabanza: «Con mi boca daré abundantes gracias al Señor, y en medio de la multitud lo alabaré. Porque él está a la diestra del pobre, para salvarlo de los que juzgan su alma» (109:30-31).

Como hemos visto en estos últimos días, estas son, ante todo, palabras de Jesús. Él da gracias a su Padre, lo alaba en la congregación de los justos por haberse puesto a su diestra cuando más lo necesitaba, por haberlo salvado de quienes lo condenaron a muerte al resucitarlo al tercer día.

Por causa de Jesús, y con él, oramos estas palabras. El Cristo viviente está a nuestra diestra cuando estamos necesitados. Él nos salva. Mejor que un amigo, más cercano que un hermano, él es nuestro Salvador, quien comparte nuestra carne y sangre y jamás nos dejará. Sus cicatrices de crucifixión son la señal eterna de su fidelidad inquebrantable.

Salmo 110

Sacerdote según el orden de Melquisedec

Cuando Lot y su familia fueron tomados como prisioneros, Abraham reunió a sus hombres de guerra, siguió a los atacantes y rescató a su sobrino Lot y a los demás de fuerzas abrumadoras (Gn 14). Al regresar, un hombre que era tanto sacerdote como rey en la ciudad de Salem (nombre temprano de Jerusalén) salió a su encuentro, sacó pan y vino, bendijo a Abraham, y el patriarca le dio el diezmo de todo lo que había tomado del enemigo (14:18-20). Este sacerdote-rey era Melquisedec. Siglos más tarde, David compuso el Salmo 110 como reflexión poética de Génesis 14 y promesa profética sobre el Mesías.

El Salmo 110 es citado o aludido treinta y tres veces en el Nuevo Testamento, más que cualquier otra sección del Antiguo Testamento. Comienza con la entronización del Hijo al lado del Padre: «Dice el Señor a mi Señor: "Siéntate a mi diestra, hasta que ponga a tus enemigos por estrado de tus pies"» (110:1). Habiendo completado la obra de nuestra salvación, el Rey Mesías entronizado reina. Su Padre dice: «Domina en medio de tus enemigos» (110:2). Su iglesia, su pueblo, está vestida con ropas santas (110:3). Cristo vence todas las fuerzas del mal, quebranta reyes y ejecuta juicio (110:5-6). Jesús no es solo Rey, sino «... sacerdote para siempre según el orden de Melquisedec» (110:4). A diferencia de los sacerdotes del orden de Aarón, hombres mortales, Jesús posee su sacerdocio «... según el poder de una vida indestructible» (Heb 7:16).

Así como el nombre Melquisedec significa «rey de justicia» y rey de Salem significa «rey de paz» (Heb 7:2), así Jesús reina en justicia y nos hace ciudadanos de la Jerusalén celestial, donde viviremos en paz.

En Jesús, nuestro guerrero semejante a Abraham que vence a todos nuestros enemigos, y nuestro sacerdote y rey semejante a Melquisedec que reina en justicia y paz, estamos seguros. Él ha derrotado nuestro pecado, ha vencido la muerte y ha condenado al infierno. Y él «también es poderoso para salvar para siempre a los que por medio de él se acercan a Dios, puesto que vive perpetuamente para interceder por ellos» (Heb 7:25).

Salmo 111

Grandes son las obras del Señor

Aristóteles señaló que, de todas las criaturas vivientes, los seres humanos son los más imitativos. Los padres lo observan de primera mano cuando sus hijos reflejan lo que mamá y papá hacen y dicen (¡a veces para nuestra vergüenza!). Parte de esta imitación es consciente, parte inconsciente, pero sucede constantemente cuando estamos cerca de otras personas. Esto no debería sorprendernos, porque ¿para qué nos creó Dios? ¡Para ser criaturas imitativas! Fuimos formados a imagen y semejanza de Dios. Somos su reflejo.

Los Salmos 111 y 112, ambos acrósticos, ambos de diez versículos, y que comparten términos clave, nos enseñan esta verdad. El Salmo 111 trata sobre Dios (quién es, qué hace) y el Salmo 112 trata sobre el creyente en Dios (quién es, qué hace). Si el primero nos enseña sobre el Señor, el segundo nos muestra lo que significa vivir a su imagen y semejanza.

Las obras del Señor se mencionan repetidamente en el Salmo 111 —obras descritas como grandes, espléndidas, majestuosas, poderosas, fieles, justas. Las obras del Señor dejan claro que él es un Dios Todopoderoso, pero no solo eso: también es clemente y compasivo. Sus obras incluyen redimir a su pueblo, darle su Palabra y legarle la tierra prometida. «Su justicia permanece para siempre» (111:3). Su camino justo y recto, mostrado principalmente al hacer el bien a su pueblo, es eterno.

Si queremos ser sabios, temeremos al Señor; es decir, lo adoraremos, confiaremos y esperaremos en él. Ese es el principio de la sabiduría, así como su centro y su fin: ser quienes él nos ha creado para ser, recibir nuestra vida de él, encontrar en él la razón misma de nuestra existencia. «Daré gracias al Señor con todo mi corazón, en la compañía de los rectos y en la congregación» (111:1), es decir, cuando nos reunimos con nuestros compañeros redimidos, nuestros compañeros temerosos de Dios, para alabar al Padre, al Hijo y al Espíritu Santo.

Salmo 112

No temerá recibir malas noticias

«¿Quieres primero las buenas o las malas noticias?». Cuando alguien nos hace esta pregunta, oramos para que las buenas al menos contrarresten las malas. Sin embargo, sabemos que no siempre es así. A veces, las malas noticias viajan solas. Incluso años después, todavía podemos sentir cómo esas palabras afiladas se clavan en el alma: «No encontramos latido» o «ya no te amo».

En *Una pena en observación*, C. S. Lewis comentó: «Nadie me dijo nunca que el duelo se sintiera tanto como el miedo».[25] Un mundo de malas noticias, empapado en dolor, es así. El miedo usa muchas máscaras y, con frecuencia, se presenta en forma de malas noticias.

Este hecho hace que un versículo del Salmo 112 sea aún más sorprendente. Mientras el poeta describe al hombre justo, que se deleita en los mandamientos de Dios, es generoso, misericordioso y cuya justicia permanece para siempre, incluye este atributo memorable: «No temerá recibir malas noticias» (112:7). He conocido creyentes que se deleitan en los mandamientos, que son misericordiosos, que dan con generosidad. ¿Perfectamente? No, pero ese es el cuadro general de sus vidas. ¿Pero alguien que no tenga temor de malas noticias? Eso es impactante. ¿Y cuál es el secreto de esta persona sin miedo? «Su corazón está firme, confiado en el Señor».

Danos a todos un corazón así, oh Señor. No un estoicismo frío, sino un corazón que sepa que, pase lo que pase, tú no estás contra nosotros. Estás por nosotros. Injerta nuestros corazones en el corazón de Jesús, que no temía las malas noticias porque su corazón estaba, y está, firme, confiado en su Padre. En él y por medio de él, podemos enfrentar nuestras propias malas noticias, sean cuales sean. Sabemos que Jesús nuestro Salvador está con nosotros, por nosotros, en nosotros. Y un día él tragará la peor de las noticias cuando nos resucite de entre los muertos y nos coloque en la nueva creación, donde viviremos para siempre en el gozo de su presencia.

Salmo 113

El Señor se humilla para mirar

Vivimos en un mundo cegado por lo grande, lo mejor, lo más audaz. El noticiero de la noche nunca va a informar sobre una madre que se queda en casa, cambia pañales y cocina pastel de carne para la cena. No habrá un video viral en YouTube sobre un agricultor que llenó su tractor de diésel y aró todo el día. Estas son cosas comunes. Por eso pasan desapercibidas. Lo que llama la atención del mundo son los escándalos perturbadores y el espectáculo político. Los famosos. Los poderosos. Ahí es donde solemos enfocar nuestros ojos, ¿verdad? Incluso llegamos a creer que Dios hace lo mismo. Que mira desde el cielo para ver a los influyentes y grandes, pero no a mí. A mí cuando me siento atrapado, solo, olvidado. A mí cuando, al mirar alrededor, me siento invisible en un mundo demasiado ocupado con cosas grandes para siquiera reconocer mi existencia, mucho menos ver las grietas en mi corazón.

Entonces viene el Salmo 113 a decirnos cuán maravillosamente equivocados estamos: «¿Quién es como el Señor nuestro Dios, que está sentado en las alturas, que se humilla para mirar lo que hay en el cielo y en la tierra?» (113:5-6). ¿Cuánto se humilla? Hasta el polvo, hasta el montón de ceniza o, como se puede traducir del hebreo, el montón de estiércol (113:7). De ahí levanta al pobre, al necesitado, a los que el mundo olvida. Cuanto más bajo caemos, cuanto más sentimos que estamos demasiado lejos para que él siquiera nos vea, y mucho menos se preocupe por nosotros, mejor nos ve.

Jesús voltea nuestro mundo, exalta a los humildes y humilla a los orgullosos. Nosotros que estábamos muertos, cobramos vida en Jesús. Esclavos del pecado, cuando somos redimidos por Cristo, llegamos a ser reyes y reinas en el reino de Jesús. Desde nuestros montones de ceniza, somos levantados para sentarnos con Cristo. ¿Te sientes olvidado por Dios? No lo estás. Eres visto, perdonado, amado por nuestro Padre celestial. En un mundo cegado por lo grande, lo mejor, lo más audaz, los ojos del Señor están fijos en ti, su hijo amado, hecho uno con él por la sangre salvadora de Jesús.

Salmo 114

El mar huyó

Hay hechos fijos e inmutables sobre el mundo. Cuando visitamos el océano, sabemos que miraremos una vasta extensión de agua, no un bosque de pinos. Cuando viajamos por un desierto, esperamos ver rocas y arena, no delfines y tablas de surf. Asimismo, cuando visitamos un cementerio, esperamos estar entre las inconfundibles piedras que marcan la temporalidad humana, no en medio de una bulliciosa fiesta de cumpleaños. Así son las cosas.

Lo que hace único al Salmo 114 es que oramos al Dios que hace que las cosas no sean como son. Ante la palabra de Dios, «Lo miró el mar [Rojo] y huyó; el Jordán se volvió atrás» (114:3). Los montes «que saltaron como carneros... los collados como corderitos» (114:6). La roca se convirtió «en estanque de agua» y «en fuente de aguas el pedernal» (114:8). ¿Qué está pasando aquí? ¿Por qué el mar recoge su líquida cola y huye? ¿Un río que fluye tranquilamente retrocede como un animal asustado? ¿Montes brincando? ¿Rocas brotando agua? Porque todos se han encontrado con el Dios que toma lo que asumimos como hechos fijos e inmutables del mundo y los voltea al revés.

Nuestro Salvador, también toma vidas humanas y las transforma de adentro hacia afuera de la mejor manera posible. Él, que transformó el lúgubre cementerio de Lázaro en una fiesta de resurrección, también nos saca de pozos de desesperanza para soplar en nuestros pulmones el aire fresco de la esperanza y la vitalidad. Él, que alimentó a cinco mil hambrientos con unos pocos panes y peces, también alimenta nuestras almas, hambrientas de un motivo para vivir, deseosas de sentido, famélicas por algo que sacie ese profundo anhelo interior, y empieza a alimentarnos. Cuando nos sentíamos atrapados, él abre el mar y nos conduce a la tierra de la libertad. Mucho de la vida que simplemente asumimos como «así son las cosas», no es como la vida debería ser. Así que Dios rehace nuestras vidas, porque «... si alguno está en Cristo, nueva criatura es. Las cosas viejas pasaron; ahora han sido hechas nuevas» (2 Co 5:17).

Salmos 115:1-11

Confía en el Señor

Hay una pregunta que se cierne sobre gran parte de nuestra vida: ¿en quién puedes confiar? Con la proliferación de voces políticas, mediáticas y religiosas, la sentimos profundamente. Uno afirma esto, otro insiste en aquello. ¿Quién dice la verdad y quién miente? ¿Quién informa los hechos y quién solo pontifica? ¿Dónde está el fundamento objetivo, sólido y verificable sobre el cual podamos depositar nuestra fe? ¿En quién puedes confiar de verdad?

Esta no es solo una pregunta moderna; de eso leemos en Salmos 115:1-11. Las naciones se burlaban de Israel diciendo: «¿Dónde está su Dios?», insinuando: «Ustedes no tienen un Dios confiable y digno de confianza». Pero el Salmo 115 devuelve la burla: «¿Quieren hablar de divinidades? ¡Miren esas burlas disfrazadas de deidades ante las cuales se arrodillan! ¡Tienen boca, pero no hablan; ojos, pero no ven; oídos, pero no oyen! Los ídolos de ellos son plata y oro, tan inertes como piedras. Solo un necio confiaría en ellos, y el necio que lo hace obtiene lo que merece. De hecho, quienes hacen y confían en esos ídolos muertos llegarán a ser "como ellos", es decir, muertos» (cf. Sal 115:4-8). Lo que Israel decía de los ídolos antiguos se aplica igualmente a los ídolos modernos, ya sean dinero, poder, fama, sexo o cualquier otro dios diminuto. Son un fundamento tan poco confiable para construir nuestra vida como lo son las arenas movedizas.

En cambio, tres veces el salmista nos dice: «¡Confía en el Señor! Él es tu ayuda y tu escudo» (115:9-11). Esto no es un salto ciego de fe hacia la oscuridad, confiando en una deidad de la que no sabemos nada. Este es el Verbo hecho carne, que tiene boca y con ella habla vida a los muertos. Tiene oídos que oyen nuestro clamor de misericordia. Tiene pies que caminaron valientemente hacia Jerusalén y manos que, por amor a nosotros, fueron clavadas en la cruz. ¿En quién puedes confiar? En este Dios, Jesucristo, que murió y resucitó por nosotros. En él sí puedes confiar.

Salmos 115:12-18

Él bendecirá

En Estados Unidos, la palabra «bendecir» tiene una elasticidad que la hace capaz de estirarse para encajar en muchos contextos. Se dice cuando alguien estornuda «¡Salud!» o «¡Bendiciones!», como palabra religiosa en la adoración («el Señor te bendiga y te guarde»), y como insulto disfrazado en el sur («Bendito sea tu corazón»). Esta flexibilidad de significado es menos pronunciada en hebreo, donde el verbo *Barak*, generalmente, significa una de dos cosas: «bendecir» (Dios *barak* al pueblo) o «alabar» (el pueblo *barak* a Dios). La segunda mitad del Salmo 115 incluye ambos sentidos.

Cinco veces en solo cuatro versículos, el Señor bendice: «El Señor se ha acordado de nosotros; él, nos bendecirá; bendecirá a la casa de Israel; bendecirá a la casa de Aarón; él bendecirá a los que temen al Señor, tanto a pequeños como a grandes... ¡Benditos sean del Señor, que hizo los cielos y la tierra!» (115:12-15). Ser bendecido por Dios es recibir como regalo lo que solo él puede dar, sea paz, rescate, autoridad, fecundidad o cualquier otro «don perfecto... que viene de lo alto, del Padre de las luces» (Stg 1:17). Como él «hizo los cielos y la tierra» (Sal 115:15), «pero la tierra la ha dado a los hijos de los hombres» (115:16), llena el regalo de este mundo con más regalos al bendecirnos a nosotros, sus hijos agraciados.

Ya que somos beneficiarios de su bendición, los vacíos que él llena, los atrapados que él libera, los pecadores que en Cristo son perdonados, ¿cómo no vamos a «bendecir al Señor desde ahora y para siempre»? (115:18). «Los muertos no alaban al Señor» (115:17), pero nosotros que estábamos «muertos en nuestros delitos», y que hemos sido «vivificados juntamente con Cristo», sí lo alabamos (Ef 2:5). En lugar de «descender al silencio» (Sal 115:17), nos levantamos en alabanza. «Bendeciremos al Señor» no solo ahora, en esta vida, sino por toda la eternidad (115:18). Sus bendiciones en Cristo, derramadas en nosotros, se desbordan en nuestra bendición de regreso hacia él. «¡No a nosotros, Señor, no a nosotros, sino a tu nombre da gloria!» (115:1).

Salmos 116:1-4

Angustia encontré

A veces encontramos voces en el cristianismo que hacen sonar la invitación de Jesús no como «Toma tu cruz y sígueme», sino más bien como «Toma tus fuerzas y tus trofeos y sígueme». Estas voces pueden sonar espirituales, incluso casi bíblicas. Pintan la vida del discipulado como subir peldaños hacia el cielo, ascendiendo hacia Dios. Mientras subes, si tienes suficiente fe, si eres lo bastante obediente, si eres un «verdadero» cristiano, la vida se acomodará para ti. Un cuerpo sano. Una familia feliz. Una carrera próspera.

Los Salmos les dicen a todas esas voces que se callen y dejen de mentir. Claro, esas mentiras suenan muy dulces; dicen lo que nuestros oídos «quieren oír» (2 Ti 4:3, NVI). Pero aunque las mentiras suenen dulces, siguen siendo mentiras. Los Salmos hablan verdad —verdades duras, sí, pero mejor verdades duras que engaños suaves—. ¿Cómo es el poeta del Salmo 116? Es un poeta que ama al Señor (116:1). Invoca a Dios mientras viva (116:2). Está haciendo todas las cosas correctas. Pero ¿qué le ocurrió? «Los lazos de la muerte me rodearon; y los terrores del Seol vinieron sobre mí; angustia y tristeza encontré» (116:3). La verdad es que «todos los que quieren vivir piadosamente en Cristo Jesús serán perseguidos» (2 Ti 3:12), porque «en el mundo tendrán tribulación» (Juan 16:33). La vida del seguidor de Jesús es una vida bajo la sombra de la cruz. Una cruz que compartimos con Jesús para que también recibamos su vida de resurrección.

Cuando esos lazos de muerte nos envuelven, cuando las angustias del Seol nos atraviesan, cuando la cruz pesa sobre nuestros hombros y nos empuja hacia abajo, ¿qué haremos? Imitamos al salmista y clamamos al nombre del Señor: «Te ruego, oh Señor: salva mi vida» (116:4). Y él lo hará, porque aquel a quien invocamos ya estuvo en la tumba y salió de ella. Él ha cortado los lazos. Ha sepultado al Seol. Sean cuales sean los sufrimientos que vengan, en Jesús estamos, no obstante, eternamente seguros.

Salmos 116:5-11

La tierra de los vivientes

Más de una vez, Pablo resume su currículum apostólico no destacando sus éxitos, sino detallando sus cicatrices. Jesús había dicho de este antiguo perseguidor: «porque yo le mostraré cuánto debe padecer por mi nombre» (Hch 9:16). Y lo cumplió. Por ejemplo, a los corintios, Pablo les dice que fue «Afligidos en todo, pero no agobiados; perplejos, pero no desesperados; perseguidos, pero no abandonados; derribados, pero no destruidos. Llevamos siempre en el cuerpo por todas partes la muerte de Jesús, para que también la vida de Jesús se manifieste en nuestro cuerpo» (2 Co 4:8-10).

El Salmo 116 se lee como contrapunto a las palabras de Pablo. El poeta fue humillado, pero Dios lo salvó (116:6). Estuvo a punto de tropezar en la muerte, pero el Señor lo rescató para que caminara en la tierra de los vivientes (116:6-9). Frente a gran aflicción, permaneció como fiel confesor: «Tuve fe, aun cuando decía: "Estoy muy afligido"» (116:10). Pablo resonó tanto con estas palabras que las citó después de detallar sus sufrimientos a los corintios: «Pero teniendo el mismo espíritu de fe, según lo que está escrito: "Creí, por tanto, hablé", nosotros también creemos, por lo cual también hablamos, sabiendo que el aquel que resucitó al Señor Jesús, a nosotros también nos resucitará con Jesús y nos presentará junto con ustedes» (2 Co 4:13-14). No importa cuán fuerte sean nuestros sufrimientos, la risa de la resurrección venidera los ahoga.

Así que ni Pablo ni nosotros «... desfallecemos. Antes bien, aunque nuestro hombre exterior va decayendo, sin embargo, nuestro hombre interior se renueva de día en día. Pues esta aflicción leve y pasajera produce un eterno peso de gloria que sobrepasa toda comparación, al no poner nuestra vista en las cosas que se ven, sino en las que no se ven. Porque las cosas que se ven son temporales, pero las que no se ven son eternas» (2 Co 4:16-18). Principal entre esas «cosas no vistas» está nuestro Señor resucitado, quien un día nos dará la bienvenida en casa.

Salmos 116:12-19

La copa de la salvación

Hemos visto cómo el Salmo 116 nos enseña a orar en tiempos de opresión y pruebas casi mortales, cuando el Señor interviene para rescatar nuestra alma de la muerte, nuestros ojos de las lágrimas, nuestros pies de tropezar (116:8). A la luz del bien incalculable que Dios ha hecho por nosotros, surge naturalmente la pregunta: «¿Cómo pagaré al Señor por todos sus beneficios para conmigo?» (116:12). ¿Cómo devolver, cómo retribuir, al Dador?

El Salmo 116 dice, primero, que pagamos nuestros votos. En el Antiguo Testamento, los creyentes a veces hacían votos en tiempos de angustia, pidiendo a Dios que actuara a su favor y prometiendo luego una ofrenda de acción de gracias. Así, el receptor agradecido «cumplirá sus votos al Señor» en el culto público (116:14, 18).

Segundo, tomará en la mano la copa de la salvación y clamará el nombre de Dios. En otras palabras: una manera de agradecer al Señor es simplemente recibir sus dones mientras lo invocamos en oración y alabanza. Lleva la copa rebosante de salvación a tus labios, y con esos mismos labios di «gracias» a nuestro Padre. Es decir, ofrecemos sacrificio de acción de gracias al que considera nuestra vida tan preciosa, tan importante, que nos da la victoria sobre la muerte (116:15, 17).

Esto es lo que hacemos cada domingo en la iglesia. Nosotros, los redimidos, somos tan «estimados a los ojos del Señor» que él envió a su Hijo para soltar nuestras ataduras (116:15-16). Nos reunimos en «los atrios de la casa del Señor» para adorarlo en espíritu y en verdad (cf. Jn 4:21-23).

Invoquemos el nombre del Señor. Al reunirnos, hambrientos y sedientos de justicia, alrededor de su mesa, «alzamos la copa de la salvación» (116:13), la copa de la que Jesús dijo la noche en que fue traicionado: «... esta copa es el nuevo pacto en mi sangre; hagan esto cuantas veces la beban en memoria de mí» (1 Co 11:25). Esto hacemos, llenos de acción de gracias, bebiendo profundamente de Jesús, nuestra salvación.

Salmo 117

¡Naciones todas!

El Salmo 117 es el salmo más corto, pero proclama una verdad de proporciones inconmensurables. Aquí aprendemos que el Señor se especializa en envolver dones inmensos en paquetes pequeños. Al prepararte para orar este salmo de dos versículos, piénsalo así: Dios no escogió a una superpotencia antigua como Egipto o Babilonia para ser su pueblo especial. Llamó a Israel, un pequeño grupo que vivía en una franja de tierra del tamaño aproximado del estado de Nueva Jersey. No eran grandes actores en el escenario mundial. No eran poderosos. No eran numerosos. Pero aquí está el punto acerca de Dios: cuando quiere hacer algo grande, empieza pequeño.

De la pequeñez de Israel cantando a Dios, surge una alabanza que resuena desde los cuatro rincones del mundo: «¡Alaben al Señor, naciones todas! ¡Alábenle, pueblos todos!» (117:1). Los *goyim*, los gentiles, se unen al coro hebreo, entonando aleluyas con acentos de lugares tan lejanos como Japón, Australia y Rusia. Ya no alaban a sus dioses nacionales o culturales inexistentes, sino que alaban al Señor, el verdadero Dios no solo de Israel, sino de toda la humanidad. ¿Qué cambió? La buena noticia de salvación en Jesús, el siervo sufriente del Señor, el Hijo del Padre, se ha difundido desde Jerusalén a Judea, a Samaria y hasta lo último de la tierra (cf. Hch 1:8). Dios estaba cumpliendo su antigua promesa a Abraham: «En ti serán benditas todas las familias de la tierra» (Gn 12:3).

¿Por qué lo alabamos? «Porque grande es su misericordia para con nosotros, y la fidelidad del Señor es eterna» (117:2). El amor de Dios, no pequeño sino grande, un amor dirigido hacia nosotros, es quien es Jesús: amor con piel, huesos y carne crucificada pero resucitada. Su fidelidad en cumplir sus promesas, redimirnos a todos y hacernos por la fe hijos de Abraham, es la base de nuestro canto: «¡Alaben al Señor!» (117:2). Alabemos al Señor que comenzó pequeño para lograr el mayor regalo de todos: la reconciliación en Cristo de «todas las cosas consigo, habiendo hecho la paz por medio de la sangre de Su cruz, por medio de Él, *repito,* ya sean las que están en la tierra o las que están en los cielos» (Col 1:20).

Salmos 118:1-4

Él es bueno

No podemos deducir de la mera existencia de Dios que el Dios que existe, que creó el mundo, sea bueno. Mucho en nuestro mundo es atractivo, sí, pero también hay abundante horror. Un mundo con gráciles gacelas también tiene leones que comienzan a devorar esas gacelas mientras aún están vivas. Nuestro mundo tiene atardeceres rosados, pero también tornados que lo arrasan. La naturaleza por sí sola es insuficiente para revelarnos si el Dios poderoso detrás de ella es un buen Padre celestial, un poder frío y distante, o un tirano brutal y sádico. La naturaleza sola puede llevarnos a múltiples y contradictorias conclusiones.

Gracias sean dadas a Dios, por tanto, que no nos ha dado solo el «libro de la naturaleza» para leer y reflexionar. Nos ha entregado las Escrituras, que registran cómo, una y otra vez, él ha revelado por sus acciones que «él es bueno» (Sal 118:1). No es simplemente aceptable, ni meramente amable, ni siquiera solo bondadoso, sino verdadera y genuinamente bueno. Un corazón bueno. Una voluntad buena hacia nosotros. Buenos planes para nosotros. Una «buena mano» para guiarnos, como dijo Esdras (7:9). Bueno en su totalidad.

El Salmo 118 comienza con un llamado a alabar a este Dios bueno: «Den gracias al Señor, porque él es bueno; porque para siempre es su misericordia» (118:1). Continúa con un llamado a Israel, a los sacerdotes y a todos los que temen al Señor a decir: «Para siempre es su misericordia» (118:2-4). Nuestro buen Dios es un Señor que ama no de manera estacional ni ocasional, cuando le conviene, sino «para siempre». Todo lo que hace el Señor amoroso, y siempre que lo hace, es bueno. Dios no puede hacer el mal. No puede ser malo. Ni puede jamás dejar de ser un Señor de amor.

Esto es lo que nos sostiene en tiempos difíciles, cuando se pierden los amores terrenales. Fijamos nuestros ojos en Jesús, bondad encarnada, amor encarnado, quien «todo lo ha hecho bien» (Mc 7:37). Él es la prueba crucificada, sepultada, resucitada y ascendida de que tenemos un buen Padre celestial, cuya misericordia es para siempre.

Salmos 118:5-14

Me rodearon como abejas

Hace varios años, mi cuñado, Scott, y su papá, Delmer, estaban reparando una cerca en su propiedad donde un árbol había caído sobre ella. Sin saberlo, el árbol albergaba una colmena de abejas africanizadas. Cuando comenzaron su implacable ataque, primero contra Delmer y luego contra Scott, quien acudió en ayuda de su padre, se hizo dolorosamente evidente por qué también se las llama «abejas asesinas». Ambos hombres salieron caminando del hospital para luego contar su angustiosa historia sobre cómo huyeron de las abejas, pero Jesús, gracias a Dios, estuvo allí para rescatarlos. Sin embargo, sus cuerpos dieron testimonio del ataque, con picaduras que marcaban su cabeza, rostro, cuello y el resto del cuerpo.

«Me rodearon como abejas» (Sal 118:12). Cada vez que oro esa frase, imagino a Scott y Delmer luchando por sus vidas. Rodeados por asesinas que se lanzan desde todos los ángulos. Esta es una de las muchas formas vívidas en que el salmista describe los peligros que lo acechan. Está en «angustia», una palabra hebrea que sugiere un lugar estrecho, paredes que se cierran (118:5). «Todas las naciones me rodearon» (118:10). Fue «empujado con violencia para que cayera» (118:13). Cuando oímos estas líneas en los labios de Jesús, son especialmente apropiadas. Durante la última y fatal semana de la Pascua, en complots, arrestos, mentiras y celos, sus adversarios, humanos y demoníacos, zumbaban a su alrededor como abejas asesinas.

¿Y Jesús? ¿Qué tenía que temer el vencedor de la muerte y aplastador de Satanás? ¿Qué tenemos que temer nosotros, ya que estamos en él? Nada ni nadie. «El Señor está a mi favor; no temeré. ¿Qué puede hacerme el hombre?» (118:6). No confiamos en el hombre, ni en príncipes, sino que nos refugiamos en el Señor (118:8-9). Él es nuestra fuerza y nuestro cántico, y ha sido nuestra salvación, como lo fue para Israel en el mar Rojo (118:14, Ex 15:2). En el nombre del Señor en quien fuimos bautizados —Padre, Hijo y Espíritu Santo— nuestros enemigos son cortados y somos salvos, porque estamos rodeados por su amor redentor.

Salmos 118:15-18

La diestra

La noche antes de ser crucificado, cuando Jesús fue arrestado y llevado a juicio ante los principales sacerdotes y el concilio, fue falsamente acusado por testigos mentirosos. Pero «... como oveja que ante sus trasquiladores permanece muda, no abrió su boca» (Is 53:7). Finalmente, frustrado, el sumo sacerdote insistió: «¿Eres tú el Cristo, el Hijo del Bendito?» Y Jesús dijo: «Yo soy; y verán al Hijo del Hombre sentado a la diestra del Poder, y viniendo con las nubes del cielo» (Mc 14:61-62). El sumo sacerdote no necesitó que nadie le explicara lo que Jesús quería decir; lo acusó de blasfemia. Jesús no solo decía que era el Hijo del Hombre de la visión de Daniel, a quien se le dio un trono junto al Anciano de Días (Dn 7:9), sino que al usar la expresión «diestra», estaba empleando una imagen hebrea para la posición de poder.

Cuando el Salmo 118 recuerda los «cantos de júbilo» que se oyen en «las tiendas de los justos», registra estas palabras: «La diestra del Señor hace proezas, la diestra del Señor es exaltada, la diestra del Señor hace proezas» (118:15-16). Estas palabras aluden al Cántico del Mar que Israel cantó después de la victoria del Señor sobre Egipto: «Tu diestra, oh Señor, es majestuosa en poder; tu diestra, oh Señor, destroza al enemigo» (Ex 15:6). En aquel antiguo día de victoria, el que estaba a la diestra del Padre luchó por Israel, porque «Jesús... salvó al pueblo de la tierra de Egipto» (Judas 5). Jesús siempre ha sido el Salvador del pueblo de Dios, tanto en el Antiguo como en el Nuevo Testamento.

Porque nuestra vida está «resguardada con Cristo», quien está «sentado a la diestra de Dios» (Col 3:1), «no moriré, sino que viviré y contaré las obras del Señor» (Sal 118:17).

Nuestra seguridad es total porque está totalmente en Cristo, quien ha ganado el cien por ciento de nuestra salvación. ¡Jesús es exaltado! ¡Jesús hace proezas! Y en él somos más que vencedores (Ro 8:37).

Salmos 118:19-20

Ábranme las puertas de la justicia

Supongamos que salgo de mi casa en el este de Texas para conducir a Dallas, así que escribo la dirección de mi destino en el GPS. La voz automatizada no dirá: «Continúa por la I-20 hasta llegar a la puerta de la ciudad». Pero en tiempos antiguos, la «puerta de la ciudad» era un punto de referencia común. Las ciudades amuralladas necesariamente tenían puertas. Y esas puertas, aunque funcionaban como lugares para juicios y reuniones formales (véase Rut 4:1ss.), tenían una función principal: mantener fuera a quienes no eran bienvenidos. Cuando las puertas estaban cerradas, no había entrada ni salida.

«Ábranme las puertas de la justicia», ordena el hablante en el Salmo 118, «entraré por ellas y daré gracias al Señor» (118:19). ¿Quién es este «yo» que llama a las puertas y exige entrada? Como veremos en la lectura de mañana, él es «la piedra que desecharon los edificadores» que «ha venido a ser la piedra principal del ángulo» (118:22; Mt 21:42). El «yo» es el Hijo de David, el Ungido, quien ha sido el orante principal de este salmo desde el principio. Aquel que invoca a su Padre (118:5), mira con expresión de triunfo a los que lo aborrecen (118:7), es rodeado por sus enemigos como abejas (118:12), y está a la diestra y es la diestra del Señor (118:16). Como en el Salmo 24, también aquí en el Salmo 118 vemos la imagen del Mesías regresando a casa con su Padre, entrando en Sión celestial como héroe conquistador, habiendo cumplido nuestra redención.

Como estamos unidos místicamente a Jesús, como miembros bautizados de su cuerpo, donde él está, allí estamos nosotros, «sentados con él en los lugares celestiales» (Ef 2:6). Así nosotros, «los justos», entraremos por esta «puerta del Señor» en Jesús (Sal 118:19). Esperamos el día en que, con cuerpos resucitados, entraremos en la Nueva Jerusalén por puertas de perla que «nunca se cerrarán» (Ap 21:21, 25). En Cristo, las puertas de nuestro hogar eterno están eternamente abiertas.

Salmos 118:21-24

La piedra que desecharon los edificadores

Lo que es valioso para mí, quizás por razones sentimentales, puede ser basura para ti. Y viceversa. Como decimos: «La basura de un hombre es el tesoro de otro». Está bien. Todos tenemos diferentes intereses. Lo que no está bien, sin embargo, es cuando el tesoro de Dios se trata como basura humana. Cuando lo más precioso, lo más santo, el regalo del Padre para nosotros, se desecha como desperdicio, no solo es incorrecto, es un sacrilegio. Y el mayor, más atroz sacrilegio ocurrió cuando el Dios santísimo fue escupido y abofeteado, cuando el Hijo del Padre fue ejecutado vergonzosamente como un criminal.

El salmista expresa esta profanación en términos arquitectónicos: «La piedra que desecharon los edificadores ha venido a ser la piedra principal del ángulo» (118:22). Los «edificadores» son los principales sacerdotes y fariseos (Mt 21:45), escribas (Lc 20:19), gobernantes y ancianos del pueblo (Hch 4:11), y cualquier incrédulo que desobedece la palabra (1 P 2:7-8). Ellos tratan a Cristo, la Piedra Angular, como un trozo inútil de concreto agrietado. Sin embargo, nuestro Padre toma a su Hijo, esta «piedra viva, desechada por los hombres, pero escogida y preciosa delante de Dios» (1 P 2:4), lo resucita y lo coloca «... como piedra probada, angular, preciosa, fundamental...» en Sión (Is 28:16). El rechazado reina triunfante; el que fue tratado como «basura» es revelado como el propio tesoro de Dios.

Para tomar prestadas las palabras de José a sus hermanos: lo que los pecadores intentaron para mal, Dios lo encaminó para bien (Gn 50:20). «Obra del Señor es esto; admirable a nuestros ojos» (Sal 118:23). «Este es el día que el Señor ha hecho», el día en que Jesús fue «entregado por el plan predeterminado y el previo conocimiento de Dios» (Hch 2:23). Por eso, «regocijémonos y alegrémonos en él» (Sal 118:24), porque en Cristo nosotros, «... como piedras vivas, sean edificados como casa espiritual para un sacerdocio santo, para ofrecer sacrificios espirituales aceptables a Dios por medio de Jesucristo» (1 P 2:5). Para el Padre, en Cristo, somos su tesoro más querido.

Salmos 118:25-27

¡Sálvanos, te rogamos!

Varias palabras hebreas han migrado al español (y a otros idiomas) sin ser traducidas. Entre ellas están querubín, amén, jubileo, aleluya, Mesías y sábado. Otra más es hosanna, que son dos palabras en hebreo: *hoshia* (salva) y *na* (te rogamos). Los evangelistas cuentan que el Domingo de Ramos, cuando Jesús entró en Jerusalén, fue recibido por seguidores que gritaban: «¡Hosanna!». Mateo escribe: «Y las multitudes que iba delante de él y las que iban detrás, gritaban: "¡Hosanna al Hijo de David! ¡Bendito aquel que viene en el nombre del Señor! ¡Hosanna en las alturas!"» (Mt 21:9).

Las multitudes estaban cantando parte de un antiguo himno israelita ese día: «¡Te rogamos, oh Señor, sálvanos ahora! ¡Te rogamos, Señor, prepáranos ahora! ¡Bendito el que viene en el nombre del Señor! Desde la casa del Señor los bendecimos» (Sal 118:25-26). En hebreo, la primera frase, «¡Te rogamos, oh Señor, sálvanos ahora!» es *hoshia na*, es decir, ¡Hosanna! Sin embargo, ellos añadieron una frase cargada de significado a este salmo, pues clamaban: «¡Hosanna al Hijo de David!». Al llamar a Jesús el Hijo de David, lo proclamaban como el rey prometido, el Mesías ungido, que venía en el nombre del Señor para salvarnos.

Ellos cantaban Hosanna, es decir, «¡Sálvanos!». Y él, en efecto, vino a salvar, tal como implica su nombre, pues Jesús significa «El Señor salva» (Mt 1:21). Pero poco se imaginaban ellos aquel primer Domingo de ramos que el Hijo de David los salvaría, pero de una manera que ninguno de nosotros hubiera anticipado. No sería el «sacrificio de la fiesta atado con cuerdas... a los cuernos del altar» (Sal 118:27), sino que sería el último y definitivo Cordero pascual, atado con clavos a los maderos de un instrumento romano de ejecución. Allí, cargando con nuestro pecado, nos libraría de la muerte eterna. Pero él no se quedó, ni se quedaría, muerto. ¡Resucitó! Y el Señor «es Dios y nos ilumina» con una sonrisa de resurrección que responde a cada uno de nuestros Hosanna (118:27).

Salmos 118:28-29

Tú eres mi Dios

El Salmo 118 termina como comenzó, con las palabras: «¡Den gracias al Señor, porque él es bueno; porque para siempre es su misericordia!» (vv. 1, 29). Estos veintinueve versículos nos han dado mucho por lo cual estar agradecidos, abundante evidencia de que el Señor es bueno, y ejemplo tras ejemplo de cómo su misericordia (su amor constante) permanece para siempre. Todos los salmos, de una forma u otra, se cumplieron en Jesús (Lc 24:44), pero este ocupa un lugar destacado en la lista de aquellos citados explícitamente en el Nuevo Testamento como cumplidos en la vida de nuestro Señor. Bien podríamos titular el Salmo 118 como «El himno de la obra salvadora del Mesías».

Cuando oramos con esta comprensión, el penúltimo versículo adquiere un significado más profundo: «Tú eres mi Dios, y te doy gracias; tú eres mi Dios, y yo te exalto» (118:28). Aquí nosotros, el cuerpo de creyentes, nos volvemos hacia nuestro Señor Jesús, nos inclinamos ante él y lo alabamos como nuestro Dios. Junto con Tomás, confesamos al Jesús resucitado: «¡Señor mío y Dios mío!» (Jn 20:28). Con Juan, decimos: «En el principio ya existía el Verbo, y el Verbo estaba con Dios, y el Verbo era Dios» (Jn 1:1). Con Pablo, reconocemos que toda rodilla se doblará y toda lengua confesará «que Jesucristo es el Señor, para gloria de Dios Padre» (Flp 2:11). En cumplimiento de Isaías 7:14, Jesús es Emanuel, es decir, «Dios con nosotros» (Mt 1:23). El Hijo del Padre es el Dios que está con nosotros, en nosotros y por nosotros.

Tú, Jesús, eres mi Dios, porque tú y el Padre son uno (Jn 10:30). Tú eres «Dios de Dios, Luz de Luz, Dios verdadero de Dios verdadero, engendrado, no creado, de la misma esencia que el Padre» (Credo Niceno). Nada menos bastará. Un Mesías que no sea plenamente divino es un falso Mesías, porque nuestra salvación era una tarea del tamaño de Dios. Y esa tarea, Jesús nuestro Dios la hizo perfectamente por nosotros. ¡Por eso, le damos toda la gloria, el honor y la adoración!

Salmos 119:1-8 Álef

La Torá del Señor

Nunca se ha escrito una meditación mejor, más abarcadora, rica y profunda sobre la Palabra de Dios que el Salmo 119. Es la joya de la corona de todas las reflexiones sobre las Escrituras. En este salmo más largo, con 176 versículos, meditamos en los beneficios, verdades, sabiduría y la calidad divina de la Palabra, deleitándonos en ella, regocijándonos y maravillándonos ante nuestro Padre que nos la ha dado.

Este es un salmo acróstico, lo que significa que la estructura sigue el alfabeto hebreo. Sin embargo, a diferencia de la mayoría de los acrósticos, donde cada nuevo versículo comienza con la siguiente letra, el Salmo 119 tiene ocho versículos por sección, cada uno comenzando con la misma letra, como alef en los versículos 1 al 8, bet en los versículos 9 al 16, y así sucesivamente. Ocho es el número dominante, pues no solo hay ocho versículos por letra, sino que también hay ocho palabras que se usan para describir la Palabra de Dios, siendo Torá la principal entre ellas. Torá significa «enseñanza» y, en el Salmo 119, Torá es sinónimo de lo que hoy llamamos las Escrituras, la colección de libros en la que Dios nos «Torá», es decir, nos enseña.

La palabra inicial, «bienaventurados», es la misma palabra hebrea con la que comienza el Salmo 1: «Bienaventurado el hombre» cuyo «deleite está en la ley (Torá) del Señor» (1:1-2). En el Salmo 119, nos unimos a ese hombre bienaventurado, el Mesías, andando en la Torá de nuestro Padre (119:1). Lo buscamos con todo nuestro corazón (119:2), fijamos nuestros ojos en sus mandamientos (119:6), lo alabamos con corazón recto (119:7) y le suplicamos que no nos desampare por completo (119:8). Versículo tras versículo, oración tras oración, disfrutamos este banquete de la Palabra del Padre, nos regocijamos en la comunión que tenemos con el Verbo hecho carne y caminamos en sintonía con su Espíritu. Por tanto, «leamos, marquemos, aprendamos y asimilemos internamente»[26] este salmo para que no seamos avergonzados (119:6), sino que nos alegremos en el regalo que su Palabra vivificante es para nosotros.

Salmos 119:9-16 Bet

He atesorado tu palabra

He visto a un hombre pobre que es rico y a un hombre rico que es pobre. El hombre rico desperdició su vida en la loca búsqueda de su mayor amor, las posesiones, engañándose al suponer que le traerían satisfacción definitiva. No fue así. Aunque exteriormente próspero, estaba interiormente empobrecido. El hombre pobre, aunque carecía de riquezas terrenales, había invertido sabiamente en las riquezas de Dios. No acumuló para sí tesoros en la tierra, donde la polilla y el óxido destruyen y donde ladrones penetran y roban, sino que acumuló para sí tesoros en el cielo, donde ni la polilla ni el óxido destruyen y donde los ladrones no minan ni roban (Mt 6:19-20). Creía a Jesús, quien dijo: «Porque donde esté tu tesoro, allí estará también tu corazón» (6:21).

«En mi corazón he atesorado tu palabra, para no pecar contra ti» (Sal 119:11). ¿Qué estás depositando en el cofre del tesoro de tu corazón? ¿Lo estás llenando con trivialidades y vanidades, placeres y posesiones? ¿O, como el salmista, has gozado en el camino de los testimonios de Dios más que en todas las riquezas? (119:14). ¿O, como María, que «atesoraba todas estas cosas» sobre Jesús, «reflexionando sobre ellas en su corazón» (Lucas 2:19), estás recogiendo el oro de sus promesas, la plata de su sabiduría, las joyas de su misericordia y guardando todo esto en tu corazón como tu posesión más valiosa?

Ninguno de nosotros ha hecho esto perfectamente —la mayoría hemos fallado miserablemente— por eso, gracias a Dios que Jesús «es la propiciación por nuestros pecados, y no solo por los nuestros, sino también por los del mundo entero» (1 Juan 2:2). Él nos ha redimido «... no con cosas perecederas como oro o plata, sino con sangre preciosa, como de un cordero sin tacha y sin mancha...» (1 P 1:18-19). Enséñanos tus estatutos, oh Señor, fija nuestros ojos en tus caminos, para que podamos deleitarnos cada día en ti, nuestro Salvador, el Verbo hecho carne, en quien somos sin culpa y bienaventurados.

Salmos 119:17-24 Guímel

Abre mis ojos

Todos hemos tenido experiencias cuando, después de trabajar mucho y arduamente en un problema complicado, finalmente lo resolvemos. O cuando el final sorprendente de una película de misterio nos hace reevaluar toda la historia. O cuando miramos una ilusión óptica que parece solo un conjunto aleatorio de puntos y, de repente, surge una figura en 3D. A estos los llamamos momentos «¡Ajá!». Todo cobra sentido. Lo que había estado ante nuestros ojos todo el tiempo era visible, pero no verdaderamente visto. Entonces, se nos abren los ojos.

«Abre mis ojos, para que vea las maravillas de tu ley» (Sal 119:18), ora el salmista. Hace décadas memoricé este versículo en hebreo y lo convertí en mi oración antes de estudiar las Escrituras. Estamos pidiendo a Jesús que nos haga como los discípulos de Emaús, cuyos ojos se abrieron cuando partió el pan con ellos, de modo que exclamaron: «¿No ardía nuestro corazón dentro de nosotros mientras nos hablaba en el camino, cuando nos abría las Escrituras?» (Lc 24:32). Más tarde, cuando Jesús recordó a sus discípulos que «era necesario que se cumpliera todo lo que sobre mí está escrito en la Ley de Moisés, en los Profetas y en los Salmos», entonces «les abrió la mente para que comprendieran las Escrituras» (24:44-45). Haz lo mismo con nosotros, Señor.

No estamos pidiendo: «Oh Dios, haznos expertos en la Biblia. Esto es una cuestión de supervivencia. Vivimos en territorio extranjero: "Peregrino soy en la tierra" (Sal 119:19). Estamos en peligro: autoridades "se sientan y hablan contra mí" (119:23). Enfrentamos obstáculos: "Quita de mí el oprobio y el desprecio" (119:22). Por tanto, Señor Jesús, abre nuestros ojos para que veamos tus obras maravillosas y tus promesas salvadoras desde Génesis hasta Apocalipsis. Trátanos con generosidad para que vivamos en ti, guardemos tu palabra y meditemos en tus estatutos. Ilumina con la luz de tu Palabra toda nuestra vida, para que te veamos, vivamos en ti y tú en nosotros, y que nuestros corazones ardan dentro de nosotros con el fuego de la alegría cada vez que leamos las Escrituras y te veamos allí».

Salmos 119:25-32 Dálet

Postrada está mi alma en el polvo

Cuando se desvaneció la «anestesia» dada por Dios y Adán abrió los ojos, se encontró en medio de una boda, la suya. Allí estaba el Padre de la novia, el Señor Dios, con una creación espléndida que era hueso de sus huesos y carne de su carne. Entonces el hombre dijo: «Esta es ahora hueso de mis huesos y carne de mi carne. Ella será llamada mujer porque del hombre fue tomada» (Gn 2:23). Por esta razón, «el hombre dejará a su padre y a su madre, y se unirá a su mujer, y serán una sola carne» (2:24).

El verbo hebreo para «se unirá» es *dabaq*, que connota pegarse, adherirse, quedar ligado el uno al otro. Esto suena maravilloso en el matrimonio, pero resulta desolador en el Salmo 119:25, donde dice: «Postrada está mi alma en el polvo», literalmente «mi alma se aferra (*dabaq*) al polvo». En este caso, el hombre se apega a su origen: formado «del polvo (*aphar*)» (Gn 2:7), ahora «se aferra al polvo (*aphar*)» (Sal 119:25). O, para cambiar la imagen, «De tristeza llora mi alma» (119:28). Sea que esté desposado con el polvo o derritiéndose como nieve, la situación no es buena. Aquí vemos un alma caída de bruces en la arena y el polvo de una vida que se ha venido abajo.

Todos hemos estado allí, o lo estaremos. En esos momentos, y en preparación para ellos, necesitamos otro tipo de unión: «Me apego a tus testimonios [*dabaq*], Señor...» (119:31). Cuando estamos en el suelo, dolidos, solos, miserables, nuestra esperanza permanece en aquel que no teme ensuciarse con nosotros. Nuestro Salvador sufriente. Nuestro Sacerdote compasivo. Nos aferramos a él aferrándonos a sus palabras, palabras que nos levantarán a la vida de nuevo, lavarán el polvo de nuestro rostro y la suciedad de nuestra alma, y ensancharán nuestro corazón para correr nuevamente en los caminos del Señor de la esperanza (119:32). Haz grande nuestro corazón, oh Señor, para que pueda contener más y más de ti. Y concédenos la gracia de que siempre sea esta nuestra confesión: «A ti se aferra mi alma [*dabaq*]» (Sal 63:8).

Salmos 119:33-40 He

Dame vida

Un escrito cristiano antiguo llamado *La Didaché* comienza con esta dualidad: «Hay dos caminos, uno de vida y otro de muerte, y hay una gran diferencia entre los dos caminos».[27] Dos caminos, sin un tercero, es un tema constante en la Biblia. Moisés dijo a Israel: «Mira, yo he puesto hoy delante de ti la vida y el bien, la muerte y el mal» (Dt 30:15-18). Pablo dice a la iglesia en Roma: «Porque la mente puesta en la carne es muerte, pero la mente puesta en el Espíritu es vida y paz» (Ro 8:6). Jesús afirma todo esto: la persona que oye y hace sus palabras es como un hombre sabio que edificó su casa sobre la roca, mientras que el que oye sus palabras y no las hace es como un hombre insensato que edificó su casa sobre la arena (Mt 7:24-27). La primera no cae; la segunda sí, y «grande fue su ruina» (7:27, NVI). Hay, en efecto, solo dos caminos: uno de vida y otro de muerte. No existe una posición intermedia.

En Salmos 119:33-40, se refleja esta misma dualidad: «Inclina mi corazón a tus testimonios [=vida]... y no a la ganancia deshonesta [=muerte]» (119:36). «Aparta mis ojos de mirar la vanidad [=muerte], y vivifícame en tus caminos» (119:37). «Quita de mí el oprobio que me causa temor [=muerte]» y «vivifícame en tu justicia» (119:39-40). Vida o muerte.

La vida no es algo que generamos dentro de nosotros mismos, sino un regalo que recibimos desde fuera de nosotros, del Espíritu Santo, quien es «Señor y dador de vida» (Credo Niceno).

Porque el Espíritu nos vivifica por medio de la palabra de Jesús, oramos: «Enséñame, oh Señor, el camino de tus estatutos» (119:33). Toma nuestro corazón e inclínalo «a tus testimonios» (119:36). Aparta nuestros «ojos de mirar la vanidad» (119:37) y fíjalos en Cristo, «el autor y consumador de la fe» (Heb 12:2), quien solo él es digno, quien solo él es la roca firme de nuestra vida y resurrección.

Salmos 119:41-48 Vav

Andaré en libertad

Si saco un pez de un estanque pequeño, lo arrojo al suelo y digo: «¡Ahora eres libre de esas aguas restrictivas! ¡Todo el mundo es tuyo!», ¿qué he hecho?, ¿he liberado al pez? No. Lo he matado. Lo he sacado del ámbito en el que Dios lo creó para vivir y prosperar. Así como es con los peces, así es con nosotros cuando somos tentados a dejar el «agua», es decir, a vivir en contra de la manera en que el Señor nos creó para ser. Claro, podemos engañarnos pensando que ahora somos moral, intelectual o religiosamente libres, pero en realidad nos hemos encerrado en una jaula de hierro que apesta a muerte.

La gran mentira sobre el cristianismo es que encierra a las personas, que las frena de una vida plena y libre. ¡Todo lo contrario! Como expresó memorablemente G. K. Chesterton: «Cuanto más consideraba el cristianismo, más encontraba que, aunque había establecido una regla y un orden, el objetivo principal de ese orden era dar espacio para que las cosas buenas corrieran libres».[28] El salmista lo expresa así: «Y andaré en libertad, porque busco tus preceptos» (119:45). Esa es la deliciosa ironía de nuestra fe: cuanto más buscamos los preceptos de nuestro Padre, más amplio se vuelve nuestro vivir. El camino angosto de Jesús es un lugar amplio donde las cosas buenas del Espíritu corren libres. Prosperamos porque estamos donde Dios nos diseñó para estar: en su Hijo, guiados por su Espíritu, viviendo en conformidad con nuestra naturaleza creada y redimida.

La vida y la libertad se encuentran al ser crucificados con Cristo, de modo que ya no somos nosotros quienes vivimos, sino que Cristo vive en nosotros y sirve a través de nosotros (Gl 2:20). En «su servicio está la perfecta libertad».[29] Cuando estamos unidos a Dios en Cristo, somos libres. Libres en el amor inquebrantable que nos viene en Jesús (119:41). Libres para hablar de los testimonios de nuestro Señor y no ser avergonzados (119:46).

Salmos 119:49-56 Zayin

Acuérdate de tu palabra

Una mañana temprano, escuché a nuestros dos nietos pequeños, Colt y Bowen, tener una conversación muy hebrea —aunque ellos no lo sabían. Estaban discutiendo sobre cepillarse los dientes. Colt se los había cepillado antes de acostarse; Bowen no. Colt dijo: «Simplemente no te acordaste de hacerlo», a lo que Bowen respondió: «Sí me acordé. Solo que no quise hacerlo». Colt contestó: «¡No sirve de nada acordarse de algo y no hacerlo!». Colt no sabe hebreo, pero expresó una verdad muy hebrea, porque el verbo *ẓakar*, «acordarse», no significa solo recordar mentalmente, sino hacerlo activamente. Encarnar el recuerdo. *Ẓakar* es acordarse de cepillarse los dientes y efectivamente cepillárselos.

En el Salmo 119:49-56, en el cual cada uno de los ocho versículos empieza con la letra hebrea *ẓayin*, «Z», tres comienzan con *ẓakar*: «Acuérdate de la palabra dada a tu siervo, en la cual me has hecho esperar [...] Me acuerdo de tus ordenanzas antiguas, oh Señor, y me consuelo [...] Me acordé, oh Señor, de tu nombre en la noche, y guardé tu ley [=Torá]» (119:49, 52, 55).

Cuando nuestro Padre se acuerda de la palabra que nos habló, actúa conforme a ella, tal como cuando «se acordó Dios de Noé y de todo el ganado que estaba con él en el arca», el Señor «hizo pasar un viento sobre la tierra, y decrecieron las aguas» (Gn 8:1). Cuando el Espíritu sopla su palabra hablada en nuestros corazones, nos rescata de las aguas de la desesperación y afirma nuestra esperanza. Así como nuestro Padre se acuerda, también nosotros, sus hijos, nos acordamos. Recordamos sus decretos y su nombre «en la casa de mi peregrinación», para consolarnos y aferrarnos a su Torá (Sal 119:54).

Cuando recordamos su palabra y su nombre, nos aferramos a ellos, anclamos nuestra vida misma en ellos. Cristo es la memoria encarnada del Padre hacia nosotros. Él es nuestro consuelo en la aflicción, la promesa que nos da vida (119:50). Jesús es la certeza de que nunca seremos olvidados por Dios.

Salmos 119:57-64 Jet

El Señor es mi porción

El padre del profeta Jeremías era Hilcías, cuyo nombre significa «El Señor es mi porción» (Jer 1:1). Como Hilcías era sacerdote de la tribu de Leví, tenía un nombre hebreo casi perfecto. Cuando Josué dividió la tierra prometida entre las tribus de Israel, a los levitas no se les dio una porción territorial (Nm 18:20). En vez de eso, vivían en ciudades esparcidas entre las heredades de las otras tribus. Dios les dijo: «Yo soy tu porción y tu herencia entre los israelitas» (Nm 18:20). Así que el padre de Jeremías, con un nombre que significaba «El Señor es mi porción», vivía conforme a su nombre. Esto definía su tribu, su vocación, su don de Dios para ser sacerdote.

La novena sección del Salmo 119 comienza: «El Señor es mi porción» (v. 57). En hebreo, es prácticamente una forma expandida del nombre de Hilcías. Pero fíjate en lo que está ocurriendo: nosotros oramos estas palabras, así como todo israelita las habría orado. Al hacerlo, estamos diciendo: «Yo también soy Hilcías. Yo soy miembro del pueblo sacerdotal de Dios», ese pueblo que es «linaje escogido, real sacerdocio, nación santa, pueblo adquirido para posesión de Dios, a fin de que anuncien las virtudes de aquel que los llamó de las tinieblas a su luz admirable» (1 P 2:9, Ex 19:6).

«Como piedras vivas, sean edificados como casa espiritual para un sacerdocio santo, para ofrecer sacrificios espirituales aceptables a Dios por medio de Jesucristo» (1 P 2:5). Como tales, prometemos guardar sus palabras (Sal 119:57), suplicamos su favor (119:58), volvemos mis pasos a sus testimonios (119:59) y vivimos nuestra vocación sacerdotal en Cristo proclamando: «la tierra, oh Señor, está llena de tu misericordia» (119:64). El Señor Jesús, quien es nuestra «porción para siempre» (Sal 73:26), ha derramado esa misericordia en nosotros. Y nosotros, a su vez, testificamos de su amor a otros, vivimos una vida moldeada por ese amor y participamos en la obra sacrificial de servir a los demás.

Salmos 119:65-72 Tet

Tú eres bueno y lo haces bien

El primer capítulo de la Biblia no deja dudas de que el Creador está contento con su creación. Día tras día, nuestro Padre habla las cosas a la existencia por medio de su Hijo, el Verbo. Él las observa y pronuncia la palabra «bueno», que siempre imagino acompañada de una sonrisa. En hebreo, bueno es *tov*. La luz es *tov*. La tierra seca es *tov*. Todo es *tov*. De hecho, al final del sexto día, Dios lo lleva aún más alto y declara que es «muy bueno» (Gn 1:31). El Verbo del Padre no hizo un cosmos de segunda categoría. Lo que el Verbo hace, lo que Jesús hace, lo hace bien. Y lo que Jesús sigue haciendo por medio de sus palabras habladas y escritas también es bueno.

Ese tema de la bondad recorre el Salmo 119:65-72. Todas las palabras en cursiva que siguen son adjetivos, sustantivos o verbos que provienen de la raíz hebrea para «bueno». Dios ha «*hecho bien*» con nosotros y nos enseña «*buen juicio y conocimiento*» (119:65-66). «*Tú eres bueno y haces el bien*» (119:68). La Torá de la boca del Señor es «mejor para mí que millares de monedas de oro y plata» (119:72). Nada de esto nos sorprende mucho. Por supuesto que Dios es bueno. Por supuesto que su palabra es mejor que todos los tesoros terrenales. Lo que sorprende es esta otra aparición: «Bueno es para mí ser afligido, para que aprenda tus estatutos» (119:71).

¿Cómo puede ser buena la aflicción? Aquí está la respuesta: «Antes que fuera afligido, yo me descarrié; pero ahora guardo tu palabra» (119:67). En nosotros pecadores, «no hay quien haga el bien» (Sal 14:3). Nos «descarriamos como oveja perdida» (119:176). Entonces la aflicción viene a sacudirnos y a despertarnos. Como escribió C. S. Lewis: «Dios nos susurra en nuestros placeres, nos habla en la conciencia, pero nos grita en los dolores: es su megáfono para despertar a un mundo sordo».[30] Una vez que ya estamos despiertos, nos volvemos a nuestro buen Padre, quien nos ama, nos perdona y nos declara como muy buenos en Jesucristo.

Salmos 119:73-80 Yod

Los que te temen me verán

No podemos vivir la vida cristiana en soledad. Cualquier idea de un individualismo espiritualizado y autosuficiente, donde no necesitamos ni queremos a otros creyentes en nuestras vidas, es una doctrina del diablo, diseñada para alejarnos de la iglesia, de la comunidad de cristianos establecida por el mismo Jesús. Nuestro Señor nunca dijo: «Bienaventurado el cordero que se aparta del rebaño». De hecho, es precisamente ese cordero, perdido y en peligro, el que debe ser rescatado por él. Así como el pie necesita a la mano, la mano a los ojos, y los ojos a la boca, así nosotros, miembros del cuerpo de Jesús, nos necesitamos unos a otros. Ser parte de una iglesia, guiados por un pastor, es un regalo de nuestro Padre.

En esa comunidad de creyentes, nos animamos mutuamente. Como dice el salmista: «Que los que te temen, me vean y se alegren, porque espero en tu palabra» (119:74). La esperanza del poeta, una esperanza basada en la Palabra de Dios, es vista por otros que también temen al Señor. ¡Y se alegran! Incontables veces, en mi debilidad, he sido fortalecido por el testimonio y el ejemplo de otros cristianos. Cristo pone una palabra en su boca que yo necesito escuchar. Tal vez sea el sermón de mi pastor, algún consejo sabio, o una mano en mi hombro mientras un hermano ora por mí. Nuestro Padre usa a aquellos que esperan en su palabra para dar esperanza a otros en esa misma palabra, para que juntos nos deleitemos en la Torá del Señor (119:77), meditemos en sus preceptos (119:78), conozcamos sus testimonios (119:79) y seamos íntegros en sus estatutos (119:80).

En los buenos y malos tiempos, en las alturas y las profundidades de la vida, los creyentes reímos juntos, lloramos juntos, oramos juntos y juntos escuchamos la buena noticia de que en Cristo somos uno con el Padre. Aquel cuyas manos nos hicieron y nos formaron (119:73) también nos hace hermanos y hermanas en la fe. Gracias a Dios por el regalo de no estar solos, sino de compartir la vida de Cristo juntos.

Salmos 119:81-88 Kaf

Como un odre al humo

Cuando los israelitas necesitaban transportar líquidos mientras viajaban, no pasaban por una tienda de artículos deportivos a comprar una mochila con bolsa plástica interior. Tampoco cargaban frágiles botellas de vidrio. Usaban odres de cuero, normalmente hechos de piel de cabra. Así, el vino se guardaba en odres: el vino nuevo en odres nuevos (para que el cuero fresco pudiera expandirse) y el vino añejo en odres viejos (cf. Mt 9:17). Por muy bien hechos que fueran, estos odres con el tiempo se volvían «viejos, rotos y recomendados», como los que usaron los gabaonitas en su engaño (Jos 9:4).

Pero imagina lo encogido y deteriorado que quedaría un odre colgado encima del fuego, ennegrecido por el humo. Exactamente así se siente el salmista: Luzco como un odre al humo (119:83). Hoy no usamos esa imagen antigua, pero expresa perfectamente un sentimiento muy actual: estar agotado, seco, estirado más allá del límite. Clamamos a Dios: «¿Cuándo me consolarás?» (119:82). Y, «¿Cuántos son los días de tu siervo?» (119:84). Y, «con mentira me han perseguido, ayúdame» (119:86). En otras palabras: Señor, no sé cuánto más puedo soportar. ¡Ten misericordia! Haz algo antes de que deje de ser como un odre al humo y me convierta en puro polvo y ceniza.

Y lo hará, porque «el necesitado no será olvidado para siempre» (Sal 9:18). Puede parecer que tarda, pero el Señor Jesús no puede ni quiere olvidar a aquellos por quienes él mismo estuvo dispuesto a ser como un odre al humo. Fue más allá, descendiendo a las llamas devoradoras, soportando la muerte misma, incluso muerte de cruz, precisamente para darnos vida en su resurrección. Y en esa vida, esperanza. Esperanza en su palabra (119:81). Esperanza que no es simple deseo piadoso, sino expectativa confiada, el tipo de esperanza que llena los odres de nuestras vidas con el vino del amor inquebrantable de Cristo, para que estemos rebosantes de vida divina (119:88).

Salmos 119:89-96 Lámed

Fijo en los cielos

A ninguno de nosotros le sorprende despertar y ver al sol iluminar el horizonte oriental. Por supuesto que lo hace. Ni, al caminar, comentamos con un amigo: «Mira cómo la tierra sigue bajo nuestros pies». Por supuesto que está. En la creación hay un «por supuesto» incorporado. Una constancia. Tan predecibles son los eclipses, por ejemplo que, si se menciona uno en un texto antiguo, podemos usarlo para fechar con precisión eventos de hace milenios. La creación no es caótica, sino tan ajustada, tan precisa que la probabilidad de que «simplemente sucediera» es monstruosamente absurda.

Esa constancia en la creación se expresa así en el salmo: «Por tus ordenanzas permanecen hasta hoy, pues todas las cosas te sirven» (119:91). El sol sirve a Dios. La luna y las estrellas sirven a Dios. El Rey Creador las ha asignado a hacer lo que hacen. ¿Qué significa eso para nosotros? Que la misma estabilidad de la creación testifica que el Creador, quien hizo todas las cosas por su palabra, tiene una palabra que es firme, estable, inquebrantable en su capacidad para cumplir lo que promete. O, como dice el poeta: «Para siempre, oh Señor, tu palabra está firme en los cielos. Tu fidelidad permanece por todas las generaciones; tú afirmaste la tierra, y ella permanece» (119:89-90).

La estabilidad de la tierra habla de la fidelidad del Creador de la tierra; los cielos no solo «proclaman la gloria de Dios» (Sal 19:1), sino que son testigos de la firmeza de la palabra de Dios.

Cuando añadimos a esto lo que sabemos del amor de este Creador, nuestro Padre, al darnos a su Hijo, ¿qué hemos de temer? No pereceremos en la aflicción, porque su Torá, en la cual confiamos, es nuestro deleite (119:92). Aunque nuestras vidas sean a menudo caóticas, su amor inquebrantable no lo es. Es tan cierto —no, más cierto— que cualquier certeza fija de la creación. Cristo nos ama. Sí, por supuesto que sí.

Salmos 119:97-104 Mem

Entiendo más que los ancianos

Todos sabemos que las palabras sacadas de contexto pueden torcerse para significar lo opuesto de lo que el hablante o escritor original quiso decir. Por ejemplo, la misma Biblia dice: «No hay Dios», pero el contexto nos dice que es el necio quien dice esto (Sal 14:1). El contexto es clave. Los ocho versículos del Salmo 119 que comienzan con la letra hebrea mem (M) son así. Sacados de contexto, suenan como si el poeta se estuviera jactando de su coeficiente intelectual. «Tengo más discernimiento que todos mis maestros [...] Entiendo más que los ancianos» (119:99-100). Pero no se trata de un presumido engreído, sino de un estudiante orante de la Palabra. Está alabando la sabiduría enviada del cielo por Dios.

Las líneas inicial y final se reflejan mutuamente: «¡Cuánto amo tu ley! [...] Por tanto aborrezco todo camino de mentira» (119:97, 104). No podemos servir a dos señores. O amamos la sabia palabra de verdad de Dios, o amamos las palabras mentirosas y necias del mundo. La «sabiduría» de estas últimas dice: «Bienaventurados los poderosos, los ricos y los famosos». Ofrece mentiras cubiertas con un barniz de aparente verdad que siempre apunta al servicio del yo. Cómo conseguir esto o aquello para uno mismo.

Por eso, cuando somos estudiantes de la Torá, tenemos más entendimiento que cualquiera que solo haya bebido de la sabiduría del mundo. Un conductor de autobús escolar empapado en la Palabra de Dios es más sabio que un profesor ateo en una universidad de la Ivy League. Nuestro Padre celestial ha hecho necia la sabiduría del mundo. Su Torá nos conduce a Cristo crucificado, donde Dios escogió lo débil del mundo para avergonzar a lo fuerte; escogió lo vil y despreciado, lo que no es, para anular lo que es, para que toda jactancia humana sea solo en la sabiduría de Dios (cf. 1 Co 1:27-29). Esa sabiduría se mostró en la cruz de Jesucristo, en la revelación del camino que conduce a la vida misma en él.

Salmos 119:105-112 Nun

Lámpara es a mis pies tu palabra

Este versículo, «Lámpara es a mis pies tu palabra y luz para mi camino», no solo es el versículo más conocido del Salmo 119, sino que ocupa un lugar destacado en la lista de versículos favoritos de muchas personas en toda la Biblia. Pero hay un elemento obvio en este versículo que, sin embargo, suele pasarse por alto: lo que dice el salmista solo tiene sentido si está caminando de noche. Un paseo al mediodía no requiere linterna. Pero cuando caminamos en la noche en la que estamos «profundamente afligidos» (119:107), cuando llevamos nuestra vida en la mano (119:109), cuando viajamos por un sendero donde los impíos han tendido trampas (119:110), entonces necesitamos desesperadamente la iluminación de la Palabra de nuestro Padre.

No imaginemos la vida en este mundo como una existencia relativamente pacífica en un país propio que enfrenta incursiones enemigas esporádicas. Somos «extranjeros y peregrinos» (1 P 2:11) que residimos en territorio ocupado por el enemigo. Como dijo Thomas Hopko: «No tengas expectativas, excepto la de ser tentado ferozmente hasta tu último aliento».[31] Caminamos, socializamos, adoramos y criamos a nuestros hijos en territorio de batalla donde no existen zonas desmilitarizadas. Pablo no nos dice que nos pongamos un traje de baño de ocio, sino «toda la armadura de Dios» (Ef 6:11). Llevamos esa armadura espiritual mientras físicamente llevamos trajes de baño y trajes formales, vestidos o jeans, porque cada día caminamos por senderos espirituales donde los malvados han cavado fosas, esperan en emboscada y han escondido el equivalente a artefactos explosivos de tentación diseñados para mutilar, matar y destruir a los hijos de Dios.

Nuestra confianza y protección están en Cristo, quien vino «para destruir las obras del diablo» (1 Jn 3:8). Él es la lámpara a nuestros pies, la luz en nuestro camino, quien nos sostiene firmemente, aun cuando nosotros nos aferramos a sus promesas. No hay lugar más seguro que en él, donde caminamos a la luz de su misericordia, una luz que disipa la oscuridad y hace huir a los demonios.

Salmos 119:113-120 Sámej

Mi carne se estremece por temor a ti

La música, el cine y los discursos pueden provocar toda la gama de emociones humanas. Incluso, los más estoicos entre nosotros han limpiado lágrimas al final de una película conmovedora. La música puede mover a multitudes que se mecen, bailan y sienten elevarse su espíritu. Y un orador dotado puede hacernos reír, enfurecer y llorar, todo en cuestión de minutos. Tal es el poder de las palabras.

Si tal poder habita en el habla humana, ¡cuánto más reside en las palabras que proceden de la boca de Dios! Lo vemos en el Salmo 119: «Aborrezco a los hipócritas, pero amo tu ley» (119:113). Odio y amor. «No dejes que me avergüence de mi esperanza» (119:116). Vergüenza y esperanza. «Apártense de mí, malhechores» (119:115). Antagonismo y rechazo. Incluso se producen escalofríos: «Mi carne se estremece por temor a ti, y de tus juicios tengo miedo» (119:120). El verbo hebreo *samar*, traducido como «estremecer», puede referirse a que el pelo de nuestra piel se eriza, de modo que una traducción lo vierte: «El temor de ti hace que mi carne se erice» (NBE).

Tal es el poder de la Palabra de Dios que actúa en nosotros, como una riada repentina que desciende por un cañón. La Palabra de nuestro Señor llueve en nuestros oídos y comienza a correr dentro de nosotros, destruyendo las barreras que hemos levantado para mantener a Dios afuera, arrasando la basura acumulada de nuestra desobediencia, rugiendo en nosotros mientras el Espíritu habla verdad. Esa Palabra nos recoge y nos coloca en los brazos de Jesús, quien es nuestro escondedero y nuestro escudo (119:114). Él nos sostiene siempre, para que estemos seguros (119:117).

Nuestra carne se eriza en su presencia santa, pues tememos sus juicios (119:120), pero a nosotros él nos habla palabras de paz, diciendo: «... no temas; yo soy el primero y el último, y el que vive y estuve muerto. Pero ahora estoy vivo por los siglos de los siglos...» (Ap 1:17-18).

Salmos 119:121-128 Áyin

Desfallecen mis ojos

Se dice que los ojos son la ventana del alma. Y ciertamente revelan mucho. La risa genuina siempre involucra los ojos, mientras que la risa forzada los deja indiferentes. Cuando no me siento bien, mi esposa siempre lo detecta en mis ojos. Las noches agitadas de vueltas, lágrimas y desvelo dejan señales inconfundibles alrededor de los ojos. Con nuestros ojos vemos, miramos, fulminamos, lloramos, sonreímos y contemplamos a lo lejos.

El salmista dice: «Desfallecen mis ojos por tu salvación y por la promesa de tu justicia» (119:123). Sin embargo, el hebreo sugiere una traducción aún más fuerte. Cuando el verbo *kalah* (acabarse, perecer, desfallecer) se usa en referencia a los ojos, significa que «los ojos desfallecen». Imagina unos ojos acuosos y enrojecidos, tan tensos de mirar a lo lejos anhelando que alguien aparezca, que finalmente se nublan de cansancio. El ejemplo más memorable es Deuteronomio 28:32, cuando los padres angustiados ven a sus hijos vendidos como esclavos mientras «sus ojos miran y desfallecen por ellos continuamente».

En el Salmo 119:121-128, desfallecen nuestros ojos. Hemos practicado el juicio y la justicia, pero aun así somos oprimidos (119:121). Somos tus siervos, Señor, pero nuestros ojos están enrojecidos de tanto esperar que nos rescates, que cumplas tu promesa de justicia para con nosotros (119:123). «Es tiempo de que actúes, Señor», no de que tardes (119:126). Abre tus propios ojos, Padre, ve el peligro en que estamos y «Haz con tu siervo conforme a tu misericordia» (119:124). Oramos: «Mis ojos desfallecen esperando tu palabra; mientras digo: "¿Cuándo me consolarás?"» (119:82).

Nuestro consuelo ha llegado en aquel cuyos ojos se llenaron de compasión por los débiles, los heridos y los desamparados. En nuestro Salvador, manso y humilde, no solo hallamos descanso para nuestras almas (Mt 11:29), sino alivio para nuestros ojos. Ya no necesitamos mirar ansiosos hacia el horizonte lejano. Fijamos nuestros ojos en el amor de Dios hecho carne, en quien «nunca fallan sus bondades» (Lm 3:22).

Salmos 119:129-136 Pe

La exposición de tus palabras imparte luz

Quienes vivimos en ciudades hablamos de la oscuridad, pero rara vez la experimentamos en serio. Incluso de noche, las farolas siguen encendidas, los faros de los automóviles pasan brillando y el resplandor bajo de la ciudad despeja la noche. Yo crecí en una zona rural, lejos de las luces del pueblo. Allí, la oscuridad era verdaderamente oscura. Una oscuridad de tropezar. Una oscuridad donde mirabas hacia abajo y no podías ver ni tus botas. Así que cuando se encendía una luz, podías verla a kilómetros de distancia. Ninguna oscuridad podía ocultarla. No importaba cuán grande fuera la noche ni cuán pequeña la luz: la luz siempre vencía. La oscuridad no podía dominarla.

En el Salmo 119, una luz brilla: «La exposición [*petach*] de tus palabras alumbra» (v. 130; mi traducción). La palabra hebrea *petach*, a menudo traducida como «exposición» o «despliegue», implica una apertura o entrada. Robert Alter la traduce: «El portal de tus palabras envía luz». La Palabra de Dios es como una casa, rodeada por todos lados de la oscuridad de la necedad, la penumbra del pecado, la noche de la incredulidad, donde andamos perdidos, tropezando y cayendo a cada paso.

¡Pero allí está! La puerta se abre, aunque sea un resquicio, y una luz penetrante brilla desde dentro. En cada habitación, el resplandor luminoso de las palabras de Dios irradia hacia la oscuridad. Nos llama a entrar, a deleitarnos en el brillo de su sabiduría. Da entendimiento a los sencillos (119:130). Crea en nosotros un anhelo profundo, de modo que abrimos la boca y jadeamos por los mandamientos de Dios (119:131). Nuestros ojos derraman corrientes de agua al ver a los que no guardan la enseñanza del Señor (119:136).

En esta casa, Dios hace resplandecer su rostro sobre nosotros porque en su Palabra se vuelve hacia nosotros, nos muestra su gracia y nos redime de la opresión humana (119:132). Nos enseña su gracia en su Hijo, quien es la Luz del mundo, el resplandor de la gloria del Padre, quien nos ilumina con su Espíritu.

Salmos 119:137-144 Tsadi

Justo eres tú, Señor

Estos cinco nombres bíblicos comparten un rasgo común: Melquisedec, Sedequías, Adonisedec, Sadoc y Josadac. La parte de sus nombres escrita como «sedec», «sadoc» o «sadak» proviene de la raíz hebrea que significa «justicia» o «justo». Así, cuando Hebreos comenta sobre Melquisedec, dice: «Él es, en primer lugar, por la traducción de su nombre, rey de justicia» (7:2). En el Salmo 119, los versículos 137 al 144 comienzan todos con la letra hebrea *tsade*, a menudo transliterada como «z». Debido a que *tsade* es la letra inicial de «justo» y «justicia» en hebreo, no sorprende que diferentes formas de esas palabras dominen esta sección (119:137-138, 142, 144).

El poeta comienza: «Justo eres tú, Señor» (119:137). Que Dios sea justo significa que es fiel a su naturaleza como Salvador fiel, recto y que hace lo que es justo. También significa que sus testimonios y leyes reflejarán quién es él: «Has ordenado tus testimonios con justicia y con suma fidelidad» (119:138). Ser justo no es un estado de ánimo pasajero en Dios, sino que refleja eternamente su esencia: «Tu justicia es justicia eterna, y tu ley verdad» (119:142).

¿Qué querría hacer un Dios tan justo con nosotros, que somos injustos? Pues todos estamos «... bajo pecado, como está escrito: "No hay justo, ni aun uno"» (Ro 3:9-10). ¿Cómo podríamos esperar presentarnos ante un Juez tan justo, si incluso nuestras mejores obras, todos nuestros «actos de justicia», «son como trapo de inmundicia» (Is 64:6, RVR60)? Nuestra esperanza está puesta enteramente en el Hijo de Dios justo, quien «... murió por los pecados una sola vez, el justo por los injustos, para llevarnos a Dios...» (1 P 3:18). Por la fe, recibimos su justicia como un regalo (Ro 1:17). Jesús nos quita nuestros trapos sucios, nos baña en el agua pura del bautismo para limpiar la mugre del pecado. Luego nos viste con ropas justas tomadas de su propio armario. Llevamos vestiduras reales, confeccionadas del mismo paño de Cristo, tejidas por el Espíritu para que nos queden perfectamente, de modo que nosotros, aunque «pequeños y despreciados» en nosotros mismos (Sal 119:141), seamos grandes y honrados en Cristo, nuestro Rey justo.

Salmos 119:145-152 Kuf

Me adelanto al alba

No todos son personas matutinas. Yo sí. Siempre lo he sido. Hay un espacio cuando la noche termina y la mañana comienza, un intervalo único. El sueño ha terminado. Nos preparamos para el día. Sin embargo, el día, al menos la luz del día, aún no ha llegado. Lo esperamos. Para mí, es el momento ideal para reflexionar en la Palabra de Dios, orar y orientarme hacia lo que viene. Ese intervalo de «no todavía noche» y «no todavía día» se llena mejor con lo que es mejor: las promesas del Señor.

Además de entonar aleluyas nocturnas («A medianoche me levantaré para dar gracias a ti», Sal 119:62), el poeta del Salmo 119 también madrugaba: «Me anticipo al alba y clamo; en tus palabras espero» (119:147). El verbo hebreo para «esperar» también podría traducirse como «aguardo tus palabras». En esas horas antes del amanecer, clama con todo su corazón, suplicando al Señor que le responda, para así guardar sus estatutos, observar sus testimonios y meditar en sus promesas (119:145-148). Él sabe bien, como nosotros, que algunos se acercan con maldad, por eso confiesa: «Tú estás cerca, Señor, y todos tus mandamientos son verdad» (119:150-151).

Antes de que salga el sol, antes de que comiencen las tareas del día, recordamos buscar primero su reino y su justicia (Mt 6:33). Nuestro Padre se encargará de lo demás. Nos envolvemos en el manto de su palabra, invocando al Verbo hecho carne para que añada su fuerza a nuestra debilidad, su sabiduría a nuestra necedad, para que podamos caminar en los testimonios que él ha fundado para siempre (119:152).

«Porque somos hechura suya, creados en Cristo Jesús para hacer buenas obras, las cuales Dios preparó de antemano para que anduviéramos en ellas» (Ef 2:10). Sin embargo, antes de comenzar a andar en ellas hoy, clamamos pidiendo ayuda, porque solo en Cristo nuestro Auxiliador podemos comenzar y completar lo que nuestro Padre tiene preparado para nosotros, sus hijos amados y perdonados.

Salmos 119:153-160 Resh

La suma de tu palabra es verdad

Cuando los oradores dicen: «En resumen...», nos damos cuenta de que están a punto de reunir sus ideas para darnos una breve sinopsis de su exposición. Este resumen podría tomar uno o dos minutos, dependiendo de la longitud del discurso, sermón o clase. Sin embargo, lo que nunca he escuchado es que un orador reduzca todo a una sola palabra. Pero eso es precisamente lo que hace el poeta del Salmo 119.

«La suma de tu palabra es verdad...» (119:160). O, más literalmente, «la cabeza [rosh] de tu palabra es verdad». La palabra hebrea *rosh* (cabeza) puede significar «suma» o «total», como también en el Salmo 139:17: «¡Cuán preciosos también son para mí, oh Dios, tus pensamientos! ¡Cuán inmensa es la suma [rosh] de ellos!». Cuando tomas todas las palabras de Dios y las sumas, ¿cuál es la cabeza, la suma? Verdad. La palabra hebrea para verdad, *emet*, se compone de tres consonantes: alef (la primera letra del alfabeto), mem (casi en el medio), y taw (última letra). En la tradición judía, esto ilustra cómo la palabra de Dios es verdad de principio a fin. Nosotros diríamos: de la A a la Z, las Escrituras son la verdad de Dios.

Esta palabra verdadera de nuestro Padre también da vida, y precisamente por eso es que no una ni dos, sino tres veces en esta sección del Salmo 119 clamamos: «¡Vivifícame!». «Vivifícame conforme a tu palabra [...] vivifícame conforme a tus ordenanzas [...] vivifícame, Señor, conforme a tu misericordia» (119:154, 156, 159). Hay aflicción: ¡vivifícame! Hay perseguidores y adversarios: ¡vivifícame! Hay culpa, soledad, remordimiento, temor al futuro: ¡vivifícame! Y él lo hace siempre, porque Jesús es nuestra Vida, así como es la Verdad del Padre para todos nosotros. Podríamos decir que todo el Salmo 119 se ora ante la tumba vacía de Jesús, quien responde a cada súplica de ayuda, a cada suspiro del corazón, señalándose a sí mismo como la Respuesta del Padre para nosotros.

Salmos 119:161-168
Sin y Shin

Amo tu ley

El amor es mucho más que una emoción; es un movimiento hacia el amado con el objetivo de unir manos para trabajar, pies para caminar juntos, vidas para entrelazarse como amigos, esposos o vecinos. Amor en acción. Amor concretado. Aunque existe de manera invisible en el corazón, el amor se hace visible en lo que hacemos, en lo que decimos, en cómo escuchamos a quien amamos. Un amor que solo es emoción, incluso una muy intensa, puede sonar dulce en tarjetas de felicitación, pero nos amarga si nunca se traduce en evidencia tangible de que realmente somos amados.

En esta penúltima sección del Salmo 119, escuchamos tres veces sobre el amor: «Amo tu ley [...] Mucha paz tienen los que aman tu ley [...] Mi alma guarda tus testimonios y en gran manera los amo» (119:163, 165, 167). Este amor por la Palabra de Dios, que es fruto del amor a Dios mismo, refleja esa sección de Deuteronomio 6 conocida por su nombre hebreo *Shema* (¡Escucha!). Allí pasamos de confesar: «Amarás al Señor tu Dios con todo tu corazón, con toda tu alma y con toda tu fuerza» directamente a «estas palabras que yo te mando hoy, estarán sobre tu corazón» (6:5-6). Nuestro amor a Dios debe ir unido al amor a su Palabra, escribiendo esa Palabra en las tablas de nuestro corazón, enseñándola a nuestros hijos, hablando de ella y atándola a nuestra vida en todo sentido (6:7-9).

Porque tememos a nuestro Padre, nuestro corazón también teme su palabra (119:161). Porque Cristo es el mayor regalo que jamás recibiremos, también nos regocijamos en su Palabra «como quien halla un gran botín» (119:162). Porque Jesús nos ha salvado, reconciliándonos con el Padre y dándonos paz, mucha paz tienen los que aman su ley (119:165). Danos, querido Padre, un amor cada vez mayor por ti y tu Palabra, así como amor por nuestro prójimo, para que tu propio amor por nosotros dé fruto en cada parte de nuestra vida.

Salmos 119:169-176 Tav

Me he descarriado como oveja perdida

Después de haber pasado veintiún días escalando la montaña del Salmo 119, hoy llegamos a la cumbre. Aquí está la Omega —o, en hebreo, la Tau. Y, muy apropiadamente, en este punto culminante poético, estallamos en alabanza al Dador divino de la Palabra: «Profieran mis labios alabanza [...] Cante mi lengua de tu palabra [...] Viva mi alma para alabarte» (vv. 171-172, 175).

Estamos ante nuestro Padre, vestidos con la justicia de su Hijo y llenos del Espíritu Santo, para alabarlo por no haber sellado los labios del cielo y dejarnos a la deriva en este mundo sin palabra alguna desde lo alto. Todo lo contrario. Él nos ha dado entendimiento conforme a su palabra (119:169), nos ha librado conforme a su palabra (119:170), nos ha enseñado sus estatutos (119:171). Como hijos de nuestro Padre celestial, somos los beneficiarios y estudiantes de «... las Sagradas Escrituras, las cuales te pueden dar la sabiduría que lleva a la salvación mediante la fe en Cristo Jesús» (2 Ti 3:15). Estas Escrituras inspiradas por Dios «son útiles para enseñar, para reprender, para corregir y para instruir en justicia» para que nosotros, discípulos de Jesús, «seamos perfectamente equipados para toda buena obra» (3:16-17).

Como gesto final, en el versículo de cierre de este salmo, después de haber orado durante ciento setenta y cinco versículos sobre los estatutos, leyes, ordenanzas y mandamientos del Señor, hacemos esta honesta confesión: «Me he descarriado como oveja perdida; busca a tu siervo, porque no me olvido de tus mandamientos» (119:176). Esto es lo que siempre hace el buen pastor. Cuando olvidamos sus mandamientos y nos descarriamos, él deja a las noventa y nueve para buscarnos. Cuando nos alejamos de su Palabra, él recorre montes y valles, callejones y mansiones, prisiones y apartamentos, para encontrarnos, cargarnos sobre sus hombros y reírse de alegría todo el camino de regreso por el gozo de traernos de vuelta. Así es el Hijo de Dios, quien no se detendrá ante nada, ni siquiera ante la cruz y la tumba, para regresarnos al Padre. Aunque nosotros olvidemos sus mandamientos, él jamás se olvida de nosotros.

Salmo 120

Cántico de ascenso gradual

Muchos de nosotros tenemos una lista de canciones para correr, hacer ejercicio o realizar alguna otra rutina. En mi caso, cuando una de las canciones de mi antigua lista para correr suena en la radio, al instante me transporta al lugar donde la escuchaba por los audífonos en mi recorrido diario. La música queda enraizada en un tiempo, lugar o evento. Los próximos quince salmos, del 120 al 134, todos titulados «Cánticos de ascenso gradual», son así. Son himnos «de subida», tradicionalmente entendidos como cantos que los peregrinos israelitas entonaban mientras subían a Jerusalén para las fiestas de la Pascua, Pentecostés y los Tabernáculos. Podemos imaginar fácilmente cómo estos salmos quedaban vinculados a esas peregrinaciones, lugares y estaciones.

El paso del Salmo 119, con su vibrante reflexión sobre la belleza y verdad de la Palabra de Dios, al Salmo 120, con su enfoque en la fealdad y las mentiras de la palabra humana, resulta impactante. Esto es intencional. Los salmos no fueron organizados al azar, sino cuidadosamente, de modo que, a menudo, el lugar que ocupa un salmo en la colección de 150 profundiza su significado. Al orar el Salmo 120, estamos en el exilio, peregrinando en Mesec, habitando entre las tiendas de Cedar, dos lugares muy lejanos de Jerusalén (120:5). Estamos rodeados por «los que odian la paz» (120:6), cuyas lenguas son armas afiladas como «agudas flechas de guerrero» y arden como brasas de enebro (120:4). Santiago tiene razón: «La lengua es un fuego, un mundo de iniquidad» (3:6).

Por eso oramos pidiendo liberación, no solo de las lenguas ajenas, sino también de la nuestra, igualmente propensa al engaño (120:2). En nuestra peregrinación por esta vida, que nuestro Padre nos rescate de los mentirosos y de nuestra propia mentira, llenando el tesoro de nuestro corazón con la verdad, para que nuestra lengua pronuncie palabras puras, verdaderas y edificantes. «Yo amo la paz», oh Señor (120:7), así que danos la paz que sobrepasa todo entendimiento en tu Hijo, quien «es nuestra paz» (Ef 2:14), para que cantemos tu alabanza todos nuestros días.

Salmo 121

El Señor es tu guardián

Nuestra familia humana tiene un historial lamentable en lo que respecta a vivir según el verbo hebreo *shamar*, que significa «guardar, cuidar, velar». La primera aparición es cuando «el Señor Dios tomó al hombre y lo puso en el huerto del Edén para que lo cultivara y lo guardara [*shamar*]» (Gn 2:15). Adán solo logró descuidar el Edén. Otra aparición es sarcástica, cuando Caín, con la sangre de Abel aún en sus manos, le respondió a Dios: «... ¿soy yo acaso guardián [*shamar*] de mi hermano?» (4:9). Lo único que Caín «guardó» fue el celo homicida que envenenó su corazón. Y Dios repitió a Israel que guardara sus estatutos, leyes y el pacto, todo lo cual ellos una y otra vez no supieron *shamar*, sino que lo quebrantaron.

Sobre este escenario oscuro y triste, lleno de nuestros fracasos en «guardar», el Salmo 121 irrumpe con la brillante esperanza de un mejor guardián: el Señor mismo. En este salmo de solo ocho versículos, se dice seis veces que el Señor es quien nos *shamar*: «No permitirá que tu pie resbale; no se adormecerá el que te guarda. Jamás se adormecerá ni dormirá el que guarda a Israel. El Señor es tu guardador [...] El Señor te protegerá de todo mal; él guardará tu alma. El Señor guardará tu salida y tu entrada desde ahora y para siempre» (121:3-8).

Si los peregrinos israelitas cantaban el Salmo 121 mientras subían hacia la antigua Jerusalén, nosotros lo cantamos y oramos mientras avanzamos, entre altibajos, hacia nuestro destino eterno en la Jerusalén que desciende del cielo (Ap 21:2). En medio de los lazos de la tentación y las piedras de tropiezo del pecado, «no permitirá que tu pie resbale» (121:3). Cuando nos sentimos al borde de la locura por la preocupación y el temor, como si nuestra calma exterior fuera apenas una delgada capa que cubre el caos interior, «el Señor es tu guardador [...] a tu mano derecha. El sol no te herirá de día, ni la luna de noche» (121:5-6). Alzamos nuestros ojos al monte del Calvario, donde nuestro Señor fue crucificado por nosotros. De allí viene nuestro socorro, de Cristo, nuestro Guardián.

Salmos 122:1-5

Vamos a la casa del Señor

Fue la peor Pascua que he experimentado. Mientras mi esposa y yo veíamos el servicio, yo lloraba. No había nada desalentador en el culto en sí. Las lecturas bíblicas proclamaban el triunfo de la resurrección de Jesús. En las oraciones, dábamos gracias por la vida eterna que tenemos en nuestro Señor vivo. Y el sermón de nuestro pastor estaba lleno de esperanza y consuelo. Todo eso fue hermoso. Sin embargo, seguía limpiándome las lágrimas. ¿Por qué? Porque estaba sentado en mi silla en casa, viendo el servicio en la pantalla de la computadora. Aquella Pascua fue en el año de nuestro Señor 2020, cuando la pandemia nos mantuvo alejados de muchas cosas, incluida la casa del Señor. La ausencia no siempre hace que el corazón se vuelva más afectuoso, pero durante esos meses oscuros de separación de las cosas que amamos, mi cariño por el santuario del Señor creció cien veces más.

Cuando nos reunimos como el cuerpo de Cristo, el Salmo 122 es nuestro canto: «Yo me alegré cuando me dijeron: "Vamos a la casa del Señor"». Somos como esos peregrinos israelitas que hacían el largo viaje a Jerusalén. Cuando llegamos, de pie en el santuario, dentro de los muros donde resuenan los cantos sagrados, escuchamos las Escrituras proclamadas, las oraciones que suben como incienso, se celebra la Cena, las aguas bautismales purifican y la predicación de las buenas nuevas de Jesús sana y restaura. Estamos en casa, de nuevo en casa, porque la casa del Señor es también nuestra casa. Como podría decir nuestro Padre: «Mi casa es tu casa».

Así como las tribus de Israel se paraban en los atrios del templo de Jerusalén «para alabar al nombre del Señor» (122:4), cada domingo los cristianos venimos «... a la ciudad del Dios vivo, la Jerusalén celestial» (Heb 12:22), donde adoramos al Padre «... en espíritu y en verdad» (Juan 4:24). Su casa es nuestra casa. Su vida es nuestra vida. Por eso, nos alegramos cuando nos dicen: «¡Vamos a la casa del Señor!» (122:1).

Salmos 122:6-9

Oren por la paz de Jerusalén

Algunas ciudades importantes de Estados Unidos tienen apodos. Nueva Orleans es «la gran fácil». Denver es «la ciudad a una milla de altura». Y la ciudad de Nueva York es «la gran manzana». En el Antiguo Testamento, Jerusalén también tenía otros nombres, a veces relacionados con la geografía (monte Sión), con los habitantes cananeos originales (Jebús), o con el rey más famoso que gobernó allí (la ciudad de David). Jerusalén también podría haberse apodado la ciudad de la Paz, ya que su nombre significa «fundación de paz», *shalom*.

Sin embargo, el nombre ciudad de la Paz habría sido tan irónico como llamar a Atlanta la ciudad de la Nieve, porque la paz fue un bien escaso en la historia de Jerusalén. Después de que David capturara la ciudad y la hiciera su capital, enfrentó amenazas y ataques, a lo largo de los siglos, de parte de las tribus del norte de Israel, los asirios, los babilonios y otros. Peor aún, dentro de la ciudad, entre sus propios ciudadanos, la amenaza asomó su fea cabeza con golpes de estado, idolatría rampante y falsos profetas que socavaban la paz de la ciudad. Por eso, nunca hubo un momento en el que «Oren ustedes por la paz de Jerusalén» fuera una oración innecesaria (Sal 122:6).

Desde la llegada de Jesús, el Mesías, y el establecimiento de su reino mundial, «orar por la paz de Jerusalén» es orar por la comunidad de los fieles, estén en la Jerusalén actual o en Salem, Alabama. Cada iglesia en el mundo podría llamarse «Aquí está Jerusalén». Y nunca hay un momento en que esa oración sea innecesaria. Enfrentamos ataques de los poderes elementales del mundo (Col 2:8), «los reyes de la tierra» que «se levantan... contra el Señor y contra su Ungido» (Hch 4:26; Sal 2:2), y de falsos profetas y maestros «que vienen a ustedes con vestidos de ovejas, pero por dentro son lobos rapaces» (Mt 7:15). Así que, «por amor de mis hermanos y de mis amigos, diré ahora: "¡Sea la paz en ti!"» (Sal 122:8). Paz entre el clero. Paz entre los laicos. Paz entre las diferentes tradiciones dentro del cristianismo. Pero, sobre todo, paz en nuestros corazones al saber que «... tenemos paz para con Dios por medio de nuestro Señor Jesucristo» (Ro 5:1).

Salmo 123

Hasta que se apiade de nosotros

El tono general del Salmo 123 es: «Estoy cansado, Dios». Si eso no resuena contigo, al menos en algún momento, entonces te sugiero que entones una fuerte doxología, porque tu vida es rara y bendecida. Para la mayoría de nosotros, «Estoy cansado, Dios» es una confesión dolorosa y perennemente verdadera. Cansados del «escarnio de los que están en holgura y del desprecio de los soberbios» (123:4). Cansados de luchar contra nuestra tenaz naturaleza pecaminosa cada hora de cada día, con una lista corta de triunfos y una larga lista de fracasos. Cansados de un paso adelante y dos pasos atrás mientras avanzamos cojeando por estas tierras sombrías de duelo. Cansados de familias rotas, de una soledad que nos apuñala, y de una paz interior que siempre parece tortuosamente fuera de nuestro alcance. «Nuestra alma está cansada...» (123:4). Estoy cansado, Dios.

La palabra más difícil en el Salmo 123 está en el versículo 2: «He aquí, como los ojos de los siervos miran a la mano de sus señores, como los ojos de la sierva a la mano de su señora, así nuestros ojos miran al Señor nuestro Dios, hasta que se apiade de nosotros». La palabra difícil es «hasta». Es una palabra de espera. La misericordia «está en camino», pero el repartidor no ha llegado. Hasta que lo haga, la misericordia se cree, pero no se siente en el estómago, no se agarra con la mano. «A ti levanto mis ojos, oh tú que reinas en los cielos» (123:1). ¿Cuánto tiempo más debemos alzar nuestros ojos con el corazón cargado? «Ten piedad de nosotros, oh Señor, ten piedad de nosotros, porque ya no soportamos el menosprecio» (123:3).

Así que, hasta que Dios se apiade de nosotros —una piedad que nos descansa, nos ilumina los ojos y nos levanta el espíritu—, alzamos nuestros ojos a Dios entronizado en la cruz.

Jesús es la misericordia con carne. Misericordia que sangra, muere y resucita por nosotros. Jesús, quien tiene más que suficiente amor para cada uno de nosotros, nos sostendrá con manos invisibles hasta que lleguen días mejores.

Salmo 124

Si el Señor no hubiera estado

Más o menos por estas fechas, hace muchos años, yo estaba corriendo un maratón en San Antonio, Texas, para calificar al Maratón de Boston. Mi ritmo estaba en el objetivo. Mis piernas se sentían fuertes. Entonces, en el kilómetro catorce, me doblé de dolor. Un calambre severo en el muslo me había atrapado. Seguí cojeando, pero mis esperanzas se desvanecieron. Terminé la carrera, pero estaba lejos de un tiempo que calificara. Poco sabía yo entonces, pero si hubiera alcanzado mi objetivo, habría sido uno de los corredores en el Maratón de Boston de 2013, el año del atentado terrorista. Si no hubiera sido por ese calambre, podría haber muerto o haber sido uno de los cientos que perdieron extremidades en ese día horrendo.

Si no hubiera sido. Ese es el mensaje del salmo de hoy: «Si el Señor no hubiera estado de nuestra parte», o, más literalmente, «Si el Señor no hubiera estado a nuestro favor...» (124:1). Si no hubiera sido así, nuestros enemigos «vivos nos hubieran tragado entonces cuando su ira se encendió contra nosotros. Entonces las aguas nos hubieran cubierto, el torrente hubiera pasado sobre nuestra alma; hubieran pasado entonces sobre nuestra alma las aguas impetuosas» (124:3-5). La tristeza nos habría quebrado sin remedio, olas de miedo nos habrían arrastrado al océano de la desesperación, y los poderes acechantes de las tinieblas nos habrían sorprendido. Todo esto sería verdad, y aún peor, si no hubiera sido el Señor quien estuvo de nuestra parte.

No solo el Señor está de nuestra parte sino que, incluso, estamos dentro de nuestro Señor Jesús. Somos miembros de su cuerpo, lavados en él en las aguas del bautismo, de modo que ningún torrente puede arrastrarnos lejos de Cristo. «Bendito sea el Señor, que no nos ha entregado como presa de los dientes de ellos» (124:6), sino que ha preparado mesa delante de nosotros en presencia de nuestros enemigos (23:5). «Nuestra ayuda está en el nombre del Señor» (124:8), el Señor que está por nosotros.

Salmo 125

Como los montes rodean a Jerusalén

Una mañana, el siervo de Eliseo se despertó y vio que la ciudad de Dotán estaba rodeada por caballos, carros y un gran ejército de sus enemigos sirios (2 R 6). ¿Su misión militar? Capturar al profeta. Pero Eliseo estaba tan tranquilo como podía estar. Reaseguró a su siervo: «No temas, porque los que están con nosotros son más que los que están con ellos» (6:16). El siervo no podía ver lo que su maestro veía. Solo vio al enemigo que los rodeaba, pero después de que Eliseo oró por él, sus ojos fueron abiertos para ver lo invisible: «... el monte estaba lleno caballos y carros de fuego alrededor de Eliseo» (6:17).

Incluso con visión 20/20, nuestros ojos no pueden traspasar el velo que divide lo terrenal de lo celestial. Pero si el Señor nos concediera vista espiritual como hizo con el siervo de Eliseo, veríamos ángeles atendiéndonos, guardándonos, durante el día y la noche, porque ellos son «... espíritus ministradores enviados para servir por causa de los que heredarán la salvación» (Heb 1:14). Mejor aún, veríamos que «como los montes rodean a Jerusalén, así el Señor rodea a su pueblo desde ahora y para siempre» (Sal 125:2). Cuando Jesús prometió a sus discípulos: «... yo estoy con ustedes todos los días, hasta el fin del mundo», no estaba bromeando (Mt 28:20). Él es Emanuel, «Dios con nosotros», «Dios alrededor de nosotros», una montaña de protección.

«Los que confían en el Señor» reflejan quién es él porque, así como nuestro Salvador es como un monte, los creyentes «son como el monte Sión, que es inconmovible, que permanece para siempre» (125:1). Así pues, los cristianos somos inconmovibles porque él es inconmovible. Somos salvos porque él es nuestra salvación. «El cetro de impiedad no se posará» sobre nosotros, es decir, no estaremos bajo el dominio del mal, porque estamos en la mano de Cristo, quien reina sobre nosotros con misericordia. Él, que es bueno y nos ha hecho buenos en sí mismo, hará el bien para nosotros, porque estamos rodeados de su amor.

Salmos 126:1-3

Éramos como los que sueñan

La nostalgia es, con frecuencia, una forma de recuerdo que nos engaña. Cantamos la «Canción escocesa tradicional de despedida», recordando días más felices, pero al hacerlo, tendemos a practicar una memoria selectiva. Miramos hacia atrás y vemos las sonrisas, pero pasamos por alto las lágrimas. Por supuesto, también hubo momentos en los que la alegría era pura: el nacimiento de un hijo, la boda de una hija, tener en las manos ese diploma tan duramente obtenido. Damos gracias a Dios por esos tiempos, cuando el corazón casi revienta de felicidad, cuando reímos hasta llorar. En las estaciones difíciles de la vida, cuando nuestra existencia parece solo cenizas frías, esos recuerdos pueden encender la esperanza de días más cálidos por venir.

El Salmo 126 se escribe en esa misma línea. En esta primera mitad, Israel canta de aquellos días pasados «cuando el Señor hizo volver a los cautivos de Sión» (126:1), como una vez «el Señor restauró el bienestar de Job» (Job 42:10). Fue un estado como de sueño, cada boca llena de risa, cada lengua llena de gritos de alegría (Sal 126:2). La noticia se difundió incluso más allá de las fronteras de Israel, de modo que las naciones gentiles alrededor dijeron: «... grandes cosas ha hecho el Señor con ellos» (126:2). E Israel respondió: «Grandes cosas ha hecho el Señor con nosotros; estamos alegres» (126:3).

El Señor también ha hecho grandes cosas por nosotros, incluso mayores que las que hizo por Israel. Jesús lo cambió todo. Irrumpió en la noche de nuestro mundo, disipando la oscuridad, derramando vida y sanidad dondequiera que iba. Robó nuestros pecados y nos dio, a cambio, su justicia. Él es nuestra esperanza encarnada. Él es la razón por la que podemos mirar a la muerte directamente a los ojos y reír, porque estamos unidos a la Resurrección y la Vida. Cuando lleguen los días difíciles, cuando años horribles irrumpan en nuestras vidas sin invitación, Jesús estará allí, no solo para llevarnos a través de ellos, sino para recordarnos que, así como ya ha hecho grandes cosas por nosotros, también hará grandes cosas para nosotros. Gracias a Cristo, los mejores días por venir no son solo un sueño, sino un hecho seguro de la resurrección.

Salmos 126:4-6

Trayendo sus gavillas consigo

Mientras me inquietaba en el banco al lado de mi madre y mi padre, la esponja de mi joven mente absorbía cientos de himnos. Algunos todavía los canto hoy, otros no tanto, pero aún me sé la mayoría de memoria. Uno de ellos es «Traeremos las gavillas», escrito por Knowles Shaw en 1874. Una estrofa dice así: «Sembrando con lágrimas, cosechando el alma; aunque haya tristeza y pruebas que sufrir; cuando el lloro acabe, bienvenido él nos llame, con regocijo iremos, nuestras gavillas traer». Lo que no sabía de niño es que este himno está basado en el salmo de hoy: «Los que siembran con lágrimas, segarán con gritos de júbilo. El que con lágrimas anda, llevando la semilla de la siembra, en verdad volverá con gritos de alegría, trayendo sus gavillas» (Sal 126:5-6).

Ayer vimos cómo los recuerdos de las bendiciones de Dios en el pasado pueden generar esperanza de mejores días por venir durante las estaciones tristes de la vida, cuando es difícil incluso levantarse de la cama, y mucho menos tratar con la gente mientras fingimos sonreír en una vida en la que nos sentimos sin vida. En la segunda mitad del salmo, clamamos al Señor: «Haz volver, Señor, a nuestros cautivos, como las corrientes en el sur» (126:4), que traiga corrientes de esperanza al desierto de nuestra vida, que transforme nuestro desierto de desesperanza en un jardín de gozo.

Nuestro Padre promete que las lágrimas que derramamos no son gotas de dolor desperdiciadas, sino poderosas semillas de gozo futuro. Él las ve, las cuenta (Sal 56:8), y las siembra en el suelo hasta que llegue el tiempo de la cosecha. Una cosecha en la que volveremos a sonreír, y esta vez de verdad. Una cosecha en la que no solo nos sentiremos vivos otra vez, sino que sabremos que, incluso en nuestros tiempos de muerte interior, Cristo siempre estuvo vivo por nosotros y en nosotros.

Aquel que convirtió su tumba sellada en un portal de vida, sabe bien cómo transformar nuestros campos estériles, mojados con lágrimas, en gavillas de alegría una vez más.

Salmos 127:1-2

A menos que el Señor

Dos actividades humanas fundamentales son edificar y proteger. Edificamos familias y amistades, carreras y ahorros, hogares y reputaciones. Una vez que están establecidas, trabajamos para asegurarnos de que permanezcan seguras, fuertes y saludables. Cambiamos techos en nuestras casas y arreglamos grifos que gotean. Nos esforzamos diligentemente en nuestras carreras y hacemos inversiones prudentes en nuestros ahorros. Vigilamos a nuestros hijos, echamos una mano a los amigos, mostramos a nuestros cónyuges cuánto los amamos. Edificamos. Y protegemos lo que hemos edificado.

El Salmo 127 dice, en esencia: «Todo eso está muy bien, digno de elogio, siempre y cuando te des cuenta de que todo lo que edificas y todo lo que proteges es un don y obra del Señor. De lo contrario, todo es tan vano como correr tras el viento». Si el Señor no edifica la casa, no preside en el matrimonio, no te guía hacia una carrera, entonces no importa cuán impresionante sea la casa, cuán lujosa la boda, cuán abultado el salario, en realidad eres un pobre, ciego y miserable necio. ¿Por qué? Porque estás viviendo una mentira de independencia, suponiendo que has hecho todo por tu cuenta, que no necesitas a Dios, «muchas gracias». Vanidad de vanidades es esa existencia vacía de Dios, «pues ¿qué provecho obtendrá un hombre si gana el mundo entero, pero pierde su alma?» (Mt 16:26).

«¿Qué tienes que no hayas recibiste?» (1 Co 4:7). Nada. Ya que nuestra propia existencia es un regalo de nuestro Padre celestial, cuánto más lo son nuestro hogar, trabajo, familia y todo lo demás que llamamos «mío». Dios incluso nos da el sueño a nosotros, sus amados hijos (Sal 127:2). «Es en vano que se levanten de madrugada, que se acuesten tarde, que coman el pan de afanosa labor», si lo haces pensando que todo depende de ti para edificar y proteger. No es así. ¿Trabajar? Sí. ¿Proteger? Sí. Pero hazlo confiando en el Señor Jesús, el dador de todo don, incluida nuestra salvación. Descansamos en su amor.

Salmos 127:3-5

Un don del Señor son los hijos

«Un don [nachalah] del Señor son los hijos» (Sal 127:3). En hebreo, *nachalah* es un patrimonio o herencia, algo regalado, algo recibido. El Señor, en su amor, actúa en el acto de amor de esposos y esposas para crear vida en el vientre y traer a ese bebé a la luz de este mundo, como un regalo para los padres. Al hacerlo, Dios, quien a menudo comenzaba sus historias en familias bíblicas, sigue escribiendo su historia en las familias hoy. El Señor de la historia sigue ocupado escribiendo. Mi historia. Tu historia. La historia de la familia humana, con todos sus giros y vueltas, alegrías y fracasos, nacimientos y funerales.

Él te ha escrito en la historia, un hijo de tus padres, un hijo o hija, nacido como un regalo, una herencia concedida. Como el Señor forma a los hijos en el vientre (Sal 139:13), él es el verdadero Padre de cada niño. Por eso, nosotros los padres hacemos bien, cuando oramos por nuestros hijos, en orar no por mi hijo o mi hija, sino por nuestro hijo y nuestra hija, porque compartimos la paternidad con nuestro Padre celestial. Y por grande que sea nuestro amor por nuestros hijos, él los ama más que nosotros.

La historia de Dios con la humanidad, aunque continúa hoy, ya ha alcanzado su punto culminante y, desde ese punto culminante, ha recibido su significado. Ese punto culminante ocurrió en una familia, «cuando vino la plenitud del tiempo, Dios envió a su Hijo, nacido de mujer, nacido bajo la Ley, a fin de que redimiera a los que estaban bajo la Ley, para que recibiéramos la adopción de hijos» (Gl 4:4-5). Jesús fue un regalo para toda la familia humana. Él es el regalo del Señor de paz para nosotros con corazones atribulados, el regalo de esperanza para nosotros que lloramos la pérdida de nuestros propios hijos, el regalo de salvación para nosotros que nunca podríamos salvarnos por nosotros mismos. Jesús, el regalo de Dios, vive en nuestras familias, donde nos sostiene en nuestra debilidad y nos asegura que, pase lo que pase, nosotros y nuestros hijos estamos eternamente seguros en él.

Salmo 128

Que veas a los hijos de tus hijos

«Todas las familias felices se parecen entre sí; pero cada familia infeliz lo es a su manera». Así comienza la novela clásica de León Tolstói, *Ana Karenina*. Pero no estoy de acuerdo. Las familias infelices suelen serlo de formas previsibles porque el pecado —que generalmente conduce a la infelicidad— es aburridamente poco creativo. Las mismas viejas rebeldías, las mismas viejas infidelidades, los mismos viejos resentimientos que han plagado matrimonios y amargado hijos desde el principio de los tiempos. Claro, hay excepciones, como cuando familias como la de Job son golpeadas por la tragedia, pero en la mayoría de las familias infelices hay un tema persistente, que el salmo de hoy describiría como no temer al Señor ni andar en sus caminos (128:1).

El salmista pinta un retrato cálido de una familia que teme a Dios: son bienaventurados (v. 1), les va bien (v. 2), la esposa es como fecunda vid (v. 3), los hijos como plantas de olivo (v. 3), y los padres viven para ver la prosperidad de Jerusalén y a los hijos de sus hijos (vv. 5-6). ¡Una familia feliz, sin duda! Gracias a Dios por esas familias, especialmente si tú eres parte de una.

Para la mayoría de nosotros, sin embargo, nuestras familias son una mezcla de felicidad e infelicidad. Aniversarios de oro y divorcios dolorosos. Sonreímos en la boda de un hijo y lloramos en la tumba de otro. Así es la vida. Dolorosa y desordenada, especialmente la vida familiar. Pero gracias a nuestro Padre porque, ya sea que nuestros matrimonios estén marcados por sonrisas o cicatrices, ya sea que nuestros hijos sean directores ejecutivos o reclusos, Jesús nunca se aleja de nosotros como si fuéramos un caso perdido. No, él no va a chasquear los dedos y transformar mágicamente nuestro hogar en el escenario de una pintura de Norman Rockwell, pero sí estará allí para guiarnos con suavidad hacia una paz y una alegría que se encuentran única y completamente en él. Sea como sea nuestra propia familia —feliz, infeliz o un poco de ambas—, Jesús nos invita a su familia, con un Padre celestial perfecto y amoroso, «porque cualquiera que hace la voluntad de mi Padre que está en los cielos, ese es mi hermano y mi hermana y mi madre» (Mt 12:50).

Salmo 129

Sobre mis espaldas araron los aradores

Durante mi adolescencia, en muchos días sudorosos de verano, me pasaba las horas dando vueltas en un viejo John Deere, arando campos para un granjero vecino. Por caliente y polvoriento que fuera ese trabajo, era un paseo comparado con generaciones anteriores que tenían que arar con yuntas de bueyes. Esa tarea laboriosa sirve de trasfondo para una imagen escalofriante en el Salmo 129: «Sobre mis espaldas araron los aradores; alargaron sus surcos» (v. 3). Israel dice: «Muchas veces me han perseguido desde mi juventud» (129:1-2). Para imaginar esa gran aflicción, visualizamos al pueblo como un campo, sus espaldas como el suelo, y encima de sus cuerpos, yuntas de bueyes tirando de cuchillas que se hunden en la piel, arando surcos en la carne del pueblo de Dios, una y otra vez.

El salmista, sin embargo, dice que nuestro Señor justo no permanecerá indiferente mientras su pueblo sufre, porque «El Señor es justo; ha cortado las ataduras de los impíos» (129:4). Las cuerdas que unían el yugo de los bueyes al arado, al ser cortadas, hacen imposible seguir arando. Luego, dando un giro a la imagen agrícola, el salmista dice que estos perseguidores aradores se volverán «como la hierba en los techos, que se seca antes de crecer» (129:6), marchitándose bajo el calor abrasador del sol. No habrá bendición sobre ellos, sino vergüenza (129:5, 8).

Hasta que Jesús regrese, siempre habrá hostilidad entre la simiente de la serpiente y la simiente de la mujer (Gn 3:15). A veces sentiremos la cuchilla del arado perforar nuestra espalda. Pero Cristo es fiel y misericordioso. Aunque las batallas sigan, la guerra ya ha sido ganada en su crucifixión y resurrección, cuando aplastó la cabeza de la serpiente.

Hasta el día final del juicio, él nos guardará «para que no desfallezcamos» (2 Co 4:16), sino que nos gocemos «en la esperanza, perseveremos en el sufrimiento, dedicados a la oración» (Ro 12:12), porque en Jesús la bendición del Señor está sobre nosotros (Sal 129:8).

Salmos 130:1-2

Desde lo profundo

¡Desde lo profundo hemos clamado a ti, oh Señor! Desde la morgue, el hospital, la tierra del cementerio bautizada con mil lágrimas. Desde los escombros de nuestras vidas destrozadas, nuestro amargo duelo y corazones lacerados. Desde heridas secretas que nos persiguen en nuestras horas de soledad. Desde esas profundidades, oh Señor, escucha nuestra voz. Estén atentos tus oídos a la voz de nuestras súplicas (Sal 130:1-2). Pero, aunque cada una de nuestras oraciones caiga en los oídos abiertos de nuestro Padre, eso no es suficiente. No basta tener un Dios allá arriba que atienda cada una de nuestras palabras. Necesitamos algo más.

Así que, como no era suficiente que el Señor del cielo y de la tierra escuchara cada palabra nuestra, el Verbo descendió del cielo y colgó en la cruz. Cuando clamamos a él desde lo profundo de nuestros pecados, dolores y heridas secretas, debajo de nosotros resuena la voz de Jesús. Desde lo profundo, Dios lo oye, y nos ha responde, a nosotros, sus hijos. Desde lo profundo de las burlas y el despojo que Jesús soportó por nosotros, los azotes y los clavos, el sangrar y el morir, incluso la tumba, él clama por nosotros palabras de gracia y seguridad. Sus manos están debajo de nosotros, sosteniéndonos para que no nos hundamos más.

Que nuestros oídos estén atentos a la voz de su amor. Él nació en la oscuridad de la noche para estar con nosotros en la medianoche de nuestro sufrimiento. Fue odiado y rechazado para que sepamos que él está con nosotros cuando somos difamados y maltratados. Murió para que sepamos que, incluso en nuestra última hora, él está con nosotros y nos llevará de esta vida a una mejor y resucitará nuestros cuerpos en el último día. No hay profundidad demasiado honda para que Cristo nos alcance, porque ni «lo alto ni lo profundo ni ninguna otra cosa creada nos podrá separar del amor de Dios que es en Cristo Jesús Señor nuestro» (Ro 8:39).

Salmos 130:3-6

Señor, si tú tuvieras en cuenta las iniquidades

Hay un juego de palabras en hebreo en el Salmo 130 que es invisible en la mayoría de las traducciones al español. El versículo 3 dice: «Señor, si tú tuvieras en cuenta las iniquidades, ¿quién, oh Señor, podría permanecer?» (Sal 130:3). La expresión «tuvieras en cuenta» traduce el verbo hebreo *shamar*, que aparece cientos de veces en el Antiguo Testamento. De hecho, es el verbo usado en el mandamiento de «guardar [shamar] el día de reposo» (Dt 5:12). *Shamar* significa «ejercer gran cuidado sobre», guardar, vigilar u observar.

Pero aquí viene lo interesante: la misma raíz verbal se usa en el versículo 6: «Mi alma espera al Señor más que los centinelas a la mañana». La palabra para «centinelas» proviene también de *shamar*. Los que guardan la ciudad contra intrusos, los que velan durante la noche y esperan ansiosos que salga el sol para que termine su turno, son *shamar*. «Ejercen gran cuidado» al guardar la ciudad. ¿La implicación? Nosotros esperamos al Señor como los centinelas esperan la mañana, precisamente porque Dios no vigila nuestras iniquidades.

Es como si Dios fuera un guardia nocturno que, a propósito, se quedara dormido en su turno en vez de vigilar atentamente nuestros pecados. Los pecados son robados, desaparecen, y él sigue dormido, con una sonrisa en su rostro. Él no guarda nuestros pecados. No ejerce gran cuidado sobre ellos.

Nuestro Padre no es un vigilante quisquilloso, diligente, que marca cada pecado con precisión y lleva la cuenta minuciosa de nuestras faltas. Porque si lo hiciera, «¿quién podría permanecer?» (Sal 130:3). Caeríamos en la desesperación y la muerte. En cambio, él deja que todos sean llevados por su Hijo, quien terminó crucificado entre dos ladrones.

Porque él es un Padre que no vigila las iniquidades, nosotros lo esperamos a él. Su amor nos atrae. Un amor que no guarda nuestras iniquidades, sino que perdona, ejerce misericordia, tiene abundante redención y nos ha redimido en Cristo de todas nuestras iniquidades.

Salmos 130:7-8

Él redimirá a Israel de todas sus iniquidades

Cuando leemos que el Señor «redimirá a Israel de todas sus iniquidades» (Sal 130:8), la mayoría probablemente asentimos y seguimos leyendo, como si hubiéramos oído a alguien decir «el agua es mojada» o «Texas es grande». Bueno, sí, por supuesto, Dios redime de las iniquidades. Eso es tan propio de Dios como crear o responder oraciones, ¿verdad?

Pues sí... y no. El Salmo 130 es el único lugar en todo el Antiguo Testamento donde este verbo hebreo para «redimir», *padah*, se usa para redención del pecado. «Redimir de las iniquidades» es un lenguaje altamente inusual.

Esta palabra hebrea está pintada con los colores del Éxodo. Una y otra vez, leemos alguna versión de cómo Dios «te redimió [*padah*] de la casa de servidumbre» (Dt 7:8); que Israel es «la única nación en la tierra es como tu pueblo Israel, al cual viniste a redimir [*padah*] para ti» (2 S 7:23); que Dios «te hizo subir de la tierra de Egipto, y de la casa de servidumbre te redimí [*padah*]» (Miq 6:4). La redención histórica en Egipto se recuerda cada vez que se redime a un hijo primogénito en la vida familiar continua de Israel (Ex 13:15). Por lo tanto, la liberación o redención de la esclavitud, opresión y cautiverio en Egipto se convierte en la esperanza permanente del pueblo de Dios, ya sea que miren hacia el regreso de un futuro exilio (Is 51:11), que esperen ser redimidos «de la garra de los violentos» (Jer 15:21), o que sean rescatados «del poder del Seol» (Os 13:14). Lo que Dios hizo, en su gracia, por Israel en Egipto, se convierte en el fundamento sobre el cual se construyen todas las esperanzas de redención.

Nuestro Padre, en el sacrificio pascual de Jesús, nos ha mostrado que con él «hay misericordia, y abundante redención en él» (Sal 130:7). En verdad, él ha redimido a Israel y a todos los gentiles de todas nuestras iniquidades, porque él es el Cordero de la Pascua para todos nuestros pecados. Su éxodo de crucifixión, que cumplió en Jerusalén (Lc 9:31), nos redime, cuerpo y alma, de la muerte, el pecado, el mal y toda fuerza de oposición a Dios en los «Egiptos» de este mundo.

Salmo 131

Como un niño destetado

En 1922, F. Scott Fitzgerald escribió un cuento titulado *El curioso caso de Benjamin Button*. Trata de un hombre que nace pareciendo un bebé de setenta años y luego envejece en reversa. Se va haciendo más joven hasta convertirse en un niño. Podríamos imaginar el crecimiento cristiano de forma parecida. Como enseñó Jesús: «En verdad les digo que si no se convierten y se hacen como niños, no entrarán en el reino de los cielos» (Mt 18:3-4). Los seguidores más maduros de Cristo son, por tanto, los más semejantes a los niños, tengan ocho u ochenta y ocho años.

La enseñanza de Jesús sobre los niños se basa y se refleja en el Salmo 131 que, acertadamente, es un salmo pequeño sobre niños pequeños. Aquí le decimos a nuestro Padre celestial que nuestro corazón no es soberbio, ni nuestros ojos altivos, ni andamos tras las grandezas que nos superan (131:1). En lugar de ponernos arrogantes, nos vestimos de humildad. C. S. Lewis señaló que cuando uno se encuentra con un hombre humilde, «él no estará pensando en la humildad: no estará pensando en sí mismo en absoluto».[32] La humildad no es autodesprecio, sino olvido de uno mismo. Nuestros pensamientos no giran en torno al ego, sino que se centran en Dios, en el prójimo y en «... todo lo que es verdadero, todo lo digno, todo lo justo, todo lo puro, todo lo amable, todo lo honorable; si hay alguna virtud o algo que merece elogio...» (Flp 4:8).

Una vida así, vivida en Cristo, consiste en que nuestra alma se calme y aquiete «como un niño destetado en el regazo de su madre» (Sal 131:2). No un bebé que busca el pecho, inquieto y hambriento, sino un niño destetado. Contento. Satisfecho. Descansando contra aquella de quien recibió la vida.

Así somos nosotros cuando descansamos en Cristo, quien «se despojó a sí mismo, tomando forma de siervo, haciéndose semejante a los hombres» (Flp 2:7), para morir y redimirnos, de modo que podamos madurar hasta llegar a ser hijos de Dios que esperan en el Señor desde ahora y para siempre (Sal 131:3).

Salmos 132:1-5

Un lugar para el Señor

En esta fecha en 2023, mi esposa y yo firmamos los papeles de una nueva casa. Un poco menos de un mes después, nos mudamos. Lo que tomó unos treinta días, sin embargo, llevaba años en planificación. Hablamos al respecto. Oramos. Y Stacy pasó incontables horas en línea, durante casi dos años, explorando sitios web de bienes raíces hasta que, un día, encontró un lugar que ahora es nuestro hogar.

Aunque David no sacó su celular para revisar sitios de bienes raíces en Jerusalén buscando el lugar ideal para construir el templo, sí hizo este voto solemne: «Ciertamente no entraré en mi casa, ni en mi lecho me acostaré; no daré sueño a mis ojos, ni a mis párpados adormecimiento, hasta que halle un lugar para el Señor, una morada para el Poderoso de Jacob» (Sal 132:3-5). No descansaría hasta encontrar un lugar para que Dios descansara. Lo encontró, en la cima del monte Moriah, pero no sería David quien construiría el templo. Salomón, su hijo y heredero, lo haría. David hizo el voto, planificó, organizó e incluso reunió materiales para la nueva casa del Señor, pero nunca llegó a ver sus cimientos. Todo lo que hizo, lo hizo para las futuras generaciones.

La vida es así. Dios la diseñó de esa manera. Cada uno de nosotros está colocando un fundamento sobre el cual las futuras generaciones construirán (cf. 1 Co 3:10). Las semillas de sacrificio, amor y servicio que sembramos hoy se convertirán en árboles frondosos que darán sombra a otros mucho después de que nuestros cuerpos hayan sido puestos a descansar. Los hijos que criamos criarán a sus propios hijos, y así sucesivamente, cada generación proclamando las obras de Dios a la siguiente (Sal 145:4).

Somos las máscaras de Cristo, detrás y a través de quienes él obra para hacer el bien en la vida de otros. Lo que hacemos, aunque parezca pequeño, es importante. Importa. Nosotros importamos, porque hemos sido llamados por nuestro Padre, a su familia, en casa en Cristo, como sus siervos en su mundo.

Salmos 132:6-10

El arca de tu poder

En la lista de tareas pendientes para la construcción del templo (ver devocional de ayer), una de ellas era trasladar el arca del pacto a Jerusalén. Después de que los filisteos se la llevaron como botín de guerra —y la devolvieron rápidamente cuando Dios descargó su juicio sobre ellos—, el arca terminó albergada a pocos kilómetros de Jerusalén, en una aldea llamada Quiriat-Jearim (2 S 7:1). Esa aldea, cuyo nombre significa «ciudad de bosques [*Jaar*]», se menciona en el Salmo 132:6: «Oímos de ella en Efrata; la hallamos en los campos de Jaar».

En los «campos de Jaar», es decir, en Quiriat-Jearim, hallaron el arca, después de haber oído hablar de su presencia allí mientras estaban «en Efrata», es decir, Belén (Sal 132:6, Miq 5:2).

A medida que el salmo avanza, se percibe el ambiente jubiloso de una procesión acompañada de cánticos: «Levántate, oh Señor, al lugar de tu reposo, tú y el arca de tu poder. Vístanse de justicia sus sacerdotes, y canten con gozo sus santos» (132:8-9). El arca terminará dentro de la morada de Dios, donde su pueblo «... adorará ante el estrado de sus pies» (132:7). Salomón cita una versión de este salmo cuando se dedica el templo (2 Cr 6:41-42). Él y todos los reyes ungidos en la línea de David después de él oran: «Por amor a David su siervo, no hagas volver el rostro de su ungido» (132:10).

Todo esto fue un hermoso preludio de Cristo, pues él nació en «Belén Efrata» (Miq 5:2, Mt 2:6). Algunos arqueólogos creen que Quiriat-Jearim es Emaús, donde Jesús, el arca del pacto nueva y mayor, se reveló a dos discípulos el día de su resurrección (Lc 24:13-35). Nuestro templo ya no es de madera y piedra, sino de cuerpo y sangre (Juan 2:19-21), del cual nosotros somos «como piedras vivas... un sacerdocio santo» (1 P 2:5). Y si nuestro Padre, «por amor a David su siervo», no desvió «el rostro de su ungido» (Sal 132:10), ¡cuánto más nunca nos rechazará a nosotros, que hemos sido bautizados en el Hijo de David, el Ungido de Dios!

Salmos 132:11-12

El Señor juró

Cuando las personas nos hacen promesas, cada una cae en un espectro de confianza. Un desconocido que me promete vigilar mi computadora portátil mientras voy al baño en una cafetería, y un amigo que me ofrece hacer lo mismo, no reciben el mismo nivel de confianza. Algunos han perdido nuestra confianza, mientras que otros se la han ganado, como los padres, los cónyuges o los amigos de toda la vida. No todas las promesas ni todos los votos son iguales. Y la dolorosa verdad es que, a veces, incluso las personas en quienes más confiamos nos fallarán. Los seres humanos, incluso los mejores, no tienen un historial impecable en cuanto a cumplir promesas.

El Salmo 132 presenta dos promesas: una de David a Dios y otra de Dios a David. David «juró al Señor» que encontraría un lugar para su casa, y el Señor «juró a David» con verdad que pondría a los hijos de David en el trono (132:2, 11). Este caso es excepcional, pues no solo Dios cumplió su promesa —lo cual no sorprende—, sino que David también cumplió la suya. El templo fue planificado y más tarde construido por Salomón. Y Dios puso a Salomón, Roboam, Abiam y otros descendientes de David en el trono. Incluso cuando estos descendientes reales contaminaron Jerusalén con idolatría, quebrantaron el pacto y pisotearon todo lo sagrado, Dios permaneció firme. Finalmente, envió a aquel de quien Gabriel dijo: «Este será grande y será llamado Hijo del Altísimo; y el Señor Dios le dará el trono de su padre David; y reinará sobre la casa de Jacob para siempre, y su reino no tendrá fin» (Lc 1:32-33).

Nuestro Padre fue, y es, un Dios que cumple sus promesas. Jesús fue, y es, un Rey que cumple sus promesas. Las heridas de la crucifixión en su cuerpo resucitado son prueba de su fidelidad. Ha prometido estar contigo; y lo está. Ha prometido perdonarte; y lo hace. Ha prometido no abandonarte jamás; y no lo hará. Él «no se retractará» de su promesa de ser nuestro Dios bueno y misericordioso (Sal 132:11).

Salmos 132:13-18

Yo saciaré

Por estas fechas, los estadounidenses celebran el Día de Acción de Gracias. Pero Dios no lo celebra. Esto no se debe a que él sea desagradecido, sino porque nadie le ha dado jamás algo de lo cual él deba estar agradecido. Incluso los sacrificios que recibe, él mismo los dio primero. Como dice David: «... de ti proceden todas las cosas, y de lo recibido de tu mano te damos» (1 Cr 29:14). Dios da, nosotros recibimos. Estas cuatro palabras resumen nuestra vida como criaturas cuya existencia depende de que Dios nos «hable» a la existencia en cada segundo de nuestras vidas. Vivimos por su Palabra. Somos el «Sea» del hablar de Dios.

Esto significa que cada buen regalo que aterriza en nuestras vidas se debe a que Dios dice: «Yo doy». Los últimos seis versículos del Salmo 132 lo pintan con trazo firme: «Aquí habitaré, porque la he deseado. Bendeciré en abundancia [...] Saciaré a sus pobres [...] A sus sacerdotes también vestiré [...] Haré [...] He preparado» (132:14-17). El «Yo» de nuestro Padre quiere y realiza todas estas cosas. Sin duda, el Señor usa medios: emplea a agricultores para cultivar el grano del pan, a costureras para confeccionar la ropa, a Salomón para construir el templo, pero Dios está detrás de todo como el Dador en quien «vivimos, nos movemos y existimos» (Hch 17:28).

Esta es una buena noticia, la mejor de las noticias, porque si Dios es el Dador, y él da incluso los cabellos de nuestra cabeza, los zapatos de nuestros pies y el pan en nuestra boca, entonces, con mayor razón, da —y seguirá dando— los dones más grandes como el poder, la lámpara y la corona del Mesías (Sal 132:17-18). El Padre nos da a Jesús como «... un cuerno de salvación en la casa de David su siervo» (Lc 1:69). En la nueva Jerusalén, el Cordero de Dios es «su lámpara» (Ap 21:23). Y así como una vez llevó una corona de espinas, ahora nuestro Señor Jesús está coronado de oro, y dará a los fieles la corona de la vida (Ap 14:14; 2:10). «¡Gracias a Dios por su don inefable!» (2 Co 9:15).

Salmo 133

Cuando los hermanos conviven en armonía

Cuando Dios dijo: «No es bueno que el hombre esté solo», hablaba específicamente de la necesidad de Adán de una esposa (Gn 2:18). Sin embargo, ese mismo «no es bueno» podría ampliarse, con razón, para abarcar la soledad del hombre respecto a otros hombres, su separación de amigos varones. Los hijos necesitan padres que los guíen. Los padres necesitan a otros padres para apoyarse. Los hombres necesitan a otros hombres. Y si esto es cierto en cuanto a la hermandad humana general, con mayor razón lo es en cuanto a la hermandad espiritual. Un hombre que se ha apartado de otros hombres, o a quien otros han aislado o rechazado, está en un lugar peligroso. No es bueno que el hombre esté solo, dejado a sus fracasos, abandonado a su ego, sin la oportunidad de experimentar el hierro afilando el hierro (Pr 27:17).

Lo que canta David es el ideal al que aspiramos: «¡Miren cuán bueno y cuán agradable es que los hermanos habiten juntos en armonía!» (Sal 133:1). Hombro con hombro. El fuerte sosteniendo al débil. Y el débil, una vez fortalecido, sosteniendo a otro. ¿Cómo es? «Es como el óleo precioso sobre la cabeza, el cual desciende sobre la barba, la barba de Aarón, que desciendo hasta el borde de sus vestiduras» (133:2). En la cultura del Cercano Oriente y en el sacerdocio de Israel, se usaba aceite de oliva para ungir. Aquí, el aceite fluye desde la cabeza hasta la barba y la vestidura, una imagen de la bendición abundante que se extiende de creyente a creyente. Luego, cambiando la imagen, pero conservando el verbo hebreo «descender», es como el rocío que vivifica y refresca la tierra, «que desciende sobre los montes de Sión...» (133:3).

El individualismo extremo es antibíblico. Yo te necesito. Tú me necesitas. Prosperamos no como individuos aislados, sino como el cuerpo de la humanidad. Y la iglesia aún más, porque estamos unidos inextricablemente no solo a Cristo, sino que somos «miembros los unos de los otros» (Ro 12:5; Ef 4:25). Oh, Cristo, fortalece nuestro vínculo contigo y nuestro vínculo entre nosotros, para que tu gracia abundante descienda sobre nosotros y seamos como uno solo.

Salmo 134

Por la noche en la casa del Señor

El salmo de hoy es la cima de los Salmos de ascenso, que comenzaron con el Salmo 120. Acompañamos a los peregrinos israelitas en su «subida» a Jerusalén. El Salmo 120 nos encontró en el exilio, en Mesec y Cedar, mientras que el Salmo 134 nos encuentra, apropiadamente, en el monte Moriah, en los mismos atrios del templo. De estar lejos a estar cerca. A diferencia de las iglesias de hoy, que tienen cultos dominicales y en ocasiones servicios entre semana, y en algunas tradiciones culto diario, el templo estaba «abierto», en cierto sentido, las 24 horas. Los cantores del santuario, los levitas, «... habitaban en las cámaras del templo libres de todo otro servicio, porque estaban ocupados en su trabajo día y noche» (1 Cr 9:33).

Estos cantores del templo son probablemente los «... siervos del Señor, los que sirven por la noche en la casa del Señor» (Sal 134:1). Los peregrinos israelitas les dicen: «Alcen sus manos al santuario y bendigan al Señor» (134:2). Bendecir al Señor es reconocerlo como la fuente de toda bendición y darle gracias por esos dones. Pablo hace eco de este versículo cuando escribe a Timoteo: «Por tanto, quiero que en todo lugar los hombres oren levantando manos santas, sin ira ni discusiones» (1 Ti 2:8). Levantamos nuestras manos hacia aquel que nos entrega todas las cosas buenas.

En el versículo final, la dirección de la bendición se invierte: «Desde Sión te bendiga el Señor, que hizo los cielos y de la tierra» (134:3). «Bendecir a Dios es reconocer con gratitud lo que él es; pero para bendecir al hombre, Dios debe hacerlo llegar a ser lo que no es, y darle lo que no tiene».[33] Este hacer y dar, para Israel, se origina en Sión, de parte de aquel que «hizo los cielos y la tierra» (134:3). Para los cristianos, las bendiciones de nuestro Padre hacia nosotros se hallan solo en Cristo, y donde Cristo entrega misericordiosamente sus dones de pecados perdonados y salvación otorgada, donde su iglesia se reúne alrededor de su Palabra, su Cena y las aguas purificadoras del bautismo. Allí, el Creador del cielo y de la tierra nos rehace y nosotros respondemos con manos levantadas en alabanza.

Salmos 135:1-4

Israel como su posesión especial

Los Salmos 135 y 136 son himnos históricos que resumen brevemente un gran tramo de la historia bíblica, desde la creación en Génesis hasta la conquista de la tierra en Josué. Antes de comenzar ese canto de la historia, sin embargo, se marca el tono de exultación con un llamado cuádruple a *halal*, la palabra hebrea para alabanza: «¡Aleluya! Alaben el nombre del Señor; alábenlo, siervos del Señor [...] ¡Alaben al Señor!» (135:1-3). ¿Por qué? También se da una cuádruple razón: 1) Dios es bueno; 2) su nombre es agradable; 3) ha escogido a Jacob y; 4) ha hecho de Israel su posesión especial (135:3-4). Esas cuatro razones —a las que se podrían añadir infinitas más— son el motivo por el que «en la casa del Señor, en los atrios de la casa de nuestro Dios», abrimos el corazón y los labios y proclamamos ¡Aleluya! (135:2). ¿Cómo no hacerlo?

La palabra hebrea para «posesión» es *segullá*. David dijo: «Además, en mi amor por la casa de mi Dios, el tesoro que tengo de oro y de plata, lo doy a la casa de mi Dios, además de todo lo que ya he provisto para la santa casa» (1 Cr 29:3). Salomón dijo: «Reuní también plata y oro para mí y el tesoro (*segullá*) de los reyes y de las provincias...» (Ec 2:8). Así como el tesoro real de estos reyes era su *segullá*, el tesoro del Señor era Israel. De hecho, seis veces en el Antiguo Testamento el Señor llama así a su pueblo destacando, especialmente, Éxodo 19:5: «Ahora pues, si en verdad escuchan mi voz y guardan mi pacto, serán mi especial tesoro (*segullá*) entre todos los pueblos, porque mía es toda la tierra».

Cuando Pedro escribe a la iglesia, la Esposa de Cristo, aplica esas palabras de Éxodo a ella: «Pero ustedes son linaje escogido, real sacerdocio, nación santa, pueblo adquirido para posesión de Dios...» (1 P 2:9). Eso es lo que somos: el tesoro real del Rey Jesús, lo más precioso para él, lo de más alto valor. ¡Alabad al Señor por tan grande regalo!

Salmos 135:5-7

Sobre todos los dioses

El mundo antiguo estaba inundado de dioses y diosas. La Biblia menciona a muchos por nombre, como Asera, Baal, Quemos, Dagón, Moloc y Tamuz. Incluso si un grupo de personas adoraba solo a su deidad patrona, la creencia en la existencia de muchos dioses era casi la norma universal. Digo «casi» porque, en ese mar de politeísmo, había una isla, Israel, que confesaba: «el Señor es Dios arriba en los cielos y abajo en la tierra; no hay otro» (Dt 4:39). Y: «Yo soy el Señor y no hay ningún otro; fuera de mí no hay Dios» (Is 45:5).

El salmo de hoy lo expresa de este modo, haciendo eco de las palabras que Jetro dijo una vez a Moisés: «Porque yo sé que el Señor es grande y que nuestro Señor está sobre todos los dioses» (Sal 135:5, cf. Ex 18:11).

Como evidencia de la supremacía del Señor: «Todo cuanto el Señor quiere, lo hace, en los cielos y en la tierra, en los mares y en todos los abismos» (135:6). Él no necesita consultar a iguales ni a subordinados. Los reinos más altos (en los cielos) y los más bajos (los abismos) están sujetos a su voluntad, y solo a la suya. Por eso oramos: «Hágase tu voluntad, así en la tierra como en el cielo» (Mt 6:10).

Tampoco es un artesano deísta que da cuerda a la creación como un reloj y la deja avanzar hasta el final. No. ¿Ves esa nube en el horizonte? Dios la puso allí (135:7). ¿Ves el relámpago? ¿Sientes el viento? Dios «... hace los relámpagos para la lluvia y saca el viento de sus depósitos» (135:7).

Hay un solo Dios, y solo uno, que nos hizo y nos redimió. «Nadie ha visto jamás a Dios; el unigénito Dios, que está en el seno del Padre, él lo ha dado a conocer» (Jn 1:18). Si quieres saber cómo es Dios, no mires a ningún otro lado, sino a Jesús. «Él es el resplandor de su gloria y la expresión exacta de su naturaleza...» (Heb 1:3). «Todo cuanto el Señor quiere, lo hace» (Sal 135:6), y le agradó a nuestro Señor Jesús, quien está «sobre todos los dioses» (135:5), dar su vida por nosotros, sus amigos (Jn 15:13).

Salmos 135:8-12

Sehón y Og

Aunque Sehón y Og no sean una dupla tan conocida como los infames Bonnie y Clyde, para los lectores de la Biblia sí deberían serlo. Nueve veces en el Antiguo Testamento se mencionan sus nombres juntos. Cuando Israel se acercaba al final de sus cuarenta años de peregrinación, Sehón, un rey amorreo al este del Jordán, no permitió que el pueblo de Dios pasara pacíficamente por su territorio, sino que los atacó (Nm 21:1-30). Poco después, otro rey amorreo llamado Og hizo lo mismo (21:31-35). Israel aplastó a ambos antagonistas, los dedicó a la destrucción (Dt 3:6) y tomó posesión de sus tierras (Nm 21:35).

Og era un gigante (¿acaso «Og» no suena como nombre de gigante?). ¿Qué tan grande era? Su cama de hierro medía unos cuatro metros de largo y casi dos metros de ancho (Dt 3:11). Así de grande. Él era parte de lo que quedaba del remanente de los rabaítas (Dt 3:11), un grupo asociado con los nefilim, los anaceos y otras razas de gigantes, cuya altura increíble llenó de miedo a la generación anterior de israelitas, que se sintieron como langostas al lado de ellos (Nm 13:33). Sin embargo, por colosal que fuera, Og era un enano comparado con Dios, quien «hirió a muchas naciones y mató a reyes poderosos: a Sehón, rey de los amorreos, a Og, rey de Basán, y a todos los reinos de Canaán» (Sal 135:10-11).

Cuando Dios pelea por nosotros, como lo hizo por Israel en Egipto y contra Sehón y el gigante Og; cuando él es quien rescata, libra, salva y resucita, nunca hay motivo para temer. ¿La muerte? Vencida en la resurrección de Cristo. ¿El pecado? Perdonado en el sacrificio de Cristo. ¿Satanás? Derrotado en la obediencia de Cristo. Recuerda el Salmo 56:9: «Esto sé, que Dios está a favor mío...». «... si Dios está por nosotros, ¿quién contra nosotros?...» (Ro 8:31). Todo «Og», todo lo que nos parece monstruoso y temible, es un enano al lado de nuestro gran y poderoso Señor, a quien el Padre dijo: «... siéntate a mi diestra hasta que ponga a tus enemigos por estrado de tus pies» (Sal 110:1).

Salmos 135:13-18

La obra de manos humanas

Sea el Coliseo en Roma, la ciudadela de Machu Picchu o la antigua «computadora» astronómico conocido como el mecanismo de Anticitera, la historia da testimonio de la capacidad humana para construir cosas que asombran la mente. Hacemos cosas. Cosas impresionantes. Siempre lo hemos hecho y siempre lo haremos, porque nuestro Creador nos formó a su imagen. ¿Cómo no íbamos a imitarlo?

Aunque nuestros recursos creativos sean extraordinariamente amplios, sí tienen, en cierto punto, un límite. Hay un tope a nuestro poder: no podemos crear de la nada. Hay un límite a nuestra vida: todos moriremos algún día. Hay un límite a nuestro conocimiento: no podemos ser expertos en todo. El salmo de hoy subraya estas limitaciones al enfocarse en un ejemplo particular de «obra de manos humanas»: los ídolos de plata y oro (Sal 135:15). Seguramente muchas de estas figuras eran, desde el punto de vista artístico, hermosas. ¿Pero qué importa? ¿Un «dios» con boca muda? ¿Oídos que no oyen? ¿Ojos que no ven? ¿De qué sirven? Peor que un oasis sin agua, que promete pero no cumple, estos ídolos eran pozos de veneno, que convertían a sus adoradores en personas tan muertas por dentro como las estatuas mismas, porque «Los que los hacen serán semejantes a ellos, sí, todos los que en ellos confían» (135:18).

Qué contraste con nuestro Padre celestial, cuyo nombre permanece para siempre, y su memoria por todas las generaciones (135:13). No solo habló todas las cosas a la existencia por su Palabra, sino que esa Palabra se encarnó. Jesús, nuestro Dios, tiene boca que habla verdad, ojos que miran «con compasión a sus siervos» (135:14), oídos que oyen cuando clamamos, aliento que sopló el Espíritu Santo sobre sus discípulos el día de su resurrección (Jn 20:22).

Los que confían en Jesús se vuelven como él, hijos del Padre celestial, «... herederos de Dios y coherederos con Cristo, si en verdad padecemos con él a fin de que también seamos glorificados con él» (Ro 8:17).

Salmos 135:19-21

Ustedes que temen al Señor

En los siglos previos al nacimiento de Jesús, los judíos se dispersaron a tierras fuera de Israel. Muchos fueron exiliados, otros vendidos como esclavos, sirvieron en ejércitos extranjeros o emigraron por comercio. Para el primer siglo, los judíos vivían en todo el vasto imperio romano. Dondequiera que se establecían, fundaban sinagogas para la lectura y el estudio de la Torá. En la providencia de Dios, este fue su medio para atraer a muchos gentiles bajo la influencia de su Palabra. El nombre que se les dio se toma de líneas como esta: «los que temen al Señor, bendigan al Señor» (Sal 135:20). A estos gentiles que asistían a la sinagoga y estudiaban la Torá se les llamaba «temerosos de Dios».

De hecho, imaginemos cómo sonaría esta sección final del Salmo 135 en una de las primeras sinagogas: «Oh casa de Israel, bendigan ustedes al Señor; oh casa de Aarón, bendigan al Señor; oh casa de Leví, bendigan al Señor; los que temen al Señor, bendigan al Señor» (vv. 19-20). Estas tres «casas», junto con los temerosos de Dios, podrían haber respondido antifónicamente: «¡Bendigan al Señor!». Las paredes habrían resonado con las alabanzas mientras judíos y gentiles juntos bendecían al único y verdadero Dios.

Esta unificación de judíos y gentiles es lo que el Mesías vino a lograr. Y lo logró. «Porque todos los que fueron bautizados en Cristo, de Cristo se han revestido. No hay judío ni griego; no hay esclavo ni libre; no hay hombre ni mujer; porque todos son uno en Cristo Jesús» (Gl 3:27-28). Él no tiene un plan «A» de salvación para el judío y un plan «B» para el gentil, pues «no hay distinción entre judío y griego, porque el mismo Señor es Señor de todos y es rico para con todos los que lo invocan; porque «todo aquel que invoque el nombre del Señor será salvo» (Ro 10:12-13). Habiéndonos revestido del nuevo hombre en Cristo, «... no hay distinción entre griego y judío, circunciso e incircunciso, bárbaro, escita, esclavo o libre, sino que Cristo es el todo, y en todos» (Col 3:11). Somos un solo cuerpo en él. ¡Bendigan al Señor!

Salmos 136:1-3

Porque para siempre es su misericordia

Cuando Viktor Frankl estaba en un campo de concentración nazi, se dio cuenta agudamente de que los prisioneros que veían el futuro como un vacío negro, sin nada que ofrecerles, morían pronto. «Es una peculiaridad del hombre», escribió, «que solo puede vivir mirando hacia el futuro».[34] Dicho de otro modo, necesitamos algo externo a nosotros mismos, más grande que el «Yo», más largo que el «Ahora», en lo cual podamos lanzar el ancla de nuestra esperanza. Cuando eso ocurre, nuestro rostro se levanta de mirar hacia adentro para mirar hacia afuera. Un mal día, incluso un día horrible, deja de ser nuestro universo completo y se convierte en un día más en un calendario que contiene días mejores por venir. Vivimos mejor, esperamos más y nos convertimos más plenamente en quienes Dios quiere que seamos bajo una bandera que proclama una verdad que nos ayuda a ver más allá de los dolores, confusiones y eclipses de la vida. Entonces podemos vislumbrar una visión más grande del mundo y de nuestro lugar en él.

El Salmo 136 ondea esa bandera. Se encuentra al final de todos sus versículos: «Porque para siempre es su misericordia» (Sal 136:1). Seis palabras en español, solo tres en hebreo, pero se convierten en el estribillo celestial que interpreta la historia, define el corazón de Dios y nos ancla a algo eterno e inmutable. El Dios de dioses y Señor de señores a quien damos gracias no es un tirano malicioso ni un poder apático, sino el Amante fiel de la humanidad. Su amor no es momentáneo, no es voluble, sino de pacto e inquebrantable.

¿Por qué estás aquí? Porque la misericordia eterna del Señor quiso que estuvieras aquí. ¿Importas? La misericordia eterna del Señor dice que sí. La misericordia eterna del Padre te posiciona en la vida interminable de Cristo, más grande que el «Yo», más larga que el «Ahora», donde encuentras propósito, significado, gozo y esperanza. Al hallarnos en Cristo (Flp 3:9), descubrimos que tanto quienes somos como lo que hacemos tienen una importancia que, al igual que el amor divino, permanece para siempre.

Salmos 136:4-9

El que extendió la tierra

Muchas Biblias contienen no solo divisiones de capítulos y versículos, sino también encabezados que resumen el contenido de los capítulos. En la parte superior de Génesis 1, por ejemplo, una Biblia tiene «La creación del mundo». Nada sorprendente allí. Pero el Salmo 136 ofrece un resumen alternativo de Génesis 1. Como prefacio a este capítulo inicial que trata sobre la creación del Señor, podríamos escribir estas palabras: «Porque para siempre es su misericordia».

Ese es el Porqué que explica el Qué de Génesis 1. ¿Por qué el Señor, hacedor de maravillas, usó su sabiduría para hacer los cielos? (136:4-5). Porque para siempre es su misericordia. ¿Por qué «extendió la tierra sobre las aguas»? (136:6). Porque para siempre es su misericordia. ¿Por qué hizo «las grandes lumbreras [...] el sol para que reine de día [...] la luna y las estrellas para que reinen de noche»? (136:7-9). Porque el Creador no solo es Todopoderoso y omnisapiente, sino también todo amoroso, y en su misericordia eterna hizo todas las cosas.

El mundo en el que vivimos, trabajamos y formamos nuestras familias, nuestro Padre lo creó porque él es amor (1 Jn 4:16). Y ese amor se derramó en la hermosa e intrincada creación de todo, desde el Misisipi hasta la Vía Láctea. «El mundo está cargado de la grandeza de Dios», como escribió Hopkins, pero el Salmo 136 se apresuraría a añadir que está cargado, energizado y sostenido por el gran amor de Dios. El amor es la razón por la cual el hombre fue creado, por la cual la mujer fue creada, por la cual existimos aún hoy. Como escribió Ireneo en el siglo II: «Desde el principio, Dios formó a Adán, no porque necesitara del hombre, sino para tener a alguien en quien depositar sus beneficios».[35] Ahí lo tienes. Dios no necesitaba nada de la humanidad, pero en amor quiso que la humanidad existiera. Nos mostró ese amor enviando a Cristo a morir por nosotros (Ro 5:8), para poder amarnos y traernos a la comunión con él al unirnos con él en la carne y la sangre de su Hijo.

Salmos 136:10-16

El que dividió en dos el mar Rojo

El Señor no necesitó cambiar de carrera de Creador a Redentor cuando el pecado se deslizó en nuestro mundo. La salvación, la redención, el rescate de los pecadores, son simplemente diferentes maneras en que nuestro Padre actúa como un Creador amoroso en favor de su pueblo.

El Salmo 136 es un ejemplo memorable de esto. Nota cómo pasamos inmediatamente de que Dios hizo «la luna y las estrellas para que reinen de noche...» (136:9) a que hirió «... a Egipto en sus primogénitos...» (136:10). Lo que a nosotros podría parecernos un cambio brusco, para Dios es un movimiento perfectamente natural. ¿Qué hizo el Señor en Egipto para rescatar a su pueblo? Actuó como Creador: convirtió el agua en sangre, el polvo en jejenes, la luz en tinieblas. Asimismo, así como al principio hizo aparecer la tierra seca en medio de las aguas (Gn 1:9), así también «... dividió en dos el mar Rojo...» (Sal 136:13), «con mano fuerte y brazo extendido...» (136:12) para que Israel pudiera pasar por en medio de él (136:14). Así como el Espíritu (hebreo: *rúaj*) se movía sobre la superficie de las aguas al principio (Gn 1:2), así el Señor hizo que un viento (*rúaj*) soplara sobre las aguas del mar Rojo para dejar al descubierto la tierra seca. Nuestro Señor no tuvo que «volver a la escuela» en Génesis 3 para averiguar cómo redimir el desastre que habíamos causado ni cómo rescatar a su pueblo de Egipto. Simplemente siguió siendo el buen y misericordioso Creador.

La obra de Jesús por nosotros es el punto culminante de su obra redentora como Creador. El Verbo, por medio del cual todo fue hecho, asumió nuestra naturaleza creada. Sus milagros de alimentación son obra creadora. Sus sanidades son obra recreadora. Camina sobre el mar de Galilea y calma tormentas como el Creador en carne. Finalmente, nos redime derramando su sangre, muriendo en su cuerpo y resucitando, inaugurando así una nueva creación unida a él (cf. 2 Co 5:17). Somos salvos por nuestro Creador.

Salmos 136:17-22

Una heredad para Israel

Hay un movimiento en el Salmo 136 que no está explícito en el himno mismo, pero que forma parte de la historia celebrada en estos versículos. Podríamos llamarlo «retorno a un segundo Edén», es decir, ser restaurados a una tierra semejante al Edén después de haber vivido en exilio. Israel había estado exiliado en Egipto durante siglos, viviendo lejos de la tierra que Dios había prometido darles. Estaban lejos de casa. Entonces, por la gracia de Dios, en un acto de pura misericordia, él los libró, los condujo a salvo por el mar y los guio por el desierto. Los estaba llevando de regreso a casa.

En los versículos de hoy, el largo y arduo viaje de Israel llega a su fin. Primero, enfrentan a Sehón y al gigante Og, de quienes hablamos hace unos días (28 de noviembre). Pero el Señor «hirió a reyes grandes [...] y mató a reyes poderosos [...] y dio la tierra de ellos en heredad [...] en heredad a Israel su siervo» (Sal 136:17-22). Todo esto lo hizo, como nos recuerda el estribillo, «porque para siempre es su misericordia».

Este amor es la razón por la cual el Señor «juró dar [la tierra] a Abraham, a Isaac y a Jacob» (Ex 6:8). Y este amor es la razón por la que estaba a punto de cumplir esa promesa. Por su misericordia eterna, los rescató de la esclavitud, los condujo por el desierto, destruyó a sus enemigos y finalmente los «retornó a un segundo Edén», es decir, los plantó en la tierra escogida de reposo, tal como una vez plantó a Adán y Eva en el Edén. Los trajo de regreso a casa.

Así ha hecho con nosotros, y con todas las personas en todas partes, en la restauración de todas las cosas lograda por medio de su Hijo. Nosotros, que éramos esclavos del pecado, por misericordia hemos sido rescatados. «... el Hijo de Dios se manifestó con este propósito: para destruir las obras del diablo» que nos oprimía (1 Jn 3:8). Y Jesús nos ha «retornado a un segundo Edén», nos ha traído a casa al reino de Dios y nos ha prometido cosas aún mejores: un cielo nuevo y una tierra nueva, el Edén definitivo, que todos los creyentes en Cristo disfrutaremos en la bienaventuranza de la resurrección.

Salmos 136:23-26

Se acordó de nosotros en nuestra humillación

«El Alto y Sublime, que vive para siempre, cuyo nombre es Santo», dice: «Yo habito en lo alto y santo» (Is 57:15). Eso es predecible. El Altísimo habita en un lugar alto. El Santo vive en un lugar santo. Pero lo que sigue es impredecible. El Señor continúa diciendo: «también con el contrito y humilde de espíritu, para vivificar el espíritu de los humildes y para vivificar el corazón de los contritos» (Is 57:15). ¡Ah, eso es nuevo! Por amor, el Altísimo decide hospedarse con los más bajos; el Dios Santo acampa junto al contrito (el quebrantado).

Martín Lutero lo expresó así: «Cuanto más bajo está uno ante él, mejor nos ve».[36] No solo nos ve con más claridad cuanto más abajo estamos, sino que se sienta hombro a hombro con nosotros en ese pozo, en ese cementerio, en esa sala de hospital, en esa habitación de hotel solitaria. Él reside con los «de espíritu contrito y humilde».

La raíz hebrea para «humilde» también aparece en el Salmo 136:23: «El que se acordó de nosotros en nuestra humillación, porque para siempre es su misericordia». Nuestra humillación, en hebreo, nuestro *shēfel*. Cuando estamos en un *shēfel*, es demasiado fácil pensar que hemos sido olvidados, o al menos sentirnos olvidados. El dolor y la aflicción nos aíslan de esa manera. Miramos a nuestro alrededor y todos parecen felices menos nosotros. Clamamos: «¿Hasta cuándo, oh Señor? ¿Me olvidarás para siempre?» (Sal 13:1). Nuestro Padre compasivo nos responde con el Salmo 136, asegurándonos que se ha acordado de nosotros, y siempre se acordará, en nuestra humillación.

En nuestra bajeza, Jesús reside. Sus ojos están fijos en nosotros. Sus brazos, abiertos de par en par. Nos recuerda que su misericordia, su amor crucificado, su amor resucitado, es para siempre. Ese amor proclama que Dios está por nosotros y con nosotros, en los buenos tiempos y en los malos tiempos, pase lo que pase.

Salmos 137:1-6

Junto a los ríos de Babilonia

Los comediantes suelen bromear sobre cualquier tema pero a veces, cruzan la línea al hablar de algún incidente reciente que aún está demasiado fresco, demasiado cargado emocionalmente para hacer humor. «Demasiado pronto», como solemos decir. El Salmo 137 es definitivamente un salmo de «demasiado pronto». Demasiado pronto para adaptarse a la nueva normalidad del exilio en Babilonia. Demasiado pronto para sacar las liras y cantar la canción del Señor en tierra extraña (137:4). Demasiado pronto para fingir que la devastación de Jerusalén, el montón de escombros —que alguna vez fue el templo y el trastorno de todo lo que Israel conocía— no han dejado heridas sangrantes en el cuerpo colectivo del pueblo de Dios. Sí, demasiado pronto para todo eso.

Hay un momento para decir: «Está bien, ha ocurrido algo horrible en mi vida y necesito aceptar su carácter irreversible mientras busco la forma de seguir adelante». Y hay un momento para decir: «Demasiado pronto». El duelo debe ser vivido, no apresurado.

Cuando el retrato de nuestro futuro esperado, colgado en la pared de nuestra mente, ha sido desfigurado por el grafiti de la traición, la muerte o la pérdida, no podemos reemplazarlo de inmediato por otro. Hemos sido deshechos. Las reconstrucciones toman tiempo y, sobre todo, gracia divina.

Hasta entonces, nos sentamos junto a los ríos de Babilonia y lloramos al recordar a Sión, recordamos «lo que fue» o «lo que podría haber sido». Lentamente, de forma imperceptible, las heridas crudas y sangrantes formarán costras y cicatrices. La cicatriz siempre estará allí. Jesús también tiene sus cicatrices. Nos recuerdan dolores pasados, pero también el amor pasado, presente y futuro de Jesús, quien es un Señor sumamente paciente. Hay «tiempo de llorar y tiempo de reír», y Cristo estará presente en ambos (Ecl 3:4). Él se siente tan cómodo junto a los ríos de Babilonia como en el «río cuyas corrientes alegran la ciudad de Dios» (Sal 46:4). Dondequiera que estemos, en el dolor o en el Aleluya, allí estará él con nosotros.

Salmos 137:7-9

Recuerda, Señor, contra los edomitas

Lo que hoy se clasificaría como crímenes de guerra, solía ser el procedimiento estándar en la guerra antigua, incluyendo algunos actos mencionados en la Biblia como abrir por el vientre a mujeres embarazadas o estrellar a los niños contra las piedras (por ejemplo, 2 R 8:12 e Is 13:16). Si tan solo imaginar esa violencia nos enferma, trata de concebir lo que sería ser forzado a presenciar esa pesadilla ocurriendo a quienes amas. Israel lo vivió. Los soldados babilonios tomaron a los bebés israelitas y los estrellaron contra las rocas, mientras sus aliados edomitas vitoreaban la matanza y el caos en la ciudad, regocijándose con todo (Sal 137:7, 9, Abd 10-14). Una jauría de hienas hambrientas y devoradoras de carne habría mostrado más humanidad que los destructores de Jerusalén en aquel día de horror diabólico.

Por eso Israel clamó al Dios que dice: «Mía es la venganza» (Dt 32:35), para que vengara, para que pagara, ojo por ojo: «Oh hija de Babilonia, la devastada, bienaventurado el que te devuelva el pago con que nos pagaste. Bienaventurado será el que tome y estrelle tus pequeños contra la peña» (Sal 137:8-9). A menos que hayas visto a tu hijo asesinado ante tus propios ojos, no te apresures a juzgar a quienes oraron esta oración encendida. Fue escrita desde la agonía, orada desde el corazón roto, y entregada al Juez para que él hiciera con ella lo que considerara justo.

Algunos se sienten incómodos con oraciones como estas. Yo no. Agradezco que estén registradas, porque hay momentos en la vida en que todos queremos, y necesitamos, orarlas. Necesitamos explotar volcánicamente en peticiones ardientes que expresen emociones para las que un lenguaje pulcro y educado jamás sería suficiente. Entregamos nuestro dolor, en forma de oraciones indómitas, a Dios. Solo sus manos son lo bastante fuertes para sostener esas líneas ardientes. Él escuchará. Él sabrá qué es lo mejor. La venganza se nos quita y el juicio recae en la corte celestial, donde pertenece, con nuestro Dios y Salvador, quien siempre sabe y hace lo que es mejor.

Salmos 138:1-3

Canto tu alabanza delante de los dioses

Tenemos muchas opciones en la vida: ¿formación técnica o universidad? ¿Casarse o permanecer soltero? ¿Helado de chocolate o de vainilla? Una opción que no podemos tomar es esta: ¿ser religioso o no serlo? Somos, por naturaleza, criaturas religiosas. Dios nos hizo así. Los seres humanos no pueden optar por volverse no religiosos, del mismo modo que no pueden optar por convertirse en gatos o en granos de café. La cuestión es a qué o a quién dirigimos nuestro ineludible impulso de adorar. El mundo está lleno de dioses, y todos —incluidos los ateos— pegarán su corazón a uno (o más) de ellos.

David dice: «con todo mi corazón te daré gracias; en presencia de los dioses te cantaré alabanzas» (138:1). En un rechazo audaz y desafiante al panteón de divinidades que permeaba el mundo del Cercano Oriente en el siglo X a. C., el rey afirma: «con todo mi corazón te daré gracias… » (138:1). No repartiría porciones de la tarta de su corazón entre el Señor, Baal y Asera. Su «todo» pertenecía al Señor. Esa es la exigencia y la necesidad del monoteísmo. Si hubiera muchos dioses verdaderos, entonces la devoción total sería irrazonable. Había que compartir. Pero, como solo hay un Dios verdadero, ese único Dios debe tener todo nuestro corazón. No hay otra forma posible ni permisible.

Jesús no nos llamó a seguirlo a veces. Cuando nos convenga. Cuando sea cómodo. Él quiere nuestro todo. Como escribió Isaac Watts: «Un amor tan asombroso, tan divino, exige mi alma, mi vida, mi todo».[37] Gracias al Padre porque así es. Porque que Jesús tenga nuestro todo significa que todo nuestro ser está bien con Dios. Él tiene nuestro todo y su todo es también nuestro. Por lo tanto, rechazamos audaz y desafiante toda ideología, política o poder que reclame nuestra devoción adoradora. Delante de esos dioses, en su misma cara, cantamos la alabanza de nuestro Señor Jesucristo, dando gracias a su nombre por su «misericordia y… fidelidad» (138:2). Él nos ha hecho valientes con fortaleza en nuestra alma para postrarnos ante él como nuestro Señor y nuestro Dios.

Salmos 138:4-6

Todos los reyes de la tierra

Ciertas palabras o expresiones suelen asociarse con personas que las usan con frecuencia. Por ejemplo, el presidente Obama solía decir «Déjenme ser claro...» en sus discursos. Cada vez que escucho esa frase, incluso hoy, pienso en él. Uno de mis profesores de historia apreciaba mucho la palabra «denotar» (en inglés, *bespeak*), así que cuando la oigo o leo —lo cual es raro—, todavía lo imagino dando clase en el aula.

Hay una expresión en el Salmo 138 que cae en esta categoría: «todos los reyes de la tierra» (v. 4). Si conociéramos muy bien nuestras Biblias y alguien nos preguntara: «¿Con quién asocias esa frase?», responderíamos: «Con Salomón». De las seis veces que aparece en el Antiguo Testamento, cuatro están relacionadas con este hijo de David.

Él sobrepasó «a todos los reyes de la tierra» en riquezas y sabiduría (1 R 10:23; 2 Cr 9:22), de modo que «todos los reyes de la tierra» venían a escucharlo (1 R 5:14; 2 Cr 9:23). Sin embargo, cuando el salmista la usa, nos apunta hacia el cielo: «Todos los reyes de la tierra te alabarán, Señor, cuando hayan oído los dichos de tu boca. Y cantarán de los caminos del Señor, porque grande es la gloria del Señor» (138:4-5). Salomón pudo haber sido muy sabio y rico, pero no se compara con el Dios que lo puso en el trono y le dio «un corazón sabio y entendido», además de «riquezas y gloria» (1 R 3:12-13).

He aquí: «... miren —dijo Jesús—, uno más grande que Salomón está aquí» (Lc 11:31). El Señor del salmo, aquel a quien todos los reyes de la tierra alaban, cuyos caminos cantan, quien es excelso, pero atiende al humilde y mira de lejos al altivo (138:4-6), ese Señor es Jesús, el Dios-Hombre. Y déjenme ser claro: él es el Rey de reyes, al cuyo trono de gracia podemos acercarnos confiadamente, porque su reinado denota misericordia (Heb 4:16).

Salmos 138:7-8

Las obras de tus manos

Tómate un momento para mirar tus manos. Medítalo. Con ellas, las personas empuñan martillos y secan lágrimas, realizan cirugías a corazón abierto y cargan bolsas de supermercado. Son creaciones asombrosas, capaces de firmeza, ternura y creatividad artística. «Échame una mano», dice alguien, pidiendo ayuda. «Tengo las manos atadas», decimos, queriendo expresar que no podemos hacer nada. Literal y lingüísticamente, nuestras vidas están «llenas de manos».

Así también cierra el salmo de hoy: «Extenderás tu mano contra la ira de mis enemigos, y tu diestra me salvará [...] No abandones las obras de tus manos» (138:7-8). Isaías dice: «Pero ahora, oh Señor, tú eres nuestro Padre; nosotros el barro, y tú nuestro alfarero; obra de tus manos somos todos nosotros» (Is 64:8). Si un alfarero ha terminado una vasija y la sostiene, tendrá cuidado de que no se le caiga de las manos. Esa es la imagen en hebreo que aparece al final del salmo. Aunque la mayoría de las traducciones dicen «no desampares la obra de tus manos», el verbo hebreo para «desamparar» (*rafá*) es más concretamente «soltar, dejar ir, aflojar». Nuestra oración es que Dios, quien nos ha formado como obra de sus manos, no afloje su agarre sobre nosotros, sino que nos siga sosteniendo firmemente.

«Aunque yo ande en medio de la angustia», estamos seguros en las manos de aquel que entró en las fosas más oscuras del mal para levantarnos y llevarnos a casa (Sal 138:7). Él extiende su mano contra la ira de nuestros enemigos (138:7), cierra el puño y rompe la quijada de cualquier enemigo demoníaco que se atreva a atacarnos. Su diestra nos salva (138:7), pues a la diestra del Padre se sienta nuestro Libertador, Jesús el Mesías, «quien fue entregado por causa de nuestras transgresiones y resucitado para nuestra justificación» (Ro 4:25). Él cumplirá su propósito en nosotros, seguirá derramando su amor eterno sobre nosotros y nunca aflojará su agarre sobre nosotros, su amada obra de sus manos (138:8).

Salmos 139:1-12

Me rodeas por detrás y por delante

Oh Dios, «¿a dónde me iré de tu Espíritu? o ¿a dónde huiré de tu presencia?» (Sal 139:7). En *El sabueso del cielo*, Francis Thompson comienza diciendo: «Hui de él, por las noches y los días; hui de él, por los arcos de los años; hui de él, por los laberínticos caminos...». Húyele entre placeres dulces y desenfrenados, y un día despertarás para descubrir que te dejan amargamente infeliz con la vida. Pero Dios estará allí, persiguiéndote. Húyele subiendo la escalera del éxito, peldaño tras peldaño, ascendiendo a la atmósfera embriagante de la ambición, y un día mirarás todos tus logros y te darás cuenta de que ninguno basta, nunca bastan. Pero Dios estará allí, siguiéndote aún.

Asciende a lo más alto de los cielos; y verás que allí está él. Escóndete en lo más profundo del Seol; allí está él. Vuela con las alas del alba, desciende a lo más hondo del mar; allí está él. Cúbrete con mantas de tinieblas; aun la oscuridad no es oscura para él, y la noche brilla como el día (139:12). Allí está: incansablemente, infatigablemente persiguiéndote, sin perder el aliento, siempre a tus talones.

Todo en lo que vanamente esperamos aparte de él le pertenece, y todos nos traicionarán, pues le sirven a él. Nuestros cuerpos envejecerán, diciéndonos: «¡Espera en aquel que es eterno!». Nuestra riqueza nunca nos saciará, predicando: «¡Acumulen tesoros en el cielo!». Y cuando escuchemos, después de años de taparnos los oídos, cuando nos detengamos, tras toda la huida, nuestro Salvador perseguidor nos envolverá con un amor apasionado y nos dará, en sí mismo, más de lo que jamás pensamos que teníamos aparte de él. Incluso el camino por el que huimos le pertenece a nuestro Perseguidor. Todos los lugares donde nos escondimos estaban dentro de las paredes de su vasto hogar. Jesús, quien es el Amor de Dios, nunca se cansará de perseguirnos, hallarnos y recordarnos que, sin saberlo hasta ahora, él era lo que buscábamos todo el tiempo.

Salmos 139:13-16

En el vientre de mi madre

Los planes de Dios para ti y para mí comenzaron antes de que existiera un tú y un yo. En su «... libro se escribieron todos los días que me fueron dados, cuando no existía ni uno solo de ellos» (Sal 139:16). Nadie es un accidente. Nuestra existencia ha estado gestándose desde la eternidad pasada, escrita en el pergamino de la mente divina. Luego, cuando el esperma de nuestro padre saludó al óvulo de nuestra madre, nuestro Padre celestial se puso manos a la obra.

«Porque tú formaste mis entrañas...» (139:13), literalmente «mis riñones», esos órganos que representan nuestro elaborado cuerpo interior, desde el cerebro hasta el bazo y el corazón. «Me hiciste en el vientre de mi madre» (139:13). El verbo hebreo *sakak* solo se usa aquí y en un pasaje similar en Job 10:11: «No me vestiste de piel y de carne, y me entretejiste con huesos y tendones». *Sakak* es tejer, entrelazar, dar forma. Dios va entrelazando todas nuestras partes, uniendo esto con aquello, de una manera que provoca alabanza, temor y asombro (139:14). Aun en la oscuridad del vientre, poéticamente también llamado «las profundidades de la tierra» (139:15), fuimos vistos en secreto por Dios, nuestra armazón ósea y todas las demás partes «entretejidas maravillosamente» por él, para quien «la noche brilla como el día» (139:12).

Todo esto Dios lo hizo sin nuestro permiso, sin nuestra cooperación y sin nuestro conocimiento consciente. Fue todo regalo, todo obra suya, y todo recibido por nosotros. Que fuéramos planeados desde la eternidad: un regalo. Que fuéramos concebidos, formados, tejidos y entrelazados: un regalo. Que tú seas tú, que yo sea yo, que cada uno sea un individuo ligado por una humanidad común, pero único a la vez: un regalo. Todo es un regalo de nuestro Padre dador. Y como si eso no fuera suficiente, tenía más para dar: en el cumplimiento del tiempo, envió a su Hijo para que también tuviera un cuerpo concebido, formado, tejido y entrelazado como el nuestro. Un cuerpo crucificado y resucitado, por el cual hemos sido asombrosa y maravillosamente redimidos.

Salmos 139:17-24

Se han convertido en mis enemigos

Hace muchos años, un capellán dirigía un grupo de profesores nuevos, yo incluido, en una devoción matutina sobre el Salmo 139. Verso a verso, leyó meditativamente el salmo. Sin embargo, al llegar al final, se saltó los versículos 19 al 22, pasando directamente del versículo 18 al 23. No era ningún misterio porqué; las oraciones indomables incomodan la sensibilidad moderna.

Con David, hemos cantado al Señor, ante quien nada ni nadie está oculto. Él tejió la trama de nuestro ser y cuerpo en el vientre y nos ha dejado asombrados con sus pensamientos preciosos e innumerables, que «serían más que la arena» (139:18). Precisamente porque Dios es así, hay cero tolerancia para aquellos que audazmente toman su nombre en vano y hablan blasfemias contra él (139:20), que lo odian y aborrecen (139:20), que derraman la misma sangre que Dios creó y dio a aquellos que formó de manera asombrosa y maravillosa (139:14, 19). Confesando que la justicia y la iniquidad no tienen asociación, que Cristo no tiene acuerdo con Belial (2 Co 6:14-15), con el celo y la pasión de quien se entrega totalmente a Dios, oramos: «¡oh Dios, si tú hicieras morir al impío! [...] ¿No odio a los que te aborrecen, Señor? [...] Los aborrezco con el más profundo odio; se han convertido en mis enemigos» (Sal 139:19, 21-22).

En la mentalidad hebrea, no existe área gris ni neutral: uno es amigo o enemigo de Dios. Esta es la confesión al estilo de Josué de David: «... pero yo y mi casa serviremos al Señor» (Jos 24:15).

Por eso concluimos el salmo mirándonos al espejo, pidiendo a Dios que nos escudriñe, nos refine y derrita toda escoria, cualquier «camino malo», en el fuego de su amor (Sal 139:24). Oramos para que él nos santifique por completo, para que «... todo su ser, espíritu, alma y cuerpo, sea preservado irreprensible para la venida de nuestro Señor Jesucristo» (1 Ts 5:23). ¿El objetivo? Que seamos totalmente suyos, hallados en Cristo, quien nos guía «... en el camino eterno» (139:24).

Salmos 140:1-5

Traman maldades en su corazón

Al final de Génesis, cuando Jacob ha muerto, los hermanos de José temen que su poderoso hermano finalmente tome represalias por haberlo apuñalado por la espalda décadas antes. Pero José les dice: «No teman; ¿acaso estoy yo en lugar de Dios? Ustedes pensaron hacerme mal, pero Dios lo cambió en bien para que sucediera como vemos hoy, y se preservará la vida de mucha gente» (Gn 50:19-20). Cuando dice «pensaron hacerme mal», usa el verbo hebreo *chashab*, que también puede significar planear o tramar. Este verbo aparece dos veces en los versículos iniciales del salmo de hoy para describir a hombres malvados y violentos que «traman maldades en su corazón» y que han «propuesto hacerme tropezar» (Sal 140:2, 4).

En estos versículos se exhibe toda la gama del mal, tanto interno como externo. El corazón trama maldad. La lengua serpentina escupe palabras venenosas. Las manos impías tienden trampas. Corazón, manos, boca. Los hermanos de José también usaron las tres para odiarlo, difamarlo y atacarlo. ¿Y nosotros? Hemos estado tanto en el extremo que hiere como en el que recibe la herida, ¿no es cierto? De hecho, Pablo citará el versículo 3 en su acusación contra toda la humanidad bajo pecado: «veneno de serpiente hay bajo sus labios» (Ro 3:13). Culpables.

Por lo tanto, usamos este salmo tanto para arrepentirnos de nuestro propio mal como para orar por la liberación del mal de otros. Porque ¿quién de nosotros no ha tramado mal, no ha escupido mentiras o no se ha deleitado en la caída de otro? ¿Y quién de nosotros no ha sido víctima de lo mismo? Nuestra confianza no está en cuán bien nos hemos portado, sino en nuestro Señor Jesucristo, quien planea bien para nosotros cuando otros planean mal. No hay corazón tan sucio que su sangre no pueda purificar; no hay boca tan vil que él no pueda limpiar; no hay manos tan manchadas que su justicia no pueda lavar. Él nos libra del mal (Mt 6:13), y también nos libra de nosotros mismos.

Salmos 140:6-13

Has cubierto mi cabeza

David y otros salmistas se refieren con frecuencia a la cabeza. En el golpe de Absalón, el Señor fue el «que levanta mi cabeza» para David (Sal 3:4). Dios hizo al rey «cabeza de las naciones» (18:43) y «corona de oro fino colocas en su cabeza» (21:3). Él unge nuestra cabeza con aceite (23:5). Cuando acecha el peligro, «entonces será levantada mi cabeza sobre mis enemigos que me cercan» (27:6). El Mesías victorioso «levantará la cabeza» (110:7). En el salmo de hoy, David ora: «Oh Dios, Señor, poder de mi salvación, tú cubriste mi cabeza en el día de la batalla» (140:7).

Esta es la oración de David, nuestra oración y la oración del Hijo de David, quien soportó las intrigas malévolas y las palabras venenosas de sus enemigos descritas en la primera mitad de este salmo. Todo el ministerio de Jesús fue «el día de la batalla» (140:7-8), en el cual «los deseos de los impíos» y «sus malos designios» se exhibieron públicamente. Aun cuando le pusieron una corona de espinas en la cabeza (Mt 27:29), el Padre cubrió la cabeza de Jesús, porque breve fue el triunfo del adversario. Después de tres días, la cabeza de nuestro Señor resucitado fue levantada para contemplar el mundo que acababa de redimir.

Ahora, con tal salvación consumada, sucederá una de dos cosas con cada persona: o caerán carbones encendidos sobre sus cabezas y serán arrojados al fuego, a abismos profundos, para no levantarse más (140:10-11) o, como «los justos», darán gracias al nombre de Dios y «los rectos morarán en tu presencia» (140:13). «Porque todos nosotros debemos comparecer ante el tribunal de Cristo...» (2 Co 5:10).

Por todo esto, ahora y siempre, debemos procurar «ser hallados en él, no teniendo [nuestra] propia justicia derivada de la ley, sino la que es por la fe en Cristo» (Flp 3:9). «Él es también la cabeza del cuerpo que es la iglesia; él es el principio, el primogénito de entre los muertos, a fin de que él tenga en todo la primacía» (Col 1:18).

Salmo 141

Que el justo me hiera

Cuando oramos el Padre Nuestro, pedimos al Padre que «no nos metas en tentación, sino líbranos del mal». El salmo de hoy es una expansión en diez versículos de esta petición, pues rogamos al Señor que guarde la puerta de nuestros labios, para que no hablemos mal (141:3), que no permita que nuestro corazón se incline hacia el mal (141:4) y que no quedemos «desamparados», sino preservados de «los lazos de los que hacen iniquidad» (141:8-9). También le pedimos a nuestro Señor que nos humille para aceptar una reprenda justa cuando la necesitemos (Sal 141:5).

Sobre ese último punto, pensemos en Pedro. Debió dolerle cuando, después de reprender a Jesús por hablar de su crucifixión, fue él mismo reprendido por Jesús con un «¡Quítate de delante de mí, Satanás! Me eres piedra de tropiezo, porque no estás pensando en las cosas de Dios, sino en las de los hombres» (Mt 16:23). ¡Qué duro! O, mucho más tarde, cuando Pablo «se opuso a él cara a cara» por apartarse hipócritamente de los gentiles cuando llegaron los del partido de la «circuncisión» (Gl 2:11-14). Tragar orgullo nunca es el plato favorito de nadie, pero a veces es el alimento espiritual más nutritivo que podemos ingerir. Pedro necesitaba esas reprensiones, para poder —como él mismo escribe— desechar «todo engaño e hipocresía» (1 P 2:1).

Nosotros también necesitamos reprensiones porque, aunque nuestra boca ofrezca oraciones como incienso ante Dios (141:2), también necesita ser lavada con jabón por palabras poco amables o falsas. Pedimos a Dios que no nos deje «comer de los manjares» delicados de los impíos (141:4), pero ¡cuántas veces devoramos el último chisme o saboreamos la noticia de que a nuestro rival le fue mal! Cuando el Señor nos envíe un Natán, como hizo con David (2 S 12), o un Pablo, como hizo con Pedro (Gl 2), que nuestro Padre nos conceda humildad para escuchar, reconocer nuestro error y confesarlo a aquel que siempre está dispuesto y deseoso de perdonar, por amor a Jesucristo.

Salmo 142

Expongo mi queja

Las cuevas en Israel a veces servían como sepulcros, como la que Abraham compró, donde él y otros miembros de la familia patriarcal fueron sepultados (Gn 23:19; 25:9; 49:29). También funcionaban como escondites, como la cueva donde se refugiaron cinco reyes que huían de Josué (Jos 10:16-17) o donde Abdías escondió a los profetas del Señor (1 R 18:13). En el caso de Saúl, una cueva le sirvió de baño natural, pues entró para hacer sus necesidades sin saber que David y sus hombres estaban agazapados en lo más profundo de aquel «baño» improvisado (1 S 24:3).

Como en el Salmo 57, también en el Salmo 142 David ora «en la cueva». No se encuentra bien. Se siente aislado: «No hay quien cuide de mi alma» (142:4). Se siente prisionero (142:7), abandonado (142:4), y que sus perseguidores son demasiado fuertes para él (142:6). Este es un lugar horrible en la vida, y tristemente, tarde o temprano, casi todos nosotros pasamos por allí.

En ese lugar, seguimos el ejemplo de David, un modelo que también vemos replicado en la vida de Jesús: decimos, «Delante de él expongo mi queja; en su presencia manifiesto mi angustia» (142:2). En hebreo, «derramar» es *shafak*, el mismo verbo usado para describir el derramamiento de sangre sacrificial o de ofrendas líquidas (Lv 4:7, Is 57:6). Elevamos nuestra alma, rebosante de un mar de lágrimas saladas, el líquido turbio de la soledad, el fluido de los miedos, y al inclinar nuestra alma hacia Dios, vertemos todo ese desorden ante su trono de misericordia. «¡Derrama como agua tu corazón ante la presencia del Señor!...» (Lm 2:19).

Y Cristo, quien en sus sufrimientos fue «derramado como agua» (Sal 22:14), atenderá nuestro clamor, nos mirará, y será nuestro refugio, nuestra porción en la tierra de los vivientes (142:4-6). Él, que convirtió su tumba en forma de cueva en un manantial de vida, será nuestra vida y esperanza, llenando nuestras almas ahora vacías con su Espíritu de paz.

Salmos 143:1-6

En tu fidelidad

Si queremos un aumento en el trabajo, podemos presentar a nuestro jefe el caso de que lo hemos merecido. Si nos postulamos para un cargo público, podemos argumentar que nuestras habilidades y experiencia nos hacen el mejor candidato. Nos guste o no, a veces en la vida debemos defender nuestro valor. Pero cuando comparecemos ante Dios, no le entregamos un currículo de obras justas ni le damos una lista de logros morales que nos hagan merecedores de oraciones respondidas. No apelamos a nosotros mismos; apelamos a él (específicamente, al hecho de que es un Padre misericordioso y lleno de gracia). Nadie lo dijo mejor que Daniel: «no es por nuestros propios méritos que presentamos nuestras súplicas delante de ti, sino por tu gran compasión» (Dn 9:18). Estas palabras de oro podrían adornar cada una de nuestras oraciones.

El Salmo 143 afirma esta misma verdad. Pedimos al Señor que escuche nuestra oración en su fidelidad, en su justicia, porque «... no es justo delante de ti ningún ser humano» (143:1-2). «Ciertamente no hay hombre justo en la tierra que haga el bien y nunca peque» (Ec 7:20), «por cuanto todos pecaron y no alcanzan la gloria de Dios» (Ro 3:23). Cuando el enemigo nos persigue y nos hace morar en lugares tenebrosos como los muertos (Sal 143:3; Lm 3:6), cuando nuestro espíritu desfallece dentro de nosotros y nuestro corazón queda turbado (143:4), cuando extendemos nuestras manos a Dios y nuestra alma sedienta suspira por él (143:6), entonces, en esas horas de necesidad más profunda, apelamos a nuestro Salvador para que sea fiel a quien él es.

Porque él es bueno, le pedimos que sea también bueno con nosotros. Porque él es misericordioso, le rogamos que tenga misericordia de nosotros. Por las obras justas de Jesús, por su sufrimiento y muerte por nosotros, presentamos nuestras súplicas ante él. No se trata de nosotros; se trata de él. «No a nosotros, Señor, no a nosotros, sino a tu nombre da gloria, por tu misericordia, por tu fidelidad» (Sal 115:1).

Salmos 143:7-12

Por la mañana

Los primeros y tenues dedos de luz matinal están tocando la ventana de mi estudio mientras escribo estas palabras. Para mí, la noche pasada fue a la vez corta y larga: corta en sueño, larga en desvelo. «No puedo dormir» dice el salmista (Sal 102:7). Despierto. Solo. Algunas noches son así. No me dejas conciliar el sueño (Sal 77:4). En noches así, me levanto. Me sirvo una taza de café. Leo las Escrituras. Oro. Y espero lo que Homero, en *La Ilíada*, llamó «la aurora de rosados dedos».

Esta mañana, mientras meditaba en el Salmo 143, pensé cuán apropiado era el versículo 8: «Por la mañana hazme oír tu misericordia...». ¿Hay un mejor mensaje con el cual saludar el día? La noche de David había sido larga: su espíritu desfallecía (143:7), sus enemigos acechaban (143:9), su alma estaba angustiada (143:11). Jesús también, quien a veces «pasó la noche en oración a Dios» (Lc 6:12), tuvo noches difíciles, especialmente aquella en la que lamentó: «Mi alma está muy afligida, hasta el punto de la muerte» (Mt 26:38).

Durante esas noches, recordamos la mañana de ayer y aguardamos la venidera, descansando plenamente en la misericordia del Padre, quien «alumbra mis tinieblas» (Sal 18:28). Gracias a su amor iluminador, levantamos nuestras almas a él en la oscuridad, confiando en que es bueno y obrará el bien para nosotros (143:8). Gracias a ese amor que instruye, como discípulos suyos pedimos: «Enséñame a hacer tu voluntad, porque tú eres mi Dios» (143:10). Gracias a ese amor que ayuda, oramos: «... tu buen espíritu me guíe a tierra firme» (143:10), «porque todos los que son guiados por el Espíritu de Dios, los tales son hijos de Dios» y claman: «¡Abba, Padre!» (Ro 8:14-15).

Cuando, como Jacob, decimos: «... el sueño huía de mis ojos» (Gn 31:40), huyamos nosotros al refugio de nuestro Abba, nuestro Padre, por medio de Cristo nuestro Señor, en el poder del Espíritu. La mañana de la misericordia de Dios siempre trae el alba de esperanza a nuestras vidas, pues reposa sobre la resurrección de Jesús aquella primera mañana de Pascua.

Salmos 144:1-8

El que adiestra mis manos para la batalla

En una escena impactante de la película *Rescatando al soldado Ryan*, un soldado estadounidense llamado Jackson dispara contra las tropas alemanas desde el campanario de una iglesia. Con la espalda contra la pared, comienza a recitar un salmo: «Bendito sea el Señor, mi roca, quien adiestra mis manos para la batalla y mis dedos para la guerra…» (144:1, RVR60). Hace una pausa, dispara dos veces, y continúa: «Misericordia mía y mi castillo, fortaleza mía y mi libertador…» (144:2, RVR60). Nuevamente, aprieta el gatillo y sigue: «Escudo mío, en quien he confiado» (144:2, RVR60). Segundos después, al ver que un tanque apunta a su ubicación, sus últimas palabras son un grito a un compañero: «¡Parker, sal de ahí!»

Ese uso cinematográfico del Salmo 144 por un soldado en la Segunda Guerra Mundial es un recordatorio poderoso de que los salmos no son antiguos. Cada día son un «cántico nuevo», tan frescos y potentes ahora como cuando fueron escritos. El Dios que adiestró las manos de David «para la batalla» y sus «dedos para la guerra» (144:1), y que hizo lo mismo con Jackson en la película, no se ha jubilado. El Señor nos enseña a todos a pelear, pues no hay no combatientes en el reino de Dios, aunque la forma y el lugar de nuestra lucha son únicos para cada uno. Cuando un padre entra a la iglesia tomado de la mano de su hijita, sus manos y las de ella están adiestradas para la batalla. Este acto, en apariencia simple, se hace en desafío al odio rabioso del infierno contra la verdad y el amor. Cuando oramos, trabajamos y servimos; cuando alimentamos al pobre y defendemos al inocente; cuando tomamos «toda la armadura de Dios» para «estar firmes contra las insidias del diablo» (Ef 6:11), el Salmo 144 es nuestra oración.

Cuando rezo estas palabras, también imagino a Jesús en la cruz, extendiendo sus manos para rescatarnos y librarnos (144:7). Mira a la izquierda y a la derecha, ve sus manos y dedos, traspasados y ensangrentados, yendo a la guerra para ganarnos la batalla de todas las batallas.

Salmos 144:9-15

Bienaventurado el pueblo

«Tiempo de guerra, y tiempo de paz» (Ecl 3:8). Vemos ambas en el Salmo 144. Hay guerra de sobra en la primera mitad. David ora para que Dios adiestre sus manos y dedos para el combate, para que lo rescate y lo libre de «muchas aguas» (aguas, mares y océanos que, en el mundo hebreo, eran iconos de los pueblos gentiles que los rodeaban). Estos son los «extranjeros, cuya boca habla falsedad y cuya diestra es diestra de mentira» (144:1, 7-8, 11). Usando imágenes apocalípticas y estremecedoras, David pide que el Señor convierta el relámpago en flechas, las cimas de los montes en volcanes, y que derrote al enemigo (144:5-6). En resumen: David ora: ¡Oh Dios, pelea por nosotros!

Y él lo hace, porque el Señor es aquel «que da la victoria a los reyes, el que rescata a David su siervo de la espada maligna» (144:10). ¿El resultado? Un cuadro de perfecta paz. Una familia floreciente con hijos fuertes, hijas elegantes «como columnas de esquinas labradas como las de un palacio» (144:12), graneros llenos, rebaños por miles, ganado sano y una vida pública serena, sin «gritos de alarma en nuestras calles» (144:12-14). Tiempo de guerra y tiempo de paz, pero en ese orden. Conquista, luego calma. Muerte, luego vida.

Aquí tenemos, al estilo hebreo, un retrato de lo que el Hijo de David ha logrado. Él no vino a «traer paz, sino espada» (Mt 10:34). Mateo, Marcos, Lucas y Juan son evangelios de guerra. Sí, Jesús peleó de manera diferente: marchó al campo de batalla armado con la verdad, la compasión y el sacrificio, armas que ningún estratega militar elegiría, pero tenemos un Dios que «... escogió lo necio del mundo para avergonzar a los sabios» (1 Co 1:27). Su cruz, donde el infierno y el cielo chocaron, fue Dios en la carne peleando por nosotros. Y su resurrección inaugura la paz que sobrepasa todo entendimiento y un reino que, aunque ya ha comenzado, será finalmente revelado cuando oigamos una gran voz desde el trono que diga: «... el tabernáculo de Dios está entre los hombres» (Ap 21:3). «¡Bienaventurado el pueblo a quién así le sucede! ¡Bienaventurado el pueblo cuyo Dios es el Señor!» (Sal 144:15).

Salmos 145:1-9

El Señor es bueno para con todos

El Salmo 145 es el último de los salmos acrósticos o alfabéticos, estructurado para seguir el alfabeto hebreo. En estos versículos, cantamos a Dios como nuestro Rey, Proveedor, Oyente de oraciones, Salvador, Juez y más. Es nuestra oración de la «A a la Z» para y acerca de Dios. También le devolvemos al Señor su propia autodescripción, dicha en el Sinaí: «Clemente y compasivo es el Señor, lento para la ira y grande en misericordia» (Sal 145:8, Ex 34:6). Luego, basándonos en esta confesión fundamental del corazón paciente y amoroso de nuestro Dios, decimos: «El Señor es bueno para con todos, y su compasión, sobre todas sus obras» (145:9).

En *El león, la bruja y el ropero*, cuando Lucy preguntó si el león Aslan era seguro, el señor castor respondió: «¿Seguro? ¿Quién dijo algo sobre que fuera seguro? Claro que no es seguro. ¡Pero es bueno! Él es el Rey, te digo».[38] No es seguro, pero es bueno. Si fuera por nosotros, escogeríamos a un dios benigno, como un abuelito, que solo quiera que «todos se diviertan».[39] Pero ese no es el tipo de Dios que se zambulliría de cabeza en este mundo arruinado por el pecado para ser un niño, un hombre, un maestro y, finalmente, el Cordero fijado a un madero romano empapado en sangre.

Pero un Dios bueno lo haría y lo hizo. El tipo de Dios que necesitamos y tenemos es el Guerrero celoso e indomable de amor que rasgaría hierro y cavaría a través de acero para rescatarnos y hacernos suyos.

¿Se enoja? Sí, pero es lento para la ira. «Porque su ira es solo por un momento, pero su favor es por toda una vida» (Sal 30:5). Él es bueno. Él es clemente. Él es compasivo. Y esa «compasión está sobre todas sus obras», extendida como un estandarte en los cielos, anunciando que el mundo es gobernado por un Rey dispuesto a morir por sus ciudadanos. Un Señor así es «grande... y digno de ser alabado en gran manera y su grandeza es inescrutable» (Sal 145:3).

Salmos 145:10-21

En todos sus caminos

Podríamos apodar al Salmo 145 como el «cántico del todo». Excepto por el Salmo 119, este salmo contiene más ocurrencias de la palabra hebrea *kōl* (todo, cada, todos) que cualquier otro salmo. Desde el «todos los días» en el versículo 2 hasta «toda carne» en el versículo final, la palabra *kōl* aparece diecisiete veces.[40] Dios «sostiene a todos los que caen y levanta a todos los oprimidos» (145:14). «Justo es el Señor en todos sus caminos y bondadoso en todos sus hechos» (145:17). Él está «cercano de todos los que lo invocan, de todos los que lo invocan en verdad» (145:18). Nuestro Dios, como Rey, reina sobre un reino «por todos los siglos» y perdura «por todas las generaciones» (145:13). Así, el latido constante de *kōl, kōl, kōl* nos acompaña mientras oramos versículo tras versículo.

Dios no hace acepción de personas. Puede parecernos así a veces, especialmente si nuestras emociones nos dicen que estamos atrapados en el equipo «no favorecido». Pero «porque en Dios no hay acepción de personas» (Ro 2:11). Él nos ama a cada uno de manera única, sí, pero no toma prestada la estrategia paterna de Jacob para vestir a algunos con «túnicas de muchos colores» (cf. Gn 37:3) y a los demás con ropa usada. De manera profundamente misteriosa, sostiene a cada persona en su corazón, cercano a ella cuando clama, levantándola cuando está encorvada, preservando a todos los que lo aman. También, a todos los impíos que finalmente desprecian y se burlan de ese amor, «los destruirá» (Sal 145:20), porque aquel cuya compasión está sobre todas sus obras es también un Rey de justicia (145:9).

Puesto que «todos pecaron y no alcanzan la gloria de Dios» (Ro 3:23), el Padre «no negó ni a su propio Hijo, sino que lo entregó por todos nosotros» (8:32). Si hizo eso por todos, «¿cómo no nos dará también junto con él todas las cosas?» (8:32). En verdad, así lo hará. Por eso, ¡bendiga toda carne su santo nombre eternamente y para siempre! (Sal 145:21).

Salmos 146:1-4

No confíes en príncipes

Esta época del año rebosa Aleluyas. Coros de ángeles cantan alabanzas a Dios mientras los pastores escuchan con asombro (Lc 2:13). Esta noche, iglesias de todo el mundo resonarán con «¡Al mundo paz!» y «¿Qué niño es este?». Incluso, estaciones de radio y grandes almacenes subirán el volumen del Aleluya con villancicos en alabanza al Rey recién nacido. En sintonía con esta atmósfera de adoración, hoy comenzamos nuestros últimos cinco salmos del año, todos los cuales comienzan y terminan de la misma manera: «¡Alaben al Señor!» O, en mejor consonancia con el hebreo, ¡Alaben a Yah! (El nombre *Yah* es una forma abreviada del nombre divino completo, Yahveh).

Los versículos iniciales del Salmo 146 nos recuerdan la constante inclinación humana a pasar de «¡Alaben a Yah!» a «¡Te alabamos a ti!», siendo ese «tú» las personas influyentes, poderosas, famosas, adineradas o hermosas. «No confíen en príncipes [*nedivim*]», dice el poeta (146:3). La forma singular de esta palabra hebrea, *nadib*, se refiere a un noble, poderoso, rico, alguien influyente en la sociedad (no necesariamente un cargo político). ¿Por qué no poner nuestra fe en alguien así? Porque, por muy alto que un *nadib* se eleve a los ojos de la gente, ¿quién es en realidad? Nada más que un «hijo de hombre [*adam*]» que un día volverá «a la tierra [*adamah*]» (146:3), tal como Adán, hecho de *adamah*, volvió al polvo (Gn 2:7; 3:19). Como nuestro primer padre, todos somos terrícolas, «polvorientos», cuyo aliento finalmente partirá (Sal 146:4).

Por eso lo que celebramos en esta época del año es tan sorprendentemente espectacular: Dios se hace polvoriento. Yah se hace como tú. El Verbo se hace carne, y nunca más se despojará de su humanidad. Alabar a Yah ahora es alabar no solo a Dios, sino al Dios-Hombre, Jesús, quien, así como los hijos participaron de carne y sangre, él también participó de lo mismo (Heb 2:14). No ponemos nuestra confianza en un *nadib*, en un príncipe o noble, sino en el bebé envuelto en pañales y acostado en un pesebre (Lc 2:7). ¡Alaben al Señor!

Salmos 146:5-10

El Dios de Jacob

«Bienaventurado aquel cuya ayuda es el Dios de Jacob» (Sal 146:5). Así es como Jacob confesó quién es este Dios: «El Dios delante de quien anduvieron mis padres Abraham e Isaac, el Dios que me ha sido mi pastor toda mi vida hasta este día, el ángel que me ha rescatado de todo mal...» (Gn 48:15-16). El Dios de Jacob es, pues, el Dios de los patriarcas, quien hizo promesas que cumpliría. Es el buen Pastor, que nunca abandona a su rebaño. Es el Mensajero que redime a los pecadores. Sí, bienaventurado aquel cuya ayuda es este Dios que cumple sus promesas, que pastorea a su rebaño y que rescata a los pecadores.

Hoy celebramos el nacimiento del Dios de Jacob como el Dios-Hombre. Hace mucho tiempo, apareció a Jacob en la escalera que se extendía de la tierra al cielo, pero ahora ha venido como la escalera misma, pues en él se unen el cielo y la tierra (Gn 28:12, Jn 1:51). Hace mucho tiempo, luchó con Jacob durante la noche, incluso permitiéndole ganar para darle una bendición (Gn 32:22-32). Pero ahora nace en la noche como un bebé que crecerá para dejar que la humanidad luche con él y, finalmente, lo clave en la cruz para que, al perder allí su vida, nos dé la bendición de su propia vida.

Él, «que hizo los cielos y la tierra», sigue siendo Creador y, al mismo tiempo, se hace criatura (Sal 146:6). Él, que «levanta a los caídos» (146:8), será sostenido en brazos como un niño recién nacido. Él, que «da pan a los hambrientos», se alimentará del pecho de su madre (146:7). ¡He aquí el misterio de la encarnación! He aquí al Hijo de Dios, ahora también como hijo de María. El salmista dice que el Dios de Jacob «guarda la verdad para siempre» (146:6). Sí, lo hace, porque el que prometió que aplastaría la cabeza de la serpiente antigua ha cumplido esa promesa (Gn 3:15). ¿Ves ese pequeño talón del niño Cristo? Ahí está el talón del Dios de Jacob, que ha venido a cumplir la tarea encomendada por su Padre. ¡Alaben al Señor!

Salmos 147:1-11

Él cuenta el número de las estrellas

Unos dos mil años antes de que el Verbo se hiciera carne, ese mismo Verbo sacó a Abraham una noche y le dijo: «... ahora mira al cielo y cuenta las estrellas, si te es posible contarlas...». Y le dijo: «Así será tu descendencia» (Gn 15:5). Abraham no pudo contar las estrellas, pero como declara el salmo de hoy, el Señor sí: «Cuenta el número de las estrellas; a todas ellas les pone nombre» (Sal 147:4). Si el Señor puede contar y nombrar todas esas luces titilantes, entonces puede hacer lo mismo con los hijos de Abraham. Después de todo, «grande es nuestro Señor y muy poderoso; su entendimiento es infinito» (147:5). De hecho, las palabras «número» y «entendimiento» provienen de la misma raíz hebrea, *mispar*: Él cuenta las estrellas, pero su entendimiento no se puede contar.

«Bueno es cantar alabanzas a nuestro Dios» (147:1), quien edifica a Jerusalén, congrega a los dispersos de Israel, sana a los quebrantados de corazón y venda sus heridas (147:2-3), y quien, en el cumplimiento del tiempo, se hizo la Simiente de Abraham en quien son benditas todas las naciones de la tierra (Gn 22:18, Gl 3:8). Abraham «creyó en el Señor, y él se lo reconoció por justicia» (Gn 15:6), y «los que son de fe, estos son hijos de Abraham» y son «bendecidos con Abraham, el creyente» (Gl 3:7-9). Nosotros somos los hijos de Abraham, brillando como estrellas en este ancho mundo de tinieblas. Conocidos por Dios. Llamados por nombre por Dios. Su amado ejército de pequeñas luces que «... brillarán como el resplandor del firmamento... como las estrellas, por toda la eternidad» (Daniel 12:3).

El Dios que nombra las estrellas es nuestro Padre, quien «favorece a los que le temen, a los que esperan en su misericordia» (Sal 147:11). Temámosle y amémosle, porque nos ha dado todas las razones para hacerlo. Así como «da su alimento al ganado, y a la cría de los cuervos que chillan» (147:9), él nos ha dado el Pan de Vida, nacido en Belén, para que lo comamos y vivamos. ¡Alaben al Señor!

Salmos 147:12-20

Su palabra corre velozmente

Si existiera un Servicio Meteorológico Bíblico, con Meteorólogos Bíblicos empleados allí, sonarían muy diferente a tu meteorólogo local. En lugar de escuchar: «Caerán hasta dieciocho centímetros de nieve el lunes, con temperaturas bajando a un solo dígito», oiríamos algo como lo que dice el salmo de hoy: «Envía sus órdenes a la tierra; su palabra corre velozmente. Manda la nieve como lana, esparce la escarcha cual ceniza. Arroja su hielo como migas de pan; ¿quién puede resistir ante su frío?» (Sal 147:15-17). En lugar de: «El jueves subirán las temperaturas, el deshielo reducirá los niveles de nieve acumulada», escucharíamos: «Envía su palabra y los derrite; hace soplar su viento y el agua corre» (147:18).

Cuando nuestras mentes modernas y científicamente orientadas oyen que la Palabra de Dios «da la nieve» o «esparce la escarcha» (147:16), quizás pensemos que es algo anticuado. O cuando leemos que las temperaturas heladas no son solo frías sino «su frío» (147:17), puede parecernos intelectualmente arcaico. Bien. Nuestras mentes necesitan ser sacudidas y reintroducidas al pensamiento bíblico. Salmos como este nos recuerdan que las tormentas no «simplemente ocurren». Los ángeles no le organizaron una fiesta de jubilación al Señor de la creación después de Génesis 1. Él sigue siendo el Dueño del invierno, verano, primavera y otoño. El Hijo, por quien [Dios] creó el universo, todavía «... sostiene todas las cosas por la palabra de su poder...» (Heb 1:3).

Jesús habla su palabra creadora y sustentadora para dar lluvia y nieve, reprender el viento y el mar (Mc 4:39), perdonar pecados (2:5), resucitar muertos (Jn 11:43). A nosotros también nos habla. Nos habló a la existencia en el vientre, nos habló a su cuerpo en el bautismo, nos habla el perdón en la predicación del evangelio, habla su cuerpo y sangre en nosotros en la Cena y, finalmente, hablará vida de resurrección en nosotros en el día final. «Su palabra corre velozmente» (Sal 147:15), cumpliendo en la creación y en nuestras propias vidas lo que él quiere que suceda. ¡Alaben al Señor!

Salmos 148:1-6

¡Alábenlo!

Casi cualquier cosa que la gente «admira», literal o metafóricamente, ha sido convertida en objeto de adoración. Los cultos a los dioses del sol y la luna han oscurecido la historia humana, y desde hace mucho ha existido una conexión íntima entre deidades y planetas. Con la excepción de la Tierra, cada planeta de nuestro sistema solar lleva el nombre de una deidad griega o romana. También los ángeles han sido adorados (Col 2:18), tal como lo hizo Juan cuando se «postró para adorar a los pies del ángel», pero fue reprendido por el ángel, quien le dijo que era «consiervo» suyo (Ap 22:8-9). A nivel humano, también los faraones y los césares fueron divinizados y tuvieron seguidores cultuales. El hecho de que aún llamemos «estrellas» a actores, músicos y atletas, a quienes los fans «adoran» como «devotos», se debe sobre manera a una historia milenaria de idolatría. Casi cualquier cosa o persona a la que el hombre ha levantado los ojos, también ha doblado las rodillas ante ella.

El Salmo 148 es un ¡NO! de catorce versículos a toda esa veneración dirigida a la criatura. Comenzando en los cielos y descendiendo hasta los niños, el salmo voltea toda idolatría, llamando a toda la creación a adorar al único y verdadero Creador. Los versículos de hoy se concentran en los cuerpos celestiales. ¿Se deben adorar los ángeles? No, más bien: «¡Alábenlo, todos sus ángeles; alábenlo, todos sus ejércitos!» (148:2). ¿Se deben adorar los astros celestiales? No, más bien: «¡Alábenlo, sol y luna; alábenlo, todas las estrellas luminosas!» (148:3).

Los ángeles alabaron a Dios cuando Jesús nació (Lc 2:13-14), le ministraron durante la tentación (Mc 1:13), lo fortalecieron cuando se acercaba la crucifixión (Lc 22:43-44), anunciaron su gozosa resurrección (24:4-7) y presenciaron su ascensión (Hch 1:10-11). Una estrella guio a los magos a adorar al Niño Cristo (Mt 2:2). El sol se oscureció, como si lamentara, cuando Cristo colgaba en la cruz (27:45). Sigamos nosotros, sus criaturas, ese mismo ejemplo, levantando corazón y manos a Jesucristo, nuestro Creador y Redentor, nuestro Señor y nuestro Dios (cf. Jn 20:28), quien con el Padre y el Espíritu Santo vive y reina, por los siglos de los siglos. ¡Alaben al Señor!

Salmos 148:7-14

Un cuerno para su pueblo

El salmo de hoy se divide de manera ordenada en mitades celestiales y terrenales: de «Alaben al Señor desde los cielos» a «Alaben al Señor desde la tierra» (148:1, 7). Como vimos ayer, el sol, la luna, las estrellas y los ángeles son desmitificados; son criaturas que entonan aleluyas a su Creador. En los otros versículos, se convoca a la alabanza al mundo animal, desde «los monstruos marinos... las fieras y todo ganado, los reptiles y las aves que vuelan» (148:7, 10). En este mismo coro están «los montes y todas las colinas», junto con «los árboles frutales y todos los cedros» (148:9). Para completar este coro, que es parte zoológico, parte huerto y parte cumbres, también se incluye a representantes de la familia humana: «Reyes de la tierra y todos los pueblos, príncipes y todos los jueces de la tierra; los jóvenes y también vírgenes, los ancianos junto con los niños» (148:11-12).

Todos juntos, desde la boca de los montes, hasta los picos de las aves, y los labios de los niños, «alaban ellos el nombre del Señor, porque solo su nombre es exaltado; su gloria es sobre tierra y cielos» (148:13).

La mejor noticia en este salmo, sin embargo, se guarda para el final: «Él ha exaltado el poder [lit. "ha levantado un cuerno"] de su pueblo, alabanza para todos sus santos, para los israelitas, pueblo a él cercano» (148:14). Este es el «cuerno» del que hemos oído hablar en otros salmos (por ejemplo, 132:17), sobre quien Zacarías cantó: «Bendito sea el Señor, Dios de Israel, porque nos ha visitado y ha traído redención para su pueblo, y nos ha levantado un cuerno de salvación en la casa de David su siervo» (Lc 1:68-69). Este cuerno de salvación, quien es nuestra alabanza, es Dios mismo en la carne, Jesús el Mesías.

Él vino no solo «para los israelitas, pueblo a él cercano» (Sal 148:14), sino que «vino y anunció paz a ustedes que estaban lejos, y paz a los que estaban cerca» (Ef 2:17). A él, quien «hizo la paz por medio de la sangre de su cruz», reconciliando consigo todas las cosas, tanto «las que están en la tierra o las que están en los cielos» (Col 1:20), le cantamos: «¡Alaben al Señor!» (148:14).

Salmo 149

Un cántico nuevo

Al llegar al final de este año, ya envejecido, cantamos «al Señor un cántico nuevo» (149:1). No nuevo en el sentido de «recién escrito», sino aquel que celebra la «cosa nueva» que Dios está haciendo (Is 43:19), la «nueva creación» en Jesús (Gl 6:15), el «nuevo pacto» en su sangre (1 Co 11:25), el «nuevo y vivo camino» (Heb 10:20), y los venideros «nuevos cielos y nueva tierra» (2 P 3:13). Aquel que está sentado en el trono del cielo dice: «yo hago nuevas todas las cosas» (Ap 21:5). «De modo que, si alguno está en Cristo, nueva criatura es; las cosas viejas pasaron, ahora han sido hechas nuevas» (2 Co 5:17). Hechos nuevos en Jesús, nos alegramos en nuestro Creador y nos regocijamos en nuestro Rey (Sal 149:2). Él se deleita en nosotros y nos adorna con salvación (149:4) al envolvernos con el manto de la justicia de Cristo (Is 61:10).

En el ejército de Cristo, somos soldados cantores con «alabanzas de Dios en su boca, y una espada de dos filos en su mano» (Sal 149:6). Esta espada es «la palabra de Dios... más cortante que cualquier espada de dos filos» (Heb 4:12). Con ella, «tenemos poder para destruir fortalezas... destruyendo especulaciones y todo razonamiento altivo que se levanta contra el conocimiento de Dios» (2 Co 10:4-5). Cumplimos la palabra del salmista de «atar a sus reyes con cadenas y a sus nobles con grillos de hierro» (Sal 149:8) al poner «todo pensamiento en cautiverio a la obediencia a Cristo» (2 Co 10:5). Nada menos que la conquista mundial es la meta de la iglesia —una conquista no de poder político ni de músculo militar, sino la captura de corazones, la conversión de pecadores, haciendo discípulos de todas las naciones (Mt 28:19) para que «todos los términos de la tierra» vean «la salvación de nuestro Dios» (Sal 98:3).

«Esto es gloria para todos sus santos» (Sal 149:9), el honor de ser soldados en el ejército de Dios, «partícipes de la naturaleza divina» (2 P 1:4) por la unión con Jesucristo, a quien «... sea honor y gloria por los siglos de los siglos. Amén» (1 Ti 1:17). ¡Alaben al Señor!

Salmo 150

¡Todo lo que respira alabe al Señor!

Aquí estamos, llegando al salmo final. Comenzamos con el Hombre bienaventurado del Salmo 1, quien es también el Rey, el Hijo y el Mesías del Salmo 2. De muchas y diversas maneras, Dios nos habla de Jesús en los Salmos, así como también oramos con Jesús en estos mismos Salmos, y él ora por nosotros como nuestro gran y misericordioso Sumo Sacerdote. Si al principio meditamos en la Torá de día y de noche con este Hombre bienaventurado (Sal 1:2), ahora terminamos alabándolo a él, a su Padre y al Espíritu Santo.

Alabamos a Dios «en su santuario» y «en su majestuoso firmamento», pues cuando el pueblo de Dios se reúne alrededor de los santos dones de Jesús, allí está nuestro Señor, junto con toda la hueste celestial (150:1). Lo «alabamos por sus proezas» y «conforme a la muchedumbre de su grandeza», porque aún cuando «éramos débiles... siendo aún pecadores... cuando éramos enemigos», «Cristo murió por los impíos... Cristo murió por nosotros» para que fuéramos «reconciliados con Dios» (Ro 5:6-10). Y «ahora habiendo sido reconciliados, seremos salvos por su vida. Y no solo esto, sino que también nos gloriamos en Dios por medio de nuestro Señor Jesucristo, por quien ahora hemos recibido la reconciliación» (5:10-11). Al regocijarnos en Dios por medio de Cristo, tomamos cualquier instrumento que podamos —trompeta, arpa, lira, pandero, cuerdas, flauta y címbalos— y danzamos, como David, alrededor del arca del pacto, que es Cristo nuestro Señor (Sal 150:3-5; 2 S 6:14).

«¡Todo lo que respira alabe al Señor!» (Sal 150:6). Inhalen profundamente, octogenarios y adolescentes, ricos y pobres, famosos y anónimos, los que están en prisiones y en palacios, en centros de rehabilitación y en resorts, cristianos recién nacidos y santos ancianos, y exhalen cánticos de alabanza a aquel que nos iguala a todos en el llano terreno al pie de su cruz redentora. Vengan a Jesús, quien nos ama a todos, quien murió y resucitó por todos nosotros, y con el corazón y el alma canten una última vez a nuestro gran Dios y Rey: ¡Alaben al Señor! Amén y amén.

APÉNDICE
Orando los Salmos cada mes

Al orar algunos salmos cada mañana y cada tarde, se puede cubrir todo el libro de los Salmos cada mes. Ora cada salmo palabra por palabra, preferiblemente en voz alta y siempre con la misma traducción, para ayudar en la memorización.

Día	Salmos de la mañana	Salmos de la tarde
1	1-5	6-8
2	9-11	12-14
3	15-17	18
4	19-21	22-23
5	24-26	27-29
6	30-31	32-34
7	35-36	37
8	38-40	41-43
9	44-46	47-49
10	50-52	53-55
11	56-58	59-61
12	62-64	65-67
13	68	69-70
14	71-72	73-74
15	75-77	78
16	79-81	82-85
17	86-88	89
18	90-92	93-94
19	95-97	98-101
20	102-103	104
21	105	106
22	107	108-109
23	110-113	114-115
24	116-118	119:1-32
25	119:33-72	119:73-104
26	119:105-144	119:145-176
27	120-125	126-131
28	132-135	136-138
29	139-140	141-143
30**	144-146	147-150

* Fuente: *The Book of Common Prayer*

** Para los meses con 31 días, se pueden orar los Salmos 144-146 el día 30 y los Salmos 147-150 el día 31.

NOTAS

[1] Ver capítulo 8, en mi libro *The Christ Key: Unlocking the Centrality of Christ in the Old Testament. «Los Salmos como el libro de oración de Jesús y de la Iglesia»*. New Reformation Publications, 2021, pp. 153-176.

[2] Dietrich Bonhoeffer, *Psalms: The Prayer Book of the Bible*. Augsburg Fortress, 1970, p. 14. Cursivas en el original.

[3] C. S. Lewis, *Reflections on the Psalms*. HarperCollins, 1986, p. 73.

[4] Los versículos en los salmos acrósticos siguen el orden del alfabeto hebreo, comenzando cada verso con la letra correspondiente.

[5] La imagen del «porche delantero de la casa de nuestro Padre» se toma prestada de George MacDonald, citado en *Defining Death as «More-Life»: Unpublished Letters by George MacDonald, North Wind: A Journal of George MacDonald Studies*, vol. 3. 2016, pp. 4-18.

[6] James M. Hamilton, Jr., *Psalms, Volume 1: Psalms 1-72*, Evangelical Biblical Theology Commentary. Lexham Academic, 2021, p. 74.

[7] Ocasionalmente, cito o hago referencia a la traducción de Robert Alter, *The Hebrew Bible: A Translation with Commentary*, tres volúmenes. W. W. Norton, 2019, en adelante referido como «Alter». Esta cita es del vol. 3, p. 92, n. 20.

[8] De William W. How, estrofa 5: *For All the Saints Who From Their Labors Rest.*

[9] *He's Risen, He's Risen, Lutheran Service Book*. Concordia Publishing House, 2006, p. 480.

[10] De Ludmilla Elisabeth von Schwarzburg-Rudolstadt: *Jesus, Jesus, Only Jesus.*

[11] Citado en *«Defining Death as 'More-Life': Unpublished Letters por George MacDonald», North Wind: A Journal of George MacDonald Studies*, vol. 3. 2016, pp. 4-18.

[12] Salmos 69:9 se cita en Juan 2:17 y Romanos 15:3; Salmos 69:21 en Mateo 27:34, 48; Marcos 15:23; Lucas 23:36; Juan 19:29; Salmos 69:22-23 en Romanos 11:9; y Salmos 69:25 en Hechos 1:20.

[13] *Selected Psalms III*, vol. 14 de *Luther's Works, American Edition*. Concordia Publishing House, 1958, p. 163.

[14] Salmos 22:19; 38:22; 40:13; 70:1, 5; 71:12.

[15] Tomás de Kempis, *La imitación de Cristo*, volumen en *The Christian Library*. Barbour and Company, 1984, libro 1, capítulo XXIII.

[16] Timothy Keller (1950-2023) (@timkellernyc), *The only person who dares wake up a king at 3:00 AM for a glass of water is a child. We have that kind of access*, tuit, 23 de febrero de 2015, https://x.com/timkellernyc/status/569890726349307904.

[17] Fiódor Dostoyevski, *Notas del subsuelo*. Traducido por Richard Pevear y Larissa Volokhonsky. Vintage Books, 1994, p. 14.

[18] *Lord, Thee I Love with All My Heart* de Martin Schalling.

[19] San Agustín, *Expositions on the Book of Psalms*, ed. Philip Schaff, trad. A. Cleveland Coxe, vol. 8, *A Select Library of the Nicene and Post-Nicene Fathers of the Christian Church, First Series*. Christian Literature Company, 1888, p. 424.

[20] La devoción de hoy es una sección revisada de mi libro *Limping with God: Jacob and the Old Testament Guide to Messy Discipleship*. New Reformation Publications, 2022, pp. 227-229.

[21] David Brooks, *The Second Mountain: The Quest for a Moral Life*. Random House, 2019, p. 24.

[22] Flannery O'Connor, *The Complete Stories*. Farrar, Straus and Giroux, 1971, p. 509.

[23] Estoy en deuda con James Hamilton, *Volume 2: Psalms 73-150*, 279, por esta idea.

[24] Flannery O'Connor, *Mystery and Manners: Occasional Prose*. Farrar, Straus, and Giroux, 1961, p. 34.

[25] C. S. Lewis, *A Grief Observed*. Bantam Books, 1961, p. 1.

[26] *The Book of Common Prayer*. The Seabury Press, 1976, p. 92.

[27] *La Didaché*, que significa «Enseñanza», se data tan temprano como finales del siglo I d. C.

[28] G. K. Chesterton, *Orthodoxy*. Ignatius Press, 1908, p. 102.

[29] Esta frase, frecuentemente atribuida a san Agustín, se encuentra en la *Colecta por la Paz* en el *Book of Common Prayer*.

[30] C. S. Lewis, *The Problem of Pain*. MacMillan Publishing, 1962, p. 93.

[31] Esta era una de sus *55 Máximas de la vida cristiana*, el resto puede encontrarse en: https://www.ancientfaith.com/specials/the_55_maxims_of_fr_thomas_hopko/the_55_maxims_of_fr_thomas_hopko

[32] C. S. Lewis, *Mere Christianity*. MacMillan Publishing, 1960, p. 114.

[33] Derek Kidner, *Psalm 73-150: An Introduction and Commentary*, vol. 16, *Tyndale Old Testament Commentaries*. InterVarsity Press, 1975, p. 490.

[34] Viktor Frankl, *Man's Search for Meaning*. Beacon Press, 2006, p. 72.

[35] Ireneo de Lyon, *Contra las herejías*, en *The Apostolic Fathers with Justin Martyr and Irenaeus*, ed. Alexander Roberts, James Donaldson y A. Cleveland Coxe, vol. 1, *The Ante-Nicene Fathers*. Christian Literature Company, 1885, p. 478.

[36] *El Magnificat*, en *The Sermon on the Mount and the Magnificat, Luther's Works, American Edition*, vol. 21. Concordia Publishing House, 1956, p. 300.

[37] Del himno, *When I Survey the Wondrous Cross*, estrofa 4.

[38] C. S. Lewis, *The Lion, the Witch, and the Wardrobe*. HarperTrophy, 1978, p. 86.

[39] Lewis, *The Problem of Pain*, p. 40.

[40] Muchas traducciones modernas incluyen una línea adicional en el versículo 13b que, aparentemente, se perdió en el texto hebreo estándar: «El Señor es fiel en todas sus palabras y bondadoso en todas sus obras». Sería el verso que comenzaría con la letra hebrea nun. La línea se toma de uno de los Rollos del mar Muerto y antiguas traducciones. Si este verso es parte del salmo original, entonces el Salmo 145 no tiene diecisiete sino diecinueve apariciones de *kōl*.

ÍNDICE DE PASAJES BÍBLICOS

ÍNDICE DE NOMBRES